中国社会科学院　学者文选

马秀卿集

中国社会科学院科研局组织编选

中国社会科学出版社

图书在版编目（CIP）数据

马秀卿集／中国社会科学院科研局组织编选. —北京：中国社会
科学出版社，2006.12（2018.8 重印）
（中国社会科学院学者文选）
ISBN 978-7-5004-5889-0

Ⅰ.①马…　Ⅱ.①中…　Ⅲ.①马秀卿—文集②经济学—文集
Ⅳ.①F0-53

中国版本图书馆 CIP 数据核字（2006）第 130654 号

出 版 人	赵剑英	
责任编辑	丁玉灵	
责任校对	周　昊	
责任印制	李寡寡	

出　　版	中国社会科学出版社
社　　址	北京鼓楼西大街甲 158 号
邮　　编	100720
网　　址	http：//www.csspw.cn
发 行 部	010-84083685
门 市 部	010-84029450
经　　销	新华书店及其他书店

印刷装订	北京市十月印刷有限公司
版　　次	2006 年 12 月第 1 版
印　　次	2018 年 8 月第 2 次印刷

开　　本	880×1230　1/32
印　　张	14.375
字　　数	344 千字
定　　价	79.00 元

凡购买中国社会科学出版社图书，如有质量问题请与本社营销中心联系调换
电话:010-84083683

出 版 说 明

一、《中国社会科学院学者文选》是根据李铁映院长的倡议和院务会议的决定，由科研局组织编选的大型学术性丛书。它的出版，旨在积累本院学者的重要学术成果，展示他们具有代表性的学术成就。

二、《文选》的作者都是中国社会科学院具有正高级专业技术职称的资深专家、学者。他们在长期的学术生涯中，对于人文社会科学的发展作出了贡献。

三、《文选》中所收学术论文，以作者在社科院工作期间的作品为主，同时也兼顾了作者在院外工作期间的代表作；对少数在建国前成名的学者，文章选收的时间范围更宽。

中国社会科学院

科研局

1999 年 11 月 14 日

目　　录

海湾危机和战争研究

中国与中东的经贸合作

序　言

马秀卿于 1937 年 5 月出生于泰国曼谷，1943 年回到祖国原籍广东汕头。1956 年 8 月在广东汕头华侨中学毕业，1960 年 8 月在广州中山大学历史系本科毕业，1963 年 11 月在上海复旦大学历史系研究生毕业后，先在北京大学从事教学和科研工作，后于 1986 年 3 月调入中国社会科学院西亚非洲研究所，1992 年晋升研究员，1997 年 6 月退休。在西亚非洲研究所工作期间，曾经担任中东研究室和中东经济研究室主任、党支部书记、委员、所学术委员会委员、所职称评聘委员会委员，《西亚非洲》编委会委员，中国社会科学院研究生院西亚非洲研究系硕士研究生导师和学位评审委员会委员，此外还曾长期任中国亚非学会理事和中国中东学会理事。1992 年获得国务院颁发的《政府特殊津贴证书》，1996 年 7 月被评为中国社会科学院优秀党务工作者。1986 年以后，我曾与她在西亚非洲研究所长期共同研究中东问题，并从事所学术委员会和职称评审委员会的工作。

中东经济发展问题研究在中国是一个起步较晚的学科，大致是从 20 世纪 70 年代第一次石油危机爆发以后，从研究中东石油问题发展而来的。她在 1973 年就参加编写了国内研究中东石油问题的第一部重要著作《第三世界石油斗争》，因此可以称得上是我国投身中东经济发展问题研究的最早一批学者之一。此后，她便在这片学术新领域中辛勤耕耘，并生产出丰硕的成果。她作为主要作者，先后参加过国家"六五"计划重点课题《中东国家经济发展战略研究》、国家"七五"重点研究课题《改造传统农业的国际经验——对发展中国家的研究》、国家"八五"计划重点课题《海湾战争后的中东格局》、中国社会科学院重点课题《中东的小龙——以色列经济发展研究》等国家级和部委级重点课题的研究和撰写工作，以及《中东手册》、《走向二十一世纪的中国对外经济关系》、《中东非洲发展报告》等在国内具有较大影响的著作的研究和撰写工作；发表过四十多篇学术论文和十多种内部研究报告；为《中国大百科全书·外国经济卷》、《世界政党辞典》、《世界经济年鉴》等重要工具书撰写过条目；参加过《石油·金钱·权力》等国际名著的翻译。1989 年中国社会科学院西亚非洲研究所成立中东经济研究室以后，她担任第一任研究室主任，带领全室研究人员完成了《石油·发展·挑战——走向 21 世纪的中东经济》研究课题，为中国社会科学院西亚非洲研究所出版了第一本全面研究中东经济发展问题的专著。她在三十多年的学术生涯中总共完成了超过 150 万字的科研成果，为中东经济发展问题研究学科在国内的创立和发展做出了显著贡献，也成为这一新兴学科的知名学者。

她对中东经济发展问题的研究具有宽领域、多层面的特点。研究范围既包括中东国家的经济发展战略，也包括石油工业、农业、金融和对外经济关系等主要经济部门；既包括对经济增长和结构变化的研究，也包括对相关问题，特别是中东和平进程和水资源等问题对经济发展影响的研究；既包括对地区性发展问题的研究，也包括对沙特阿拉伯、科威特、伊朗、土耳其和以色列等地区重点国别的研究。这一特点充分体现了她全面和扎实地把握中东经济发展问题的学术造诣。

她是一位严谨的学者，反对夸夸其谈，总是力图把研究结论建立在充分占有和科学分析数据资料的基础之上。作为新兴学科，中东经济发展问题研究不仅可资借鉴的理论成果很少，而且资料数据的获取也比较困难，而她却总是能够以积极乐观的姿态面对艰苦细致的资料收集工作。她经常把自己比作为酿制蜜糖而辛勤采集花粉的蜜蜂，并以这种"蜜蜂精神"激励青年学者。她是一位资深的学者，但为人谦和，一直与研究界的同行们保持着良好的合作关系。她也是一位顽强的学者，在眼睛高度近视的情况下，长期坚持科研工作。在视网膜脱落、视力严重减退的情况下，她仍然笔耕不辍，许多研究成果是在矫正视力下降到 0.1 的情况下坚持完成的。丰硕的研究成果、严谨的治学态度、良好的合作精神和顽强的工作作风，使她受到同行学者的尊敬。

在她的这部文集即将付梓之际，我作为长期共事的学术同行，深深地为她感到高兴，并由衷地向她祝贺。这部文集不仅是她个人学术生涯的结晶，也是中东经济发展问题研究的重要成果。

杨 光

2006 年 4 月 29 日

中东经济综论

试论中东石油的世界战略地位

中东地区是世界著名的"石油宝库"。截至1981年年底，中东的石油探明储量为543.0821亿吨*，占世界总探明储量918.7991亿吨的59.1%，相当于苏联的6.29倍，美国的13.3倍和西欧的14.6倍。多年来，中东的原油产量基本上占世界原油总产量的1/3以上。1980年占世界总产量30.59亿吨的37.1%（11.35亿吨），1981年稍低一些，占世界原油总产量28.59亿吨的32.69%（9.35亿吨）。中东所产原油绝大部分输往美国、日本和西欧各国，大约占世界总出口量的一半以上，对世界能源的供应影响巨大。因此，中东石油在国际政治经济关系中具有极其重要的战略地位，其发展趋势日益受到举世关注。

一

列宁、斯大林曾经深刻揭示帝国主义时代的基本特征之一即大国争夺霸权的规律及其与控制、掠夺石油资源的关系。斯大林

＊　每吨石油等于7.3桶。

强调指出：石油对帝国主义来说"是生命攸关的问题，因为谁拥有更多的石油，谁就能在未来的战争中占指挥地位。谁拥有更多的石油，谁就能指挥世界的工业和商业。自从各先进国家的船只改用马达来发动以后，石油就成了世界列强在平时和战时争夺优势地位的命脉了"。① 富饶的中东石油自世界进入帝国主义时代以来，一直是西方列强掠夺的重要目标，当前控制中东石油则是苏美争霸全球战略中的重要一环。因此，中东石油的世界战略地位首先表现在，它作为一个重要的政治经济因素，直接关系到超级大国霸权势力的消长，并严重影响着世界各种力量对比和国际形势发展的格局。

在当代苏美争霸和三个世界鼎立的格局形成以前，中东石油对于帝国主义瓜分和重新瓜分世界的斗争已经显示出重要的战略价值。在第二次世界大战后美国取代英国扩张霸权的历程中，中东石油的重要性显著加强，它在经济、政治、军事上成为美国霸权势力的重要基础。这主要有以下三方面：

（一）掠夺中东石油养肥了美国垄断资本，增强了美国的经济实力。从1927年起美国石油资本就开始渗入中东，先后在伊拉克、巴林、沙特阿拉伯和科威特取得了石油勘探权和开采权。第二次世界大战后，美国以其在战争中暴胀起来的力量，加紧在中东的扩张活动。逐步取代英、法的优势地位。50年代中期，美国资本已控制了中东石油生产的一半以上。到70年代初，在中东进行石油勘探、生产、运输、提炼和销售等上下游营业的有近40家美国公司。它们在中东的石油经营中攫取了惊人的巨额利润。仅在1963—1973年，美国公司从中东取得的石油利润总额就达160亿美元。到1972年，美国公司在中东的石油投资为

---

① 《斯大林全集》第7卷，人民出版社1958年版，第230页。

18 亿美元，而这一年所获利润竟达 24 亿美元，利润率高达 130%。光是埃克森一家公司在沙特阿拉伯阿美石油公司中所获得的直接利润，1975 年为 1.85 亿美元，1976 年为 2.21 亿美元，1977 年为 2.11 亿美元，三年合计得利达 6.17 亿美元，相当于其最初入股资本 0.765 亿美元的 8 倍多。70 年代以来，中东产油国为维护民族石油权益，取消石油租让制，陆续对外国石油公司进行参股或接管。但是，美国石油公司仍以承包者或合营者的身份继续在中东从事石油经营，牟取暴利。因此，控制中东石油仍然是美国垄断资本的重大经济利益所在。

中东石油还是美国能源供应的重要来源。目前石油占美国能源消费构成的 47%，它在美国社会经济生活中占有重要地位。尽管美国是当前世界上第三大产油国（1981 年原油年产量为 4.77 亿吨），仅次于苏联和沙特阿拉伯，国内也有一定数量的石油蕴藏量，但是，由于从国外输入石油比其国内生产更为有利，故国内石油生产的增长始终赶不上消费的需求。据美国矿业局统计，1945 年美国国内平均日产原油 50.1 万桶，日耗油量为 53.8 万桶；1955 年日产 75.9 万桶，日耗 85.6 万桶；1965 年日产 90.14 万桶，日耗 113 万桶；1975 年日产 100.45 万桶，日耗已达 163.35 万桶。国内的原油生产和消费之间的差额越来越大，其不足部分只有依靠进口来弥补。而进口油中大约 1/3 来自中东。例如，1979 年美国进口原油 3.55 亿吨，其中 1.146 亿吨是从中东输入的，占其总进口量的 32.25%。因此，美国经济在一定程度上仍将依赖中东的石油供应。

（二）中东石油是美国维持其西方盟主地位的重要工具。第二次世界大战严重削弱了西欧、日本等列强的地位，大大增强了美国的实力，使美国在战后凌驾于西方盟国及战败国之上。但是，随着资本主义世界经济的恢复与发展，西欧、日本渐次强大起来，对美国的离心倾向日益增长。在维护自己对西方世界领导地位的争斗中，美国把中东石油作为对西欧、日本施加影响和压力的一个重要手段。西欧国家工业发达，石油消耗量较大（大约占世界总消费量的23%），但是，石油储量少（1981年年底探明储量为37.78亿吨，只占世界的3.9%），原油产量也少（1981年年产为1.28亿吨，只占世界的4.58%），因此，西欧所需的石油大量依靠进口，主要是从中东进口。据国际能源机构统计，1979年经济合作和发展组织的欧洲成员国共进口原油6.458亿吨，其中有4.238亿吨即进口量的62.5%是来自中东地区的。至于日本，更是严重地依赖中东石油。目前，在日本能源消费构成中，石油占70%以上，而其所需石油的99.7%依靠进口，其中80%来自中东。因此，美国能够在很大程度上利用中东石油来加强它在资本主义世界的领导地位。

（三）中东石油作为重要的战略资源是美国维持军事霸权的重要物质条件。美国的全球军事存在离不开战略原料源源不断的供应，远离美国本土的海上舰队和军事基地需要中东石油的就近补给，才能保持其正常运转，发挥其军事效能。目前，美国在地中海、印度洋、太平洋和大西洋等辽阔的海域都部署有庞大的舰队和各种兵力，其所需的能源在很大程度上都靠中东石油的供应。对美国海外军事力量来说。中东石油及其运输线是它的生命线。而且，当前已成为超级大国军事上争霸的焦点之一。

自60年代苏联同美国展开全球争霸角逐以来，中东石油的战略重要性进一步增强。为了争夺中东石油的控制权，苏联步步加紧对这一地区的渗透扩张，1965年起就派出舰队常驻印度洋，从军事上直接威胁中东石油的主要海上通道霍尔木兹海峡。同时通过"经援"、"军援"及政治拉拢等手段，在中东地区建立战略据点，并广泛施加影响。苏军入侵阿富汗以后，距离海湾油港就只有四百多公里，进一步逼近中东主要产油区。但是，美国面对苏联的严重挑战，不甘示弱，迅速加强守备和防范，1966 年起派出一支特遣舰队在海湾巡航，后在印度洋的迪戈加西亚岛建立军事基地，并于 1980 年建立了一支 20 万人的快速部署部队，同时在政治和经济上也加强自己的阵地，顶住了苏联的攻势，从而基本上保障了中东石油运输线的畅通无阻。

苏美两霸之间围绕中东石油的紧张较量，深刻地反映了在超级大国的全球战略中，中东石油的重要性被提到了新的高度：双方都把控制中东油源和油路视为加强自己实力、压倒对手、统治欧洲，独霸全球的重要途径。

对苏联来说，夺取中东石油主要并非出于国内能源的需要，而是推行其"西进"和"南下"扩张政策的必要步骤。

苏联是世界上石油蕴藏量最丰富的国家之一。1981 年年底，它的探明石油储量为 86.3 亿吨，占世界总探明储量的 9.39%，仅次于沙特阿拉伯和科威特，居世界第三位。虽然苏联的大部分石油资源集中在远离工业中心和人烟稀少的西伯利亚地区，在石油勘探、开采及运输等方面都有一些技术上和劳动力不足的困难，而且 70 年代中期以后，苏联原油产量的年增长率也有所下降，但是，从 1974 年以来，苏联的原油产量一直居世界之冠。苏联还拥有占世界 39.85% 的 32.49 亿立方米的天然气储量。这就保证了苏联能够实施在开采上以气保油，在消费上以气代油的方针。近几年来，苏联的原油产量实际上也在稳步上升。1980 年年产 6.03 亿吨，占世界总产量的 19.7%，1981 年年产 6.09 亿吨，占世界的 21.3%。据苏联西伯利亚科学院经济与工业生产研究所预测，到 1990 年苏联的原油年产量可达 6.71 亿吨。因此，关于 80 年代中期苏联可能出现"石油危机"的说法是站不住脚的。

目前，苏联获得的中东石油大都转卖给了东欧和西欧国家，以获取硬通货和拉拢欧洲。实际上，苏联千方百计地争夺中东石油控制权，是企图卡住西欧、日本的石油龙头，迫使它们屈服，以孤立美国。美国军界人士认为："如果苏联人控制了中东石油，那就如同它们派军队成功地入侵西欧一样，肯定会使西方屈服。"① 欧洲是苏美争夺的重点，要降服欧洲就必先夺取中东石油。美国的一位战略研究人员强调："今天实际上走向统治欧洲的捷径就是控制中东石油。"② 苏联一旦控制了中东石油，将大大加强它在"西进"和"南下"扩张活动以至未来战争中的优势地位。苏美力量对比和争霸局面必将发生巨大变化。

二

中东石油的世界战略地位的另一重要表现是，它作为第三世界中东产油国所拥有的巨大物质财富，在国际反殖反帝反霸特别是当前争取建立国际经济新秩序的斗争中，在维护民族权益，发展民族经济、加强发展中国家团结合作的事业中，发挥着日益显著的作用，并促使三个世界的相互关系和力量对比发生了新的变化。

随着战后民族解放运动的高涨，特别是 60 年代以来第三世界的兴起，中东产油国和其他发展中国家逐步联合起来，反对殖民主义、帝国主义和霸权主义，强烈要求独立自主地发展本国经济和实现国际社会的平等合作。在这种新的历史条件下，中东石

---

① 美国参谋长联席会议主席戴维·琼斯1981年4月16日在波士顿世界事务委员会上的讲话。

② 乔治城战略和国际问题研究中心资源部主任艾莫斯·A. 乔丹《能源问题与北大西洋条约组织的未来》。

油获得了新的战略价值，成为这一地区和整个第三世界国家抗击帝国主义和霸权主义的一个有力的武器。1973 年第四次中东战争中阿拉伯产油国运用石油武器的历史创举，就是一个鲜明的例证。通过这场前所未有的"石油武器"的较量，发展中国家争取建立国际经济新秩序的斗争大大推进了一步。美国参议院对外经济政策小组委员会的报告也承认："石油具有这样的双重威力：在停止生产的场合下，它当然是一个武器，但在生产出来而且已经被消费了之后，石油美元又同样是一种武器。"的确，今天中东石油不仅是国际垄断资本的重要财源和大国霸权工具，而且成为发展中国家用来抗衡帝国主义的"石油武器"和"石油美元武器"。正因为如此，它在下列几方面才日益显示出空前的巨大威力：

（一）促进产油国民族经济的发展。在 70 年代以前，中东产油国曾陆续建立了一些国营的石油公司。但这些公司对外国垄断石油公司的影响很小，经营范围也很有限。只是到 70 年代以后，由于石油斗争的胜利，产油国夺回了石油工业的控制权，这才使石油工业成为了发展民族经济的基础。正是在这一基础上，产油国利用本国盛产石油和天然气的有利条件，着重发展炼油工业、新兴的石油化学工业和液化天然气工业，建立新的现代化工业部门，以逐步实现民族经济多样化。同时，急剧增长的石油美元又为产油国的社会经济发展提供了雄厚的建设资金，使它们能够不断扩大发展投资，加速现代化的进程。而用最新技术装备起来的现代化工业部门将成为实现民族经济多样化的基础，从而逐步实现国家的经济独立。

（二）改变旧的国际贸易格局。产油国夺回石油定价权以后，为了弥补美元贬值和国际通货膨胀所造成的亏损，一再提高原油价格，有力地打破了长期以来国际石油垄断资本任意操纵石油价格，实行不等价交换的贸易格局。这种情况促使国际贸易发生了有利于产油国的变化：产油国出现了巨额的贸易顺差，而国际收支也有了盈余；西方工业国却由于贸易逆差使国际收支出现了赤字。国际货币基金组织 1976—1977 年度的报告指出，和 1973 年相比，石油输出国组织的国际收支经常项目盈余额已从 60 亿美元剧增到 370 亿美元；工业国的国际收支差额则从 120 亿美元的盈余转为 10 亿美元的赤字。1977 年美国的贸易赤字为 266 亿美元，而整个国际收支赤字也达 314 亿美元。1980 年上半年美国同阿拉伯国家的贸易总额共 227 亿美元，其中进口额（主要是进口石油及石油制品）达 161 亿美元，而出口额仅为 66 亿美元，逆差达 95 亿美元。石油贸易的这种变化及其影响，为争取建立国际经济新秩序的斗争创造了有利的条件。

（三）冲击旧的国际金融货币体系。中东产油国所握有的大批石油美元，除了用于发展民族经济，加强国防建设和援助第三世界其他发展中国家外，还通过存款，购买证券和投资等途径投放到西方，从而打破了发达国家垄断国际金融货币市场的局面，并在国际金融货币领域中占有了极其重要的地位。美国财政部统计，以中东产油国为主的石油输出国组织，从 1974 年至 1981 年 6 月底，在欧洲银行市场已存款 1170 亿美元，在英国存 137.5 亿美元，在其他工业国存 745 亿美元，在第三世界国家存 545 亿美元，在美国存 698 亿美元（其中 599.01 亿美元属中东产油国所有）。可见，中东产油国不仅是世界上重要战略资源的供应者，而且是一支实力雄厚的金融力量。国际金融货币体系的一个重要问题是国际储备问题。衡量一个国家在国际货币体系中的影响和作用，主要是看其国际储备情况。石油输出国组织的成员国在世界国际储备中所占的比例，1973 年为 8%，1974 年为 12%，1975 年上升到 25%，而这一年美国仅占

7%，西德占 14%，日本占 6%。到 1977 年仅沙特阿拉伯就占全世界外汇储备的 10.4%。因此，产油国特别是沙特阿拉伯在国际金融货币市场中具有极大的影响力量，从而使国际金融货币体系大为改观，少数金融寡头垄断国际金融货币市场的景况一去不复返了。

（四）加强第三世界的团结合作。为了帮助第三世界非产油国摆脱经济困境和发展本国经济，中东产油国利用盈余的石油美元对发展中国家提供经济援助。中东产油国的对外援助，主要通过对各种基金会和国际金融机构的捐赠或贷款这两个渠道来进行。到目前为止，中东的地区性援助组织有：阿拉伯经济和社会发展基金，伊斯兰发展银行，阿拉伯非洲经济发展银行，阿拉伯——非洲援助基金，阿拉伯非石油输出国的特别基金，阿拉伯货币基金，海湾埃及发展机构等 7 个。单个国家的对外援助基金组织有：科威特阿拉伯经济发展基金，阿布扎比阿拉伯经济发展基金，沙特阿拉伯发展基金和伊拉克外国发展基金等 4 家。此外，中东产油国还是石油输出国组织特别援助基金的主要捐赠者，以及为世界银行、国际货币基金组织提供贷款者。中东产油国特别是海湾阿拉伯产油国，对外援助都比较慷慨，名列于世界上对外援助国家的前茅。据经济合作与发展组织统计，1980 年按各国对外援助在国民生产总值中所占的百分比，卡塔尔居首位，阿拉伯联合酋长国次之，科威特排第三，沙特阿拉伯和伊拉克分别占第四和第五位。仅 1973—1980 年，海湾产油国对 41 个非洲非阿拉伯国家就提供了 57 亿美元的贷款。1980 年各种阿拉伯基金组织对外贷款共达 19.22 亿美元。产油国以债主的身份出现在国际信贷市场上，在一定程度上削弱了西方国家所起的经济杠杆作用。而且，由于产油国所提供的经济援助，一般条件都较为优惠，期限长达 15 至 20 年；利率较低，通常为 2%—4%，最高不超过 6%，甚至有的是无息贷款，对受援国的建设项目和国际收支都起了积极的作用。也许对少数负债累累的穷国来说，这种援助不过是"杯水车薪"，但这毕竟还是有助于受援国摆脱经济困境的斗争，有利于减轻国际上贫富极其悬殊的现象。更重要的是，产油国的对外经济援助密切了发展中国家间的关系，使得第三世界产油国和非产油国在为争取建立国际经济新秩序的斗争中能够联合起来共同战斗。

（五）推进建立国际经济新秩序的斗争。1964 年，不结盟国家第二届首脑会议通过《和平和国际合作纲领》，首次提出了建立新的国际经济秩序的正义要求。第四次中东战争中阿拉伯产油国运用石油武器所取得的胜利标志着争取建立国际经济新秩序斗争的重大转折。正是在石油斗争胜利的推动下，1974 年联合国第六届特别会议通过了 77 国集团起草的《关于建立新的国际经济秩序的宣言》和《行动纲领》，使改革旧的国际经济关系的斗争进入一个新的阶段。在这种背景下，1975 年 12 月至 1977 年中曾在巴黎举行了有 19 个发展中国家和 8 个发达国家及西欧共同体参加的第一次南北会谈。在对话中，发展中国家建议将能源、原料、发展、金融等四项问题联系起来讨论，力求以石油斗争的成果来推动南北经济关系问题的解决。但因西方国家的阻挠，谈判久无结果。1979 年石油第二次大幅度涨价后，能源问题再度在南北关系中突出起来，直接推动了南北对话在 80 年代的进一步发展。1981 年 10 月在墨西哥的坎昆举行了有 14 个发展中国家和 8 个发达国家参加的首脑会议，对全球谈判起了一定的促进作用。今后，在西方国家继续依赖中东石油的情况下，石油武器的运用必将进一步推进第三世界国家争取建立国际经济新秩序的斗争。

三

自 1981 年以来，世界石油市场上出现了供过于求、价格下跌的现象。1981 年欧洲经济共同体的石油进口量大约减少了 15%，仅为 3.66 亿吨。1979 年至 1981 年美国的石油进口量也减少了 20% 以上，1981 年只进口了 2.83 亿吨。产油国不得不减产削价，石油输出国组织终于在 1981 年 10 月 29 日统一油价为每桶 34 美元，最高不超过 38 美元，并冻结到 1982 年年底。今年以来，现货市场上油价继续下降，有的成交价格每桶仅为 29 美元，这严重地影响了产油国的石油收入，有的产油国还出现了预算赤字。上述情况在国际上引起了强烈的反应，甚至出现了"别了，石油武器"的论调，断言"阿拉伯人失去了把石油作为一种武器的能力"。

当前国际石油市场的这种景况是否会长期持续下去？是否会影响中东石油的战略地位呢？我们认为，近年来国际市场上石油供应过剩和油价下跌的趋势，从根本上说是一种暂时的现象，主要是由下列因素造成的。（1）由于资本主义世界经济衰退，回升缓慢，抑制了对能源需求的扩大。（2）1979 年石油大幅度涨价后，西方工业国惊呼面临世界"石油危机"，纷纷采取一系列节能措施，强制减少了工业和民间的石油消费，收到一定效果。到 1980 年国际能源机构 21 个成员国的石油消费量下降了 8%，1981 年又下降了 5%—7%。一些工业大国还加紧发展替代能源以减少对进口石油的依赖。以英国为例，由于大力增加煤炭生产，1981 年煤炭出口量达 800 万吨，为 25 年来的最高水平。（3）在 1979 年至 1980 年期间，因担心两伊战争影响石油生产，西方石油公司抢购囤积了大量石油。随后又因为资本利率极高，库存石油费用达到每桶6—9美元。所以，这些公司力图尽快抛售所存原油，从而加剧了国际市场上石油供应的过剩。此外，沙特阿拉伯实行石油高产政策也影响了世界石油市场的供求关系，增加了供应量和造成价格的下跌。

但是，对中东石油的世界战略地位来说，具有决定性影响的是以下长期起作用的因素：

第一，在当前世界所处的历史条件下，苏美两个超级大国对中东石油将继续进行长期的争夺战，以巩固各自的优势地位。这是它们全球战略的组成部分。超级大国仍将视中东石油为其掠夺的财源和霸权的工具，这种情况在短期内是不可能改变的。

第二，根据资本主义经济危机周期性的发展规律来看，当前西方世界的经济衰退虽然持续时间较长，但到了一定时候，西方经济还会复苏和发展，对能源的需求也必将回升和增长。据世界上最大的埃克森石油公司预测，到2000年世界能源消费量将提高65%。这就是说到本世纪末对能源的需求将增加一半以上。因此，目前中东石油所经受的市场疲软的压力将会逐步消失，销路将会重开，价格也将会回升。

第三，在今后相当长的时间内，对能源的巨大需求仍将主要靠石油来满足，因为石油在能源消费构成中所占的首位仍将长期保持不变。据国际能源机构的材料，当前世界能源供应量中，石油占54%，煤占18%，天然气占18%，核能占2.8%，其他占7.8%。尽管目前西方工业国都在大力发展替代能源，但这毕竟不是轻而易举、短期内能够大见成效的。据报道，如果世界上所有能源项目都付诸施行，那么在未来20年内除东欧和中国外，世界的能源投资大约将达9万亿美元，而这笔惊人的巨款是很难筹集的。埃克森公司的董事长沃尔夫岗·奥埃默说，目前每年世界能源投资相当于欧洲全部经济投资的1/3，能源经济对金融市场的要求，只有通过国际合作，包括利用从产油国回流到西方的石油美元，才能得到解决。而且因为能源项目的开发时间越来越长，投资者还要安排长时间的贷款并冒越来越大的风险。显然，在本世纪内替代能源还不可能真正取代石油的优势地位。据估计，到2000年在能源构成中石油大约仍将占31%，煤占28%，天然气占19%，核能占10%，其他占12%。

第四，由于在世界石油资源蕴藏量中，中东石油占有最大的份额，因而它作为世界主要能源供应来源的地位，在短期内不可能改变。截至1981年12月底，在世界探明总储量中，中东地区（包括北非）占59.1%，而美洲的探明储量为167.2154亿吨，占世界总储量的18.2%；欧洲探明储量为124.0879亿吨，占世界的13.5%；亚洲和太平洋地区为53.4874亿吨，占世界的5.8%；南部非洲为30.9063亿吨，占3.4%。可见，中东石油储量是遥遥领先的，中东地区仍将是世界产油中心和主要供应地。

根据以上分析来看，尽管近年来石油供应过剩的现象暂时困扰了中东产油国，但这绝不意味着减弱了中东石油的世界战略地位。恰恰相反，西方有些头脑清醒的能源观察家甚至在今天就为将来可能失去中东石油的供应而担忧。国际能源经济学家协会主席莫里斯·阿德尔曼教授警告说："市场供过于求加上石油收入令人沮丧失望就会诱发国内和国际冲突。不管发生了什么事，我们都将面临暂时（石油）供应中断。"这从另一个侧面也反映了中东石油的战略价值不变。

综上所述，作为国际政治经济重要因素的中东石油，无论对超级大国争霸的全球战略来说，还是对第三世界国家发展民族经济，实现经济独立和争取建立国际经济新秩序的反霸战略任务来说，都具有十分重要的战略意义。近年来发生的石油供应过剩和价格疲跌的问题也不会改变它在当前世界上的这种地位。只要中东产油国加强同第三世界其他国家的团结合作，扩大和第二世界的联系，继续采取切实可行的石油政策和有力措施，同帝国主义和霸权主义相抗衡，可以相信，中东石油在国际事务中将继续发挥它的积极作用。

（原载《世界经济》1982 年第 10 期）

试论中东国家经济发展的特点和趋势

中东地区集中了一批位居世界前列的著名石油生产国和输出国，在世界经济领域，特别是世界能源、国际贸易和国际金融方面占有举足轻重的地位，其作用和影响是不可忽视的。

一

众所周知，任何国家经济发展的具体道路，毫无例外都要受到国内国际各种特定条件，包括客观的和主观的、经济的和非经济的、有利的和不利的诸因素的影响和制约。那么，对于中东国家来说，影响和制约其经济发展方式的基本条件是什么？我们认为主要有以下几方面：

（一）战略位置和自然资源方面

中东位于欧、亚、非三大洲连接处，北、南、西三面濒临五海（北面的黑海、里海，南面的阿拉伯海，西面的地中海、红海）两湾（南面的海湾和西面的亚丁湾），地理上扼东西方之间的水陆两路要冲，战略地位十分重要。自古以来这里就是东西方交通的咽喉，有著名的"丝绸之路"和红海商路，曾成为盛极一时的东西方丝绸贸易、香料贸易的必经之途。如此有利的战略位置为发展对外贸易、国际运输和海上渔业等提供了极为优越的客观条件。

中东陆地面积大约为七百八十四万余平方公里，占世界陆地总面积的 5.25%。在这块广阔而富饶的土地上，除了阿拉伯半岛的大沙漠区不利于农业的发展外，无论北部的安纳托利亚高原（土耳其境内）和伊朗高原，南部的阿拉伯高原，或者中部的美索不达米亚平原，均适宜于发展农业和畜牧业。这对中东国家发展所必需的农业经济是比较有利的。

在自然条件方面对中东经济发展特别有利并具有决定意义的是，它拥有极为丰富的石油和天然气资源。中东广大的冲积岩、砂岩地层以及沿海大陆架，蕴藏着举世无双的巨大石油资源。据美国《油气杂志》报道，截至 1985 年 1 月 1 日止，在中东各国中有 12 个国家是石油生产国，它们已探明的石油储量共达 550.51 亿吨，占世界石油探明总储量（957.08 亿吨）的 57.52%。其中，沙特阿拉伯居世界第一位，石油探明储量达 231.51 亿吨，占世界总储量的 24.5%；科威特居世界第二位，有 123.29 亿吨，占世界总储量的 12% 以上。如果再加上这两国平分的中立区石油储量 7.42 亿吨，那么，两国的合计储量就占世界总储量的 37.84%。还有伊朗、伊拉克和阿拉伯联合酋长国等三国的石油储量，分别居世界第五、第六和第七位。因此，在号称"世界石油宝库"的中东，石油业自然就成为其经济的第一大支柱。其次是天然气资源，储量也相当可观。据最新资料，中东天然气总储量共计有 248178 亿立方米，占世界天然气总储量（962773 亿立方米）的 25.77%。总之，石油和天然气这两大宝藏，无疑是中东得天独厚的巨大资源，为中东国家的经济发展不仅提供了充足的动力燃料和工业原料，而且通过大量出口转化为数额庞大的石油美元，提供了国家财政收入和建设资金的主要来源。这是中东经济发展的雄厚财力和物力基础。

此外，中东北部地区分布有金属矿脉，蕴藏铬、锰、钾、锑、钴、钼等稀有矿物以及铅、锌、铜等。其他矿藏有石棉、金刚砂、重晶石、青金石、磷酸盐等。这有利于采矿、冶金业的发展。

应当指出，中东各国自然资源的分布很不平衡，有些国家没有石油，其他资源也很缺乏，对这些国家的发展非常不利。这在客观上成为中东各国需要加强区域经济合作的重要因素之一。今后中东经济的全面发展在很大程度上将取决于对自然资源的合理开发和有效利用。

（二）人力资源方面

中东地区人口较少，据1982年的统计数字为2.1128亿人，仅占世界人口的4.5%。在中东各国中，人口在4000万以上的只有土耳其、埃及、伊朗等三国，1000万以上的只有阿富汗、伊拉克和沙特阿拉伯，其余各国的人口多则几百万少则只有几十万。因此，一般来说中东的人力资源比较短缺，许多国家为发展所必需的劳动力供应往往在很大程度上依靠输入外籍移民来补充。据报道，1981年中东国家的外籍劳工已达五百多万人，其中近半数来自巴基斯坦、印度、泰国、菲律宾等国，还有少数是来自西方发达国家的技术人员。同时，由于人力资源分布不平衡，中东各国之间人口流动的数量也很大，形成了中东巨大的劳务市场。在上述五百多万外籍劳工中，大约有一半是中东地区内部从一个国家流入另一个国家的阿拉伯移民。

人力资源的不足使中东最富的一些产油国成了劳务引进国，它们主要依靠大批输入外国劳工来解决劳力不足的困难。在阿拉伯联合酋长国、科威特、卡塔尔、沙特阿拉伯等国，外籍劳工已成为主要劳动力,本国人参加生产劳动的越来越少,成为一个值得注意的社会问题。另一方面,一些非产油国和非主要产油国由于劳力相对过剩而大搞劳务输出,借以减轻人民失业的压力。可见人力资源的开发也是影响中东经济发展的一个重大因素。

(三)原有经济基础方面

由于帝国主义石油垄断资本对中东长期经营和进行残酷掠夺的结果,造成中东国家经济落后,生产畸形发展(为出口单一初级产品而生产),对外依赖性很深。因此,中东原有的经济基础非常薄弱,唯一得到发展的只有石油工业,而这个部门90%控制在西方石油垄断公司手中的局面一直持续到1972年才告结束。除了石油工业外,其他工业部门的基础都很差,仅在土耳其、埃及、伊朗、伊拉克等国有一些食品、纺织、轻工业,大部分国家几乎没有什么工业底子。这对中东经济的发展是一个极为不利的因素。为了改变这种状况,中东国家普遍要求独立自主地发展民族经济,积极采取收回本国资源主权、以石油支持工业化和现代化的发展战略并正在取得成效。

(四)民族、宗教、政治思潮和国家关系等方面

中东地区的民族构成以阿拉伯人占大多数,此外有波斯人(伊朗)、土耳其族(土耳其、塞浦路斯)、希腊族(塞浦路斯)、普什图族(阿富汗)及犹太人(以色列)等。由于中东大多数国家是阿拉伯国家,占优势地位的宗教是伊斯兰教,所以在民族渊源、宗教信仰及语言文化等方面的共同性有如一条强有力的纽带,把这些国家紧紧连在一起。在此基础上兴起的阿拉伯社会主义和民族主义思潮,强调阿拉伯民族的统一与复兴,要求加强阿拉伯国家的互助合作关系和推进中东区域经济一体化运动。这些非经济方面的因素,正在日益转化为加速中东经济发展的重要动力。

　　另一方面，国家关系中消极因素的存在，如阿拉伯国家和以色列之间的对立，伊斯兰教各教派之间的矛盾，以及一些国家之间的边界纠纷与领土争端等，使中东地区冲突迭起。中东战争、两伊战争、黎巴嫩内战和以色列入侵等战祸绵延不断，使大量人力、物力毁于战火，生命财产的损失无休无止。这种情况越来越成为影响中东经济正常发展的严重障碍。

　　（五）国际经济关系方面

　　作为影响中东经济发展的外部因素，国际经济关系的变化具有特别重要的意义和作用。由于战后中东民族解放运动的深入发展，国际石油垄断资本在中东的统治到 70 年代已完全崩溃，使外国垄断资本及其跨国公司在中东的地位和作用发生了很大变化。旧的国际经济关系受到冲击，而要求建立新的国际经济秩序的强大呼声遍及全球。南南合作的发展和南北对话的进行，为中东国家对外国垄断资本实行限制和利用的政策创造了有利的环境和条件。目前在中东的许多跨国公司转向同所在国的政府或私人进行合作，通常采取合营或承包方式向所在国提供技术和经营管理服务。这对加速中东经济的发展具有一定的积极作用。

　　国际贸易条件的变化对中东的发展有着特殊的影响。例如，由于 60 年代中期世界能源消费结构的改变，使世界市场对石油的需求急剧扩大，有力地促进了中东石油工业的发展。中东石油的生产和输出一度空前兴旺，国家财政收入大幅度增加。70 年代石油两次大涨价，更使中东产油国获取了巨额石油美元，大大增强了它们的财政金融实力，不仅为发展民族经济提供了充足的建设资金，而且有大量剩余资本用以开拓大规模的对外投资经营活动。进入 80 年代以来，由于资本主义世界经济不景气，国际市场的石油价格一再暴跌，使中东产油国和非产油国的经济直接或间接地遭受损失。由此可见，国际经济领域的有利和不利条件，对中东经济发展的影响是非常明显和不容忽视的。

二

在上述几方面重要因素的影响和制约下，中东国家经济发展的方式颇具特色。越来越多的中东国家走上了积极争取经济独立，大力发展民族经济，以谋求实现生产条件和生活方式现代化的道路，并正在设法采取从各自国情出发以利于取得成效的发展战略。总起来说，从当前中东国家经济发展的进程中，可以看到下述六个显著特点：

（一）发展方式：外向、开放型

由于早就卷入资本主义国际分工体系中，中东国家特别是产油国大都形成了一种特定的外向、开放型经济——其生产是为了出口，向世界市场专门提供原油和农矿原料等初级产品，以满足国外而不是国内的需要；其消费则仰赖进口，靠来自西方发达国家的工业品供应。特别是随着当代世界经济的日益国际化，各国经济互相依存和竞争的复杂关系空前增强，任何国家绝不可能闭关自守式地孤立发展自己的经济，否则必将落后于时代而自食其果。因此，中东国家独立后只能从上述经济现实的既定条件出发，因势利导，谋求发展民族经济，建设自己的国家。目前，除阿富汗等个别例外，绝大多数中东国家都采取外向、开放型的发展方式。具体表现在：

1. 大力开展对外贸易，以出口带动发展

中东产油国和非产油国，都把扩大对外贸易作为促进发展的一项战略性措施。它们普遍采取鼓励自由贸易的政策，尤其是海湾产油国通过实行低关税或者取消外汇管制，使对外贸易额大幅度增长。据统计，中东国家的外贸总额从1950年的52.87亿美

元激增至 1980 年的 3268.16 亿美元，增长了 60 倍以上。① 有些
海湾国家，如科威特、沙特阿拉伯、阿拉伯联合酋长国等，在同
期间竟增加近百倍甚至三百多倍。中东国家的对外贸易额在世界
贸易总额中所占的比重，也由 3.28% 增至 7.99%。同国内生产
总值相比，其比率都相当高。民主也门、科威特、约旦等国的对
外贸易额甚至超过了其国内生产总值（见表 1）。

表1　中东部分国家的国内生产总值同进出口贸易额比较表

（1982 年，单位：亿美元）

国　别	国内生产总值	进出口贸易额	二者的比率
民主也门	6.30	17.73	1:2.81
科威特	200.60	246.03	1:1.23
约旦	35.00	39.94	1:1.14
阿曼	71.10	71.03	1:0.99
阿拉伯联合酋长国	298.70	263.02	1:0.88
沙特阿拉伯	1535.90	1197.77	1:0.78
阿拉伯也门	32.10	20.31	1:0.63

资料来源：世界银行：《1984 年世界发展报告》。

在中东国家对外贸易的迅速发展中，出口比进口增长更快。
从 1950—1980 年，中东进口的年平均增长率为 12.86%，而出
口的年平均增长率达 14.77%，比世界年平均增长率高出
3.37%。在世界贸易总额中，中东进口所占的比重同期间由
3.25% 增加到 5.29%，而出口由 2.9% 增至 10.68%。中东对外
贸易的顺差逐年扩大，由 1970 年的 32.81 亿美元激增至 1980 年

① 联合国贸发会议：《国际贸易和发展统计手册》1981 年增刊。

的 1088.22 亿美元。[①] 一批富油国石油输出所得是中东贸易顺差的主要部分。1980 年卡塔尔为 42.55 亿美元，阿拉伯联合酋长国为 118.87 亿美元，科威特为 134.15 亿美元，沙特阿拉伯最多，达 789.02 亿美元。由于扩大石油及其产品出口带来的巨额外汇收入，为中东产油国提供了主要的财政来源和发展民族经济的大量资金，有力地促进了它们的炼油、石油化工、电力等工业的迅速发展，并加速了某些进口替代工业（钢铁、机械、汽车制造等）的成长。

至于中东的一些非石油输出国，尽管存在着贸易赤字，但是在努力扩大农牧产品或矿产品、手工艺品等出口多样化的带动下，民族经济的发展也不同程度地取得了成效。土耳其和埃及在经过一段时间内向发展之后，重新转为外向与开放。埃夫伦总统执政几年来，土耳其外贸活跃，经济上升。埃及近十年来，不仅扩大了棉花等传统产品的出口，而且还开始大量出口原油，发展成为一个新的石油输出国。

2. 积极利用外资、外援，大力引进国外先进技术、设备和管理经验

除一些富油国财力极为雄厚外，其他许多中东国家都需要靠外资、外援来补充本国资金的不足。即使是富油国，也重视加强与外资的合作，以利于引进先进的技术、设备和企业管理方法，改造本国的旧企业和建设现代化的新型企业。因此，中东国家普遍采取措施鼓励引进外资和争取外援。叙利亚 1971 年公布的第 18 号法令规定对外国投资者给予免税等优惠待遇。埃及 1974 年的第 43 号法令规定外国资本在限期内豁免其利润所得税，并允许自由汇出利润等。到 1982 年，埃及政府已批准引进外资项目

---

① 联合国贸发会议：《国际贸易和发展统计手册》1981 年增刊。

达两千多个。黎巴嫩在第二次大战后之所以迅速发展成为世界性的商业、金融中心之一，也主要是由于它长期实行经济完全开放的政策，外资大量流入，商业、金融活动兴盛所造成的。而自1975年黎巴嫩战乱以来，资本抽走，贸易受阻，已使其经济一蹶不振。

富油国引进外资主要采取合营的方式，本国资本一般占有51%以上的股权，并要求合资企业采用现代化的最新技术与设备。为了鼓励发展新兴工业部门，对在这方面合营的外国投资者予以特别优待。如沙特阿拉伯与外资合营建立石油化工企业，就向其提供低价地皮、廉价水电供应、5—10年免税、优惠供应原油等许多特殊待遇。科威特与外资合营建立医药工业企业，甚至特许外资可占87%的股权。

许多中东国家为了平衡国际收支和充实发展资金，还设法举借外债，争取外援（包括来自本地区富油国的经济援助）。1983年这些国家获得的中长期贷款总额分别为：埃及22.21亿美元，土耳其15.98亿美元，阿曼5.06亿美元，约旦4.5亿美元，阿拉伯也门3.26亿美元，叙利亚3.25亿美元，民主也门3.06亿美元。[①] 在外援方面，埃及从1973—1976年接受阿拉伯国家的赠款平均每年为9亿美元，后来又得到美国的援款由1980年的9.77亿美元增至1983年的18.51亿美元。[②] 叙利亚得到阿拉伯国家的赠款从1978年的18亿美元增至1982年的20亿美元，1983年达近23亿美元。[③]

3. 增设经济自由区（包括自由港、自由贸易区、过境区

---

① 世界银行：《1985年世界发展报告》。

② ［英］《埃及经济季评》1985年增刊。

③ ［英］《叙利亚经济季评》1985年增刊。

等），发挥其联外促内的积极作用

　　除沙特阿拉伯、科威特等国因无需特别设置经济自由区外，大多数中东国家都积极开拓和利用经济自由区以促进发展。通过设立自由区，实行有别于内地的特殊经济政策，为扩大贸易、吸引外资、引进先进技术与设备、开发人力与自然资源、以加速本国的工业化和现代化，提供了一个联外促内的重要经济杠杆和渠道。在历史上，中东唯一的民主也门亚丁自由港，完全是为英国殖民主义者所利用的扩张工具。但是，战后取得独立的许多中东国家，陆续设立了一批经济自由区，则具有新的性质和作用，是为发展民族经济服务的。目前，已有 12 个中东国家总共建了近 30 个经济自由区。如黎巴嫩的贝鲁特港、叙利亚的大马士革、约旦的亚喀巴港、埃及的亚历山大港和塞得港、巴林的苏莱曼港、阿拉伯联合酋长国的迪拜和阿里山港以及伊朗的两个过境区，等等。

　　在这些经济自由区内，对所有进出口商品全部免税，允许外国资本自由投资经营各类工商企业、转口贸易及金融活动。它们在加速本国经济发展方面不同程度地取得了成效。1980 年，埃及各自由区的投资项目已有 321 个，资本总额 4.2 亿埃镑[①]（其中外资占 55%），并为 1.7 万名埃及工人提供了就业的机会。塞浦路斯的拉尔纳卡经济自由区已兴建了 100 家工厂，1979 年该区的出口额已相当于全国出口总额的 20% 左右。[②]

　　（二）发展速度：高速增长型

　　五十、六十年代，世界上的发展中国家普遍认为只要经济能够高速增长，失业和贫困等严重社会问题就可以获得解决。急于

---

　　① 官方固定汇率 0.7 埃镑等于 1 美元。

　　② 亚瑟·斯·班克斯主编：《世界经济手册》，美国 1982 年版。

摆脱经济长期落后状态的中东国家，也大都采取这种高速增长型的发展速度。特别是富油国依靠巨额石油收入，不断扩大建设投资，努力加速本国经济的发展，取得了显著的成效。近十几年来，许多中东国家经济持续高速增长，乃是它们发展进程中的一个突出特点。

近十几年来，在经济增长速度上，发展中国家大大超过了发达国家。据统计，1973—1983 年发达国家平均的国内生产总值年增长率为 2.4%，而发展中国家达 4.95%。在发展中国家里面，许多中东国家又居于领先地位，其年均增长率有的甚至高达10% 以上（见表 2）。

表 2   中东部分国家国内生产总值的年均增长率 （百分比）

国别	1965—1972 年	1973—1983 年
阿拉伯也门	/	8.2
埃及	3.8	8.8
土耳其	6.5	4.4
黎巴嫩	6.2	/
约旦	/	11.1
叙利亚	6.2	8.0
伊朗	10.4	/
伊拉克	/	12.1*
沙特阿拉伯	11.2	6.9
阿拉伯联合酋长国	/	10.8
阿曼	21.9	6.5

资料来源：世界银行：《1985 年世界发展报告》。

* 伊拉克数字为 1970—1980 年的。

　　中东国家经济发展的高速度也反映在国民生产总值的急剧增长上。从 1972—1982 年，国民生产总值增加十倍以上的有阿拉伯联合酋长国、阿曼、沙特阿拉伯、巴林、卡塔尔等国，增加三倍以上的有叙利亚、伊拉克、约旦、科威特、埃及等国（见表3）。

表3　　　　　　　中东部分国家的国民生产总值　　　　（亿美元）

国别	1972 年	1982 年	增长的倍数
阿拉伯联合酋长国	14.7	302	20.54
阿曼	3.66	72	19.67
沙特阿拉伯	68	1212	17.82
巴林	3	43	14.33
卡塔尔	6	79	13.16
叙利亚	24	184	7.66
伊拉克	44	327	7.43
约旦	5.8	38.8	6.68
科威特	44.5	200	4.49
埃及	78	327	4.19

　　资料来源：阿拉伯社会和经济发展基金组织 1984 年报告。

　　为了保证经济的高速增长，许多中东国家在其发展计划中规定了高指标和高投资，由于它们有巨额的石油收入作后盾（1973—1981 年六个海湾富油国的石油收入共计达 8791.78 亿美元[①]）所以能够实行大规模投资和实现高速度发展指标。在 1976—1980 年的发展计划中，伊拉克提出每年增长指标高达 16.8%，总投资额共计 338 亿美元。沙特阿拉伯在其 1975—1980

—————————

　　① 据英国《石油经济学家》有关统计数字。

年计划中，规定每年增长指标为 10.2%，总投资额高达 1420 亿美元；在 1980—1985 年计划中，提出的总投资额更增至 3000 亿美元。

（三）经济结构：多样化与工业化

为了争取实现经济上的独立，中东国家在大力发展民族经济的进程中，积极设法逐步改变过去那种过分依赖出口原油和其他初级产品的畸形发展的单一经济结构。为此，它们普遍推行加速经济多样化和工业化的政策，并努力采取各具特色的许多有效措施。

中东产油国的突出特点是综合利用本国丰富的石油和天然气资源，有力地促进了石油工业和其他有关工业的迅速发展。石油工业已从过去单纯开采原油的局面，进入开采与加工并举、上下游经营全面发展的新阶段。目前，沙特阿拉伯、伊朗、科威特等国已建立了一批技术设备最先进的现代化炼油厂，拥有巨大的炼油能力。1984 年底沙特阿拉伯的炼油能力日产达 83 万桶，伊朗 65 万桶，科威特 62.8 万桶。[①] 它们还大力发展石油化工、钢铁、电力、水泥、机车车辆、淡化水等许多新兴工业部门，同时加速发展农业，以提高粮食和副食品的自给率。沙特阿拉伯已建立本国的石油化学工业体系，1983 年小麦的自给率已达到 90%。

许多中东国家根据本国的具体情况，利用各自的优势条件，着重发展那些最为有利的经济部门，以增加国家的财政收入，支持其他部门的发展。埃及主要抓原油、棉花出口，劳务输出，以及苏伊士运河的运输等。约旦、土耳其、塞浦路斯、黎巴嫩等国大力发展旅游业，其外汇收入占各国财政收入的颇大份额，

---

① ［英］《中东能源经济季评》1985 年增刊。

如约旦 1982 年占 28.24%，塞浦路斯 1983 年占 14.9%。一些国家还大兴服务业，其产值占国内生产总值的比重 1982 年分别为：约旦 64%，民主也门 61%，阿拉伯也门 56%，叙利亚50%。

由于采取了上述措施，使许多中东国家的经济结构正在发生重大变化。工业增长速度加快，1970—1982 年工业年均增长率达 13% 以上的有阿拉伯也门和约旦，超过 8% 的有沙特阿拉伯和埃及，土耳其为 5.6%。工业产值占国内生产总值的比重增大，有的已高达 60% 以上，不少国家也已占 1/3 左右（见表 4）。

表 4   中东部分国家工业产值占国内生产总值的比重　　（百分比）

国别	1965 年	1983 年
沙特阿拉伯	60	66
阿拉伯联合酋长国	/	65
伊拉克	46	/
伊朗	36	/
埃及	27	33
土耳其	25	33
叙利亚	22	25

资料来源：世界银行：《1985 年世界发展报告》。

（四）经济成分：以国营企业为主导的多种成分混合型

中东国家独立后，通过对外资企业实行国有化措施，普遍形成了以国营企业为主导、合营企业、私营企业和外资企业等多种成分并存的混合型经济。政府通过立法和制定相应的政策，保证了各种不同经济成分的合法存在和发展。这种混合型经济体制是与中东国家的基本性质和现行社会制度相适应的。它有利于实行外向与开放，不断增强国民经济的活力。

中东国家的国营经济成分在国民经济中占居优势地位，并起着主导作用。它是凭借国家政权力量，在没收或接管外国公司资产的基础上，以及由政府财政拨款投资建立和发展起来的，成为中东各国民族经济的重要组成部分。它对本国政府掌握国家经济命脉，打破跨国公司垄断，发展有利国计民生的关键性经济部门，加速本国资本积累和本国技术人员、管理干部的培养，以及促进国际经济合作等，作出了积极的贡献。但是，国营企业往往由于经营管理不善和官员贪污挥霍等，造成严重亏损而难以维持。

本国私营企业的发展与国营企业既有竞争而又互相补充。为了发挥本国私人资本的作用，中东各国政府对私营企业在提供原料、贷款、减免税收及货运销售等许多方面给予优惠。科威特的私人企业到 1973 年已有 21695 家。伊朗的私人资本在 1963—1972 年全国工业投资中约占 50%。各国政府还鼓励发展官商合营企业，沙特阿拉伯 1982 年已有合营企业 1588 家。

在国有化运动高潮过后，由于一些中东国家采取新的姿态来吸引和利用外资，使外资企业又恢复发展，并迅速转入一些新兴工业部门特别是制造业。1980—1982 年，埃及的外国私人直接投资净额由 5.41 亿美元增至 8.45 亿美元，阿拉伯也门由 1.42 亿美元，增至 2.89 亿美元。

（五）人力开发：智力投资高和劳务进出口大

中东国家重视智力投资、培养人才，把教育作为促进发展的重要条件和基础。阿拉伯联合酋长国总统扎耶德认为，最好的投资是为造就有知识有文化的后代投资。阿曼国王卡布斯强调，国家若要强盛兴旺，必须依靠科学文化知识，没有科学就没有发展。许多中东国家的教育投资率都比较高，在其财政支出中所占的比重（1981 年），土耳其为 16.8%，阿拉伯也门 16.4%，伊朗 13.69%，约旦 10.4%，埃及 9.2%，科威特 8.8%，阿曼 7.7%，阿拉伯联合酋长国 7.5%。目前，许多中东国家的教育事业都有较大发展，并培养出一批本国科技人才和管理干部。

在加强智力开发的同时，中东国家为解决本国劳力短缺或就业不足的困难，还开展大规模的劳务输入或输出。这对促进各国经济发展起了积极的作用。沙特阿拉伯、科威特、阿拉伯联合酋长国等富油国主要靠劳务输入来保证其发展所需的劳力供应，外籍劳工通常占总劳力的一半以上甚至 80%。沙特阿拉伯输入的外籍劳工 1983 年达 150 万人，主要来自阿拉伯也门、埃及、约旦、巴勒斯坦、苏丹、叙利亚、黎巴嫩以及韩国、菲律宾等国。[1] 埃及、土耳其、阿拉伯也门、约旦等则是中东主要的劳务输出国。1985 年埃及在国外的劳工达 328 万人，约旦有 40 万人。[2] 它们与劳务输入国互补发展，从中获得了巨额外汇收入。1982 年，埃及在国外的劳工汇回款项达 32.93 亿美元，土耳其为 15.14 亿美元，阿拉伯也门为 11.61 亿美元，约旦为 11.1 亿美元，成为这些国家重要的财政来源之一。

（六）人民生活：高福利型

中东国家大都注意用提高人民生活福利的办法作为促进发展的有效手段和重要动力。由于经济高速增长，人均收入也较高。阿拉伯联合酋长国、卡塔尔和科威特 1983 年的人均国民生产总值分别居世界前三名，沙特阿拉伯为第 10 名，巴林为第 17 名，阿曼第 26 名，都属于世界上高收入一类的国家。其他中东国家

---

① ［英］《沙特阿拉伯经济季评》1983 年增刊。

② ［英］《埃及经济季评》1985 年增刊及《约旦经济季评》1985 年增刊。

除阿富汗为低收入国外，都是中等收入或中等偏上的国家。许多产油国挟其雄厚的财力，普遍推行高工资、高补贴、免费医疗、免费教育以及提供廉价水电和现代化住宅等一系列高福利措施，使其人民生活大大高于发展中国家的一般水平。这是它们发展进程中的显著特征之一。据报道，科威特本国一般职工的月薪都在250 第纳尔以上，名列世界前茅。而每个科威特人一生中得到国家的各种补助和津贴就有 50 万美元之多。① 一些中等收入水平的非产油国也积极采取措施降低生活必需品的价格和搞一些社会福利。因此，尽管贫富悬殊、两极分化的社会现象依然存在，但总的来看，中东国家的人民生活确有不同程度的改善，其婴儿死亡率显著下降，人均寿命大大延长，全民族的文化水平也不断提高。

三

综上所述，中东国家利用其有利条件并采取外向与开放的方式及各具特色的具体措施发展经济，不同程度地取得了成效。同时应当指出，目前它们面临的困难和问题也不少。纵观其发展趋势，似有以下几点值得注意：

第一，中东区域经济合作特别是阿拉伯国家经济一体化的发展，将成为推进南南合作的一个强大因素

为了加速发展民族经济、争取本国经济独立，中东国家自 50 年代起就着手推进本地区各国之间的经济合作，开始走上集体自力更生的道路。在 1953 年埃及、伊拉克等六个阿拉伯国家带头实行互惠贸易的基础上，60 年代先后成立了阿拉伯经济统

---

① ［美］《亚特兰大日报》1980 年 2 月 10 日。

一委员会（12 国）、阿拉伯共同市场（六国）、阿拉伯石油输出国组织（11 国）和阿拉伯经济和社会发展基金会（22 国）。70 年代以来，随着石油收入的急剧增加，中东产油国纷纷建立各种经援机构，从提供资金方面进一步加强互助合作，帮助非产油国发展经济。据统计，到 1984 年底为止，科威特阿拉伯经济发展基金会、阿布扎比阿拉伯经济发展基金会、阿拉伯经济和社会发展基金会、伊斯兰发展银行、沙特阿拉伯发展基金会、伊拉克援外发展基金会、阿拉伯援助非洲发展银行和石油输出国组织国际发展基金会等八大著名经援组织提供的援助款项共达 203.7695 亿美元，其中资助阿拉伯国家发展项目的款项占半数以上。[①] 1981 年成立的海湾合作委员会（六国），宣布取消成员国间的关税，鼓励私营部门开办联合企业，协调石油政策与发展政策，加强技术合作与财政、货币合作等。近几年来，海湾合作委员会还建立了拥有 30 亿美元资本的海湾投资公司，宣布允许各成员国人民自由往来，货币自由流通，决定发展共同市场以及创办阿拉伯海湾大学等。

上述事实充分显示出中东区域经济合作具有强大的生命力，它在不断克服困难的进程中发展与巩固，今后在继续推进南南合作方面将发挥越来越大的作用。

第二，扩大资本输出日益成为中东产油国突出的经济活动，这将有利于加强东西方的经济联系和第三世界的经济合作

由于石油国有化和原油提价斗争取得的胜利成果，中东产油国自 70 年代以来迅速积累起数以千百亿美元计的巨额盈余资金（见表5）。

---

① ［塞浦路斯］《中东经济概览》1985 年 5 月 6 日。

表 5	1978—1980 年中东部分产油国盈余资金累计 （亿美元）
沙特阿拉伯	1406.9
科威特	690.0
伊拉克	412.5
阿拉伯联合酋长国	391.5
伊朗	344.8
卡塔尔	102.1

资料来源：国际货币基金组织：《国际金融统计》。

　　为了充分发挥这些盈余资金的经济效益，以加速本国的经济发展，就必须使其实现资本化。因此，中东产油国在扩大国内建设投资的同时，大力开展对外投资活动，以通过对外经济合作来促进国内的发展。

　　近十几年来，中东产油国的对外投资迅速增长。据统计，沙特阿拉伯、科威特和阿拉伯联合酋长国等三个主要产油国的对外投资额到 1982 年 3 月共计达 2650 亿美元。[①] 由于投资经营活动的兴旺，科威特和巴林已发展成为重要的国际金融中心。中东产油国通过建立各类银行（如阿拉伯国际投资银行、海湾国际银行等）、投资公司、股票市场、经援机构等，将其资本输出扩大到世界各大洲。其中投入欧洲货币市场的约占其全部对外投资总额的 28%，购买美、日、英、联邦德国政府的短期证券约占 13%。对发展中国家的援助和优惠贷款约占 15%。投资方式与领域也日趋多样化。除上述间接投资外，其直接投资和长期证券投资约占 30%。投资领域遍及许多重要的经济部门，

---

　　① ［法］《未来》周刊，1982 年 10 月 9 日。

包括工矿业特别是国际石油工业、农业、商业、旅游业及房地产等等。目前，投资的主要对象虽仍是西方工业发达国家，但对第三世界发展中国家的投资正在日趋加强，其投资流向开始出现东移的明显趋势。

第三，多种成分混合型的经济体制开始发生重要变化，仍占优势地位的国营成分作用和影响下降，私营成分不断扩大，日益活跃，这将有利于增强其新的经济活力

中东国家以国营企业为主导的多种成分混合型经济体制，对各国的经济发展起了很大的促进作用。国有化运动结束后，国营经济成分逐渐暴露出不少问题，经营管理不善，经济效益不高。于是，许多中东国家转而采取非国有化措施，将一部分国营企业转给私人经营或官商合营，借以鼓励和发挥私人资本的积极性，活跃市场经济。近几年来，土耳其大幅度削减对国营企业的补贴，并将航空公司、石油公司、铁路管理局、茶叶管理公司等263家国营企业陆续出售给私人资本。[①] 沙特阿拉伯的国营基础工业公司在1976年建立时就计划将全部股权逐步转卖给私人。目前，多数中东国家的国营经济成分虽然仍占优势地位，但其作用和影响正在下降。如埃及国营部门投资所占的比重已由1974年以前的94.1%减至目前的76.5%。[②] 与此同时，私营经济成分受到鼓励，迅速上升。如叙利亚私人投资所占的比重由1980年以前的12%速增至目前的23%。[③] 沙特阿拉伯到1983年中获得许可证的私营企业达2600家。[④] 科威特到1984年年底在全国制造业的产品中，有1/5来自大约3000家私营企业，1/5来自官

① ［美］《中东和非洲经济学家》1984年11月号。
② ［英］《埃及经济季评》1985年增刊。
③ ［英］《叙利亚经济季评》1985年增刊。
④ ［英］《沙特阿拉伯经济季评》1983年增刊。

商合营企业。[①]

第四，在国际政治和经济关系方面，对中东国家的经济发展将继续存在一些不利因素与消极影响

目前，中东国际间战争不断，政治形势动荡多变，将会继续损害与干扰中东经济的发展。这不仅为世界和平舆论所关注，也同中东各国人民要求和平与发展的愿望相背离。一旦条件成熟，人民的力量将设法消弭战祸，重新建立为发展所必需的和平环境。

在经济领域，80 年代的形势仍很严峻。其直接影响中东经济的一大不利因素，是国际石油价格的不断下跌，而且看来一时还难以回升，因此，在可见的一段时间内，中东产油国的石油收入将会继续减少。这在目前虽然不至于马上使经济发展停滞不前，但其后果将会导致财政困难，投资收缩，放慢发展速度，减少对外援助等。为了避免经济受到大的震动，今后可能会采取比较持平、稳妥的发展方针，并加强同发展中国家之间的经济互助合作。

总之，当前中东国家经济发展的进程对促进南南合作，增强第三世界力量，推进国际经济新秩序的建立及加强世界和平因素等，将发挥越来越重要的作用，并产生深远的影响。

（原载《西亚非洲》1986 年第 2 期）

---

① ［英］《科威特经济季评》1985 年增刊。

中东国家的石油经济战略

　　中东地区是著称于世的"石油宝库"。据报道，截至1985年底，世界石油总探明储量为957.09亿吨，中东地区为550.93亿吨，占57.44%，超过一半以上。[①] 石油是一种战略资源，在当代世界政治、经济、军事、国际关系和社会生活等各个方面都起着极其重要的作用。作为世界主要石油供应者的中东产油国，它们所推行的石油经济战略，不仅关系到这些国家社会经济的发展，而且对于世界政治经济格局的变化有着不可忽视的影响。因此，研究和阐明中东国家的石油经济战略无疑具有重要的现实意义。

一

　　中东国家的石油经济战略，系指中东产油国政府在开发和运用本国石油财富过程中所实施的战略方针，其主要内容包括收回石油资源主权的石油民族主义战略、实行自主的维护民族利益的

---

　　① ［美］《油气杂志》1985年12月27日。

石油供应价格战略，以及利用石油和石油资金加速本国社会经济成长的发展战略这样三个方面。

由于中东石油的开发，长期控制在西方石油垄断资本手中，所以随着民族解放运动的兴起，中东产油国的石油经济战略首先突出表现为强烈要求收回和维护国家对石油资源的主权。这是一个控制和反控制的历史过程，具体反映在产油国政府与外国石油公司关系的演变中，特别是实现石油国有化的历程中。

中东产油国与外国石油公司关系的历史演变，大致经历了租让制、合营制和承包制等几种主要形式。

租让制是西方石油垄断资本在中东推行的一种掠夺方式，是强加在中东产油国头上的殖民主义枷锁。世界上第一个完整形态的租让协定，是英国利用讹诈、恐吓、行贿、收买等卑劣手段，迫使伊朗国王于 1901 年 5 月 28 日同投机成性的澳裔英国冒险家威廉·诺克斯·达西签订的石油勘探开发租让协定。根据这项协定，英国在伊朗夺得了 129 万平方公里的石油租让地，约占伊朗总面积的 4/5，租借期长达 60 年。然而，英国人所付出的代价却是微乎其微的，仅仅支付现款和股票各两万英镑，并答允在开采石油后伊朗国王占取纯利的 16%。后来，由英、荷、法、美等国资本组成的伊拉克石油公司①于 1925 年 3 月 14 日在伊拉克获得了特许租让权，租让期长达 75 年。接着，伊拉克石油公司于 1935 年在卡塔尔，1937 年在阿曼，1939 年在特鲁西尔酋长国（即现在的阿联酋）先后获取了石油租让权，成为掠夺中东石油的急先锋。美国石油垄断资本除了通过在伊拉克石油公司中占有

---

① 在伊拉克石油公司中，英国波斯石油公司（后改为英国石油公司）、英荷壳牌石油公司、法国石油公司以及埃克森和莫比尔石油公司合组的美国近东生产公司各占股份 23.75%，哥尔本基安公司占股 5%。

将近 1/4 的股份来参与掠夺中东石油外，1928 年美国加利福尼亚州美孚石油公司（即标准石油公司）单独在当时英国的保护地巴林群岛获得了石油租让地，成为其向沙特阿拉伯扩张的跳板。1933 年，加州美孚就从沙特国王手中抢购了采油权，租让期达 75 年，租让面积为 93.2 万平方公里。1939 年，再获得 20.7 万平方公里的租让地，合在一起租让范围达 114 万平方公里。从此，美国石油垄断资本控制了世界上储量最丰富的石油产地。与此同时，美国海湾石油公司和英国波斯石油公司对半合资经营的科威特石油公司于 1934 年在科威特获得全境的石油租让地，采油期长达 75 年，后来又延长至 92 年。总之，西方石油垄断资本在中东产油国签订的石油租让协定，规定的租让期限很长，租让面积很大，而且在租让地享有很多特权，可使用一切人力、物力而不受产油国政府的法律约束，甚至享有行政管理权、治安权，以及交通运输、教育卫生等方面的直接经营特权。租让区成为帝国主义掠夺、控制和剥削中东产油国的重要据点。十分明显，这种租让制合同方式严重地侵犯和损害了中东产油国的主权。

为了维护石油资源主权，中东产油国要求改变这种租让制合同关系。在第二次世界大战后民族解放运动高涨的形势下，50 年代初期在中东地区出现了产油国维护资源主权斗争的高潮。伊朗首先掀起了轰轰烈烈的石油国有化运动，虽在英美帝国主义的阴谋破坏下遭到失败，但它有力地支援了沙特阿拉伯在中东带头发起的"利润对半分成"的斗争。利润对半分成制随后在中东产油国普遍施行，较大幅度地增加了它们的收入。但这并未根本改变租让制的合同关系，并未解决石油资源主权和生产决定权问题。

50 年代后期，中东产油国利用一些独立石油公司和国际石油卡特尔之间的矛盾日益尖锐化的时机，同独立石油公司签订了合营制的石油勘探开采合同。合营制合同方式也是在伊朗最先出现。1957 年 8 月，伊朗国家石油公司同意大利国家石油公司的子公司阿及普（AGIP）签订协定，决定成立合营公司，将面积 203 万平方公里的地区交给这家合营公司经营。根据这项协定，双方各占股份 50%，而阿及普还得将其所得利润的一半作为石油税交给伊朗政府。伊朗占有一半股权再加上石油税，就可取得该公司 75% 的利润，这就是伊朗称之为 75 比 25 的分红合同。1958 年，伊朗再以同样条件同美国的印第安纳美孚石油公司（Amoco）签订了类似的合同。1965 年，伊朗又同美、英、法、德、荷等国的六家石油公司分别组成了合营公司。同一时期，沙特阿拉伯也于 1957 年 12 月同日本的阿拉伯石油公司签订了类似的协定，规定沙特所属的中立区沿海地区由日本阿拉伯石油公司开采石油，沙特在该公司中参股 10%—20%，并占有 1/3 的董事席位，获取 56% 的利润和原油标价的 20% 作为矿区使用费，实际上沙特共占有 76% 的利润收入。科威特也于 1958 年 5 月同日本阿拉伯公司签订了协定，规定由公司在中立区勘探开采石油，公司发现石油后，科威特参股 10%，公司交给政府 57% 的利润，矿区使用费为原油标价的 20.5%，科威特共获得公司收益的 77.5%。这种产油国参股的合营制合同方式，虽然未能使产油国完全摆脱帝国主义石油垄断资本的掠夺和剥削，但它毕竟在冲破租让制和使产油国获得更多经济利益方面起了一定的积极作用。这是中东产油国维护石油主权战略的一项重大成果。从某种意义上说来，它标志着产油国与外国石油公司关系的新时代。

比合营制进一步发展的承包制合同方式，60 年代中期在中东地区开始出现。1966 年 8 月，伊朗国营石油公司同法国石油勘探和生产财团以承包方式签订了石油开采协定，条件比较严格，被认为是产油国独立自主性最强的第一个协定。它规定法国石油勘探和生产财团为石油勘探和开发提供技术和资金,如果没有找到石油,全部费用由法国财团承担。但是,发现石油和开始生产时,勘探费便作为对伊朗的贷款,每年归还 1/15,或以所产原油分期平均偿还,并保证法国财团在 25 年内可优先购买所产原油的 35%—45%。1968 年,伊拉克国营石油公司也同法国石油勘探和生产财团签订了类似的协定。这种承包制合同使产油国政府拥有了更大的自主权和更多的收入。

随着中东产油国维护石油主权战略的进一步展开,仅对外国石油公司的合同方式进行变革是不够的,它已不能适应形势发展的要求。于是,中东产油国在 70 年代纷纷掀起了旨在收回石油资源主权的石油国有化运动高潮。它们采取了两种不同的途径来实现石油国有化:

一种是伊朗、伊拉克的做法,即通过立法的形式,直接将外国石油公司的全部资产收归国有,全部石油业务转由本国石油公司经营。1972 年 6 月 1 日,伊拉克政府颁布了把伊拉克石油公司收归国有的法令,并同该公司进行了长期谈判斗争,终于迫使公司于 1973 年 2 月 28 日签订了协议,接受国有化要求。协议规定:(1)承认伊拉克对石油资源的主权;(2)公司付给伊拉克1.41 亿英镑(约合 3.384 亿美元)作为 1965 年至 1970 年所欠税款和其他损失的赔偿费;(3)由伊拉克无偿地接管摩苏尔地区的油田和设备;(4)把巴士拉油田的产量从 1972 年的 3200 万吨提高到 1976 年的 8000 万吨;(5)伊拉克无偿提供 1500 万吨原油作为对公司的赔偿费;(6)在黎巴嫩政府赞同下,把经过黎国境的油管终点设备出售给伊拉克政府,其价格不超过伊拉克供给公司的 1500 万吨原油。[①] 这项协议的签订,标志着国际石

①　新华社巴格达 1977 年 3 月 1 日电。

油财团承认了伊拉克对本国石油资源所享有的主权，表明了伊拉克维护石油主权的重大胜利。这样一来，伊拉克国家石油公司可以自由扩大原油的生产和石油勘探业务，特别是可以自由生产和出口南部油田的原油，并控制了75%的原油产量。1973年10月第四次中东战争爆发，直接促进了伊拉克的石油国有化进程。10月17日，伊拉克政府立即宣布对占有巴士拉石油公司23.75%的美国近东石油生产公司实行国有化，并拒绝给该公司赔偿。10月21日，伊拉克又以荷兰援助以色列为理由，将参与巴士拉石油公司的英荷壳牌公司中的荷兰资本收归国有。12月20日，再将巴士拉公司中哥尔本基安财团的5%股份收归国有。因此，到1973年底，伊拉克政府已控制巴士拉公司43%的股权，其余57%的英、法资本也于1975年全部实现国有化。伊拉克政府花四年时间完成了对本国石油工业的全面控制。

与伊拉克石油国有化同时，伊朗国王于1973年1月向西方石油财团发出最后通牒，迫使国际石油财团就以下两个方案进行选择：一是国际石油财团按协定可继续经营到1979年，但须向伊朗缴纳数额相当于海湾地区其他产油国按参股所得的利润，并将原油日产量增至800万桶；二是由伊朗百分之百接管国际石油财团的石油经营权，双方按特定价格签订长期的石油供应合同。今后，国际石油财团只能成为石油购买商。2月24日，双方原则上达成协议，国际石油财团接受第二种方案。3月16日，伊朗国王在伊斯法罕新炼钢厂落成典礼上，正式宣布由伊朗百分之百接管石油工业经营权和在今后20年内向外国公司供应原油的政策。3月21日，伊朗接管了石油工业的经营管理权，并在5月24日签订正式协议（回溯到3月21日生效）。伊朗终于完全实现了掌握本国石油主权的长期民族愿望。

再一种做法是，科威特、沙特阿拉伯、卡塔尔、巴林、阿拉伯联合酋长国等通过参股把外国公司的大部分股权收归国有，然后再进一步百分之百接管，分阶段地把石油主权逐步收回。但是，石油业务仍由外国石油公司承包经营。根据1972年10月在纽约达成的参股总协定，这些中东产油国1973年普遍在外国石油公司中参股25%，1974年又都将参与股份提高到60%，1975年以后则陆续实现百分之百地接管。科威特、迪拜于1975年，卡塔尔于1976年，巴林于1979年，沙特阿拉伯于1980年先后完成了对外国石油公司的接管，只有阿布扎比仍保持参股60%的合营关系。

总之，无论是直接国有化还是通过参股达到百分之百接管的途径，最后都把石油资源主权收回到了产油国政府手中，这是中东产油国石油民族主义的基本战略。因为只有实现了对石油资源的自主权，产油国才能根据自己的民族利益，制定石油生产和销售政策；只有实现对本国石油资源的控制，产油国才能利用石油和石油资金来发展社会经济。掌握石油资源主权，成为中东产油国实现经济独立的根本前提。

二

中东产油国作为世界主要石油供应者，在掌握石油资源主权之后，推行什么样的石油供应价格政策，这是它们贯彻石油经济战略的关键一环。石油供应价格政策涉及生产、加工、运输、销售等方面，其中价格是政策的核心。世界石油供应价格的问题，一般取决于世界经济发展状况和市场供求关系的变化，同时也受到国际政治形势的影响。因此，中东产油国实行自主的维护民族利益的石油供应价格战略，在不同时期的具体历史条件下，经历了曲折的发展过程，既有成功的经验，也有失败的教训。

世界石油价格的演变大体上可以分为两个大的历史时期：如果以 1973 年 10 月中东战争为分水岭的话，那么，在此之前的 1928 年至 1973 年是国际石油卡特尔垄断国际原油价格的时代；在此之后是以中东产油国为主力的石油输出国组织（英文缩写 OPEC，简称欧佩克）独立自主掌握油价决定权的时代。

垄断石油价格的制定，主要是依据荷兰皇家壳牌石油公司、英波石油公司和新泽西美孚石油公司的代表 1928 年于苏格兰的阿克那卡里堡（Achnacrry House）所签订的"维持现状协定"（又称阿克那卡里堡协定）。这项协定划分了卡特尔各成员公司的市场势力范围，限制各成员公司的原油产量，并规定了以得克萨斯海湾石油公司的原油标价作为各成员公司的统一垄断价格。按其规定，全世界每个出口中心的原油标价都要与从墨西哥湾得到同类原油的价格相同。交货地点的价格，不论原油来自何方，运输路程多远，都须按墨西哥湾的价格再加上从墨西哥湾运到交货地点的货运费来计算。这就是著名的"单一基点价格制"，又称"海湾加算价格制"。这种价格制是以石油垄断资本对世界石油市场的完全控制为基础的。它既保护了美国的石油工业，又保证了石油垄断组织的高额利润，这种垄断价格远远地超过了石油开采的生产成本，尤其是大大超过中东产油区的生产成本。

但是，到 50 年代中期，"单一基点价格制"受到冲击。因为联邦德国、意大利、日本等国都已从战争的破坏中恢复过来，并开始跳跃式的发展。同时，以煤为主的能源结构正在发生变化，对石油的需求急剧增加，这就造成了在 50 年代中期的石油提价。欧洲和日本一些独立石油公司的建立和发展，并逐步在中东和亚非拉国家取得部分石油权益，美国也有一些独立石油公司向亚非拉国家渗透。另外，苏联的石油也较多地以廉价涌入国际市场。所有这一切使世界石油市场形成了二元结构，即在统一的垄断市场之外，又出现了另一个自由市场。在价格上也出现了东半球和西半球之间的落差。与此同时，国际石油卡特尔为了加紧掠夺中东原油而实行"双重基点价格制"，以降低中东原油的标价。

所谓"双重基点价格制"，就是把中东原油的价格规定为：按质量相同的墨西哥湾出口原油的离岸价格加上从中东产地到达销售地点所付的实际运费。这样一来，由于从中东到欧洲的距离比从墨西哥湾到欧洲的距离短得多，欧洲获得的中东原油，价格要便宜得多。尽管降低中东原油价格使国际石油卡特尔的收入有所减少，但提高了它的竞争力，便于加强对中东原油的掠夺，而中东产油国的石油收益却遭到严重的损失。沙特阿拉伯标准原油的价格，从1947年每桶2.22美元降至1960年的1.80美元。

在这种情况下，产油国不得不组织起来进行反压价的斗争。由沙特石油大臣塔里基（Tariky）和委内瑞拉石油部长阿方索（Alfonso）积极倡导于1960年9月建立的"欧佩克"就是这一斗争的产物。"欧佩克"作为一支反石油垄断价格的力量出现在国际舞台上，开始对维护原油合理价格发挥积极的作用，并对国际经济政治格局的变化产生一定的影响。由于它展开的集体斗争，使得国际石油卡特尔将压价政策改为冻结价格的政策。沙特标准原油从1960年至1970年始终保持在每桶1.80美元的水平上。

产油国在同国际石油垄断资本的斗争中积累了经验，从而在60年代后期着手制定新的纲领和策略，以推进独立自主的石油供应价格战略。1968年，"欧佩克"在其《石油政策宣言声明》中，明确提出了标价必须由产油国政府来决定，并强调把成员国政府的立法作为解决同外国石油公司争端的一种斗争手段。到70年代初期，产油国经过激烈斗争，终于迫使西方石油公司于

1971年2月同海湾六个产油国签订了德黑兰协议，规定海湾各国石油税率从标价的50％提高到55％，原油标价每桶提高35—40美分，取消产油国付给外国公司的销售贴水。而且规定在1971年6月和1973年至1975年每年的1月，将标价提高2.5％，外加5美分作为对通货膨胀的补贴。随后，为了弥补美元贬值的损失，"欧佩克"又于1972年1月和1973年6月，先后同西方公司签订了两个日内瓦协议，分别将油价提高了8.49％和11.9％，从而结束了长达10年之久的油价冻结时期。以1973年10月中东战争爆发为转折点，开始了中东产油国独立自主地掌握石油价格决定权的时代。

从1973年10月迄今13年间，中东产油国的石油供应价格战略，大致上经历了六个不同的阶段，并且主要通过"欧佩克"的集体行动具体表现出来。

（一）1973年10月至1974年1月为大幅度提价、夺回油价决定权阶段。1973年10月16日，海湾产油国抛开外国石油公司，单方面把油价提高70％（每桶从3.011美元增至5.119美元）。这标志着国际石油卡特尔垄断石油价格时代的结束和第三世界产油国独立自主地制定原油价格时代的开始。1973年12月22日，"欧佩克"决定再提价130％（每桶从5.119美元增至11.651美元），结束了西方垄断资本在廉价基础上对中东石油的掠夺，从而大大地增加了产油国的石油收入。

（二）1974年1月至1978年底，为油价小幅度上涨、基本冻结阶段。在这一阶段，每桶原油的价格仅提高了一元多，增至12.70美元。这五年间，油价基本稳定同头号石油输出国沙特阿拉伯的温和价格战略密切有关。在石油供应价格上，它一方面要维护民族经济权益，争取合理油价，保障石油收入；另一方面又强调要适应国际市场的供求关系，同西方妥协合作，不赞成提价过高。例如，1974年3月"欧佩克"多数成员国同意每桶原油提价0.84—1.75美元，但因沙特坚决反对，结果油价冻结了一个季度。1976年12月"欧佩克"多数成员国主张1977年1月提价10%，7月再提价5%，但由于沙特的坚持，最后统一在全年只提价10%的水平上。

（三）1979年1月至1981年初，是在国际原油价格失控、暴涨情况下，产油国力求统一油价的阶段。在这两年中，原油价格扶摇直上，每桶从12.70美元激增至41美元，增幅达两倍多。其主要原因是伊朗革命爆发，石油工人罢工，导致世界石油供应突然每天减少200万—500万桶，加之西方掀起抢购石油的风潮，从而造成现货市场上油价骤升。许多产油国以高于官价的价格供应原油，致使价格出现混乱，一度失去了控制。为了统一油价，"欧佩克"于1979年6月第54次部长级会议上，决定每桶油价最低为18美元，最高为23.5美元，认可了多元价格结构，形成了双重价格制。但是，"欧佩克"的价格仍低于市场价格，成员国又竞相提价。于是，1980年6月"欧佩克"决定每桶油价统一为32美元，质量高的可加5美元，达每桶37美元。1980年12月"欧佩克"又决定最高限价可提高到41美元，力图在国际市场上油价失控的态势中统一各成员国的供应价格。

（四）1981年初至1985年底，为"减产保价"（或称"限产保价"）阶段。在这期间，由于西方经济"滞胀"，石油需求急剧下降，西方政府和石油公司大量动用和抛售库存原油，造成世界市场上的石油供应由短缺变为过剩。据估计，每天大约有二三百万桶多余的石油，这就导致现货市场油价的猛跌。在这种情况下，产油国内部的"鹰派"和"鸽派"在油价问题上的矛盾进一步发展。尽管双方都有统一油价的愿望，但沙特为使油价统一在较低水平上，继续实行高产量和高供应政策（1981年初，日产原油达 1030 万桶），并坚持每桶标准原油以 32 美元出售，而伊朗等国却要求沙特减产并将油价提高到每桶 36 美元。1981年 5 月、8 月和 10 月，"欧佩克"连续举行三次会议，最后决定把标准油价统一为每桶 34 美元，并冻结到 1982 年底。但是，从1982 年 2 月起现货市场上油价持续下跌，一些产油国大幅度削价售油，使"欧佩克"的油价结构受到威胁。因此，在 1982 年3 月，"欧佩克"决定采取"减产保价"的战略，一致同意减产10%，从 4 月 1 日起日产限额为 1750 万桶，最多不超过 1800万桶，并维持每桶 34 美元的价格。然而，各成员国未能执行这一决定，继续减价售油。1983 年初世界石油市场供过于求的形势更为险恶，苏、美等国都降价抛售原油，每桶价格低至 25 美元。于是，"欧佩克"1983 年 3 月伦敦会议上，决定采取"限产保价"的对策。各成员国分配生产份额（沙特作为浮动生产国，但最高日产量限 500 万桶，伊朗 240 万桶，委内瑞拉 167.5 万桶，尼日利亚和印度尼西亚各为 130 万桶，伊拉克 120 万桶，利比亚和阿联酋各为 110 万桶，科威特 105 万桶，阿尔及利亚 75万桶，卡塔尔 30 万桶，厄瓜多尔 20 万桶，加蓬 12.5 万桶），[①]并将油价每桶由 34 美元下调为 29 美元。伦敦会议的决定暂时稳定了石油市场，但供求关系仍显疲软。1984 年夏，降价的压力又不断增长。10 月"欧佩克"决定从 11 月 1 日起，把生产限额再减为每天 1600 万桶（沙特 435.3 万桶，伊朗 230 万桶，委内瑞拉 155.5 万桶，尼日利亚 130 万桶，伊拉克 120 万桶，印度尼西亚 118.9 万桶，利比亚 99 万桶，阿联酋 95 万桶，科威特 90万桶，阿尔及利亚 66.3 万桶，卡塔尔 28 万桶，厄瓜多尔 18.3

---

① ［英］《石油经济学家》1985 年 3 月号。

万桶，加蓬 13.7 万桶）。① 1985 年以来，"欧佩克"仍面临着"产量监督"的艰巨任务。由于英国和挪威的减价：1985 年 1 月每桶减至 27.50 美元，3 月再降为 25.85 美元，"欧佩克"力求保持 1600 万桶的日产限额，也于 1985 年 1 月和 7 月将油价小幅度下调，每桶减为 28 美元。可是，英国、挪威、苏联、墨西哥等国却一直增产，特别是英国利用"欧佩克"减产之机，大力增加其北海油田的产量，并削价抛售。这样一来，拥有世界石油储量 2/3 的"欧佩克"只生产世界需求量的 1/3。沙特阿拉伯的原油出口量每天仅为 270 万桶，是 1966 年以来的最低水平。这种情况严重地影响了中东产油国的石油收入。于是，1985 年 6 月在"欧佩克"的塔伊夫会议上，沙特公开表示不作减产牺牲，酝酿着一种新的"减价保产"战略。到 1985 年 9 月，沙特实际上已不再承担浮动生产国的责任，并采用所谓"净回值"的贸易方式削价售油，同埃克森、德士古和莫比尔等三家大石油公司分别签订了日供应量为 80 万桶的"净回值"合同。而且从 10 月份起，沙特开始大幅度增产，到 12 月沙特日产增至 500 万桶，进一步增加供过于求的压力，一场石油价格战即将爆发。

（五）1985 年 12 月至 1986 年 3 月，为"减价保产"阶段。1985 年 12 月 7—9 日，"欧佩克"在日内瓦举行第 76 届部长级会议，决定改变"限产保价"战略而采取以夺取市场份额为目标的"减价保产"的战略，以捍卫其在世界市场上的地位，谋求"公平合理的份额"，夺回近年来失去的市场。其矛头直指英国和挪威，而所使用的"净回值"的办法，即期货交易以现货市场价格为准，扣除炼油成本和运输费用以后计算价格。按这种价格出售，不论石油市场出现什么变化，都可保证西方石油企业

---

① ［英］《石油经济学家》1985 年 3 月号。

的利润，受到买主的欢迎。但是，这种做法使得油价直线下泻：从 1985 年 12 月每桶 28 美元减至 1986 年 3 月 16 日为 11.51 美元，结果对"欧佩克"和非"欧佩克"产油国双方都很不利。本来，"欧佩克"采用这种办法，旨在迫使英国和挪威坐下来制定一项"全球性石油安排"，共同承担保价的任务。但是，英国采取不合作的态度，拒绝谈判，并且维持较高产量，国际石油价格继续下跌。因而迫于形势，"欧佩克"在 1986 年 3 月 16 日至 24 日举行第 77 届部长级特别会议，原则上同意重新实行"限产保价"的战略对策，并确定逐步把油价回升到 28 美元的目标。但因生产配额问题上存在分歧，只好暂告休会。

（六）1986 年 3 月至 8 月，为恢复"限产保价"战略阶段。在这段期间，"欧佩克"接连召开会议，寻求在油价下跌形势下的合作。1986 年 4 月 15 日至 21 日，第 77 届部长会议复会，大多数成员国达成限产协议，同意 1986 年原油日产量定为 1670 万桶。但阿尔及利亚、伊朗和利比亚认为这个限额"不足以使油价回升"。它们主张进一步削减产量。会议公报重申了 3 月确定的油价目标，并决定由印度尼西亚、沙特阿拉伯、科威特、尼日利亚和委内瑞拉五国的石油部长（或大臣）组成"欧佩克"小组，负责同各非"欧佩克"产油国进行联系，以便达成共同稳定市场的协议。1986 年 6 月 25 日至 30 日，"欧佩克"在南斯拉夫的布里俄尼岛召开第 78 届部长级会议，深入讨论了石油市场的严峻形势和恢复市场稳定局面的措施，以及产量限额的分配问题。但鉴于这些问题的极端严重性和各成员国之间的分歧一时难以弥合，会议决定休会至 7 月 28 日，以便各成员国代表团有充分时间同各自的政府进行商讨。第 78 届部长级会议第二阶段会议按计划在日内瓦举行，经过九天紧张讨论之后，于 8 月 5 日达成一项降低产量、促使油价回升的临时协议，决定 1986 年 9 月

和 10 月把"欧佩克"日产总额限制在 1984 年 10 月决定的 1600
万桶的水平上。1986 年 10 月,"欧佩克"将再举行会议,研究
产量和配额的长远解决办法,以稳定市场,维护产油国的利益。
上述一系列会议,都是围绕着重新实行"限产保价"战略问题
召开的。看来,在国际经济形势、供求关系、价值规律作用以及
各国政策的影响和制约下,"减价保产"的战略难以如愿以偿,
而"减产保价"战略更为切合实际。

三

中东产油国石油经济战略中一个越来越重要的方面,是在收
回了石油资源主权和原油定价权之后,如何利用石油和石油资金
有效地促进本国的经济发展和社会进步。这实际上是一种石油发
展战略。在这方面,中东产油国通过各自的实践,走出了各具特
色的发展道路,并取得了有益的经验和明显的成效。

由于过去长期在帝国主义的掠夺下,已经形成了过分依赖石
油开采业的单一畸形经济结构,要彻底改变这一落后结构,当然
是一个长期的过程,需要面对现实,逐步进行。由于这些国家的
石油工业比较发达,可作为发展国民经济的依靠,特别是有巨额
的石油收入,成为它们推行发展战略强有力的物质手段和坚实基
础。从这种情况出发,中东产油国政府在制定本国社会经济发展
战略时,都强调要运用石油财富(包括资源和资金)来加速本
国社会经济的发展。它们普遍提出的发展战略的目标和任务,是
从石油起飞,实现民族经济多样化和现代化,增强国力,提高人
民物质生活水平和教育程度,大力开发人力资源。其主要政策措
施大致有以下几方面:

(一)以石油为工具来获取经济的多样化和现代化。围绕着

本国的石油工业这一核心，在有节制地开采原油的基础上，大力发展石油下游经营和石油化学工业。

石油是一种不可再生的递耗资源，并且又是中东产油国财政收入的重要来源。因此，它们都注意了对本国石油资源的保护性开采和积极发展对石油的深度加工，以增加出口石油的附加价值。况且，只有发展石油的下游经营，才能真正地掌握本国石油主权。所以，向下游进军是中东产油国的一项重要战略措施，也是实现经济多样化的有效办法。70年代以来，中东产油国的石油加工能力有较快发展，炼油制品在其原油产量中所占的比重上升：1975年为16.23%，1979年为19.24%。80年代初，中东主要产油国炼油能力的增长尤为明显。1985年，它们炼油制品的年产量分别是：沙特阿拉伯5575万吨，科威特3168万吨，伊朗2650万吨，伊拉克1592万吨。[①] 70年代初期，中东的石油运输（包括陆上输油管和海上运输）基本上还控制在外国公司手中，但70年代中期以来，中东产油国大力修建新的输油管道和发展油船队。到1979年，中东地区投入使用的油管干线共达35930公里。1977年，中东主要产油国拥有的油轮达112艘，总吨位为694万吨以上。

兴建石油化学工业是中东产油国实现工业化和经济多样化的基本途径和必然趋势。70年代以来，中东产油国投入巨额资金，大规模地发展化肥和化工原料工业。据报道，沙特阿拉伯、科威特、伊拉克、阿联酋、卡塔尔、巴林、埃及、叙利亚等八国在这方面的投资共达160.05亿美元。[②] 到1980年，这八个国家氮肥的生产能力每年达320.7万吨，正在安装的生产能力每年达

---

① ［美］《油气杂志》1985年12月27日。
② ［黎巴嫩］《阿拉伯经济学家》1982年2月号。

108.8 万吨。[①]

（二）运用巨额的石油资金，实施大规模的社会经济发展计划，积极兴建各种物质基础设施，大力加强基础工业，重视发展农业和轻工业，以改变单一畸形的经济结构。

在 1973—1974 年和 1979—1980 年两次石油危机之间，中东产油国的石油收入猛增。据统计，1972—1981 年间，沙特阿拉伯、科威特、伊朗、伊拉克、阿联酋、卡塔尔等六国的石油收入累计达 8877 亿美元。这就为社会经济的发展提供了雄厚的资金。因此，它们普遍实行投资巨大的社会经济发展计划。以沙特阿拉伯最为突出，其第一个五年计划（1970—1975 年）原定投资为 159.73 亿美元，1974—1975 年度投资增加 280 亿美元，相当于 1970—1975 年总投资的 175.3%；第二个五年计划（1975—1980 年）总投资 1400 亿美元；第三个五年计划（1980—1985 年）总投资 2350 亿美元。

在中东产油国的社会经济发展计划中，物质基础设施的建设占有优先的地位。沙特的第一个发展计划以兴建基础设施为重点，第二个发展计划在这方面的投资占总投资的 50%，第三个五年发展计划仍占 35%。到 1984 年，沙特已修建一、二级公路干线 27899 公里，农村公路 48504 公里，大小海港 21 个，泊位 130 个，机场 23 个，电话线 870432 条（其中自动化线 6621 条）。[②]

物质基础设施的发展为工业化建设创造了前提条件之后，在非石油工业方面，中东产油国一般都注意发展钢铁和其他有色金属工业。沙特的吉达钢铁厂、卡塔尔的多哈钢铁厂、巴林的铝锭

---

① ［塞浦路斯］《中东经济概览》1982 年 8 月 2 日。
② ［英］《沙特阿拉伯经济季评》1985 年增刊。

厂等，都具有相当的规模和现代化的设备。建材工业的发展也比较迅速。1984 年沙特已有 7 座水泥厂，年产达 857 万吨，水泥自给率达 40%。其他钢管、电缆、铝板及金属建材也得到发展。一些同人民生活关系密切的轻工业，如食品加工业、纺织、塑料、制革等工业也都有明显的增长。

在发展工业的同时，中东产油国也注意农业的发展。1973—1983 年，科威特农业生产的年均增长率达 9.1%，沙特阿拉伯达 6.6%。[①] 沙特政府为了促进农业的发展，发放低息贷款（仅 1975—1983 年就有 27400 户农民从沙特农业银行得到 118 亿沙特里亚尔的贷款）、农业生产补贴（1975—1982 年，沙特农业水利部提供的农业补贴达 64 亿沙特里亚尔），并采取大力兴修灌溉和排水工程，鼓励贝都因人开荒定居，优价收购小麦等措施。1985 年沙特的小麦产量已自给有余。

当然，中东国家在利用石油资金发展民族经济方面不会是一帆风顺的，也会遇到这样或那样的困难。近几年来，由于油价连续下跌，石油收入锐减，它们不得不缩小建设规模，延缓工程项目等。

（三）运用石油资金，大兴教育事业，加紧人力资源的开发，以培养本国的专业技术人才。

一定数量和质量的人口是社会经济发展的前提。对于拥有巨大石油财富，而人口却分布不均，甚至十分稀少的中东产油国来说，开发人力资源具有相当重要的意义，中东产油国政府普遍重视这个问题。它们的教育投资在政府总开支中一般占有较高的比重。例如，从 1971 年以来，在科威特政府的历年总开支中，教育经费所占的份额，最高的曾达到 11.4%，最低的也不少于 5.49%。

---

① 世界银行：《1985 年世界发展报告》。

　　充足的教育经费保证了教育事业的迅速发展，这是中东产油国社会进步的突出表现。在阿曼，1970 年全国只有 3 所小学校，但到 1981 年已有小学 909 所，中学 373 所；1986 年还创办了国民大学。① 在科威特，1983—1984 学年，已有小学 252 所，中学 337 所，高等学院 9 所，在校学生总共达 398687 人，约占全国总人口的 23.5%。② 在中东产油国中，成年教育、职业教育、专门技术教育也受到高度的重视。1980—1981 学年，沙特阿拉伯的成年人学校 2991 所，学生 136103 人；专门教育学校 58 所，学生 1971 人；技术学校 30 所，学生 6920 人。③ 教育事业的发展使得中东产油国的民族专业人才的队伍逐渐形成。科威特的设备高度现代化的舒艾巴炼油厂，就是由本国的技术干部自己来经营管理。

　　（四）运用盈余石油美元，开拓海外投资，进行多样化的国际金融经营，以保本生利，广开财源。

　　中东特别是海湾产油国，一般地少人稀，其他资源也比较贫乏，国内对石油资金的吸收能力有限。为了使剩余资金保本生利，它们从 70 年代中期以来，大力推行资本输出政策。据报道，1974—1981 年中东石油美元的主要投向是：（1）西方国家政府和公司的长期债券、公司股票与房地产占 47.8%；（2）短期政府证券（主要是购买美、英政府的国库券）占 3.2%；（3）西方商业银行特别是欧洲货币市场存款占 33.5%；（4）对发展中国家的援助赠款和贷款占 13%；（5）供给国际金融组织的资金占 2.5%。④

　　与此同时，一个包括官营、私营、官商合营、阿拉伯国家联

---

① ［英］1983—1984 年《中东和北非年鉴》。
② ［英］《科威特经济季评》1985 年增刊。
③ ［英］1983—1984 年《中东和北非年鉴》。
④ 国际货币基金组织：《不定期报告》1983 年 4 月第 18 号。

营、阿拉伯国家同西方国家联营等各种类型银行的中东阿拉伯银行体系初步形成，并且在国际金融领域中发挥着明显的作用，打破了旧的国际金融格局。仅从 1977 年至 1983 年，阿拉伯银行的辛迪加贷款累计达 352.3 亿美元。其中，1983 年为 69.9 亿美元，占世界辛迪加贷款总额的 11.5%。[①] 由此可见，阿拉伯银行的地位十分重要。

中东产油国从海外投资中获得的利息和利润收入是相当可观的，成为了政府在石油收入之外的又一重要财源。

科威特政府的海外投资收入

年份	金额（百万第纳尔）	约等于亿美元*
1980	1483	50.27
1981	2343	79.42
1982	1831	60.06
1983	1571	53.25

资料来源：科威特中央银行。

* 　1 美元等于 0.295 科威特第纳尔。

目前，中东产油国海外投资的重点，正在逐渐转向发展中国家。加强对第三世界国家的援助贷款，有利于发展南南合作，促进国际经济新秩序的建立。同时，将大大增强中东产油国的国际地位和影响。

（原载《西亚非洲》1986 年第 6 期）

---

① 　[英]《阿拉伯银行和金融手册》，1984 年版。

中东国家对外贸易的特点和前景

　　中东是最重要的国际贸易市场之一。战后几十年来，它在国际贸易中的地位显著提高，在世界进出口商品贸易总额中所占的比重迅速上升。1950 年，中东地区的出口值仅为世界出口总值的 2.9%，而到 1980 年激增至 10.68%，比重超过了 1/10。同一时期，中东地区的进口值在世界进口总值中所占的份额也从3.65% 增加到 5.27%。①

　　中东地区进出口贸易的迅速增长同其石油出口密切相关。作为著名的石油宝库，中东是世界上最重要的原油供应地，它在世界原油出口总量中占有相当大的比重。1980 年，仅沙特阿拉伯、伊朗、伊拉克、科威特、阿拉伯联合酋长国、卡塔尔、阿曼等七国的原油出口量就达 5.811 亿吨，占世界石油出口总量的57.11%。② 大量的原油输出为中东国家带来了巨额的石油收入，为它们的民族经济发展提供了雄厚的发展资金，从而促进中东商

---

　　① 据联合国贸发会议《国际贸易和发展统计手册》1981 年增刊的有关数字计算得出的百分比。

　　② 《国际贸易地理》，对外贸易教育出版社 1984 年版。

品市场的规模不断扩大，成为生产资料和日用消费品的重要销售场所，并成为世界上主要劳务市场之一。

然而，80 年代尤其是 1982 年以来，由于油价的下降和暴跌，中东国家的石油收入锐减，进出口贸易受挫。中东对外贸易的前景如何是举世关注的问题，也是我国发展经济过程中国际经济环境的一个重要方面。因此，从考察和分析中东国家对外贸易的特点入手，进而探讨其发展前景是具有现实意义的。

一

一国或一个地区对外贸易的发展通常总要受到地理位置、自然资源、人力状况、国内外政治经济环境和社会历史背景等诸多因素的影响和制约。中东国家在其特定条件下发展起来的对外贸易，主要特点大致有以下几方面：

（一）发展速度快，年均增长率高

战后，中东国家对外贸易发展十分迅速。1950—1980 年，中东国家对外贸易的年均增长率，出口达 14.77%，进口为 12.86%。而同一时期，世界的进口贸易和出口贸易的年均增长率分别均为 11.4%，低于中东国家进出口贸易的增长速度。特别是 70 年代期间，在对外贸易高速发展的中东国家中，以沙特阿拉伯、科威特、阿拉伯联合酋长国、阿曼、卡塔尔、巴林等海湾六国的增长尤为迅猛。它们的进口年均增长率高达 40.53%，出口年均增长率也高达 35.25%。而同一时期，世界进口贸易的年均增长率为 20.2%，出口贸易年均增长率为 20.3%，都远远地落后于海湾国家的发展速度。[1]

---

① 联合国贸发会议：《国际贸易和发展统计手册》1981 年增刊。

同高速的进出口贸易增长率相适应，中东国家的对外贸易总额大幅度增加，其数量相当可观。1980 年，整个中东地区的进出口贸易总额高达 3268.16 亿美元，为 1950 年进出口贸易总额的 60.87 倍，1960 年的 33.15 倍，1970 年的 15.52 倍。70 年代期间贸易额急剧直线上升，进口额由 1970 年的 88.91 亿美元增至 1980 年的 1090 亿美元，同期出口额由 121.72 亿美元增至 2147.76 亿美元。如此飞速的发展，在世界上是空前的。

表 1 　　　　1950—1980 年中东地区进出口值及
其占世界进出口总值的百分比

（进出口值按市价计算，单位为亿美元）

年份	中东进口值	占世界的比重（％）	中东出口值	占世界的比重（％）
1950	23.26	3.65	17.64	2.90
1960	46.30	3.42	52.24	4.00
1970	88.91	2.70	121.72	3.86
1973	181.22	3.06	294.90	5.11
1975	448.92	4.94	860.50	9.80
1980	1090.00	5.27	2147.74	10.68

资料来源：联合国贸发会议：《国际贸易和发展统计手册》1981 年增刊。

（二）进出口贸易的商品结构基本上以输出原油和其他农矿产品、进口机械运输设备等制成品为主

一个国家或地区的进出口商品结构主要取决于它的生产状况，经济发展水平及其产品的竞争力。综观中东国家对外贸易的商品结构，基本上可以划分为两种类型：

一类是主要的石油输出国，有沙特阿拉伯、伊朗、伊拉克、

科威特、阿拉伯联合酋长国、阿曼、卡塔尔和巴林等海湾八国。它们的石油和天然气储量大、产量多,石油开采和加工业在国民经济中占有绝对优势的地位。出口以原油、石油制品和天然气为大宗,通常占出口商品的90%左右。此外,还输出一些土特产品和制成品:沙特阿拉伯输出椰枣、鲜鱼干、珍珠、石油化工产品;科威特输出化肥、珍珠、鲜鱼干、珠母贝、椰枣、罐头食品、小型机电;伊朗输出地毯、皮张、皮革、干鲜水果、肠衣、金属矿石、鱼子酱;伊拉克输出椰枣、菜蔬、水果、皮革、毛毯、原棉、水泥;阿拉伯联合酋长国输出鲜鱼、鱼干、椰枣;阿曼输出手工艺品、鲜鱼干、椰枣、水果、烟草;卡塔尔输出蔬菜、鲜鱼、鱼干、珍珠、椰枣;巴林输出铝锭等。

这些海湾产油国的共同特点是,以原油、石油和天然气制品的出口来带动整个国民经济的发展。因此,对外贸易成为推进经济增长的"发动机"。它们用出口原油获得的巨额收入,支持国内大规模的现代化建设,同时大量进口机器设备、食品等以满足国内经济发展的需要。机械、运输设备以及其他制成品在它们的进口商品构成中占的比重很大,除巴林外,一般都达到70%—80%以上。

表2　　　　　　　　海湾国家的进口商品结构　　　　　　（%）

国别	年份	机械和运输设备	其他制成品	食品	燃料	其他初级产品
伊朗	1980	45.3	39.1	11.1	2.1	2.5
伊拉克	1982	50.35	12.62	7.14	—	29.9
沙特阿拉伯	1983	43	42	12	—	3
科威特	1983	44	40	13	—	3
阿拉伯联合酋长国*	1983	41	42	9	6	3

续表

国别	年份	机械和运输设备	其他制成品	食品	燃料	其他初级产品
阿曼	1983	46	36	14	2	3
卡塔尔	1983	43.9	24.5	14.7	—	16.9
巴林	1984	21.76	21.72	7.81	48.54	0.17

* 原材料超过 100。

资料来源：①伊朗见《1982 年世界经济手册》，纽约版。

②伊拉克据拉菲达因银行（Rafidain Bank）数字。

③沙特、科威特、阿联酋、阿曼见《1986 年世界发展报告》。

④卡塔尔见《中东通讯·海湾国家》1985 年 8 月 26 日。

⑤巴林见《经济季评》巴林、卡塔尔、阿曼、南北也门 1985 年增刊。

另一类国家是出口多种农矿产品为主的国家，即除上述八国外的其余中东国家，大体均属此种类型。在这些国家中，只有土耳其、约旦等国工业制成品的出口占有重要地位，其他多数国家则主要出口农牧产品、矿产品和土特产品等。例如，阿富汗输出石榴、葡萄干、地毯、紫羔羊皮、棉花；塞浦路斯输出蔬菜、水果、酒、鲜花、衣服布料；埃及输出原油、棉花、大米；叙利亚输出原油、棉花、磷酸盐、羊皮；黎巴嫩输出柑橘、食品、玻璃、衣服；民主也门输出棉花、药材、原盐、咖啡豆、皮张；阿拉伯也门输出咖啡、棉花、皮张、皮革、陶器等。它们的主要进口商品有原油（除埃及和叙利亚外）、石油制品、机械和运输设备、化工产品、日用消费品和食品等。

（三）中东国家的主要贸易对象是美国、西欧和日本，尤其是日本近年来在中东对外贸易中的地位迅速上升，已超过美国和西欧

与此同时，中东国家注意开拓多样化贸易市场，增加贸易伙

伴，同苏联和东欧国家以及其他发展中国家的贸易往来有所加强，同我国的经济贸易关系也处在发展的势头上。

战后以来，美国同中东国家的经济贸易往来不断发展，对中东地区的出口日益增长。例如，在60年代和70年代，美国往外输出的农产品（主要是粮食）大约有1/10运往中东市场，1975年曾占到17.41％；而美国从中东进口的原油，最多时占其原油进口总量的40％以上。80年代以来，尽管西方经济和国际贸易不景气，但美国同中东国家的贸易往来仍保持相当大的规模。据美国商业部的一项特别报告说，美国同中东地区的进出口贸易总额，1981年为490亿美元，1982年为380亿美元，1983年为290亿美元，大致保持在300亿美元上下。①

西欧国家同美国一样，既是中东石油的主要购买者，也是中东进口商品的重要来源地。1984年，中东国家从联邦德国进口的商品值为86.18亿美元，意大利为71.41亿美元，英国为64.56亿美元，法国为60.71亿美元。

日本从70年代中期就特别注意开拓在中东的市场。1984年日本对中东地区的出口商品贸易总额高达132.48亿美元，超过美国和西欧国家而跃居首位。日本在对中东国家的技术转让贸易中也取得了优势地位。据美国技术评定署报道，1982年中东国家购买非军事技术达42亿美元，其中日本占23％，联邦德国占22％；美国占20％。②

80年代以来，中东国家积极开拓多样化外贸市场，同苏联的贸易往来有所加强。1983年，土耳其和苏联的贸易总额达3.25亿美元。1984年，两国又签订了一项为期五年的贸易协定，

---

① 〔美〕《中东和北非经济学家》1985年3月号。

② 〔美〕《中东和北非经济学家》1984年9月号。

决定扩大彼此之间的商品交换，提出在 1986 年至 1990 年间双方的进出口商品总值至少增加到 60 亿美元。[①] 1982 年，伊拉克向苏联出口原油价值为 1800 万卢布（约合 2300 万美元），1983 年猛增至 3.82 亿卢布（约合 4.9 亿美元）。1983 年，沙特阿拉伯同苏联的贸易总额也达到 1.56 亿卢布（约合 2 亿美元）。[②] 1982—1983 年度，伊朗对苏联的出口占其出口总量的 20%。[③]

近年来，中东国家同中国的贸易关系也获得了较大的发展。1980 年，科威特从中国进口的商品总额达 1.271 亿美元。[④] 1985 年土耳其同中国的贸易总额达 1 亿美元。[⑤] 1985 年 11 月 14 日，阿拉伯联合酋长国同中国签订了经济贸易和技术合作协议，并组成了联合委员会。1986 年初，在阿布扎比首次开设了中国贸易中心。这样，中东国家同中国的经济贸易往来已奠定了良好的基础。

表 3　1984 年经济合作与发展组织主要成员国对中东的出口值（亿美元）

国别	日本	美国	联邦德国	意大利*	英国	法国	总计
沙特阿拉伯	55.96	55.64	21.97	24.05	18.54	22.82	198.98
埃及	9.72	27.04	11.32	9.19	5.71	9.49	72.47
伊朗	16.72	1.64	23.08	9.18	9.40	1.81	61.83
科威特	14.26	6.36	5.96	5.32	4.03	7.16	43.09
伊拉克	8.05	6.65	8.60	6.22	4.58	6.85	40.95
阿拉伯联合酋长国	11.22	6.95	4.19	5.96	7.24	2.82	38.38

①　[美]《中东和北非经济学家》1984 年 12 月号。

②　[英]《中东经济文摘》1984 年 6 月 8 日。

③　[英]《伊朗国家概貌》1986—1987 年刊。

④　[英]《中东通讯·海湾国家》1985 年 3 月 25 日。

⑤　美联社北京 1985 年 7 月 2 日电。

续表

国别	日本	美国	联邦德国	意大利*	英国	法国	总计
巴林	2.74	1.45	1.13	1.63	1.85	0.38	9.18
卡塔尔	1.74	0.84	0.86	0.54	1.79	1.01	6.78
其他国家	12.07	9.88	9.07	9.32	11.42	8.37	60.13
合计	132.45	116.45	86.18	71.41	64.56	60.71	531.79

＊意大利为11个月的统计数字。

资料来源：经济合作与发展组织：《外贸统计月报》1985年4月。

表4　　　　　　　　1950—1980年三国贸易顺差额　　　　（亿美元）

国别	1950	1960	1970	1980	1981	1982
沙特阿拉伯	2.25	6.65	17.30	782.02	849.96	384.65
科威特	1.15	7.58	12.76	134.15	93.39	30.08
卡塔尔	0.11	0.94	1.72	42.55	41.79	42.52

资料来源：①1950—1980年根据联合国贸发会议《国际贸易和发展统计手册》
1981年增刊的有关数字计算得出的。
②1981—1982年据［英］《经济季评》有关资料。

表5　　　　　　1950—1980年两国的进出口余额　　　　（亿美元）

国别	1950	1960	1970	1980	1981	1982
阿拉伯联合酋长国	-0.69	-1.58	2.83	192.10	105.44	74.18
阿曼	-0.06	-0.18	1.77	14.70	24.08	17.38

资料来源：同上表。

（四）中东各国的对外贸易收支状况很不平衡，出超、入超和出入超交替型兼而有之

影响进出口贸易收支状况的因素很多，如商品结构、贸易条

件、贸易方向以及国内外政治经济形势的变化等都直接间接地导致进出口贸易的出超或入超。从 50 年代至 80 年代初期，中东国家的贸易收支状况大致上分为四种情况：

其一是一贯出超型，有沙特阿拉伯、科威特和卡塔尔三国。它们长期拥有大量的贸易顺差。

其二是入超变出超型，有阿拉伯联合酋长国和阿曼两国。在50 年代和 60 年代，两国贸易收支均处于逆差状态，但到 70 年代，由于石油出口大量增多，它们也都发展为贸易顺差国。

其三是基本出超型，但在国内外政治经济形势变化的影响下，贸易收支状况产生波动，造成出入超交替出现的现象。伊朗、伊拉克、巴林三国属于这种类型。伊朗早在 1950 年曾有1.56 亿美元的贸易赤字，到 1960—1980 年期间一直保持贸易顺差状态。由于两伊战争和油价下跌的影响，1981 年开始出现5700 万美元的贸易赤字，而到 1984 年其贸易逆差激增到21.85 亿美元。[①] 伊拉克在 1950 年至 1980 年一直是贸易出超国，同样由于两伊战争和油价下跌的影响，1981 年以后连续出现贸易赤字，1981 年为 105.6 亿美元，1982 年增至 118.79 亿美元，1983 年赤字有所下降，仍达 20.39 亿美元。[②] 巴林在1970 年以前一直是贸易出超国，到 70 年代因进口原油价格上涨，导致两次出现逆差，1973 年贸易赤字为 1.26 亿美元，1979 年赤字达 3.23 亿美元。1980—1982 年巴林的出口值略高于进口值，但受两伊战争影响，海湾船运混乱，加上铝锭出口在国际市场上遇到剧烈的竞争，1983 年以后又连续出现贸易赤字。

---

① ［英］《伊朗国家概貌》1986—1987 年刊。
② ［英］《伊拉克国家概貌》1986—1987 年刊。

其四是一贯入超型，除上述三种类型的八个国家外，其他的中东国家均属这一类型，即对外贸易收支长期处于逆差状态。这些国家出口的农牧产品、矿产品和土特产品的价格同从发达国家进口的工业制成品的价格之间存在着"剪刀差"，加之它们国内经济基础薄弱，在同西方工业国贸易往来中，常常是出口少于进口，无论从商品价值还是从商品数量方面比较，它们都无法同工业国保持平衡。由于这种不等价交换和不平等贸易，使它们实际上作为西方工业国制成品的销售市场而很难摆脱其贸易一贯逆差的局面。拿埃及来说，1984年它对美国的出口值仅为1.82亿美元，而从美国进口机器设备等高达27亿美元以上，造成对美贸易的巨大逆差。目前，美国占有埃及农机市场50%的份额，电厂设备市场39%的份额，电讯设备市场31%的份额，医疗设备市场22%的份额和建筑材料市场17%的份额。①

（五）中东地区的转口贸易十分发达，在国际贸易中具有重要地位

中东国家由于海上交通便利，转口贸易向来非常兴旺，成为其对外贸易的一大特色。在中东，历史上的转口贸易港口仍继续发展，还有一批新的转口贸易中心正在大力兴建。如亚丁、贝鲁特、科威特、苏莱曼等是早就十分著名的转口贸易港口。近些年来，沙特阿拉伯的达曼港、朱拜勒港和阿拉伯联合酋长国的迪拜港的转口贸易也获得迅速发展。特别是迪拜，现已建设成为中东地区最大的现代化转口商港，这里有世界上最先进的港口设备，还有巨大的国际贸易大厦，展出各国商品和交换贸易供求信息。目前，迪拜同一百多个国家建立了贸易关系，对国际商品流通起着积极的促进作用。

---

① ［美］《中东和北非经济学家》1985年2月号。

中东地区的转口贸易不仅历史悠久，而且具有浓厚的宗教色彩。一年一度的朝圣活动是中东地区转口贸易的高峰。几百万穆斯林从世界各地拥往伊斯兰圣地——沙特阿拉伯的麦加城，他们在朝觐期间的衣食住行，以及宗教活动的各种需要，吸引着大批各色各样的货物从四方汇集，从而形成大规模商品转口的贸易旺季。

（六）中东地区具有贸易合作的传统，当前区域经济贸易一体化活动日趋加强

早在 40 年代末，中东国家之间就开始签订有关经济贸易的双边协定。1949 年 2 月 15 日，黎巴嫩和也门最先订立了促进贸易和技术合作协议。据不完全统计，从 1949 年至 1978 年，中东各国之间签署的双边经济贸易协定达 133 项之多。[①]

与此同时，中东国家之间多边的经济贸易协定和经济贸易组织也陆续出现。如 1945 年建立的阿拉伯国家联盟设有阿拉伯经济统一委员会，负责协调阿拉伯国家的经济贸易政策。1951 年建立的阿拉伯各国农工商联合总会，起着促进各国生产和贸易合作的作用。1964 年组成的阿拉伯共同市场，力求实现成员国间的关税同盟。1964 年还出现了伊朗、土耳其和巴基斯坦三国组成的区域发展合作组织（1982 年该组织一度解散，1985 年又恢复活动，现改名为经济合作组织），推进了三国间的经济合作。1968 年九个阿拉伯产油国联合组成阿拉伯石油输出国组织，致力于协调各成员国的原油生产和出口政策。更值得注意的是，1981 年 5 月成立的海湾合作委员会，对促进成员国之间的经济贸易合作关系，发挥着十分积极的作用。近几年来，该委员会的各成员国在执行 1983 年 3 月 1 日生效的"统一经济协议"方面

---

① 联合国西亚经济委员会：《西亚经济一体化》1985 年伦敦版，第 273—290 页。

取得了明显的进展。按照该协议规定，成员国公民可在六国范围内开设商业机构，各成员国的农产品、畜产品、工业品和自然资源，可在六国境内自由贸易，互免关税。各成员国对外国商品统一征收 4%—20% 的关税、1986 年 11 月在阿布扎比举行的海湾合作委员会第七届首脑会议上，还决定从 1987 年 3 月起实行更为自由的过境贸易，允许成员国公民在六国任何地方自由从事零售商业；各国政府优先购买成员国的产品等。这一切都将进一步推动中东区域的经济贸易合作和一体化运动的稳步发展。

二

中东国家对外贸易的前景同国际石油价格的发展趋势息息相关，同时受到国际政治经济形势特别是国际贸易条件的制约。但是，中东各国的生产和消费状况以及它们的经济政策也对外贸前景起着明显的影响作用。因此，除了必须把这个问题摆在国际社会来进行宏观的综合考察外，主要应从中东国家的国情出发作出具体分析。

从国际范围来看，80 年代前半期由于国际石油价格疲软，一再下降甚至暴跌，的确严重地影响了中东国家尤其是产油国的对外贸易和经济发展。中东主要产油国的石油出口和收入减少，原油和天然气产值在国内生产总值中所占的比重下降，对外贸易的发展受到严重挫折。例如，沙特阿拉伯的石油和天然气产值在国内生产总值中的比重，1980/1981 年度占 65.4%，1981/1982 年度减为 61.6%，1982/1983 年度急剧下降至 46.5%，1983/1984 年度再降至 39%。[①] 石油和天然气的绝对产值下降，国内

---

① ［英］《中东经济文摘》，1985 年 7 月沙特阿拉伯专辑。

生产总值减少，进出口贸易也从原来的高速增长变为大幅度缩减。据世界银行《世界发展报告》的资料，沙特阿拉伯的出口商品额从 1983 年的 791.25 亿美元剧减至 1984 年的 468.45 亿美元；进口商品额同期从 404.73 亿美元降为 336.96 亿美元，即分别减少了 40.8% 和 16.68%。这清楚地表明，由于对原油出口的特殊依赖，中东国家特别是产油国对外贸易的发展在很大程度上受到国际市场油价变化的制约。

今后世界油价的趋势如何，仍将主要取决于国际石油市场的供求关系。从石油供应方面看，中东产油国作为世界主要供应者的作用及其政策的影响将会有力地显示出来。以中东产油国为主体的石油输出国组织（以下简称欧佩克）拥有全球 68.8% 的油藏和一半左右的石油出口供应量（1985 年欧佩克的出口量占世界总出口量的 53.1%）。[①] 为了扭转油价暴跌的趋势，欧佩克重新实行限产保价的战略措施，在这方面各成员国有着共同的切身利益和内聚力，加强了共同协调的集体行动。1986 年欧佩克连续召开了四次部长级会议，达成稳定油价的协议。欧佩克还扩大了同非欧佩克产油国的对话，获得了它们的支持。甚至过去一向不愿同欧佩克合作的挪威也于 1987 年 1 月 13 日宣布支持欧佩克减产保价的努力，决定减少今年上半年的原油产量 7.5%，平均每天减产 8 万桶左右。这些因素对稳定油价都将产生积极的影响。再从石油需求方面看，随着西方经济的缓慢回升，西方石油消费国对石油的需求重又上升。它们出于自身利益的考虑，也希望油价能够稳定下来，因为油价跌得太低，将会直接削弱它们的节能措施，冲击发展替代能源的计划，妨碍石油生产和有关工业的增长，从而对西方经济带来不利影响。正是由于上述各种因素

---

① 石油输出国组织通讯社 1986 年 11 月 5 日报道。

的相互作用，使原油价格开始缓慢回升，目前在每桶 18 美元上下浮动。看来，80 年代最后几年特别是在今后较长时期内，国际石油价格可望继续回升，逐步恢复到相对稳定的局面。日本能源经济研究所发表的一份关于原油价格预测的研究报告说，"到80 年代末 90 年代初，每桶原油将上升到 20 美元左右"，"到2000 年可达每桶 30 美元左右"。① 可以预料，随着油价回升和稳定，中东国家特别是产油国的对外贸易和经济发展将逐渐恢复活力，前景会趋于好转。

从中东国家本身的具体情况来说，显著影响其对外贸易发展趋势的重要因素，值得注意的有以下四个方面：

（一）中东国家普遍实施外向型的初级产品出口的经济发展战略，把对外贸易摆在非常重要的战略地位上

对外贸易是中东国家国民经济中具有决定意义的重要经济部门，商品出口总值在国内生产总值中所占的比重很大，突出的有沙特阿拉伯占 88.2%，科威特占 72%，阿拉伯联合酋长国占69.8%（均为 1980 年数字）。② 因此，各国政府对开展进出口贸易都十分重视。无论是实行自由贸易政策的国家或者是实行保护贸易政策的国家，都注意从本国的实际情况出发，积极采取各种具体措施，大力促进对外贸易的发展。

中东大约有七个国家采取自由贸易政策。它们对进出口贸易限制很少，多数物品进口都不需许可证，而且关税很低，通常为4%—7%，对转口贸易的关税仅为 2%，甚至免税。此外，这些国家一般都没有外汇管制，对外汇支付和收入不加任何限制，外汇完全自由流通。这些政策与做法都为扩展国际贸易大开了方便之门。

---

① ［日］《每日新闻》1986 年 6 月 13 日。
② 《中国对外经济贸易年鉴》（1985），第 348 页。

实行保护贸易政策的中东国家则在实行保护关税的同时，一般都采取积极措施大力鼓励出口。土耳其采取的具体政策是降低汇率、① 对出口实行补贴，从 1983 年底起放宽外汇管制等。中东国家还普遍重视通过增设经济自由区或自由港，来扩大进出口贸易和对外经济联系。例如，叙利亚就先后设立了七个自由区，这些自由区的功能是促进商品进出口，储存外贸货物，发展过境运输，还在区内建立工厂企业，大力发展面向出口的民族工业。土耳其也在 1985 年和 1986 年增设面向出口的自由加工区和自由港，并采取"BOT"（意为建设、经营和转让）方式来吸引外资，即允许外资承包建造基础设施的工程，并规定由其经营一定时期后再作价转让给土耳其政府。这些做法都有利于加强对外经济贸易往来。

（二）中东富油国推行多样化国际金融经营的发展战略，以资本输出带动商品输出，这是值得注意的动向

科威特在这方面比较突出，它对西欧进行直接投资时，其附加条件是西方公司企业必须销售科威特的原油和石油制品。科威特还通过大量购买国外石油销售网点和加工设施，包括购买了美国海湾石油公司设在意大利、瑞典、丹麦、比利时、荷兰、卢森堡等国的 2800 个加油站和设在哥本哈根、鹿特丹、米兰的三座炼油厂在内，大约吸收它原油产量的 1/10，从而有效地促进了本国原油的出口。还有阿拉伯联合酋长国的迪拜，通过 100 多家银行专门从事国际贸易信贷活动，来促进外贸业务尤其是转口贸易的开展。1983 年和 1984 年，迪拜的转口贸易总额都达到 10 亿美元以上。②

---

① 1979 年 6 月 11 日前，1 美元等于 26.5 土耳其里拉，到 1985 年 1 美元已等于 552 土耳其里拉。

② ［英］《中东经济文摘》，阿拉伯联合酋长国专辑 1985 年 11 月。

　　值得指出的是，随着中东富油国对外投资活动的分散化，特别是"东移"加强对第三世界发展中国家的投资，它们的对外贸易活动也随之向东方扩展，使中东国家同广大发展中国家的贸易往来不断增多，这对加强南南合作无疑将会起到推动作用。

　　（三）中东商品市场具有较大的潜力，今后随着民族经济的发展和对外贸易条件的改善，市场规模将会进一步扩大

　　1982 年以来，受世界经济不景气和油价下跌等因素的影响，中东进口总额有所减少，但在世界进口总额中仍占有一定的地位。例如，1983 年仅沙特阿拉伯、伊拉克、伊朗、埃及、土耳其、科威特、阿拉伯联合酋长国、叙利亚、约旦、黎巴嫩、阿曼、阿拉伯也门和民主也门等 13 个中东国家的进口商品额共达 1243.67 亿美元，[①] 占世界总进口额的 6.61%，高于 1980 年所占的比重。1984 年的情况虽未好转，但部分中东国家的进口商品额比 1983 年仍有较大的增长。如土耳其由 85.48 亿美元增到 106.63 亿美元，埃及由 102.74 亿美元增到 145.96 亿美元，伊朗由 115.39 亿美元增到 132.50 亿美元。[②] 还应指出，沙特阿拉伯是中东地区最大的进口市场，其进口总额 1983 年为 404.73 亿美元，1984 年减至 336.95 亿美元，但仍保持外贸顺差，盈余 31.37 亿美元。[③] 其进口的潜力是富有余地的。总之，今后中东作为重要国际贸易市场的地位和作用仍会增强。

　　（四）随着经济多样化发展和基础设施的逐步改善，中东国家的进出口商品结构正在发生变化

　　在出口商品构成中，初级产品比例下降和工业制成品比重上

---

① 　世界银行：《1985 年世界发展报告》。
② 　世界银行：《1985 年世界发展报告》和《1986 年世界发展报告》。
③ 　［英］《沙特阿拉伯国家报道》1986 年第 4 期。

升的趋势将继续发展。例如，土耳其的出口商品构成在 1980—1985 年期间，加工和制成品的比重从 35.98％迅增至 75.33％，超过了总出口额的 3/4，而农矿原料初级产品的比重则从 64.02％降至 24.67％。[①] 其他中东国家出口商品构成的变化，也程度不同地呈现出这样的趋向。

在进口商品构成中，今后的趋势是机械运输设备的比例将减少，日用消费品和食品的比重将增加。主要原因是中东国家大力发展民族经济，正在逐步改变其机器设备完全仰赖进口的状况。另一重要原因是中东农业不发达，需要进口大量的农副产品。因此，中东将成为世界主要的粮食市场之一。据 1986 年《阿拉伯统一经济报告》说，80 年代上半期，中东阿拉伯国家的粮食自给水平从 58％下降到 40％，油料作物从 60％下降到 39％，糖料作物从 41％下降到 38％，豆类从 98％下降到 78％，畜产品从 81％下降到 78％。阿拉伯国家农产品的进口量大约占世界农产品总进口量的 15％。[②] 其他中东国家如伊朗农副产品也在很大程度上仰赖进口。1985 年进口小麦 200 万吨、大麦 50 万吨、玉米 100 万吨、食糖 60 万吨、食油 40 万吨、大米 40 万吨、肉类 20 万吨、奶酪 8.5 万吨、黄油 6.5 万吨、奶粉 2.4 万吨，共计花费 20 亿美元。[③] 沙特阿拉伯虽然在 1985 年实现了小麦自给有余，但其他食品还远不能满足国内的需求。多数中东国家必须仰赖进口食品，这是短期内不可能解决的问题。

（原载《西亚非洲》1987 年第 2 期）

---

① ［英］《土耳其国家概貌》1986—1987 年刊。

② 新华社科威特 1986 年 8 月 30 日讯。

③ 新华社德黑兰 1986 年 11 月 3 日讯。

西亚国家的水资源问题及其对策

　　水是地球生命的源泉，是一种无可替代的哺育万物的宝贵资源。历史证明，没有水就没有人类的文明，没有社会的发展。水不仅是农业的命脉，而且是整个国民经济发展的制约因素。它可以造福于人类，也可以给社会带来严重的灾难与祸害。因此，对水资源的开发利用和控制管理，是关系到国家生存和发展的头等大事之一。

　　西亚位于世界的"热极"和著名的干旱地区，多数国家的水资源极为奇缺。从长远意义看，对拥有丰富石油资源的西亚国家来说，水是比石油更为宝贵的资源。多年来，西亚各国政府都致力于解决水资源问题，采取了一些有效的措施，促进了水资源的开发利用，积累了可贵的经验教训，对这些国家的社会经济发展起了一定的积极作用。

一

　　西亚可资利用的水资源极其短缺，并且在地理分布和时空分布上很不均衡，突出表现在以下几个方面：

（一）降水量少而不均。降水量的多寡对于地表水和地下水的积聚都有决定性影响。西亚绝大部分属热带和副热带，地形又以高原为主，气候极端炎热干旱，降水量非常稀少。在整个西亚地区，除了山地迎风坡、黑海和地中海沿岸等少数地方降水较多（年降水量超过 500 毫米）外，其他广大地区降水量极少。如伊朗高原和阿拉伯半岛的年降水量一般不到 300 毫米，科威特平均年降水量只有 35 毫米—60 毫米。在沙特阿拉伯首都利雅得，最湿润的 4 月份，雨量也只有 25 毫米左右。在伊朗高原中部和阿拉伯半岛南部，往往连续数月甚至整年滴雨不下，天空中烈日炎炎，地面上沙海茫茫，成为世界上著名的极端干旱地区之一。此外，即使在降水量较多的地中海型气候区，由于降水集中在冬季，不能供给夏季农作物生长的需要。上述情况总的来看，很不利于西亚国家农业生产的发展，并且造成水源匮乏，严重影响对工业用水和人民生活用水的供应。

（二）无流区和内流区分布广而外流区面积小，两河流域时有泛滥，酿成水灾。同稀少的降水量和高原为主的地形相应的是，整个西亚地区七百多万平方公里的土地，大部分（约占 75%）缺少地表径流，只有一些不能入海的内陆河湖，形成了广大的无流区或内流区。无流区主要分布在阿拉伯半岛和伊朗高原的东部，其特点是地面缺乏常年有水的河湖，干沟纵横分布，偶尔下一场暴雨，干沟便会出现滔滔流水，但很快就被蒸发或渗漏掉。内流区主要分布在伊朗高原东北部、亚美尼亚高原和约旦河谷。部分内陆河流水量很不稳定，仅在雨季才有丰足水量，成为季节性的间歇河，因而未能满足农业生产用水的需求。

西亚大约 25% 的土地属外流区，主要分布在美索不达米亚平原，地中海东岸和伊朗高原及小亚细亚高原的边缘。美索不达米亚平原上的幼发拉底河和底格里斯河是西亚地区最大的河流。年总径流量达七百多亿立方米，是极为宝贵的自然资源。但是，两河都发源于亚美尼亚高原，有大量的高山积雪，每当春季积雪融化时，河水迅猛上涨，出现洪峰。特别是底格里斯河由于距离山地较近，各支流流程短，集流快，水流急，常汇集干流，汛期来时水位陡然上升，突发大水，泛滥成灾，对沿岸居民的生命财产往往造成很大的损失。

（三）地下水资源以深岩含水层为主，水质有的含有盐分，开发利用的难度大。据勘探表明，阿拉伯半岛的地下水资源主要蓄积在有冲积物堆积的干涸河道，在基层杂岩之下是连接东部和西部的厚达 500 米的沉积岩层，其形成年代从寒武纪到第四纪有11 套含水层，组成四个重要含水系统。伊朗最重要的地下含水层是北部、东部和中部的第三纪、第四纪冲积堆积物，以及西部和西南部的侏罗纪、白垩纪和早第三纪的碳酸岩。东地中海沿岸的地下水资源，主要是约旦东部地区的中生代和更新世岩层，有七套大规模的含水层。[①]

总之，西亚地区水源短缺，分布不均，许多国家虽然堪称富油国，但却都是贫水国或半贫水国。特别是阿拉伯半岛上的各国，基本上是油丰水匮，水比油贵。有的国家人均可用水量微乎其微，如阿曼每人平均每年只有 540 立方米的水。[②] 即使在降水量较多的地中海沿岸国家也面临着水荒的威胁。据世界银行的官员警告，约旦河水的利用已达到极点，如不采取补救措施，到1995 年所有可再生水源就会枯竭，到 2000 年约旦的用水估计可

---

① 彼德尔·比奥曼特：《中东的水资源及其经营管理》，约翰·I. 查奇和霍瓦尔德·彼文·约尼斯主编：《中东的发展和变化》，1981 年版，第 50—54 页。

② 《人民日报》1989 年 4 月 11 日。

能缺少 1.7 亿立方米。① 面对这种严酷的缺水危机，西亚各国政府不得不千方百计积极采取措施，保护水资源，开源节流，力求解决供水问题，这已成为各国政府的当务之急。

二

在西亚地区，对水资源的利用至少可以上溯一万年的历史，当时在死海以北的耶利科（Jericho）聚居点（有称之为"古城"），人们就已引水灌溉农作物。几千年来，水资源主要用于农业生产。进入 20 世纪后，随着社会经济的发展，水资源的利用情况发生了显著变化，农业用水量虽然仍占最大比重，但是工业用水量和家庭生活用水量正在迅速增长。特别是由于工业化和城市化的日益发展，对水资源的需求越来越大，从而使水资源问题日趋尖锐化。这促使西亚各国政府对水资源的开发利用和经营管理进行全面干预，将水资源的控制权从村镇转到国家手中，发挥国家管水治水的职能作用。

为了解决水资源危机这个巨大的难题，西亚各国政府普遍根据各自的具体国情和实际国力，采取了一些切实可行的对策，归纳起来大致有下列各项重大措施：

（一）国家对水资源进行直接控制管理，建立有关的管理机构，以组织、协调水资源的合理开发、利用和分配。土耳其在能源和自然资源部属下设国家水利总局，负责全国水资源的开发利用工作。在沙特阿拉伯，由农业水利部、内务部的市政局和淡化水组织共同协调水资源政策。在以色列，设有用水管理机构，对水资源进行高度集中管理，实行严格的分配制度，1959 年颁布

① ［美］《巴尔的摩太阳报》1987 年 8 月 3 日。

水法，向农民颁发购水许可证，规定标准耗水量和最高耗水量。伊朗政府于 1968 年颁布了全部水资源国有化的法案，规定凡开凿新井需要特别许可证。[①] 阿曼设有环境和水资源部，1979 年还成立了水资源事务局，管理全国的水利设施，并进一步勘察地下水资源情况，1986 年又新成立了环境和水资源委员会，加强国家对水资源的控制和经营管理。[②] 在阿拉伯也门，1982 年建立了一个由总理亲自担任主席的高级水资源委员会，专门研究解决水资源短缺的问题。[③] 由上可见，西亚各国政府对水资源问题确实给予了高度的重视，并在组织管理上实行了全面的国家干预。

（二）开拓水源，兴修水利，以保证用水的需求。开拓水源乃是解决水荒问题最根本的对策。西亚各国政府采取的措施具体表现在控制和利用地表水资源，勘探、开发地下水资源和大规模发展海水淡化设施等三个基本方面。

在控制和利用地表水资源方面，主要措施是拦河筑坝，修建水库、水渠，兴建现代化排灌工程等。这是综合开发利用地表水资源的有效办法，既可提供农业灌溉、工业和家庭生活用水，又可利用水力发电，并起到防洪抗涝的作用。在西亚国家中，土耳其修建的水坝最多，到 20 世纪 70 年代中期已建成水坝 94 座，总蓄水量占全国河流总径流量的 43.6%。[④] 1986 年土耳其在幼发拉底河上游建造的卡拉卡亚水坝已开始蓄水，该水坝的发电能力达 1800 兆瓦。更引人瞩目的是，造价达 41 亿美元的世界五大水坝工程之一的凯末尔水坝，正在顺利兴建中，预计到 90 年代初期这项工程竣工时，发电量可达到 2400 兆瓦，并可浇灌 70 万

---

① 前引书《中东的发展和变化》，第 59 页。
② ［英］《阿曼、南北也门国家概貌》1988—1989 年刊，第 15—61 页。
③ 同上书，第 45 页。
④ 前引书《中东的发展和变化》，第 45 页。

公顷目前干旱的美索不达米亚平原的土地，大大地扩大土耳其的农业灌溉面积。[①] 伊拉克在两河流域修建了五座拦河大坝和五个大水库，不仅有助于灌溉、抗洪，而且提供了占全国 11.9% 的发电能力。[②] 伊朗从第二个发展计划开始就兴建了一批大型的水坝和水库。迄今为止，遍及全国的水坝、水库的总蓄水量大约为 95 亿立方米，可灌溉 80 万公顷的土地。[③] 以色列建造管道和水渠，把约旦河水及国内现有水源纳入太巴列湖，然后再经由管道把水引到内格夫沙漠北部，并分流到南部地区。约旦为了灌溉约旦河东岸的土地，利用北部边境雅尔穆克河水，修建一条与约旦河平行的东果尔水渠。沙特阿拉伯已建成 100 多座水坝、水库，总蓄水能力达三亿多立方米，还在艾尔·哈萨修建了大规模的现代化排灌工程，可浇灌 1.6 万公顷土地，约使五万农户受益。[④]

在勘探开发地下水资源方面，主要措施是组织调查、探明水情，改进传统的提水方法。在西亚无流区，开发利用地下水对维持农业生产和供应家庭生活所需的用水具有特别重要的意义。从 60 年代中期开始，沙特阿拉伯政府就着手对全国的土地和地下水资源进行全面的勘查，结果在东部和中部发现了地下含水层，含水量大约有 30 万亿桶，[⑤] 使沙特能够大量的打井取水，发展沙漠绿洲。例如建立在东方省哈拉德的费萨尔国王示范定居村，凿深井 50 口，修建了整套排灌系统，使耕地面积达到 4000 公顷，为 1600 户贝都因人提供了定居家园。[⑥] 在伊朗，长期以来

①　[英]《中东经济文摘》1986 年 7 月 12 日。
②　[英]《伊拉克国家概貌》1988—1989 年刊，第 24 页。
③　[英]《伊朗国家概貌》1988—1989 年刊，第 25 页。
④　[英]《沙特阿拉伯经济季评》1985 年增刊，第 12 页。
⑤　[美]《洛杉矶时报》1980 年 5 月 8 日。
⑥　[英]《沙特阿拉伯经济季评》1985 年增刊，第 13 页。

传统使用的一种独特的提取地下水的方法，就是在地面以下修筑
倾斜水道，直至与含水层相连接，水流依靠重力而自流溢出地
表。这种地下渠道称为"喀纳特"（qanat），长达 1—5 公里，深
达 10—15 米，每小时的平均出水量从 1—80 立方米不等，最多
时可达 300 立方米。[1] 不过，近一二十年来，伊朗大力推广打井
取水新方法，而传统的"喀纳特"渐趋衰落。在阿富汗和阿曼
等其他国家也有使用传统的"喀纳特"提取地下水的。但是，
阿曼将这种方法加以改进，发展成称为"法拉杰"（Falaj 即将水
井和水渠配套组合）的一种灌溉网络。[2]

　　海水淡化是西亚国家开拓水源的又一项重大的基本措施，其
具体办法是在沿海新兴工业城市大规模地兴建海水淡化厂。这种
现代科技成果的利用，不仅可以供给城市居民和工业用水，而且
可以利用淡化设施进行发电。在科威特，1953 年就着手建立第
一座国营的淡化水厂，日生产能力为 9100 立方米。此后，淡化
设施不断扩充，淡化水生产迅速增长，到 1978 年日产淡化水达
1.02 亿加仑，是当时世界上淡化水产量最高的国家。在淡化水
生产扩大的同时，利用淡化设施发电的能力也不断提高，从
1962 年的 160 兆瓦增至 1978 年为 2618 兆瓦。[3] 卡塔尔从 1954
年开始淡化水生产，到 1977 年全国淡化水产量达到 2370 万立方
米。[4] 目前，卡塔尔正在乌沙勒（wusal）建造一座大型淡化水
厂，预计到 90 年代初期竣工时，每天可提供 1 亿加仑的淡水和
1500 兆瓦的电。[5] 沙特阿拉伯的淡化水生产起步较晚，到 1970

---

①　前引书《中东的发展和变化》，第 59 页。
②　F. A. 克利曼特：《阿曼：再生的土地》1980 年版，第 123—124 页。
③　M. W. 豪贾和 D. G. 沙德勒：《科威特经济》1979 年版，第 29 页。
④　前引书《中东的发展和变化》，第 64 页。
⑤　［英］《巴林、卡塔尔国家概貌》1988—1989 年刊，第 34 页。

年才开始，但其投资规模大大地超过科威特和卡塔尔，淡化水产量的增长相当迅速。目前，沙特全国已拥有 30 座淡化水厂，[①]日产淡水 5.02 亿加仑，是当前世界上居于首位的淡化海水生产国。据沙特阿拉伯农业水利大臣阿卜杜勒·阿齐兹·谢赫说，1 加仑淡化水的生产费用为 1.5 沙特里亚尔，比提取和净化井水的费用便宜得多，政府规定把淡化水作为居民的饮用水，这样可使大部分井水用来满足灌溉农业的需要。[②] 此外，在阿拉伯联合酋长国、巴林、以色列、塞浦路斯等许多西亚国家也都普遍发展海水淡化生产，以补充国内所需的水和电。

（三）节约用水，改进灌溉技术，保持水质，处理污废水，以提高水的利用率。在解决水荒问题的根本对策中，节流与开源具有同等重要的意义，同样是必不可少的组成部分。即使在水资源十分充足的环境中，如果忽视了惜水节水，过度浪费和任意开采地下水资源，也将会导致水的危机。何况是在水资源短缺的西亚国家，大力节约用水，设法避免或减少浪费，并且科学地综合利用水资源，这在一定意义上说是更为重要的事情。综观西亚各国政府在这方面所采取的具体措施，大致有：

第一，采用新的灌溉技术，提高农业用水的有效率。目前，在西亚地区农业灌溉仍占各国用水的最大份额。例如，1979 年约旦的农业用水占全国总耗水量的 97%，叙利亚占 93%，阿联酋占 91%，黎巴嫩占 87%，巴林占 83%，沙特阿拉伯占 58%，科威特占 39%。[③] 1984 年，伊拉克占 88.4%。[④] 因此，节约用水

---

① ［英］《沙特阿拉伯国家概貌》1988—1989 年刊，第 22 页。

② 突尼斯非洲通讯社利雅得 1989 年 4 月 7 日电。

③ 彼得·比奥曼特和凯西·麦克拉切兰：《中东农业的发展》1985 年版，第 79 页。

④ ［英］《伊拉克国家概貌》1988—1989 年刊，第 24 页。

首先应当考虑改进灌溉技术，实施新的灌溉方式，这是西亚各国
节水的重头和最大项。目前，在西亚地区存在着漫灌、喷灌和滴
灌三种不同的灌溉方式。漫灌是最简单的传统灌溉方式，即直接
利用洪水进行灌溉，或由地表径流分流和运河引灌。这种方式的
用水有效率大约为 25%—40%，水的跑、漏流失现象严重，并
容易造成泥沙淤积和土质盐碱化。喷灌水的分布均匀，并能较好
地控制特殊地区的用水量，由于使用密封的管道系统，水在输送
过程中蒸腾或渗漏的损失少。但因为气候干旱，喷出的水部分还
未来得及浇到植物上就被蒸发了，用水有效率大约为 80%。滴
灌是用一根根塑料管道通向各株植物的根部，并用电子信息控
制，使得不断地有少量的水直接滴到作物上。这种灌溉方式成本
较高，但用水有效率大大高于前两种方式，最适宜于炎热气候和
沙质土壤地区，可以避免水分蒸发和沙地蓄水有限的影响，保证
有效的用水。许多西亚国家努力推广喷灌和滴灌的新技术取得了
明显的成效。科威特和阿布扎比在 60 年代和 70 年代就采用了以
营养薄膜覆盖作物，并用小塑料管子输送水分到植株中去的水栽
法。[①] 沙特阿拉伯正在大力实施喷灌和滴灌办法。在以色列，滴
灌技术的应用更为先进，1965 年就创办了奈塔菲滴灌系统。[②] 这
种用电子控制的新灌溉技术，广泛应用于内格夫沙漠地区，既节
省了用水，又减少了盐分的集结，并可利用净化了的污水和咸
水，从而有效地提高了农作物产量，发展了沙漠农业。

　　第二，有节制地抽取地下水资源，并采用注水法来防止海水
倒灌所造成的水质盐咸化。以色列在 50 年代由于过量抽取地下

---

①　约翰·H. 斯蒂文斯：《中东阿拉伯国家的灌溉》，见前引书《中东的发展和
变化》，第 73—80 页。

②　路透社特拉维夫 1986 年 10 月 6 日电。

水，使沿岸到内陆 3.5 公里范围内的潜水位下降 2—4 米，导致水力递度逆转，海水倒灌渗入到内陆含水层中。为了克服地下水质盐咸化，从 1964 年起，以色列在特拉维夫开始用淡水注入含水层。[1] 伊朗从 60 年代末起，规定开凿新井要申请许可证，以防止对地下水的过度开采。在沙特阿拉伯，禁止私人在麦地那、瓦迪·法蒂马、哈米斯、穆赛特和利雅得等地方任意挖井取水，以保护地下水层。在卡塔尔，由于 70 年代后期每年抽取地下水 3000 万立方米，使北部地区面临着海水倒灌或含盐水向上渗透的威胁。为了解决这个问题，卡塔尔政府决定实施一项耗资巨大的工程，每年将 6000 万立方米的淡化水倒入井中，以澄清地下水，改善水质。

第三，净化工业和生活的污废水，提高水的重复利用率。这对严重缺水的西亚国家来说，是补充供水的一项有效办法。沙特阿拉伯在其 1980—2000 年的水资源开发计划中，规定到 2000 年时，净化的污废水能够提供全国正常耗水量的 15%。[2] 以色列也有一套完整的污、废水净化处理设施。

（四）通过国际合作，实现跨国调水，用以补充本国水源的不足。在西亚国家中，相对来说，伊拉克是水资源较为丰富的国家，湖泊、水库和沼泽地占其地表总面积的 0.8%，拥有较大的灌溉能力。[3] 同它相毗邻的科威特却是严重缺水国，希望通过国际间互助合作，从伊拉克调水。为此目的，1989 年 2 月科威特王储萨阿德访问伊拉克，着重讨论了从伊拉克调水到科威特的问题，最后双方达成协议，由伊拉克供应科威特 5 亿加仑适宜于饮

① 前引书《中东的发展和变化》，第 53 页。

② 格拉尔·艾尔·马拉克：《沙特阿拉伯的飞跃发展》1982 年版，第 88—89 页。

③ ［英］《伊拉克国家概貌》1988—1989 年刊，第 24 页。

用和灌溉的用水。作为交换，科威特向伊拉克南部供应多余的电力。① 此举在西亚地区开创了互助互利、跨国调水的先例，对解决水资源问题无疑具有重要的现实意义。

为了贯彻和落实上述解决水资源问题的对策和措施，大量的资金投入自然是不可或缺的。巨额资金从何处来？这对各国来说，是需要按照各自的国情采取不同的路子和办法努力加以解决的事情。西亚各国政府正是这样做的。它们下定决心，多方筹措，为实行上述对策措施投入了大量资金，以保证所必需的人力、物力特别是技术设备的费用。它们的资金来源基本上可分为两种不同类型的情况。其一是富油国，它们利用拥有的石油美元，投资于大规模发展水资源项目。例如，在沙特阿拉伯1975—1980 年的第二个五年发展计划中，经济资源开发的总经费为921.35 亿沙特里亚尔，其中水资源的开发费用为340.648亿沙特里亚尔，占了37% 的份额。② 在1980—1985 年的第三个五年发展计划中，仅淡化水项目的投资就达396 亿沙特里亚尔。③ 其二是财力较薄弱的国家，它们用于开发水资源项目的资金，主要来自国际组织的援助或友好邻国的捐赠。例如，在叙利亚南部迪拉亚省和苏威达省的2.54 万公顷土地上，实施一项改进灌溉、提高粮食产量的计划，其资金来源系由世界银行资助2200 万美元，国际农业发展基金组织资助1800 万美元，农业合作银行资助940 万美元，国际开发署资助220 万美元。此外，国际干旱地区农业研究中心（Icarda）在叙利亚的阿勒颇地区设有一个专门改进雨浇农业的研究基地（该中心在全世界共设有13

① ［黎巴嫩］《事件》周刊1989 年2 月17 日。

② 海伦·拉克尼尔：《建在沙子上的房屋——沙特阿拉伯的政治、经济》1978年版，第153—154 页。

③ ［英］《中东经济文摘》1980 年5 月23 日。

个基地）。[1] 阿拉伯也门 1982 年实施一项扩建国家供水系统的工程项目，投资 4500 万美元，由阿拉伯社会经济发展基金组织和外国捐赠者资助。[2] 民主也门 1982 年搞的瓦迪·伯汉项目，计划浇灌 4000 公顷土地，投资 1810 万美元，全部由国际开发署和国际农业基金组织（总部设在罗马）给予资助。[3]

三

西亚国家在解决水资源问题上，虽然取得了一定的成效和进展，积累了一些有益的经验，但在下列几个重要方面仍存在着有待进一步解决的问题。

（一）人口增长、城市化进程和供水能力不足的矛盾有待妥善处理与合理解决。水是人类生存的基本需要，人口的增长同水资源的开发利用应当同步发展。否则，人口增加太快，就会出现供水缺口加剧的社会危机。因此，解决供水问题必须和控制人口增长相配合，特别是城市化进程中加强对城市人口的控制更为紧迫。要采取有效措施，控制人口增长，尤其是防止大城市人口过分的集中膨胀，以减轻对供水需求日益增长的压力。第二次世界大战后，随着工业化的发展，西亚国家的城市化进程日益加速，越来越多的人口集中到城市地区，工业用水和家庭生活用水的需求与日俱增，从而加速了供水缺口的扩大，并导致环境污染等严重危机。

在人口增长造成供水压力方面，以土耳其为例。1900 年土

① ［英］《叙利亚国家概貌》1988—1989 年刊，第 35 页。
② ［英］《阿曼、南北也门国家概貌》1988—1989 年刊，第 45 页。
③ 同上书，第 62 页。

耳其人口大约 1400 万，每年人均可用水量为 11929 立方米，1977 年人口增加到 4190 万，年人均可用水量减至 3986 立方米，预计到 2000 年，人口将超过 7240 万，那时年人均可用水量将下降到 2307 立方米，不到 20 世纪初的 1/5。但是，实际上土耳其的供水能力要比上述数字低得多。[1] 大城市的情况更为严重，以伊朗首都德黑兰为例，它原来是由"喀纳特"地下水网供水，1920 年人口达到 20 万，开始出现供水不足的现象。30 年代从城西 40 公里外的卡拉杰河抽水补充供应，可是战后由于经济发展和人口增长加快。用水再度短缺，于是在卡拉杰河上筑坝蓄水，增加供水量，每年可向德黑兰提供 1.84 亿立方米的用水。60 年代，德黑兰的耗水量日益上升，又在东面贾杰河上筑拦河大坝，每年增加 8000 万立方米的供水量。1970 年德黑兰人口增至 300 万，需水量急剧扩大，又在拉尔河上筑坝蓄水。到 80 年代初，每年能够向德黑兰供水 1.8 亿立方米。[2] 但是，问题的严重性和紧迫性在于：对德黑兰这个大城市来说，所有易于开发的水资源差不多都已利用，往后如果耗水量继续增长，供水严重匮乏的局面将更难缓解，不得不付出昂贵代价到距离很远的地方去引来用水。

（二）本地区国家间的水资源合作需要进一步加强。例如，幼发拉底河和底格里斯河流经土耳其、叙利亚和伊拉克，两河水源对这三个国家都十分重要。伊拉克位于两河流域的下游沉积地带，土耳其和叙利亚在两河流域兴修任何水利工程都将影响伊拉克的用水量。伊拉克从幼发拉底河取用的水量，在 40 年代每年

---

①　前引书《中东的发展和变化》，第 55 页。

②　同上书，第 63 页。

平均为86.4亿立方米，60年代为163.7亿立方米，[1] 但到70年代初，由于土耳其和叙利亚在幼发拉底河上游建筑新水坝，使流入伊拉克的水量大大减少。后来三国之间经过磋商，达成协议，使上游水库蓄水量固定下来。目前，叙利亚建在幼发拉底河上的塔卜卡水坝的水位很低，其原因之一就是由于土耳其在上游建造基班水坝影响所致。而且土耳其在上游正在建造新的大型水坝，这种情况对叙利亚和伊拉克的影响将会更大。预计到20世纪末，土耳其和叙利亚的水利项目全部完成时，幼发拉底河下游的盈余水量将很有限，这对伊拉克的用水将造成更大困难。据报道，伊拉克的水利发展项目竣工时，年需水量为280亿—365亿立方米，而能够流入伊拉克的水量每年只有318亿立方米。[2] 因此，三国对共有河水的管理、分配、开发利用迫切需要在国际合作的基础上合理地加以解决。类似情况还可列举约旦和以色列共同利用约旦河水的问题。总之，对西亚各国来说，加强和完善本地区国家间水利开发的协调行动，以保证合理和充分地利用现有的水资源，仍是有待于进一步解决的问题。

（三）实行保护自然环境和生态平衡，以利水土保持的水资源综合治理，日益成为燃眉之急的紧迫任务。当前，西亚地区自然环境和生态平衡遭到破坏的情况日趋严重，造成了水土流失、土壤沙漠化的严重危机。据世界粮农组织的材料，阿拉伯国家98%的面积不同程度地受到沙漠化的威胁，65%的土地受到严重的影响。联合国环境计划局对西亚地区阿拉伯国家的调查结果表明，西亚地区的森林遭到破坏，树木的覆盖面积减少。从1961—1978年，阿拉伯半岛树木覆盖面积减少3.8%，叙利亚和

---

① 前引书《中东的发展和变化》，第57页。
② 同上。

约旦减少 18％，伊拉克减少 23％，黎巴嫩减少 20％。阿拉伯半岛上的耕地只占总面积的 1％ 左右，叙利亚和约旦的耕地占 17.4％。[①] 因此，防治沙漠化的任务迫在眉睫，植树造林，防风固沙，改良土壤，保持水土等各项综合治理措施必须加紧进行。

最后，还应当指出，对缓解水资源危机更具长远意义的是，需要强化全民族的节水意识。目前，西亚国家虽然开始重视节约用水，努力推行节水措施，但要在对水资源的危机感和节水的紧迫感方面形成全民共识，确实还有不小的距离，必须经过长期不懈的努力，广泛进行节水教育，普及有关的科学知识，逐步提高全民的思想认识。只有这样，才能有利于解决西亚国家水资源危机中普遍存在的用水浪费问题。

（原载《西亚非洲》1989 年第 4 期）

---

① ［法］《未来》周刊 1989 年 2 月 4 日。

迎来 90 年代的中东经济

由于受到诸如油价暴跌、美元贬值以及两伊战争引起的局势动荡等多种因素的影响，中东经济在过去的整个 80 年代期间，经历了大起大落的急剧变动——从 80 年代初的繁荣高峰，跌入 80 年代中期的衰退低谷，到 80 年代后期走出谷底，渐趋回升。跨入 90 年代之际，中东经济既将迎接新的挑战，也同时面临新的机遇。展望其发展趋势，将突出表现在三个方面：（一）经济集团化和地区一体化的进程加快，以适应国际市场竞争激化的挑战，并增强与世界各大经济集团交往的实力地位；（二）继续加强石油经济领域的协调行动与对策，以争取掌握国际石油市场的控制权，保障油价的稳定和回升，使石油生产和出口逐步恢复和发展，重建石油经济的繁荣局面；（三）经济多样化的趋势增强，以进一步缓解对石油出口的依赖；调整产业结构，促使国民经济各部门的协调发展。本文仅就上述发展趋势作一些分析，并提出若干粗浅的看法。

一

面对当前世界经济集团化趋势加强和国际市场竞争加剧的严

峻挑战，中东国家加速推进经济集团化和地区一体化的进程。这一趋势突出表现在以下两点：

（一）中东经济集团迅速建立

1989 年 2 月 16 日，埃及、约旦、伊拉克、阿拉伯也门四国首脑在巴格达签署协议，宣告阿拉伯合作委员会（ACC）成立。1989 年 2 月 17 日，利比亚、突尼斯、阿尔及利亚、摩洛哥和毛里塔尼亚五国元首在马拉喀什签署了阿拉伯马格里布联盟（AMU）成立条约和分阶段实现马格里布经济一体化的文件。加上 1981 年 5 月由沙特阿拉伯、科威特、阿拉伯联合酋长国、阿曼、卡塔尔和巴林等六国组成的海湾合作委员会（GCC），目前中东已形成三个区域性联合集团。这表明中东国家的经济合作已开始进入一个以区域联合和全面合作为特征的新时期，对 90 年代以至下一世纪中东经济、政治的发展格局将产生深远的影响。

中东阿拉伯国家区域联合集团的相继建立不是偶然的，既有深刻的历史渊源和紧密的地缘关系，又有现实的政治、经济需要。众所周知，阿拉伯国家地处西亚、北非亦即中东地区，共有 22 个国家，约两亿人口。它们同属阿拉伯民族，具有共同的历史遭遇、文化传统和宗教信仰，联合图强是它们长期以来的共同愿望。地域上的邻近，自然资源和人力资源分布的不均匀，以及经济发展的不平衡，为它们相互间的团结合作提供了联系方便和互补互利的重要前提。二次大战后，阿拉伯国家面临发展民族经济、巩固政治独立、提高国际地位的共同任务，有力地促使它们不断开拓互利合作，共同发展的道路。四十多年来，阿拉伯国家适应国际形势的变化，逐步加强彼此之间的经济合作，不断取得新的进展。合作的内容日益广泛，包括贸易、金融、工农业生产、科学技术、教育培训、交通运输、信息情报，以及宏观经济政策、区域对外经济关系等许多方面。合作的形式多种多样，主要是：在流通领域建立共同的贸易组织和金融机构，如阿拉伯共同市场、阿拉伯货币基金组织、阿拉伯社会经济发展基金会等；在生产领域进行专项合作和建立初级产品出口国组织，如阿拉伯钢铁联合会、阿拉伯农业发展组织、阿拉伯石油输出国组织等。

80年代以来，为适应世界经济区域化、集团化的趋势，以及对付海湾地区的紧张局势，地处阿拉伯东部的六国率先成立海湾合作委员会。近九年来，这个联合集团已在各方面显示出较强的活力，促进了成员国的经济发展与政治合作，并为加速中东经济集团化和地区一体化的进程提供了良好的范例。目前，它与去年新建的阿拉伯合作委员会和阿拉伯马格里布联盟一起，共接纳了15个阿拉伯国家、覆盖了阿拉伯世界的绝大部分。

在当今世界各国以综合国力为经济竞争后盾的形势下，处于发展中的阿拉伯国家，走联合统一道路，以谋自强，具有极其重要的现实意义。如海湾合作委员会的六个成员国总人口近1700万，总面积264万多平方公里，石油储量占世界总储量的40%以上，年产原油四亿多吨，并拥有新兴的石油化学工业设施，国家财力也较雄厚，在国际石油供应和资本流通领域都有着不可忽视的影响。阿拉伯合作委员会的四个成员国共拥有8200万人口，劳动力资源比较充足，总面积172.8万平方公里，盛产石油、棉花等，并拥有丰富的旅游资源，文化教育事业也比较发达。阿拉伯马格里布联盟五个成员国共有六千二百多万人口和578.6万平方公里的土地，富有石油、矿产、渔业及旅游资源，工业基础和交通运输条件较好。这些组织的成员国通过联合，结成集团，不仅促进了各成员国的经济发展，而且增强了阿拉伯国家在国际竞争中的实力地位，推进了南南合作和南北对话的发展。

（二）经济、政治全面合作的新格局迅速形成

在80年代建立的三个中东区域性联合集团，不仅是阿拉伯

国家经济合作更高层次的表现，而且已成为包括经济、政治、军事全面合作的新型一体化组织。面对当代和平与发展两大潮流，为对付国际政治的挑战，它们在加强经济合作的同时，进一步协调政治、外交和军事行动，以显示和发挥集团的威力，保障地区的安全和稳定。

海湾合作委员会一方面不断加强区域经济合作，如订立统一经济协定，建立海湾投资公司，协调与制定共同的农业政策和统一的工业发展战略等。另一方面，对重大国际问题特别是涉及中东地区的问题，及时进行磋商，采取一致行动。诸如巴勒斯坦问题、黎巴嫩问题、两伊战争问题等，都在定期召开的例会上，经过协商制定统一的立场与对策。阿曼苏丹卡布斯在 1989 年 12 月该组织第 10 届首脑会议的开幕词中强调说：该组织将继续加强成员国的全面合作，并与世界上各种力量进行对话，以应付 90 年代所面临的挑战，为本地区的和平与稳定作出贡献。

阿拉伯合作委员会从一开始就确立了全面合作的体制。1989 年 6 月在亚历山大举行的该组织第一次首脑会议上，四国元首签署了 10 项有关经济、立法、政治、外交和军事的协议，并决定设立秘书处，从而形成了全面合作的实体。1989 年 9 月 4 国元首在萨那再次聚会，通过 16 项合作协议，并决定建立联合议会团，以加速一体化进程。同时，由于埃及在 1989 年 5 月重新回归阿盟，并于 1989 年 12 月与叙利亚恢复外交关系，还有阿拉伯也门与民主也门决定合并组成联邦，这些事态都将有利于该组织增加成员国并扩大其影响。

阿拉伯马格里布联盟在其成立条约中明确规定了成员国将在经济、政治、社会和防务等各方面进行合作。1990 年 1 月该联盟第一次首脑会议着重讨论了马格里布的建设进程和同其他地区性组织的关系等问题。

由上可见，这三个阿拉伯区域性联合集团实际上并不是单纯的经济合作组织，而是融经济、政治、军事、外交于一体的全面合作的联合体。可以预料，面对世界范围内各大经济集团——1989 年成立的美加自由贸易区，将于 1992 年最后建成的欧洲共同体统一市场，以及正在构建中的东亚经济圈——相互对峙抗衡的严峻形势，中东经济集团化和地区一体化的进程在 90 年代必将进一步加快，而初步形成的全面合作新格局也将继续巩固与发展。当然，中东经济发展的这一趋势不会没有阻力和障碍，由于各国经济结构与政治体制不尽相同，存在具体利益的某些差别和现实利害关系上的某些分歧与冲突，以及历史上遗留下来的某些争端与矛盾，因而必然会有许多实际困难需要克服，会有许多复杂问题有待解决。

二

石油是中东经济的支柱，无论是产油国或非产油国，直接或间接都受益于这种"黑色金子"。尽管过分依赖石油收入的状况正在改变，但在可预见的将来，中东经济特别是众多产油国经济的发展，在很大程度上仍将取决于石油生产与出口的繁荣。80 年代中东经济的大起大落，关键在于石油业的兴衰，而石油业又受制于石油市场油价的变化：70 年代石油大提价带来了石油经济的大繁荣，而 80 年代中期油价暴跌导致了石油经济的大滑坡。因此，能否稳定国际石油价格仍将是 90 年代制约中东经济发展的重大紧迫问题。

为了稳定油价，重建石油繁荣，中东产油国将汲取 80 年代的经验教训，继续加强石油经济领域的协调行动与对策，推进从"限产保价"到"增产稳价"的战略，争取掌握石油市场的控制权，维护合理的石油价格和市场份额，以促进石油生产和出口的稳定发展。其主要表现有以下几点：

（一）石油经济领域的协调行动将继续加强

在中东和其他第三世界产油国的共同努力下，80 年代中期油价暴跌造成的严重困难局面目前已初步扭转，但保持油价稳定，必须使国际石油市场的供需关系大体平衡。中东产油国以及整个石油输出国组织（欧佩克）是世界最大的石油供应者，在理顺和平衡石油供需关系方面发挥着重大作用，需要制定统一的石油生产和供应政策，采取一致的行动，才能取得良好的成效。

为了实现上述目标，中东产油国将要努力做的是：

1. 继续加强欧佩克范围内的协调行动，加强欧佩克内部的团结合作，发挥集团的力量与作用。

2. 继续加强同非欧佩克产油国的对话，以促进更多产油国在更大范围的协调行动。

（二）实现油价持续稳定的局面大有希望

80 年代油价大滑落的冲击现已成为过去，展望 90 年代油价走向如何？能否避免大的波动而保持相对稳定？回答是乐观的。因为已有一些迹象可以说明问题，其中值得注意的有以下几点：

1. 80 年代后期已显露出油价回升的转机。1986 年油价骤跌，每桶降至 10 美元以下（最低仅 6 美元），达到谷底。1987—1988 年，石油市场需求渐增，使油价回升，达 15 美元左右。1989 年又升至 20 美元上下。同年 12 月，欧佩克原油价格平均每桶 18.53 美元，已超过其目标价。[①] 显然，油价回升的势头已不大可能发生大的逆转。

2. 90 年代伊始就展现出油价定向的良好开端。据报道，

---

① 《人民日报》1989 年 12 月 21 日。

1990 年 1 月 2 日的油价行情为：美国西德克萨斯原油每桶 22.89
美元，英国北海布伦特原油 21.10 美元，中东迪拜原油 18.50 美
元。[①] 同 1987—1989 年的行情比较，已明显处于稳定、坚挺的
态势。

3. 世界的石油需求渐趋旺盛。据国际能源机构的市场月报
指出，1989 年全世界的石油消费总量平均每天为 6440 万桶，接
近 1979 年每天 6450 万桶的历史最高纪录。又据有关研究报告预
计，1995 年世界石油需求量将增至每日 7060 万桶，2000 年则达
7450 万桶。[②]

当然，不利因素也是存在的。如互争份额、盲目超产、争多
出口、挤压市场等只重眼前利益的短期行为仍有可能导致供需关
系失衡。但是，关键要看欧佩克能否继续贯彻"限产保价"战
略，并创造条件向"增产稳价"的战略推进。如果实施战略成
功，中东产油国可能在 90 年代掌握国际石油市场的控制权，实
现油价持续稳定的局面。

（三）石油经济新的繁荣迟早会到来

沙特石油大臣纳泽尔在 1989 年 10 月指出：今后的 10 年将
是对石油业有利的 10 年。据现有材料看，这些有利条件主要是：

1. 中东石油储量极其丰富，在世界上遥遥领先，居于首
位。据报道，截至 1989 年 1 月 1 日，世界石油总探明储量为
9274.4 亿桶，中东五个主要产油国的储量占世界总储量的
61.4%。其中沙特占 19%，伊拉克占 11%，阿联酋占 10.8%，
科威特占 10.4%，伊朗占 10.2%。整个欧佩克占世界总储量的

---

① 新华社 1990 年 1 月 3 日电。

② 据美国夏威夷大学东西方中心 1989 年 10 日的研究报告；转引自《华盛顿邮
报》1989 年 10 月 23 日。

74.15%，而世界最大的石油消费国美国仅占 2.9%。按现有的储采比计算，上述中东五国的石油储量可供持续开采 100—200 年之久。而世界的总储量按总储采比计算，只能开采 43 年。①可见，庞大的石油储量是中东国家重建石油繁荣的雄厚物质基础。

2. 中东产油国拥有巨大的原油生产能力。例如，沙特的生产设备能力可达日产 1000 万—1200 万桶，超过目前实际产量的一倍以上。另据报道，1988 年世界剩余的石油生产能力为 970 万桶／日，其中 85% 掌握在以中东产油国为主体的欧佩克手中。②目前，中东石油生产和出口的活力正在日益恢复，原油实际产量已回升到了历史的中等水平。中东最大产油国沙特 1988 年日产原油已恢复到 570 万桶，石油收入也比 1986 年增长了 73%。③

3. 中东石油业的下游部门——加工、运输、销售等已具备较好的基础。一批现代化的炼油、石化工厂已建成投产，正在发挥巨大的效益。沙特石化工业的产量已占世界总产量的 5%，产品行销 65 个国家。④中东输油管的输油能力目前为每天 470 万桶，大约相当于海湾地区原油出口量的 50%。⑤中东产油国还在西方国家直接购买石油加工厂与销售网，拥有西方石油公司的股权，以开拓国际市场，扩大石油出口销路。目前，沙特已掌握德士古石油公司在美国开办的三家炼油厂半数以上的股权，并拥有美国 23 个州的 11450 个加油站。⑥科威特已买下海湾石油公司

---

① ［美］《油气杂志》1988 年 12 月 20 日。
② ［美］《华盛顿邮报》1989 年 10 月 23 日。
③ 据英国《沙特国家概貌》1989—1990 年刊的有关数字计算。
④ 同上。
⑤ ［美］《外交季刊》1988 年秋季号。
⑥ ［英］《经济学家》1989 年 2 月 4 日。

设在西欧的三家炼油厂和 4800 个加油站, 还拥有英国石油公司的部分股权。① 利比亚通过参股渗入了意大利的一家炼油厂和 150 个加油站。②

4. 在世界能源消费结构中, 石油仍居首位, 占 38%, 日本、西欧、北美均高于这一比例③。目前, 世界石油年需求量为 30 亿吨, 预计到 2000 年将增至 40 亿吨, 其中 35% 依靠中东产油国供给。④ 日本、西欧所需石油的大部分和美国所需石油的一部分, 均依赖中东国家提供。由于发展替代能源困难很大, 如核能计划因安全问题而被迫推迟, 加上石油储量不丰, 开采成本过高等不利因素, 西方国家对中东石油供应的依赖增强, 这对中东产油国石油经济的振兴是非常有利的。

三

为了巩固民族独立, 发展民族经济, 中东国家普遍要求改变由于西方国家长期掠夺造成的本国经济单一结构及其畸形发展状态, 建立国民经济多样化的新格局, 大力促进为国计民生所必需的农业、工业、服务业等经济部门的发展, 以逐步减少对出口原油和少数几种农矿原料等初级产品的依赖。沙特农业大臣拉赫曼说: 我们的发展在于我们活动的多样化。我们不想依靠像石油那样不可更新的资源。因为只有实现多样化的发展, 中东国家的经济独立和人民生活才有保障, 国家民族的权益才能维护。在 80 年代中期油价暴跌造成中东经济大滑坡的困境中, 整个国民经济

---

① [英]《经济学家》1989 年 2 月 4 日。
② [法]《费加罗报》1988 年 3 月 16 日。
③ [英]《石油经济学家》1988 年 8 月号。
④ 路透社 1989 年 10 月 26 日。

不致崩溃。人民生活不致下降过多，并且得以设法渡过难关，其重要原因之一，就是由于经济多样化的发展已取得明显成效，发挥了综合效益的缘故。有鉴于此，90 年代中东国家将继续采取措施，更好地推进经济多样化的发展。这方面的努力，将主要表现在以下几点：

（一）进一步调整产业结构，协调发展国民经济的三大部门

为了改变本国经济的单一结构，促进多样化发展，中东国家多年来不断调整产业结构，并不同程度地取得了成效。许多产油国有计划地大量投资扩大非石油产业，非产油国则致力发展进口替代工业和出口加工工业，使石油、矿产等初级产品在国内生产总值中的比重下降，制造业、服务业的比重上升，初步形成了农业、工业和服务业三大产业部门综合发展的国民经济体系。

但是，中东国家产业结构的变化大都过分倾斜工业和服务业，特别是其中某些厚利易办行业，而不利于农业的发展，也不利于工业、服务业内部各部门的协调发展。这就要求今后继续调整产业结构，并与之相适应地调整投资结构、商品结构（进出口商品贸易）与产业政策，大力加强国民经济的基础及薄弱环节，使国民经济各部门得以协调稳定地向前发展。

同时，继续努力使教育和科技能够与经济、社会同步发展，加速培养本国所需的各种人才，特别是管理人才和技术人才，在工农业、服务业各部门的实际生产过程中广泛应用先进的科技成果，用现代化的生产技术与设备，改造、装备各个生产部门。这样才能大大增强经济、社会持续发展的后劲与活力，逐步实现经济多样化与社会进步繁荣的战略目标。

（二）优先发展农业和基础设施部门，加强国民经济的基础

农业是中东产业结构中的薄弱部门和需要大力加强的主要

方面，也是今后中东经济多样化发展的战略重点。中东经济的多样化，如果离开农业现代化和大农业本身各部门的发展是无法实现的。中东原有的一些农业国如埃及、伊拉克、叙利亚等，由于长期重工轻农，抓得不力，农业都衰退了。其他中东国家，除沙特、土耳其等少数几国外，大都忽视发展农业。其结果是粮食及其他一些食品均仰赖进口，不仅花费掉大量外汇，减少了国内建设资金，而且影响国计民生和工农业生产的发展。

沙特重视发展农业取得的重大成就，是中东国家的突出榜样。它大量投资农业项目，发展现代农业，小麦产量从10年前年产不足3500吨，激增至1988年为300万吨，国内消费所需不到100万吨，其余大部分出口给45个国家，还向国外出口果蔬、水产等，因而受到联合国粮农组织的高度评价。①

目前，阿曼、科威特、阿联酋等国正在大力加强农业，包括农、牧、渔、林等大农业各部门和直接为农业服务的各行业，优先增加农业投资，在农牧业生产中应用生物技术，用电子计算机控制灌溉，推广现代化耕作技术，采取各种措施努力改变本国农业落后的状况。看来，优先发展农业的良好势头正在整个中东日益增强。

中东国家的基础设施，虽有程度不同的发展，但仍是薄弱环节，今后将继续增加投资，不断改善与扩大这些设施。例如，沙特拥有中东地区最长和最好的公路网，计划1990年新建公路干线277公里，支线2470公里，农村公路32800公里。② 沙特和科威特还将继续大力发展水利和海水淡化工程等。

---

① ［英］《沙特国家概况》1989—1990年刊。
② 同上。

（三）大力发展新兴工业部门及其他经济强项，以发挥本国的经济优势

新兴工业部门在中东主要是指石油化工、天然气加工、炼铝、建筑材料等工业，这些工业是中东经济的强项，有着广阔的发展前景。近十几年来，中东国家利用自己拥有庞大的石油和天然气资源、巨额石油美元等优势，又陆续兴建起一批拥有世界最先进技术设备的现代化大中型石油化工综合企业、炼铝厂、天然气液化厂等。如沙特的朱拜勒和延布石化企业、卡塔尔的天然气液化厂，巴林的阿勒巴炼铝厂的规模都相当可观。这些国家将充分发挥自己的经济优势，继续推进石化、液化、炼铝、炼油等工业建设。例如，阿联酋计划兴建大规模的现代化炼铝厂，科威特计划到下一世纪初陆续建成六个工业基地。伊朗、伊拉克正在大力恢复和扩建原有的阿巴丹、巴士拉等地的炼油和石化工业。

此外，中东国家还将继续发展各自的一些经济强项，作为它们收入多样化的重要来源。例如，埃及的劳务输出达 225 万人，并创汇 37.64 亿美元，旅游业年创汇 25 亿美元，超过其石油收入和苏伊士运河收入，还计划到 1992 年将旅馆客房由目前三万二千间扩增到五万间，接纳游客由目前二百多万人次增加到 500 万—600 万人次。土耳其劳务输出的收入 1987 年达 20.25 亿美元。还有伊朗的地毯织造业、土耳其的纺织业、巴林、科威特、阿联酋的金融业，以及南、北也门的劳务输出，塞浦路斯的鲜花果蔬出口等等，都是这些国家创收多样化的重要来源。

应当指出，中东的经济发展目前还存在不少困难和问题：调整产业结构和实现经济多样化仍将是艰巨的任务；石油经济领域协调行动与对策过程中存在的分歧与矛盾有待解决；加强经济合作和发展全面合作需要不断作出新的努力。还有人口问题、外债负担、通货膨胀、失业增加、粮食短缺、土地沙漠化和盐碱化、

生态失衡、环境污染等，在许多国家均程度不同地存在。但总的来说，尽管道路艰难曲折，90 年代的中东经济将会超过 80 年代的水平，获得新的发展和成就。

（原载《世界经济》1990 年第 7 期）

西亚古老传统农业的现代化

　　西亚地区素有"三洲五海之地"的称号。它位于亚、欧、非三大洲的接合部，黑海、地中海、红海、阿拉伯海、海湾等五个国际海域环绕，是东西南北的海陆要冲。总面积约为803万平方公里，现包括17个国家。

　　西亚地区是人类文明的发祥地之一。在底格里斯河和幼发拉底河两河流域曾出现过著名的古代巴比伦文明，其主要原因在于传统农业发展较早。长期以来，西亚社会经济的演变同传统农业的发展密切相关。在近代，随着工业的成长，特别是大规模的石油开发，造成传统农业的地位和影响明显下降。但是，迄今西亚地区仍有大约半数人口和劳动力居住在农村，以务农为生。现在，长期延续的传统农业正在逐渐向现代化农业转化，农业部门在各国的国民经济和社会发展中起着程度不同和不可忽视的重要作用。同时，西亚所固有的区域特殊性决定了农村经济发展的某些特征和基本趋势，值得注意的主要有以下几个方面：

一　自然条件的差异和农村发展的不平衡性

西亚位于东半球陆地的中心地带，基本上是一片大高原，包括北部的伊朗高原、亚美尼亚高原、安纳托利亚高原和南部的阿拉伯高原，面积广大，海拔高度达 1000 米—2000 米，高原的侧翼环绕着高山。高原和山地加起来占西亚总面积的 90%，其余 10% 的面积主要是东部的美索不达米亚平原和西部地中海东岸山地等，与高原地形差异显著，形成鲜明的对照。西亚属热带和副热带，气候干旱炎热，降水量稀少，呈明显的大陆性和干燥性，成为世界上的"热极"之一和著名的干旱、半干旱地区，全部面积的 3/4 为无流区和内流区。其余 1/4 的外流区主要是两河流域，有较为丰富的水资源。但是，西亚全区由于干旱缺水，形成了幅员辽阔的沙漠、半荒漠和草原型植被地带，土壤也相应地以各种钙质土为主，不适宜于植物的生长。总之，从自然条件来看，对农村经济发展的不利因素要比有利因素大得多，而且各国的差别也很大。由于自然环境的限制和地域条件的不同，西亚各国的农业发展极不平衡，具体表现在：

（一）土地利用率差别悬殊。西亚的陆地总面积为 695.85 万平方公里，耕地面积只有 38.4 万平方公里，仅占陆地的 5.5%。各国耕地占国土的比重也多寡不一，十分悬殊。地中海沿岸国家已耕地占国土面积的比例较大：塞浦路斯占 46.8%，土耳其占 35%，叙利亚占 32%，黎巴嫩占 29.1%；而阿拉伯半岛各国占的比例极低：科威特占 0.1%，阿曼占 0.2%，阿拉伯联合酋长国占 0.29%，卡塔尔占 0.3%，沙特阿拉伯占 0.5%，民主也门占 0.6%，阿拉伯也门占 14.3%。[①]

---

　①　据联合国粮农组织《生产年鉴》（1986 年）统计数字计算。

（二）农业类型各具特色。广大高原地区遍布天然草场，很适宜于放牧牛羊，发展畜牧业；而美索不达米亚平原和地中海东岸地区水资源较丰富，宜于发展种植业。因此，在历史上早就形成了游牧业和定居种植业两种不同类型的农村。各国农业部门的结构也因而不同。土耳其、伊拉克、叙利亚、黎巴嫩、约旦、以色列、塞浦路斯等国以定居农业为主；沙特阿拉伯、阿联酋、阿曼等国以游牧业为主；伊朗、阿富汗、南北也门等国定居农业和畜牧业并存；科威特、巴林、卡塔尔等国海上捕捞（珍珠、鱼虾）为主的渔业较为突出。但是，近一二十年来，以游牧业为主的国家（特别是沙特阿拉伯）正在大力开拓定居农业，并取得了相当可观的成效。沙漠农业的发展也令人瞩目。

（三）农业产值在国内生产总值中所占的比重和农业人口在总人口中所占的比重也大不相同。生态环境和资源条件的差别导致各国农业经济作用的大小不一。特别是许多得天独厚拥有丰富油藏的国家，由于石油的开发，兴起了巨大的石油工业，相形之下，农业的地位显著下降，在国内生产总值中所占的份额微不足道。例如，1987 年科威特的农业产值只占国内生产总值的 1%，阿联酋占 2%，沙特阿拉伯占 4%。这样一来，西亚各国形成了农业国、农业—工业国、工业—农业国、工商业国等不同经济类型的国家。以农业为国民经济主要收入来源和农业人口的比重在 70% 上下的农业国有阿富汗、阿拉伯也门和民主也门（已于 1990 年 5 月 22 日合并为也门共和国）；以农业为基础，工业也得到发展的农业—工业国有土耳其、叙利亚、约旦、塞浦路斯、阿曼等；以工业为主，同时发展农业的工业—农业国有沙特阿拉伯、伊朗、伊拉克、以色列等；以工商业为主，农业也有所发展的工商业国有科威特、阿联酋、巴林、卡塔尔、黎巴嫩等。由于经济类型不同，农村人口的比例也差别很大。1987 年，阿拉伯也门的农村人口占总人口的 77%，民主也门占 58%，土耳其占 53%，叙利亚占 49%，而伊拉克仅占 28%，沙特阿拉伯占 25%，阿联酋占 22%，以色列占 9%，科威特占 5%。[①]

二　农村生产关系的变革和农业经营方式的多样化

西亚许多国家在独立后实行土地改革，由政府正式颁布法令，先后进行土改的有土耳其、伊拉克、叙利亚、约旦、伊朗、阿富汗、民主也门等国。土地改革在一定程度上削弱了原来的封建土地所有制，发展了资本主义的生产关系，改善了广大农民的处境，部分地解放了农业生产力，促进了农村经济的发展。但是，由于土改的不彻底，以及政治思潮和宗教传统的影响，使目前农村在土地制度、生产关系和农业经营方式方面具有显著的混合型经济特征。

在 50—60 年代，由于阿拉伯社会主义思潮广泛传播的影响，许多阿拉伯国家积极推进国有化运动，在农业方面提倡兴办国营农场和官农合营农场，以期发挥示范作用；并且号召个体农户组织起来，普遍建立农业合作社来发展集体经济；还鼓励私人资本创办农场。同时，由于伊斯兰教的传统影响，视宗教为神圣不可侵犯，许多国家中教会占有的土地财产受到法律保护而继续维持，如沙特阿拉伯的宗教机关拥有的"瓦克夫"地产。

总之，西亚农村的土地制度和生产关系，既有现代资本主义性质的，也有历史上遗留下来的封建和半封建性质的；既有阿拉伯社会主义实验性质的，也有伊斯兰教会世代相传占有性质的。在生产经营方面，包括国营、官农合营、私人经营等各类大中小

---

① 世界银行：《1989 年世界发展报告》，第 224—225 页。

规模的农场，集体合作社以及小农经济等多种经济成分，呈现出形式多样化的态势。而各种经济成分和经营方式的比重、作用及其相互关系，则因国而异，并正在不断地变化。然而，从整体来看，西亚农村的社会性质正处在从封建、半封建经济形态向资本主义经济形态转化的过程中。

土耳其是西亚地区最早进行土地改革的国家。1923年，土耳其共和国建立后，政府就着手将一些公共土地出售或分配给无地农民和归侨。1923—1938年出售和分配了约100万公顷土地，缓和了农村的土地问题。1945年国家正式颁布了《分配土地给农民和建立农业合作社的法律》，规定地主占有土地的最高限额为500公顷，多出的土地由国家征购，然后按价卖给农民。1961年，政府把土地改革政策作为根本原则载入宪法，以作为制定新土改法的依据。1973年又在东南部进行土改。但是，土耳其的土改主要是分配国有土地，对大土地所有者的地产触动不大。截至1977年，政府分配给农民的土地大约有300万公顷，其中属于地主的土地仅为10万公顷，土改并没有根本改变土地占有两极分化的状况。目前，土耳其农村土地占有形式基本上为三种类型：（1）在东部地区，居住在城市的地主控制着农村大的封建地产；（2）在西部乡村主要是小农占有土地；（3）在中部安纳托利亚及分布在各地的国有地产。资产阶级化的大地主拥有许多村庄，他们采用资本主义大农场的经营方式，农场主与农业劳动者的关系由封建主义性质转变为资本主义性质；但在有的地区仍存在一些宗法关系，同地主有血缘关系的农民用分成制办法承租土地。在土地改革的同时，土耳其政府通过农业合作社运动来改善小农的经济地位，这在一定程度上调整了农村的生产关系。在30年代之前，主要是发展农业信贷合作社；30—60年代主要兴起信贷—销售合作社；60年代初，农业合作社运动出现新的动向。它们在经营管理上是信贷—生产—销售—出口一条龙的综合性农业合作社。其中，"农村发展合作社"除上述职能外，还指导社员学习新技术，提高管理水平，并向外国输出劳务等。1969年，政府通过了推动合作社发展的法令，到1978年，全国共有各类合作社26900个，大约半数的农民都参加了合作社。合作化运动部分地缓和了封建地主、富农对中、小农民的剥削，改变了地主和小农在生产、交换、分配、消费方面的关系。政府通过合作社扶植小农，促使他们朝商品生产者的方向转化，逐步卷入农业资本主义经济体系。此外，土耳其的国营农场在农村经济发展中起示范作用。

在伊拉克，1958年、1970年和1975年先后实行过三个农业土地改革法，限制地主占地数量。政府将征购的土地分售给农民，并通过合作社和集体农场向农民提供贷款、化肥、种子、农药、运输工具等来促进农业的发展。到1977年，合作社（各类合作社共有2315个）和国营农场在农业生产体系中占绝对优势。同时，在伊拉克还存在相当数量的地主经济，全国大约1/3的耕地掌握在地主手中，他们或者继续租佃给小农耕种，或者雇用农业工人办起私营农业企业，促进了农村资本主义的发展。这样，伊拉克形成了多种经济成分并存的混合性农村经济。

在叙利亚，农业经济同样是多种经济成分和经营形式并存的状况。1965年，政府建立了第一个国营农场，现在由中央国营农场部直接管理的农场约有20个，1985年全国有4156个农业合作社，社员达46万余人。但是，在叙利亚的农村经济中，私人经济成分占有重要地位。1980年全国已耕地中由私人经营的占73.62%，合作社经营的占25.71%，国营农场仅占0.67%。

在西亚地区，有的国家小农经济仍占优势，如阿拉伯也门全国农户的55%以上是占地不到一公顷的小农。

三　石油经济的发展与农业的现代化

西亚地区是世界上著名的石油宝库，截至 1989 年 1 月 1 日，西亚已探明的石油储量为 5654 亿余桶，占全球石油总储量的 62.3% 以上。[①] 17 个国家中有 12 个产油国，其中 10 个是石油输出国。石油的开发从 1908 年伊朗第一口油井开始喷油算起，迄今已有八十多年，石油工业的迅速崛起改变了这些产油国的经济面貌，对农业和农村经济发展也产生了深刻的影响。

石油工业勃兴的明显影响之一是导致传统农业的衰落。西亚产油国在石油工业大规模发展之前大都是落后的农牧业国，农牧业产值在国民生产总值中所占的比重很大，是国民收入的主要来源。战后，特别是 50—70 年代，由于石油经济的兴旺发达，迅速取代农牧业而上升为国民经济的支柱，生产资金和劳动力流向石油部门，大批农田、牧场变成油田，油田林立而田园荒芜，使传统农业日趋衰落，农业部门的地位下降。以沙特为例，农牧业产值在国内生产总值中所占的比重 1970 年为 12.1%，到 1974 年竟锐减至 1%，整个国民经济几乎完全依靠石油，陷入畸形发展的单一经济状态。

石油工业的发展给西亚产油国国民经济带来深刻影响，一方面是民族资源遭到帝国主义掠夺，国民经济陷入片面发展单一产品的畸形状态；另一方面则是国民收入激增，为社会经济生活逐渐走上现代化的轨道提供了重要条件。西亚产油国迫切要求摆脱完全仰赖外国鼻息的屈辱境地，改变单一经济的畸形状态，争取独立自主地发展本国经济，并使之朝着多样化的方向前进。石油

---

① ［美］《油气杂志》1988 年年终号。

是动力资源和生产原料，不能直接用于吃、穿，而民生所需衣、食、住、行方面的物质产品则要靠发展本国农业和各类加工制造业来提供，那种几乎完全仰赖进口粮食和各种生活必需品来满足国内需求的局面是不可能持久的。因此，西亚产油国在收回石油主权以后，力求适应各自的国情，采取不同的办法，积极推行以石油为依托，同时带动国民经济各部门成长的多样化发展战略。推进传统农业向现代化农业转变乃是西亚产油国实现经济多样化目标的重要方面。西亚的非产油国，在战后，特别是50—80年代期间也积极推进传统农业和农村经济向现代化转变。

（一）农业生产机械化。机械化是西亚最大的农业生产国土耳其的农村经济发展的主要特征之一。在70—80年代，拖拉机和现代化农机取代了传统的畜力和人力的老式工具和技术。1948年全国拖拉机不到2000台，到1982年已达491万台。土耳其制造的农机还出口到阿尔及利亚、埃及、伊朗、伊拉克和中东的其他国家。伊朗把引进和推广应用农业机械作为促进农业现代化的主要目标之一。1952年就成立了农机发展委员会，负责进口拖拉机和联合收割机，低价出售给农场并提供售价80%的贷款。其他西亚国家也不同程度地应用和发展机械化生产。

（二）大幅度增加使用化学肥料。西亚国家由于沙漠幅员广，耕地比例低，所以普遍重视提高单产。他们广泛利用本国有利条件，发展化肥生产，增加化肥使用量。海湾产油国由于石油化学工业的发展，化肥生产能力有明显增长，到80年代中期，沙特、科威特、卡塔尔、阿联酋、巴林等国氨的年产能力达215.3万吨，尿素达236.8万吨。约旦、叙利亚、以色列、土耳其等国则大力发展磷酸盐生产。化肥生产使化肥使用量提高。据1986年对12个国家的不完全统计，每公顷耕地化肥的平均消费量为92公斤。沙特的消费量最高，达到每公顷349公斤。

（三）采用现代化技术，开办各种专业化农场。为了逐步满足国内人民的生活需要，并争取出口，西亚国家普遍重视发展粮食、蔬菜、牲畜和家禽的生产。例如，卡塔尔政府在1963年就建立了第一个实验农场，着手发展蔬菜和水果的生产，并且鼓励私人开办专业化农场。1975年，曾经一度达到蔬菜自给，并向国外输出了价值100万里亚尔的蔬菜。1975年，卡塔尔政府在多哈郊区建立了一个家禽农场，满足国内需求的80％，1984年又兴办了牛奶场。沙特阿拉伯政府于1986年帮助一家骆驼生产、发展和研究公司在吉达开办了世界上第一个商业性的单峰驼奶场。

（四）开展农业技术研究。西亚国家十分重视农业科学技术的发展，建立了许多农业科学研究机构，大力推广先进农业技术。例如，沙特阿拉伯在全国建立了七十多个农业技术推广站，为农户免费提供技术培训、防治病虫害、兽医等服务。叙利亚设立了600个农业科学技术咨询中心，阿拉伯也门建立了许多农业试验中心，通过这些中心向农民推广先进种植技术。阿曼在南部农业发展潜力最大的佐法尔省首府设立了萨拉勒农业研究中心。阿联酋在农业中心艾因市建立了占地70公顷的农业研究站，在全国各地设立了16个农业指导中心。以色列成立了沙漠研究所，专门从事改造沙漠、发展旱地农业的研究工作。土耳其在安塔尔雅地区有一个利用新技术种植蔬菜、水果的基地，已能生产新作物"鳄梨"。

（五）开拓水源、兴修水利、改善供水条件。西亚地区干旱缺水，水源问题十分严峻，开拓水源是解决水荒问题的根本出路。西亚国家主要采取控制和利用地表水资源，勘探、开发地下水资源和大规模发展海水淡化设施等三个方面的措施来解决水源问题。

　　在控制和利用地表水资源方面主要是拦河筑坝，修建水渠、水库和现代化排灌工程等。各国都兴建了许多现代化工程项目，如土耳其的凯末尔水坝，沙特的哈萨排灌工程，约旦的东果尔灌溉系统，阿曼的法拉杰供水网等等都是很著名的工程。

　　在勘探开发地下水资源方面，主要措施是组织调查，探明水情，改进传统提水方法。沙特从 60 年代中期就着手对全国土地和地下水源进行全面勘查，结果在东部和中部发现了含水层，含水量约有 30 万亿桶，使得沙特能大量打井取水，发展沙漠绿洲。伊朗改进传统的"喀纳特"（又称坎儿井）取水法，使提出的地下水流入地面水渠，组成完整的灌溉网络。

　　兴建大规模海水淡化厂是现代科技成果的利用，可以为居民提供生活用水，补充工农业生产的用水和进行发电。沙特、科威特、卡塔尔、阿联酋、巴林等国的海水淡化设施都很发达。

　　此外，还注意改进灌溉技术，采用电子计算机控制的滴灌，并用先进办法处理污废水，提高水的回收使用率，以及保护地下水源等等措施来改善供水问题。

四　外向型的农业及其在对外贸易中的作用

　　传统农业的破坏，使农村自然经济逐渐为商品农业所取代。战后西亚各国逐渐卷入资本主义世界市场，不仅日益为西方供给石油，而且还不断为西方提供诸如棉花、咖啡、蔬菜、水果、鲜花等经济作物和园艺作物。一些非产油国外汇收入的主要来源靠农业出口，产油国也以输出农、牧、渔产品作为石油收入的补充。农业的创汇能力如何在很大程度上关系到进口机器设备及其他工业的规模。因此，各国都优先发展出口产品的生产，使西亚农业与世界市场建立了密切联系，并受到国际农产品市场价格波动的影响。西亚国家的农产品中除粮食外，有很大部分是为世界市场而生产。因而，西亚农业在外贸中占有重要的地位，特别是一些非产油国，农产品的输出占其对外贸易的很大份额。如阿富汗 1975—1976 年度占 67.73％，1980—1981 年度占 45.28％；土耳其 1980 年占 64.64％，1985 年占 29.73％；塞浦路斯 1977 年占 1/3 以上；黎巴嫩 1980 年占 20.2％。

有些国家的出口农产品在本国农业和在世界市场上占相当大的份额，如叙利亚 1985 年出口棉花 10.7 万吨，占其棉花总产量的 64％以上。阿拉伯也门生产的棉花、咖啡、皮革有 65％运销到国外。土耳其的榛子年产三十多万吨，占世界总产量的 70％左右，年出口量占世界总出口量的 80％，1987 年出口 24 万吨，创汇达 4.35 亿美元。

为了扩大出口产品在国际市场的竞争能力，西亚国家分别参加了农产品出口国组织，如土耳其、叙利亚参加了国际棉花生产国协会，以协调行动来保卫国际市场上棉花的合理价格。一些大规模的农业生产和销售企业开始出现，如 1986 年建立的阿拉伯叙利亚农产品开发公司（官商合股）；土耳其的伊兹密尔有世界上最大的家禽生产企业之一的尤毕公司，专门经营家禽的出口销售；在阿达纳，大型的水果保鲜包装综合厂于 1985 年正式投产，以扩大国外销路。叙利亚的拉塔基亚自由区和民主也门的亚丁港自由区都是著名的农产品输出港口。

五　存在问题和前景展望

西亚国家的农业在独立以来取得了前所未有的进展。但是，仍然存在不少困难和问题，比较突出的有：

（一）农业生态环境的恶化。据联合国环境计划局调查材料，西亚阿拉伯国家受到沙漠化严重影响的土地占 65%。西亚地区森林只占陆地面积的 10%，但由于过度砍伐，从 1961—1978 年森林覆盖面减少的比例，海湾和阿拉伯半岛为 3.8%，叙利亚和约旦为 18%，黎巴嫩为 20%，伊拉克达 23%。[①] 由于灌溉不当，洪水泛滥，有的农田严重的盐碱化。尽管西亚国家采取了种种措施开拓水源，但是水荒的威胁仍然十分严重。由于人口膨胀（年平均增长率超过 3%）和城市化，使干旱缺水的西亚面临着重大水源危机。

（二）农业生产不稳定，粮食严重短缺，仰赖进口食品。除了土耳其、沙特阿拉伯和以色列能够粮食自给外，多数国家严重依靠进口食物。据报道，阿拉伯世界的粮食缺口以每年 14% 的速度增大，粮食进口 70 年代不足 30 亿美元，80 年代初 140 亿美元，到 80 年代末期高达 200 亿美元。[②] 伊朗是严重依赖进口食品的国家，在 60 年代是农畜产品出口国，70 年代农牧业衰退，开始进口农畜产品，进口值由 1973 年 3 亿美元到 80 年代中达二十多亿美元，80 年代末再增至 30 亿美元，小麦、大米、糖、油、奶制品等都要从国外购买。

（三）人口分布不均，部分国家农村劳动力不足。海湾产油国人口稀少，劳动力缺乏，特别是 70 年代中期，由于石油经济繁荣，更感到劳力不足，需要引进大量外籍劳工来补充，许多工农业生产由外籍人承担。1975 年外籍劳力占国内总劳力的比例沙特阿拉伯为 43%，科威特为 69.4%，阿曼为 34%，巴林为 39%，卡塔尔为 81.1%，阿联酋为 84.8%。到 1985 年，这个比例有所上升，沙特占 59.8%，科威特占 81.14%，巴林占 57%，

---

① ［法］《未来》周刊 1989 年 4 月 1 日。

② ［法］《未来》周刊 1988 年 10 月 1 日。

卡塔尔占 81.05%。而且，大批外籍工人是从事农业生产，卡塔尔全国五百多个农场基本上依靠外来移民来维持生产。劳力的引进对于促进南南经济合作有积极的意义，但也形成了潜在的社会矛盾。

尽管西亚国家的农业发展存在这样或那样的困难，但是，许多国家将会继续努力加强农业发展，争取提高粮食自给率，但这不可能是短期内所能实现的。仰赖进口食物和扩大经济作物和园艺作物的出口以及牧、渔、林业产品并存的局面亦将继续维持，因而农业部门结构和整个农林产业结构将继续朝着多样化发展的方向前进，但其协调发展的实现仍需经过较长时间的努力。围绕农业的加工业、商业、运输业和其他服务业发展不充分的情况也不会很快改观。西亚农业发展迫切需要治理生态环境，切实解决水的问题和实施恰当的移民政策等，已引起各方面的关注。

（原载陈宗德、丁泽霁主编：《改造传统农业的国际经验——对发展中国家的研究》，中国人民大学出版社 1992 年版）

中东经济自由区的发展及其作用

　　对中东经济发展起着重要促进作用的中东经济自由区，以其在该地区对外经济贸易关系中颇具影响而日益受到国际上的关注。分析研究中东经济自由区的发展和作用，对于我们扩大开放、办好经济特区会有一定的借鉴意义。为此，本文分别从背景与发展、类型与特点、作用与趋势等方面，对中东经济自由区进行一些探讨。

一

　　众所周知，经济自由区的出现是国际贸易发展到一定阶段的产物。自1547年意大利正式建立世界上第一个自由港以来，越来越多的国家为了扩大对外贸易，吸收外商投资，促进本国经济的发展和繁荣，陆续在其港口、机场和交通便利的地方专门划出一些特定的区域，作为对外开放、豁免关税的自由区，对自由区内商品货物进出和投资经营活动实行特殊的优惠政策，并提供最佳的投资环境和经营活动场所。这种特定区域，先后有自由港、自由贸易区、自由转口区、自由边境区、出口加工区、科学园区和经济特区等许多不同名目和形式，统称之为经济自由区，在国际上历来被视为"投资乐园"和"免税天堂"。据统计，从1547年至20世纪80年代中期的将近四个半世纪期间，全世界已有87个国家先后设立了630个经济自由区，其分布遍及世界各大洲。值得注意的是，自第二次世界大战以来的半个世纪，随着世界贸易、经济和科技的广泛发展，经济自由区在全世界范围内迅速扩展，其规模远远超过了前400年。特别是亚非拉广大发展中国家，为了适应经济发展的需要，自二次大战后特别是70年代至今，大力兴办经济自由区，取得了引人瞩目的进展和成效。目前，发展中国家设立的经济自由区已占世界经济自由区总数的2/3。中东国家的经济自由区就是在这一历史背景下逐步建立和发展起来的。

应当指出，早在19世纪中叶，在中东地区就已开始出现经济自由区，但它们并非中东国家自主设立的，而是当时西方列强殖民侵略与扩张的产物。19世纪中叶，随着航海事业的兴旺和国际贸易的发展，西方资本主义列强加紧对东方实行殖民扩张与掠夺，在地中海经海湾、印度洋到东南亚地区的许多重要港口和沿海地带，陆续开辟自由港和自由贸易区。中东第一个自由港就是1853年英国殖民者在也门开辟的亚丁自由港，75年后又开辟了另一个自由港，1928年英国、西班牙、法国和意大利四国签订协定，将摩洛哥西北端、隔直布罗陀海峡与西班牙相望，扼大西洋入地中海门户的丹吉尔划为自由过境贸易港。显然，西方列强在中东建立的这两个经济自由区，完全是适应殖民主义侵略扩张的需要，为它们掠夺性的对外贸易服务的。

二次大战后，随着中东民族解放运动的胜利，中东各国相继宣告独立，为了发展民族经济、扩大对外贸易，一些中东国家开始建立适应本国需要并服务于民族利益的经济自由区。战后迄今近 50 年间，中东经济自由区的发展大体可分为以下三个阶段：

（一）初创阶段

从 40 年代后期至 60 年代末，与民族经济的初步发展相适应，经济自由区的设置明显带有试验的性质。其目的在于创造条件，取得经验，为日后更好地开拓前进奠定基础，通过办好经济自由区，实现其扩大对外经贸往来，加速本国经济发展的预期目标。这些经济自由区包括有：40 年代后期埃及设立的亚历山大港自由区；黎巴嫩设立的贝鲁特港自由贸易区、贝鲁特国际机场自由贸易区和的黎波里自由贸易区；50 年代叙利亚设立的大马士革自由区和拉塔基亚自由区；巴林设立的苏莱曼自由区；伊朗设立的霍拉姆沙赫尔港转口区和沙赫普尔港转口区；摩洛哥重新设立的丹吉尔自由区（取代原先的丹吉尔自由过境贸易港）；叙利亚设立的大马士革国际机场免税区、阿勒颇自由区和塔尔图斯自由区。这个阶段计有七个中东国家共设立 14 个经济自由区。

（二）勃起阶段

70 年代石油斗争的胜利促进了中东经济的繁荣，加快了中东各国经济发展的步伐。为了适应扩大进出口贸易、发展外向型经济的需要，经济自由区相继在更多的中东国家涌现，形成一股蓬勃兴起的热潮。如也门人民民主共和国政府于 1970 年 12 月 1 日颁布第 29 号法令，决定建立经济自由区；叙利亚于 1971 年 2 月 18 日颁布第 18 号法令，决定在经贸部下设自由区管理局，负责组建新的自由区和扩建原有的自由区；埃及也在 1971 年制定《阿拉伯与外国投资和自由区组织法》，1974 年又修订该法并成立阿拉伯与外国投资总局和自由区管理机构，大力扩建现有的经济自由区和组建新的经济自由区；约旦于 1978 年修订自由区暂行法规，并成立自由区管理局，加快建设自由区的步伐；以色列通过制定自由港区法，修改海关条例和成立自由港区管理局，积极兴办经济自由区。70 年代期间，在中东新建立的经济自由区有：也门的亚丁港自由贸易区（取代原来的亚丁港自由区）；叙利亚的阿德拉自由区和迪拉阿自由区；埃及的开罗市纳赛尔城自由区、塞得港自由区和阿达比亚自由区、马尔萨·马特鲁赫自由区和伊斯梅利亚自由区；以色列的海法自由港和埃拉特自由港；约旦的亚喀巴港自由区和扎尔卡自由区。这个阶段仅 10 年间，中东地区就新建了 13 个经济自由区，而设有自由区的国家增加到 10 国。

（三）兴旺阶段

80 年代至今，随着经济调整和改革的推进，以出口为主导的外向型经济加强，使中东经济自由区的发展在数量、经营规模、范围和效益上都达到新的水平，显示了经济自由区旺盛的发展势头。除扩建与完善原有的自由区外，又新建了一批经济自由区，包括有：阿拉伯联合酋长国于 80 年代开辟的迪拜阿里山港自由贸易区和迪拜国际机场自由贸易区，1993 年开辟的富查伊拉自由贸易区；土耳其 80 年代中期经济转型后，于 1987 年建成的梅尔辛、安塔利亚、爱琴（伊兹密尔）和伊斯坦布尔国际机场自由区等四个经济自由区，目前正在兴建的有阿达纳—尤穆塔利亚、伊兹密尔—阿利亚加、特拉布宗、伊斯坦布尔—特拉基亚和阿塔图克国际机场离岸银行中心等五个经济自由区；塞浦路斯于 80 年代中期以后在拉纳卡、利马索尔和帕福斯等港口着手建设的自由区；伊朗于 1991 年在沙赫巴哈尔以及海湾的基什岛和格什姆岛上开辟的三个自由贸易区；以色列于 1992 年在首都特拉维夫附近的拉马特甘镇设立的钻石原料自由贸易区；突尼斯于 1993 年中在北部潘兹里特和南部的米尔吉斯两个沿海城市设立的经济自由区。此外，科威特也在抓紧进行创办自由贸易区的准备工作。据初步统计，截至 1993 年年中，已有 14 个中东国家共建立 48 个经济自由区。

二

目前世界上各种名目和形式的经济自由区按其经营的性质与目标分类，大致有下列四种类型：（1）商贸型经济自由区，旨在促进进出口贸易和转口贸易的发展，主要从事商品转运、仓储和贸易活动，以获取商业性收益的一种类型。二次大战以前建立的经济自由区基本属此类型。它包括自由港、自由贸易区、自由转口区、自由边境区、自由关税区，对外贸易区等。（2）工贸型经济自由区，注重引进外资和技术设备，发展以出口为主的加工和制造业，实现工业与贸易相结合的一种类型。二次大战后特别是 70 年代以来广大发展中国家兴办的经济自由区多属此类型。它包括出口加工区、自由工业区、投资促进区、自由出口区等。（3）科技型经济自由区，以高等院校和科研机构为依托，着重引进国外先进科技，创立和发展新兴的高科技产业，促进和实现生产技术升级的一种类型。它包括科学工业园区、科学农业园区等。（4）综合型经济自由区，集工业、贸易及其他第三产业于一体，使之相互配合，共同发挥作用，以促进本国经济发展与繁荣的一种类型。我国的经济特区以及香港地区、新加坡自由港等属此类型。各种类型的经济自由区共同具有的基本特点是：（1）对外开放政策的特殊性；（2）区域范围的划定性；（3）根本目标的经济性；（4）优惠待遇的广泛性和经营机会的均等性。中东经济自由区在其发展过程中形成的类型基本可归入上述的第一类和第二类，只有个别的经济自由区属于第四类。其具体发展情况按类型分述如下：

（一）商贸型经济自由区

在中东地区现有的 48 个经济自由区中，大约有 1/3 的经济自由区是商贸型的。其中比较重要的商贸型经济自由区有：

1. 也门的亚丁自由贸易区　位于阿拉伯湾与亚丁湾，扼红海与阿拉伯海要冲，19 世纪中叶英国曾辟为亚丁自由港，也门独立后收回主权并改变了其自由港地位。由于亚丁港是欧、亚、非三洲的海上交通枢纽，在战略和贸易上都具有重要地位，为了促进本国经济的发展，也门民主人民共和国政府于 1970 年 12 月 1 日决定，在亚丁港口地区辟出 20 英亩土地建立亚丁自由贸易区。该区准许外国商品自由进入，并可在区内从事储存、包装、混合、挑选和加工等业务活动。对进入区内再运往国外的中转货物，不需申请和领取许可证，也不受海关的管制，并给予免征关税的优惠待遇。进入的货物如运往也门本国市场，则一律补征关税。区内设有可供外国商品储存及其作业使用的仓库、货栈、露天货场等设施。

2. 巴林的苏莱曼自由转口区　1958 年设立，位于巴林首都麦纳麦以南约三公里处。该港口有 16 个码头，每年都有大量货物通过它转口到沙特、卡塔尔、伊朗、阿曼以及印度、巴基斯坦等国，成为巴林主要的货物进出口港。该区对转口船只和再出口的货物免征关税，外国商品可运入区内仓库储存，并准许在区内对商品进行修理、加工和装配。该区拥有供租用的仓库 31 万平方英尺和露天货场 50 万平方英尺。企业也可自行建造仓库，但需申请有关当局批准。此外，该区还有一些轻工业设施。

3. 伊朗的霍拉姆沙赫尔港和沙赫普尔港自由区　根据伊朗与阿富汗签订的协定，为便于阿富汗对第三国的进出口贸易，伊朗政府于 1962 年决定在霍拉姆沙赫尔及其附近的沙赫普尔两个港口设立自由转口区，分别由当地海关当局管理。这两个转口区均位于海湾顶端的卡伦河流域，有铁路通往伊朗与阿富汗边境的马什哈德。伊朗对通过两区的阿富汗进出口商品货物免征关税和其他捐税，并允许阿富汗的货主及其代理商在两区内对货场进行装配、酿造、再包装和搜集样品等作业，但这些优惠措施不适用于武器弹药以及禁止运入伊朗或阿富汗的商品。海关当局对过境货物有权检查，货物如用卡车转运，需有警备人员押运。霍拉姆沙赫尔港转口区设有供转运货物使用的仓库 2.15 万平方英尺和露天货场 2.7 万平方英尺，边境货物可在仓库内进行装配或加工。

4. 黎巴嫩的贝鲁特港自由贸易区　1948 年设立，位于首都贝鲁特港口地区，面积为 140 万平方英尺。该区准许外国商品自由进入，并可在区内从事储存、取样、包装、酿造、装配和加工等业务活动，如货物再转运出国外，则可免征关税和免办许可证，但规定麻醉药品、武器弹药、易燃品及香烟等物品需经有关当局批准方可进出。从区内转运到黎巴嫩国内市场的货物，需办理补税及必要的进口手续。该区备有 92 万平方英尺的仓库和 20 万平方英尺的露天货场，用于货物的储存和加工业务，并有冷藏库可存放农产品。贝鲁特及其自由贸易区在黎巴嫩内战中受到严重破坏，目前黎巴嫩政府正在致力于战后的恢复与重建工作，并加快自由区的发展。

5. 利比亚的的黎波里自由贸易区　1962 年兴建，1984 年正式开放，位于利比亚西北部地中海沿岸的首都港口地区，面积为 63 万平方英尺，由的黎波里港务局管理。该区准许外国商品自由进入，政府明令禁止进口的某些商品除外，武器弹药及易燃品的运入需按特别规章办理。运入的货物可在区内进行储存、拆包、检验和重新包装业务，但其他作业需经申请批准。货物转运出国外免征关税，进入利比亚国内市场则需照章缴纳关税。

区内设有露天货物和仓库建筑，过境货物储存容量为2500万吨。

（二）工贸型经济自由区

目前中东地区有工贸型经济自由区三十多个，占中东经济自由区总数的近2/3。比较重要的工贸型经济自由区有：

1. 摩洛哥的丹吉尔自由区　原为商贸型自由区，在"国际共管"的名义下，受西方殖民者的控制，摩洛哥独立后收回主权并取消了原自由过境贸易港的地位。为促进本国经济的发展，摩洛哥王国政府于1961年底制定了复兴丹吉尔的特别计划，决定兴建现在的丹吉尔自由区，由丹吉尔港务局负责管理。该区于1967年7月正式开放，并逐步发展成为一个由商业区和工业区组成的工贸型经济自由区。该区允许外商进行各种贸易经营活动，并规定凡不需进行加工的转口货物一律进入商业区，储存期限为两年；需经加工再出口的货物进入工业区，进行挑选、混合、抽样分类、重新包装等装配和加工业务。区内设有可供租赁的公共仓库5.38万平方英尺和私营仓库33.37万平方英尺。该区的主要优惠措施有：（1）商品进出均免征关税，并可不受外汇管制；（2）区内一切交易概不征税，并免交营业利润税；（3）允许供用船用物品和向外国旅客出售商品。但禁止运入麻醉药品及危险品，并规定入区货物须一律用于再出口，未经港务当局批准，企业不得擅自施工建筑。

2. 埃及的自由工业区　包括40年代后期设立的亚历山大港自由区（面积为620公顷）、1974年设立的塞得港自由区（364公顷）、开罗市纳赛尔城自由区（70公顷）、苏伊士地区的陶菲克港自由区（80公顷）和70年代后期设立的苏伊士地区阿达比亚自由区、伊斯梅利亚自由区、马尔萨·马特鲁赫自由区，共七个自由工业区。它们是目前中东地区发展比较充分的工贸型经济自由区，各区已批准兴建的大量工业企业项目，包括纺织、化工、食品、医药、冶金和石油等加工制造业部门，其中94%是外国资本。还准许在自由区内从事过境货物的储存、加工、制造以及金融与服务性等各种业务。埃及的《投资和自由区法》规定鼓励外商在区内投资经营的优惠措施有：（1）区内进出口货物全部免除关税及其他捐税和收费；（2）免除企业利润所得税和外籍雇员的工资所得税，并允许将其工资的半数汇出；（3）免除进入区内投资的阿拉伯人和外国人的继承税和遗产税；（4）自由区内或自由区同其他国家之间的交易，免受埃及外汇管理法的制约；（5）法律保障区内投资厂商迅速收回资本并获得利润，不实行国有化或采取没收措施；（6）由世界银行作仲裁人，保护投资者的权益；（7）允许外商独资经营，持有企业100%的股权；（8）提供土地使用、仓库、水电等优惠供应，以及完善的管理和投资服务设施。同时还规定区内企业的产品，需经批准方可进入埃及国内市场，并需补交进口关税；外商入区经营期限为25年，期满后可续约；外资企业员工中埃及公民应占75%以上等。区内设有银行分支机构及服务性行业设施。自由区的管理机构原为投资和自由区管理局，后改为自由区投资管理总局，其管理工作具有手续简便、迅速批准申请、业务谈判条件明确等特点。

3. 土耳其的七个自由区　梅尔辛等四个自由区于1985—1986年设立，特拉布宗等三个自由区设立于1990年。土耳其于1985年颁布《自由贸易区法》，规定自由区内实行一套全面优惠和鼓励外资的特殊政策，为免征关税、所得税、公司税和其他捐税；自由汇出利润，外汇自由进出；建区头10年禁止罢工等，为外资提供了很有吸引力的投资环境和条件。梅尔辛自由区侧重于发展电子和光学产品以及食品、服装业。安塔利亚自由区主要开发轻工业的高科技产业。爱琴（伊兹密尔）自由区重点发展电子、电讯、计算机、精密仪器等高科技产业。阿达纳—尤穆塔利克自由区面积为 52 平方公里，是土耳其最大的自由区，主要发展转口贸易和石化、炼油工业。特拉布宗自由区主要发展转口贸易和出口加工业。伊兹密尔—阿利亚加自由区计划兴建热能厂。伊斯坦布尔—特拉基亚自由区主要发展纺织、服装、电子、家用电器等。

4. 叙利亚的六个自由区　包括 1952 年设立的大马士革自由区（面积为 23 英亩）和拉塔基亚自由区（189 英亩）、1969 年设立的阿勒颇自由区（371 英亩）和塔尔图斯自由区（124 英亩）、70 年代设立的阿德拉自由区（988 英亩）和迪拉阿自由工业区。这些自由区在发展对外贸易的同时，积极兴办出口加工企业，优先发展利用本地原材料生产替代进口产品的劳动密集型企业。准许外国商品自由进入区内，再出口国外免征关税；鼓励外商进区投资办厂，自由经营并享受免税优惠；区内企业产品主要面向出口，经有关当局批准也可进国内市场销售少量产品。目前各区都建有数量不等的仓库、货棚、露天货场、商业机构、工业企业以及服务设施。

5. 以色列的海法自由港和埃拉特自由港　1972 年设立，主要发展对外贸易和出口加工制造业，准许外国商品自由进出，外商进入港区投资兴办企业享受豁免关税及其他捐税的优惠待遇，自由经营不受海关管制，但它们的企业产品必须出口外销 90%以上。海法自由港设有转运仓库 6000 平方米和占地 75 英亩的露天货场。埃拉特自由港只有露天货场，占地 40 英亩。

（三）综合型经济自由区

这种类型经济自由区的创立和发展，要求具备更高和更多的条件，受开发潜力、国家财力等多方面因素的制约。目前中东只有个别的经济自由区属于这一类型。如阿联酋的迪拜阿里山港自由区。该自由区由商贸型转化为工贸型并进一步发展成为大规模的综合型经济自由区。1980年阿联酋政府宣布迪拜阿里山港为无关税自由港，1983年又宣布阿里山区为无关税贸易区，近几年来迅速拓展外资工业区，自由区面积由原先的34平方公里扩大到现在的100平方公里，全面发展商贸、工业、海运、交通、通讯、金融、旅游、服务等业务，各项设施齐全，经营规模宏大，被西方经济界人士称为"世界最大的自由区"。

该自由区实行一套对外商很有吸引力的全面开放和特殊优惠政策，主要包括：（1）允许外国投资者开办100%的独资企业；（2）企业可自由雇用本地或外籍雇员，无需申请批准；（3）外资企业的资本和利润可以自由汇出境外；（4）所有在自由区经营的外国公司15年内免缴税金，期满后允许再延续15年；（5）自由区内免征进出口关税等。自由区向外商提供大量廉价能源、廉价劳动力和现代化通讯手段，同时自由区管理局提供高水平和高效率的管理服务。目前在自由区投资设厂的外商已超过6000人。区内350多家外国公司中有1/4属于海湾合作委员会成员国，1/4的公司总部设在印度，1/2属于世界其他各国特别是日、美、英、德等国。①

目前该自由区拥有当今世界上最大的人工港，67个泊位，两个油轮专用码头，一个拥有最先进设备的集装箱专用码头，年装卸量为100万只集装箱。迪拜通过四十多条海上航线和五十多条空中航线，与欧、亚、非三大洲的一百二十多个国家建立了密切的商业联系。阿联酋政府当局最近宣布将进一步拓展该自由区，使之成为世界工业、商业的基地，为21世纪阿联酋经济发

---

① ［塞浦路斯］《中东时报》1992年4月28日—5月4日。

展奠定坚实的基础。

三

经济自由区的设立和发展，对促进中东国家的经济发展与繁荣起了并正在发挥着重要的积极作用，同时也有助于加强和密切与世界各国的经济关系，这主要表现在下列几方面：

（一）扩大对外贸易

由于采取免征关税等鼓励措施，并提供仓储、运输等便利条件，各自由区不同程度地促进了本国进出口贸易和转口贸易的发展，有些自由区甚至在国际贸易领域占有举足轻重的地位。例如，阿联酋的迪拜自由区对外贸易额已占全国出口额的 92% 和进口额的 70%，其转口贸易额占海湾地区非石油贸易额的将近 20%，1992 年的出口和转口贸易额近 34 亿美元，阿里山工业区生产的电子设备、精密仪器、食品等 60% 销往 116 个国家和地区。[①] 伊朗的霍拉姆沙赫尔港和沙赫普尔港两个自由区的转口贸易额已占该国非石油贸易额的 75% 左右。以色列的海法自由港占全国出口贸易额的 1/2 以上，埃拉特自由港占 10% 左右。

（二）加速引进外资

自由区在政策上的特殊吸引力使外商掀起投资热，投入自由区的外资数额迅速增长，有效地加快了各国引进外资的步伐。例如，据 1991 年 3 月的统计资料，申请到土耳其六个自由区投资的外国公司共计 149 家，其中获准的有 102 家，外商和本国公司的投资总额达 3.81 亿美元。[②] 从全国来看，1980—1992 年 4 月，

①　法新社阿布扎比 1993 年 8 月 31 日电。

②　［土］出口促进中心：《土耳其：1991》，英文版，第 61 页。

土耳其的外资总额累计达 87 亿美元，超过前 25 年的三十多倍。① 阿联酋的迪拜自由区 1992 年已有来自 56 个国家和地区的四五百家公司进行投资，总额达 11.5 亿美元。在埃及各自由区的企业投资中，外资占 90% 以上，其中占主要地位的纺织企业几乎全部是外资兴办的。

（三）推动工业发展

外商和本国公司在自由区共同投资设厂办企业，引进先进技术设备和管理方法，推动了本国出口加工制造业和高科技产业的较快发展，为实现"出口导向"的发展战略奠定基础。例如，埃及的自由工业区兴建了大批工业企业，以纺织业为主，还包括化工、食品、医药、冶金和石化等许多行业。土耳其的一些自由区各有重点地积极发展纺织、服装、轻工、电子、光学和精密仪器、能源、石化及其他科技产业。

（四）增加就业机会

各自由区在其发展过程中，为本国提供的劳动就业机会，有助于缓和严重的失业问题和改善人民的生活。特别是对某些劳动力相对过剩、存在较大就业困难的中东国家来说，在这方面更好地发挥自由区的积极作用就尤为重要。例如，埃及各自由区开拓的就业岗位达 20 万个，并规定工人最低月工资不少于 60 美元。土耳其的爱琴（伊兹密尔）自由区计划投资五亿美元建设超级市场，可提供 3.6 万人就业。

（五）促进共同繁荣

自由区的一个非常重要的作用，是在经济上实现以点带面、辐射一方的目标，通过外引内联，促进产业结构的调整和生产技术的升级，加速本地区的共同发展与繁荣。例如，土耳其以伊兹

---

① ［土］外国投资总局：《在土耳其的投资》，1992 年 6 月英文版，第 1 页。

密尔自由区为中心带动爱琴海沿岸地区的经济发展，阿联酋以阿里山港自由区为工业基地促进迪拜的全面繁荣。

从目前的情况看，中东经济自由区的发展及其作用呈现出以下几个基本趋势：

1. 与本国经济多样化发展程度相适应，自由区的类型由功能单一的商贸型自由区逐渐向多功能的工贸型和综合型自由区演变。工贸型自由区在中东将继续占多数，综合型自由区将会有所增加，新的高科技型自由区也将会出现。如果说战后初期至60年代中东的经济自由区基本上是商贸型的，那么，70—80年代以来则明显地以工贸型自由区占主导地位，一些原为商贸型的自由区也向工贸型自由区转化，有的工贸型自由区则进一步发展成为综合型自由区。总之，今后中东的经济自由区除继续扩大进出口贸易、转口运输和仓储服务外，还将大力发展出口加工制造和高科技产业，以及银行金融保险等诸多业务，展现出集工贸、科技、金融于一体，广泛拓展经营领域和业务范围的发展趋向。

2. 积极兴办以行业为特征的专门性自由区，以适应经济发展的不同需要。例如，以色列于1992年7月在首都特拉维夫附近的拉马特甘镇设立专门的钻石原料自由贸易区，旨在降低以色列钻石加工所需原料的价格，同时使以色列成为主要钻石原石交易中心，并为此制定了该区的三项措施：（1）外国商人可直接进入区内销售钻石原石，无须再通过以色列中间商；（2）外国商人可汇出经营所得外汇；（3）钻石原石交易全部免税。土耳其于1990年11月决定在伊斯坦布尔的阿塔图克国际机场自由区设立专门的离岸银行中心，拨出大厦楼层供外国银行开办分行，以拓展自由区的国际金融业务。伊朗于1991年设立的基什岛自由区则主要是发展国际旅游业，将成为外国游客消费者的乐园。有的国家还设立了专门的旧汽车自由贸易区。

　　3. 随着中东国家对自由区建设的日益重视，中东经济自由区的发展进程将会加快，前景看好。例如，阿联酋政府于1993年宣布要把迪拜自由区建成"中东的香港"；[①] 同年，伊朗政府也宣称格什姆岛自由区将成为"海湾的新加坡"。[②] 今后中东各国将继续完善自由区的政策、法规，提高管理服务工作的水平和效率，不断改善投资环境，努力提供良好的基础设施，加速引进外资和先进技术设备，加强现有的自由区和兴办新的自由区，使自由区在促进实现本国经济发展目标方面发挥更大的作用。

（原载《西亚非洲》1994 年第 2 期）

---

① 《亚太经济时报》1993 年 10 月 28 日。
② ［美］《基督教科学箴言报》1993 年 8 月 12 日。

中东和平与经济发展

当前,和平与发展两大历史潮流在中东地区正在取得引人注目的重大进展,突出体现在:中东和平进程加快,已成为不可逆转之势;和平的实现为中东国家经济发展和增长创造了良机,使中东地区经贸格局明显发生突破性的变化;中东经济开始摆脱阿以冲突带来的困境,朝着加强合作,共同促进的方向发展。这种有利形势的出现,对今后中东地区的经济发展必将产生积极而深远的影响,其主要表现有以下几方面:

一 中东和平的进展和巴以协议的实现,为巴勒斯坦国的建设奠定了基础,给地区经济注入新的发展动力

中东和平进程是以 1979 年埃及和以色列签订和平条约为开端。经过十几年的曲折历程,终于在国际社会的积极斡旋下,于 1991 年 10 月召开了旨在最终和平解决阿以冲突,实现联合国安理会 242 号和 338 号决议为基础的公正、全面和持久和平的马德里会议,开始取得决定性的进展。三年来有关各方努力加速推进中东和平进程并取得重大突破。1993 年 9 月,巴

勒斯坦和以色列相互承认，并正式签署了巴以和平协议，即《临时自治安排原则宣言》。1994 年 5 月，巴以达成实施加沙—杰里科自治的协议，同年 10 月，约旦—以色列和平条约正式签署。所有这些都有力地展现出全面实现中东和平的良好前景。

应当指出，实现巴以和平协议，为巴勒斯坦和中东地区的经济发展提供了新的契机，集中体现在：

（一）成立政权机构，领导经济建设　巴勒斯坦人民重建自己国家的重大行动是在 1988 年 11 月 15 日巴勒斯坦全国委员会宣布成立的巴勒斯坦国，并先后得到世界上一百多个国家的承认，但当时还没有收复自己的国土，未能形成完整的国家实体。巴以签署实施自治协议后，巴解组织执委会于 1994 年 5 月 12 日宣布任命自治领导机构第一批 15 名成员，同日首批巴勒斯坦警察抵达杰里科。5 月 26 日，自治领导机构在突尼斯举行首次会议。一个月后，即 6 月 26 日自治领导机构在加沙省召开第一次会议，讨论自治政权年度财政预算等项事宜。7 月 1 日巴解执委会主席阿拉法特返回加沙，亲自领导国家重建和自治区建设工作。7 月 5 日自治政府正式宣告成立，并在临时首府杰里科宣誓就职。8 月 29 日，巴以关于约旦河西岸扩大巴自治范围的协议在加沙至以色列的主要通道埃里兹正式签署。该协议规定以色列将把约旦河西岸的教育、卫生、旅游、社会福利和税收等民事权力提前移交给巴勒斯坦。巴勒斯坦人民在巴解和自治政府的领导下，开始走上了重建家园，发展经济，振兴祖国的新征途。

（二）制定建设蓝图，推动经济振兴　随着政权机构的建立，国家经济建设工作着手进行。据有关统计，1991 年加沙地带的国民生产总值为 8.64 亿美元，仅为以色列的 1.46%；而人均国民生产总值为 1310 美元，仅为以色列的 12.05%。^① 加沙—杰里科移交实施自治后，面对过去在以色列占领下失业率高和通货膨胀严重的经济困难，巴解和巴勒斯坦自治政府的当务之急是要采取有效措施，迅速恢复和发展经济，改善人民生活。还在 1993 年 9 月巴以协议签订之时，巴解就着手制定重建国家，振兴经济的建设蓝图，提出《1994 年至 2000 年巴勒斯坦发展方案》，计划总共投入 116 亿美元，用以发展西岸和加沙地带的经济。这一发展方案的核心是要把分散在自治区以外的巴勒斯坦人所拥有的大约 200 亿美元资产吸引回来，以推动经济开发工作的顺利进行。该方案规定，恢复和发展国民经济的步骤分为两个阶段：第一阶段（1994—1995 年）旨在扭转被占领期间所造成的经济失衡，使能迅速挣硬通货的创汇部门恢复活力，特别是重点振兴旅游业。第二阶段（1996—2000 年）将建造 17.5 万幢住房，建立高科技培训中心，加强工程部门、保健事业和公共管理系统的建设，并大力促进出口部门的发展。^② 为了保证有效地贯彻执行上述发展方案，1993 年 12 月建立了巴勒斯坦经济发展和重建委员会，负责计划，安排和管理重建工作、经济开发以及协调国际经济援助等项事宜。该委员会所进行的初期工作之一是为即将成立的巴勒斯坦自治政府编制第一个年度（即 1994 年）财政预算，提出该年度财政总收入为 2.82 亿美元，总支出为 4.2 亿美元，另加大学、医院的部分费用，财政赤字为 1.58 亿美元。其后编制的 1995 年财政预算，总收入为 5.10 亿美元，总支出为 5.43 亿美元，加上对行政、教育、卫生的资助，赤字为 7300 万

① ［英］《中东经济文摘》1993 年 9 月 24 日。

② 路透社安曼 1993 年 9 月 9 日讯。

美元。① 上述预算编制工作的完成为建立自治区财政制度奠定了基础。

按照发展方案的既定方针，巴解和自治政府积极采取措施，推动重建和发展工作。为了加快筹集建设资金，尤其重视和鼓励发展银行业。例如，1993 年 12 月由 11 名巴勒斯坦企业家创办的巴勒斯坦商业银行在西岸拉马拉市正式开业，并在加沙和杰里科分别开设分行。该行注册资本 1500 万美元；1994 年 6 月总部设在加沙的巴勒斯坦银行在杰里科开设分行，并将在纳布卢斯和拉马拉开办分行；同年 7 月由巴勒斯坦商人集团同以色列和摩洛哥商业银行合营的巴勒斯坦国际银行获准成立，其开办资本额为 4000 万美元，总部设在东耶路撒冷，计划分别在加沙、杰里科、拉马拉、希伯伦和伯利恒设立分行；由大约 50 名巴勒斯坦商人组成的集团在政府支持下，准备在加沙和杰里科开办巴勒斯坦家庭银行。② 此外，1994 年 8 月在安曼成立了巴勒斯坦发展和投资公司，约有 150 名股东，包括一批著名的巴勒斯坦企业家在内，公司资本有 2 亿美元，并在西岸和加沙着手组建住宅和工业方面的子公司，预期今后几年内投资将超过 10 亿美元。③ 为发展交通运输，在加沙和杰里科建成两个小型机场，成立了巴勒斯坦航空公司，并于 1994 年 8 月投入运营。巴勒斯坦水泥公司的成立将促进住宅、厂房、道路等基础设施的建设。政府现正着手制定投资法和公司法，以进一步鼓励和吸引私人资本参与经济开发活动。

（三）争取国际援助，促进共同发展　巴勒斯坦重建和发展

---

① 　[英]《以色列和被占领区报道》1994 年第 1 季刊。
② 　同上，第 2、3 季刊。
③ 　同上，第 2 季刊。

显示的良好机遇和广阔前景，正日益受到国际社会的关注。巴解和自治政府也非常重视和努力争取国际经济援助和外国投资，并积极参与地区经济合作。为帮助巴勒斯坦的重建和发展，联合国先是在1993年10月决定安排一项"和平贯彻计划"，即提供1亿美元的援款用于自治区的教育、卫生和社会救济项目，其中最大的项目为加沙总医院的建设费用2500万美元。①继后于1994年5月宣布本年度内联合国捐款1.38亿美元，帮助自治区建设。与此同时，世界银行提出一项紧急援助计划，在1994—1996年三年内分批提供援款，作为巴勒斯坦经济发展和重建委员会的费用。1993年11月成立的由挪威任主席的协调援助巴勒斯坦人民特别联络委员会于1994年6月决定向巴勒斯坦提供7.2亿美元的援助，以帮助实现加沙—杰里科的自治计划，并决定立即拨出4200万美元用以弥补自治政府的财政预算赤字。沙特阿拉伯已承诺捐赠1亿美元作为该委员会援巴基金的一部分。阿拉伯经济和社会发展基金提供价值100万美元紧急援助用来帮助东耶路撒冷马卡塞德医院。欧洲联盟于1994年5月同巴解签署了总计1400万美元的两项贷款协议。挪威于1994年8月同巴自治政府签署协议，将提供2200万美元的财政援助，用于帮助加沙地带修建现代化电力网。英国于同月宣布愿向巴提供800万美元的援助。荷兰于1994年1月宣布将捐款2050万美元，用于修建加沙港口设施。国际社会允诺在今后五年内向巴勒斯坦自治政府提供的财政援助共达24亿美元，其中1994年援款为7.2亿美元。②此外，日本等国的公司表示将在加沙和杰里科投资兴建基础设施工程。可以预料，外援款项的陆续到位和互利合作的逐步展开，

①　[英]《以色列和被占领区报道》1994年第1季刊。
②　《人民日报》1994年9月20日。

将促进巴勒斯坦自治区的经济振兴，对中东经济产生积极而深远的影响。

二　伴随阿以和谈的进展，双方之间的正常贸易关系逐步敞开，使中东地区开始形成新的经贸格局

恢复和发展经贸关系的相互需要，既是推动中东和平进程的基本动因，也是实现中东全面、持久和平所追求的重要目标。回顾绵延已久的阿以冲突，不仅使双方之间的经贸往来长期陷于停顿，而且给地区经济的共同发展以严重的消极影响。不时燃起的战火往往消耗大量人力物力，给交战双方造成重大的破坏和经济损失，尤以阿拉伯国家一方受损失惨重。长期以来，为了对抗以色列的侵略和占领，阿拉伯国家一直坚持对以色列实行经济制裁。据以色列商会 1992 年的估计，40 年来由于阿拉伯国家的贸易抵制，使以色列的经济损失累计达四百多亿美元。另据阿拉伯抵制以色列委员会 1993 年发表的一项报告称，由于阿拉伯国家有效地实行集体抵制，从 1952 年至今，以色列在出口和引进外资方面损失近 450 亿美元。战争和对抗对双方都不利。随着阿以和谈的展开，阿拉伯国家逐渐放松对以色列的贸易抵制，以色列也需要与阿拉伯国家互通有无，互补互利，双方都有恢复与扩大经济联系的愿望和要求，这为建立中东经贸新格局创造了有利条件。在这种形势下，目前阿以之间的经贸关系主要从以下两方面展开：

（一）阿以之间正常贸易往来的恢复指日可待　阿拉伯国家对以色列集体实行经济制裁始于 1951 年，当时阿拉伯联盟作出决定，禁止同以色列进行经济贸易交往，也拒绝与任何同以色列打交道的公司、企业发生经济往来，并将这些公司与企业开列名

单通报所有阿拉伯国家，不得同这些公司与企业进行交易。以马德里中东和平会议为契机，以色列积极要求西方国家施加影响，促使阿拉伯国家早日解除制裁，开放贸易往来，以扩大其对外出口市场和吸引外商投资。1993年6月科威特率先作出关于解除对以色列间接抵制的决定。继之于1994年9月30日海湾合作委员会也作出了与科威特相同的决定，正式宣布海湾六国部分取消对以色列的贸易抵制，即停止对与以色列进行贸易的公司的抵制行动，并表示如果参加中东和谈的阿拉伯国家在阿拉伯联盟内提出取消同以色列直接贸易的禁令的话，海湾六国将给予支持。与此同时，约旦国王侯赛因也明确提出阿拉伯国家对以色列的经济抵制"已经过时"，"现在谈判结束相互抵制的时机已经成熟"。① 据有关报道，沙特阿拉伯、摩洛哥和巴林的商人曾参加以色列的贸易展览会；以色列最大的工业联合企业库尔工业公司已开始同一些阿拉伯国家做生意；沙特的大贸易公司正准备与以色列公司建立贸易关系。② 据估计，在阿以贸易开放后，以色列对阿拉伯国家的出口额可能将达到每年30亿美元，比目前的出口额增加25％。③ 这对外贸赤字不断增长的以色列来说具有重要意义。尽管目前阿盟尚未作出取消集体对以经济制裁的决定，阿盟有关负责官员于1994年10月2日表示在阿盟理事会未做出新决定之前，对以色列的抵制将继续下去。但是，随着中东和平的全面实现，阿盟和阿拉伯各国必将逐步改变乃至最终取消对以色列贸易抵制的做法，阿以之间建立正常经贸关系的日子看来已为期不远。

---

① 新华社拉巴特1994年8月23日电。
② ［美］《商业周刊》1994年6月14日。
③ ［英］《星期日电讯报》1994年8月21日。

（二）阿以合作建立中东共同市场的可能性渐露端倪 阿以双方在经济上的互补性较大，以色列拥有高科技工农业经济优势，而阿拉伯国家则以巨大的石油财富和广泛的商贸联系著称。在实现中东和平的进程中，双方通过逐步增进接触与了解，都有在平等互利的基础上进行经济合作，促进共同发展与繁荣的需要。在这种情况下，开始出现酝酿建立包括阿拉伯国家和以色列在内的中东共同市场的新动向。1994 年 5 月，阿联酋沙迦商工会的一份研究报告指出建立共同市场对阿拉伯国家和以色列双方都有好处；它将为阿拉伯国家的石油、天然气和以色列的高技术产品开拓新市场。同年 8 月，约旦国王侯赛因指出建立一个以色列及其阿拉伯邻国的共同市场对中东来说是件好事，"可能给我们各方带来更多的稳定、安全与福利"。① 从不久前在卡萨布兰卡举行的第一次中东北非经济首脑会议的情况来看，与会各国政府和企业界对建立地区共同市场和经济共同体都不同程度地表现出兴趣，并把未来"建立中东北非经济共同体"的意向列入会议宣言中，尽管其倡议的意义大于实际的行动意义，而且一些国家对此存有疑虑，尚需从长计议，但毕竟是朝着建立经贸关系的新格局迈出了第一步。美国等一些国家目前正在致力于设法推动建立包括以色列、阿拉伯国家的地区性共同市场，以利于加强它们在中东的地位和影响。可以预期，策划建立中东共同市场的酝酿工作，今后将会进一步展开。

上述阿以经贸关系的走向正常化和建立中东共同市场的可能前景，正在吸引外国商人和企业家在中东掀起扩大贸易和投资的"经济热"。国际舆论开始把以色列比作未来"中东的香港、新加坡"，称其将成为欧、亚、非三大洲之间"商业和旅游的桥头

① 新华社拉巴特 1994 年 8 月 23 日电。

堡"，"阿拉伯世界通向它的最大贸易伙伴美国和欧洲的桥梁"，"一个巨大的自由贸易区的货物集散地"。① 以色列商会会长吉勒曼说，长期来避开以色列的外国银行家和企业经理现在纷纷争着要同以色列公司做生意，希望赚取中东和平红利。以色列中央银行打算同美国等西方国家联合建立银行，以推动基础设施和农业方面的合作项目。日本产业界表示"扩大中东贸易的机会增多了"，日本对以色列的出口将有所增加。韩国海外建设业界选定以约旦为重点对象，逐步推进对中东地区的工程承建项目，欧洲国家则急于参与以色列及其周边地区的基础设施建设项目。越来越多的外国投资者开始把目光转向以色列和约旦河西岸这块"投资处女地"，想在这里开发运输、旅游、电力、通讯等有利可图的项目。看来，中东和平带来的国际资本投资开发活动的升温，对加速中东经济发展进程将发挥重要的积极作用。

三　中东和平进程带来的一系列多边和双边经济协议的签订，进一步推动了中东国家之间的互利合作和共同发展，使区域经济合作迈向一个新阶段

在阿以和谈取得进展的形势鼓舞下，为了推动阿以双方之间以及阿拉伯国家之间的经济合作，有关各方分别提出许多建议、计划或意向，并达成各项多边和双边协议，其中重要的协议和计划及其主要内容，可分述如下：

（一）1994 年 1 月 7 日，约旦和巴勒斯坦正式签订经济合作协议，为双方广泛的经济合作奠定了基础。在同年 5 月举行的约巴经济委员会第五次会议上，双方一致同意彼此实行自由贸易，

---

① ［英］《星期日电讯报》1994 年 8 月 21 日。

除各自对其国内产品征税外，其他商品一律免税，在约旦和巴勒斯坦自治区之间的约旦河谷内建立经济自由区，并确定约旦第纳尔为巴勒斯坦自治区的正式流通货币，直至巴制定自己的货币制度，外汇也可自由流通。双方还同意在解决了诸如贸易、关税、转口贸易、旅游业及银行和金融业等有关问题后，将着手讨论农业，工业和运输等方面的问题。① 这为扩大今后双方的经济合作开辟了广阔的前景。

（二）1994 年 1 月 25 日，埃及和巴勒斯坦正式签署为期 5 年的经济和技术合作协议。协议规定双方将在工业、农业、贸易、投资、旅游、卫生、教育等广泛领域开展互利合作；在加沙地带和西岸合作兴建基础设施，特别是电站、道路以及交通通讯和海水淡化设施。双方还同意在埃及与加沙接壤的拉法建立工业、贸易和投资自由区，成立经济技术合作混合委员会，以制定合作机制，并监督协议的实施。② 同年 8 月，埃及宣布将向巴勒斯坦自治区出口石油，以满足加沙和杰里科地区的石油需求，并表示埃及愿意同约旦和巴勒斯坦建立多边合作关系。

（三）巴勒斯坦和以色列于 1994 年 4 月 29 日在巴黎签署经济关系议定书，决定减轻对自治领土的贸易限制、实行商品自由流通，根据这项议定书的规定，双方决定共同开展旅游宣传活动和培训导游来促进本地区的旅游业。③ 同时，从 1994 年 8 月 1 日起，以色列允许巴勒斯坦农产品（除西红柿、黄瓜、土豆、鸡蛋、雏鸡和西瓜等六类产品在 1998 年年底前限量入境外）自由运进以色列境内。④ 同年 8 月 15 日，以色列宣布允许居住在加

---

① 新华社安曼 1994 年 5 月 15 日电。
② ［英］《以色列和被占领区报道》1994 年第 1 季刊。
③ 新华社耶路撒冷 1994 年 7 月 7 日电。
④ ［英］《以色列和被占领区报道》1994 年第 2 季刊。

沙和约旦河西岸的 63750 名巴勒斯坦人进入以色列境内打工，以缓解巴勒斯坦自治区的经济困难。目前，巴以双方的企业家正在计划联手办合资企业，并合办一些新银行。

（四）埃及、约旦、巴勒斯坦和以色列于 1994 年 6 月在拉巴特宣布成立联合委员会，以便建立监督它们之间经济关系的机制，并将制定计划，协调落实经济合作项目。埃以双方还于同年 8 月签署了埃及向以色列出口天然气的初步协议。根据协议，双方将合资建立天然气管道运输公司，计划天然气将从埃及地中海海上气田输送到塞得港，通过管道经西奈—阿里什—加沙—特拉维夫—海法，直达黎巴嫩和土耳其。现已考虑铺设一条从尼罗河三角洲到以色列的天然气管道，埃及希望从 1998 年开始向以色列供气。

（五）根据 1994 年 7 月 25 日约旦和以色列签署的《华盛顿宣言》，双方将在两国交界处开辟两条边境通道，以促进贸易和旅游的发展。从约旦的亚喀巴至以色列的埃拉特的第一个边境通道已于 8 月开通，两国间的贝桑河谷通道则于 10 月开通。同年 8 月 16 日，约以签署了第一个经济协议，该协议规定约旦从 8 月中至年底将向巴勒斯坦自治区外的被占领土出口价值 3000 万美元的商品。[①] 此外，双方还签署了航运协议，并决定建立一个联合委员会，负责制定一揽子旅游合作计划。双方已向游客开放了边界，并同意在三个月内将两国电网连在一起。1994 年 10 月 26 日，约旦和以色列正式签订和平条约。根据条约规定，以色列每年给约旦提供 5000 万立方米淡水，并参与建造水坝的合作项目，以增加提供 1 亿立方米的水。[②]

---

① 合众国际社安曼 1994 年 8 月 22 日电。

② 法新社安曼 1994 年 10 月 19 日电。

（六）1994 年 10 月 30 日至 11 月 1 日，中东北非经济首脑会议在摩洛哥卡萨布兰卡举行，这是该地区旨在以发展促和平，以繁荣保稳定，推动和平合作，促进经济振兴的一次重要会议。会议发表的《卡萨布兰卡宣言》呼吁促进地区和平与发展，建议成立促进地区合作与发展的各类机构，包括为建立"中东和北非经济共同体"奠定基础的工作机构，研究创办中东和北非地区发展银行，成立地区旅游局、地区商会和商务委员会等，并加强对外开放与合作。

（七）埃、约、巴、以等国目前都竞相宣布超越边界的开发计划，其中突出的一项是计划从地中海与红海向死海注入海水，利用水位差发电，并将海水淡化变成宝贵的饮用水和农业用水。各方还准备在沙漠深处建立一个内陆港；把亚喀巴、埃拉特等地的海岸用于开发旅游业；帮助制止红海污染。以色列制定了一项"旨在地区合作的开发计划"，包括建立一百多个合办企业以及搞一些带有国际性的工程项目，如在红海和死海之间修建运河，通过这一计划想使东地中海诸国连成一个经济圈。①

为了加强官方联系与正式交往，摩洛哥和突尼斯政府已分别决定同以色列互设经济联络处，作为朝着建立正式外交关系迈出的第一步。海湾国家在部分取消对以色列的贸易抵制后，也着手准备同以色列谈判建交问题。目前正在谈判或积极考虑同以色列互设利益代办处和建立外交关系的阿拉伯国家有卡塔尔、阿曼、阿尔及利亚和巴林等。② 这将是中东和平进程给阿以关系格局带来的又一重要突破。

最后还应指出的是，在实现中东全面、持久和平的过程中，

---

① ［日］《朝日新闻》1994 年 11 月 8 日。
② 美联社耶路撒冷 1994 年 10 月 6 日电。

在相互尊重主权、领土完整和平等互利等原则基础上不断调整和适应有关各方错综复杂的利益关系，无疑将成为阿以双方顺利开展经济合作和促进共同发展的重要前提和必要条件。目前最突出的问题是：叙利亚、黎巴嫩同以色列之间仍然存在的冲突尚需设法解决，否则就谈不上全面实现中东和平；巴勒斯坦国的完全独立和阿拉伯被占领土的全部归还尚待彻底解决；阿以双方在民族、宗教、经济资源、发展程度等诸多方面存在的矛盾和差异亦将有待于继续调整和妥善处理。显然，中东国家的经济发展任重道远，将会遇到各种困难和挑战；中东和平的公正、全面实现亦非一帆风顺，还可能会有曲折。和平与发展总的趋势是在前进，但中东要从冲突热点地区变成和平与经济合作发展区绝不可能一蹴而就；仍需各国政府和人民继续付出艰苦的努力。

（原载《西亚非洲》1995 年第 1 期）

中东石油美元与金融业的崛起

石油美元是指自 1973 年石油大幅度提价后，以中东产油国为主力的欧佩克成员国的全部石油出口收入，减去用于发展本国民族经济和其他进口支付后所剩的资金，亦即它们的国际收支经常项目的盈余资金，因其中大部分为美元，故国际上通称之为石油美元。

石油美元伴随着石油提价而出现，是中东产油国捍卫民族石油权益斗争的胜利成果。在七八十年代，石油美元是世界经济中的一个活跃因素，在国际金融领域具有举足轻重的影响，使中东产油国的国际经济地位和作用大大提高。据统计，欧佩克成员国 1973—1981 年的石油收入总额达 12748.18 亿美元，[①] 其中石油美元占 36.76%，为 4686.39 亿美元。[②] 这数千亿石油美元的分布很不平衡，主要集中在沙特阿拉伯、科威特、伊拉克和阿拉伯联合酋长国等少数海湾产油国。据国际货币基金组织报道，到

---

① ［英］《石油经济学家》1975—1982 年每年 6 月号报道的有关收入的总额。

② ［英］《石油经济学家》："石油输出国石油报道" 1979 年 12 月及 "阿拉伯石油输出国组织公报" 1981 年 3 月号。

1980 年底为止，上述四国拥有欧佩克石油美元总额的 80%，其中沙特占 38.6% （1406.9 亿美元）、科威特占 18.9% （690 亿美元）、伊拉克占 11.3% （412.5 亿美元），阿联酋占 10.7% （391.5 亿美元）。[①]

大量积聚的石油美元如何存置、投放？这就导致了石油美元回流 （Recycling the Petrodollar） 问题的出现，即产油国拥有的石油盈余资金通过各种途径重新流回到石油进口国。由于沙特、科威特等拥有大部分石油美元的产油国在政治上和经济上同西方国家关系密切，它们觉得把巨额石油美元投放西方国家比较安全，且有利可图，加之当时产油国自身尚未形成自己的银行金融体系，因而造成庞大的石油盈余资金流往西方国家。据《阿拉伯经济学家》估计，到 1982 年底，欧佩克成员国的国外投资总额达 4470 亿美元，其中有 3940 亿美元投资于西方国家和世界金融组织，占投资总额的 88.14%。但是西方金融机构以低利率吸收石油美元，却以较高利率将石油美元贷出，从中牟取丰厚的利润，而使中东产油国受损。因此，如何管理和充分利用石油美元，促进本国经济的发展，维护自己民族的权益，成为中东产油国急需加以解决的一个突出问题。

为了有效地控制本国的巨额石油美元，中东产油国普遍采取措施，大力建立和发展本国、本地区的银行体系和金融网络，积极参与国际金融经营活动。经过多方的努力，从 70 年代中期起，中东国家和地区的金融业迅速崛起，阿拉伯银行体系逐步形成，使石油美元的投放与运作展现出一派新天地，成为国际金融领域的异军突起的一支新兴力量。

---

① 国际货币基金组织不定期报告第 18 号，1983 年 4 月。

一　银行体系的形成

在中东地区，现代银行的出现始于19世纪后期。但是，直到20世纪初，中东的银行业仍为西方资本所控制。真正属于阿拉伯人自己创办的第一家中东银行，是1929年由巴勒斯坦人阿卜杜勒·哈马德·绍曼在耶路撒冷建立的阿拉伯银行。该行总部于1948年迁往约旦首都安曼，并在贝鲁特、开罗、大马士革等地设立了分行。到70年代初，它在中东地区共有44家分行。与此同时，中东国家在独立后也都陆续建立了各自的货币局和中央银行，以及一些商业银行，以开展货币兑换和国内的信贷业务，但外贸业务的贷款则仍主要由外国银行提供。70年代中期以后，随着巨额石油美元的积聚和投放，中东地区各类银行如雨后春笋般地不断涌现，特别是阿拉伯银行体系的迅速崛起，广泛建立和发展了从国内到国外，从西方到东方，全方位活跃在本国和国际金融市场的银行网络。它们大致由以下几种类型的银行和金融机构组成：

（一）国有官办银行

由政府财政部门直接经办的银行，在国际市场上参与投资经营，成为中东产油国实行其对外投资战略的重要机构。如沙特阿拉伯货币局（SAMA）、科威特投资办事处（KIO）、利比亚阿拉伯外国银行（LAFB）等都在这方面发挥着重要的作用。

沙特阿拉伯货币局成立于1952年，起着沙特王国中央银行的作用，掌管货币发行，管辖国内银行。1975年7月起它负责领导对原来在沙特国内经营的七家外国商业银行实行"沙特阿拉伯化"，即沙特人必须参股60％以上，把外国银行改变为本国占支配地位的联合股份机构。沙特货币局还承担将沙特国外资产运转起来的职责。为此，它于 1975 年在伦敦设立了沙特国际银行（SIB），握有该行 50％ 的股份，美国的摩根信托保险公司占股 20％，其他股东包括沙特国民商业银行、利雅得银行、东京银行、巴黎国民银行、荷兰银行、英国国民威斯敏特银行、瑞士联合银行等。沙特国际银行在欧洲货币市场上为提供国际性贷款发挥自己的作用。1991 年该行总资产达 24.136 亿美元，经营着 3.5 亿美元的高收益债券。[①] 同时，沙特货币局以作为西方大银行的存款户和为西方政府及世界金融机构提供贷款等做法来开展其国际融资运作。1979—1981 年沙特货币局对国际货币基金组织提供的贷款，每年都达 40 亿特别提款权（SDR），从而使其在该基金组织中所占的份额增至 3.5％，沙特在该组织的委员会中的排列序位上升至第六位。[②] 据报道，沙特阿拉伯货币局的国外资产，1982 年 9 月底为最高纪录，达 4984.6 亿沙特里亚尔（约合 1450 亿美元），到 1990 年 3 月仍有 2168 亿沙特里亚尔（合 579 亿美元）。[③]

科威特投资办事处始建于 50 年代，隶属于中央银行的分支机构科威特投资局，起着财政部派出单位的作用，统管科威特在欧洲的各家银行，并在欧洲市场上统筹安排科威特的投资经营，成为科威特广泛的海外金融活动的中心。它利用科威特富余的石油美元在国际上进行投资，以便一旦科威特的石油枯竭后为子孙后代造福。科威特的对外投资，先由国家设立储备金，再由科威特投资办事处将储备金投放至国际市场上去。科威特政府设立两种储备金：一种为国家总储备金；一种为"后代人储备金"。后

---

① ［英］《中东经济文摘》1992 年 3 月 20 日及 1991 年 4 月 26 日。
② ［英］《沙特阿拉伯概况》1991—1992 年。
③ 同上。

者是根据科威特政府 1976 年第 106 号法令的规定，于该年 12 月创立的。该储备金的始创款额为 8.5 亿科威特第纳尔（约等于 29.31 亿美元），以后每年从国家预算总开支中拨出 10% 来追加储备。科威特宪法明文规定，为保证后代人的资金需要，在该储备金设立后的 25 年内应绝对确保储备金的增补。据报道，科威特政府拨给上述两种储备金的总款额通常占每年国民生产总值的 40%。科威特投资办事处运用这些储备金渗入到世界上许多大财团和公司，在世界 500 家大公司中的 492 家拥有数额不等的股份。在德国的戴姆勒·本茨公司、赫伊斯特公司（世界最大的化工企业），在法国的巴黎—荷兰银行、苏伊士银行，在英国石油公司，在美国格蒂石油公司、在意大利的菲亚特公司等等都投进了科威特的资本。① 据报道，科威特的海外资产在 80 年代中期估计有 1100 亿美元，其中国家投资 800 亿美元，私人投资 300 亿美元。② 到 1990 年 8 月海湾爆发危机前，估计科威特的海外资产仍有 1000 多亿美元。

利比亚阿拉伯外国银行建立于 1972 年，是利比亚中央银行的海外分行，它通过其设在国外的 20 个附属的分支机构，履行着国际银行的职责。1981 年，它在国外的投资经营由新建立的利比亚外国投资公司（Lafico）所接管，到 90 年代初期该公司已在 45 个国家进行了投资。③

（二）官商合营的商业银行

这类银行在中东产油国十分发达，有的以私人资本为主，有的以国家资本为主，但都由中央银行统管。它们的经营活动从国

① ［塞浦路斯］《中东时报》1991 年 11 月 19 日。

② 《经济参考报》1985 年 11 月 20 日。

③ ［英］《利比亚概况》1991—1992 年。

内扩大到国外，在金融市场上起着不可忽视的作用。沙特阿拉伯、科威特、阿拉伯联合酋长国、巴林、卡塔尔等海湾产油国的商业银行尤为兴旺发达。

在沙特阿拉伯，有12家商业银行及它们的1010家分行。12家商业银行中完全为本国所有的有三家：

国民商业银行（NCB）：1951年建立，现为中东地区最大的私人商业银行。1991年底其资产总额约为823亿沙特里亚尔（合219.5亿美元）① 该行经营着沙特阿拉伯一半以上的贸易金融业务。

利雅得银行（Riyadh Bank）：沙特阿拉伯货币局拥有该行大部分股份，是国内第二大商业银行，1992年底其资产总额为500.22亿沙特里亚尔（约合133.57亿美元）。②

艾·拉贾希银行投资公司（Al－Rajhi Banking & Investment corporation，简写Arabic）：1987年建立、按伊斯兰原则经营的商业银行，有三百多个分支机构遍布全国，1992年其资产总额为265.26亿沙特里亚尔（约合70.85亿美元）。③

其他九家商业银行原先为外国资本，但在70年代中期以后，逐渐实现了"沙特化"，沙特人在银行中所占股份居于60%以上的优势，并在全国范围增设分行，扩大经营。这些银行是：

沙特美国银行（Samba）：为第三大商业银行，1992年其资产总额为382.78亿沙特里亚尔（约合102.21亿美元）。④

阿拉伯国民银行（Arab National Bank）：1992年资产总额为286.49亿沙特里亚尔（约合76.50亿美元）。

---

① ［英］《中东经济文摘》1993年4月2日。
② ［英］《中东经济文摘》1993年5月14日。
③ 同上。
④ 同上。

沙特法国银行（Al Bank Al Saudi Al Fransi）：1992 年资产总额 229.61 亿沙特里亚尔（约合 61.31 亿美元）。

沙特英国银行（Saudi British Bank）：1992 年资产总额 207.04 亿沙特里亚尔（约合 55.28 亿美元）。

沙特荷兰银行（Saudi Hollandi Bank）：1992 年资产总额 135.23 亿沙特里亚尔（约合 36.11 亿美元）。

沙特开罗银行（Sandi Cairo Bank）1992 年资产总额 134.43 亿沙特里亚尔（约合 35.90 亿美元）。

沙特联合商业银行（VSCB）：1992 年资产总额为 92.09 亿沙特里亚尔（约合 24.59 亿美元）。

艾·贾齐拉银行（Bank A1 - Jazira）：1992 年资产总额 56.62 亿沙特里亚尔（约合 15.19 亿美元）。

沙特投资银行（Saudi Investment Bank）：1992 年资产总额 52.56 亿沙特里亚尔（约合 14.03 亿美元）。

在科威特，有七家商业银行及其 180 家分行。科威特的商业银行是：

科威特国民银行（NBK）：为科威特最大的商业银行，1952 年建立。以私人资本为主，1985 年 3 月政府占股 1.37%。1990 年底资产总额为 56.3 亿美元。[①] 国内有 51 家分行，国外六家分行。

科威特商业银行（CBK）：1960 年建立，以私人资本为主，1985 年 3 月政府占股 10.55%，1989 年底资产总额为 20.48 亿科威特第纳尔（约合 69.73 亿美元）。

海湾银行（GB）：1960 年建立，以私人资本为主，1985 年 3 月政府占股 10.9%。1988 年底资产总额为 18.07 亿科威特第

---

① ［英］《中东经济文摘》1993 年 4 月 5 日。

纳尔（约合 64.78 亿美元）。国内有 28 家分行，并在新加坡、伦敦等地设办事处。

阿拉赫利银行（Alahli Bank）：1967 年建立，以私人资本为主，1985 年政府占股 10.01%，1989 年底资产总额为 17.94 亿科威特第纳尔（约合 61.09 亿美元）。国内有 21 家分行，国外有一家分行。

科威特中东银行（BKME）：1971 年在接管原来的英国中东银行的基础上建立，以国家资本为主，1985 年 3 月政府占股56.78%。国内有 20 家分行。

布尔甘银行（Burgan Bank）：1975 年建立，以国家资本为主，政府占股 60%，1988 年底资产总额 44.78 亿美元。国内有21 家分行。

科威特金融社（KFH）：1977 年建立，国内唯一的伊斯兰商业银行，政府占股 49%，1988 年底资产总额为 44.17 亿美元。国内有 17 家分行。

阿拉伯联合酋长国是世界上银行最多的国家之一。1973 年全国有 20 家商业银行，1977 年增至 55 家。80 年代中期本国银行 24 家，分行 156 家，外国银行 29 家，分行 128 家。① 到 80 年代末，全国仍有 47 家商业银行，其中本国银行 19 家，外国银行28 家，但中央银行在 1984 年明文规定，每家外国银行在阿联酋境内只能设立八家分行。阿联酋商业银行中比较著名的有：

迪拜国民银行（NBD）：1963 年建立，1990 年资产总额为65.73 亿美元，在海湾地区排第六位，在阿拉伯银行中位居第 15位。

阿布扎比国民银行（NBAD）：1968 年建立，1990 年资产总

---

① ［英］《金融时报》1985 年 1 月 7 日。

额为 64.12 亿美元，在海湾地区排第七位。国内有 33 家分行，国外有 14 家分行。

阿曼银行（BO）：1967 年建立，1990 年资产总额为 28.33 亿美元，在海湾地区排第 15 位。国内有 22 家分行。国外有 16 家分行。

阿布扎比商业银行（ADCB）：1985 年建立，政府占股 60%。1990 年资产总额为 25.69 亿美元，居海湾第 16 位。国内有 24 家分行，国外一家分行。

埃米尔国际银行（EBI）：1977 年建立，1990 年资产总额为 20.69 亿美元，居海湾第 18 位。迪拜政府占股 80%，在迪拜有八家分行，在国外有七家分行。

信贷和商业银行（BCC）：1982 年建立，1990 年资产总额为 15.68 亿美元，在海湾排第 23 位。在阿布扎比有七家分行，在迪拜有四家分行，在艾·艾因、哈伊马角和富查伊拉各设一家分行。1991 年 7 月 23 日该行改名为联合国民银行（VNB）。

在巴林，80 年代末有商业银行 19 家，其中巴林国民银行（NBB）最活跃，1989 年纯利达 810 万巴林第纳尔（约合 2146.5 万美元）。1990 年资产总额为 6.058 亿巴林第纳尔（约合 16.1 亿美元），在海湾排第 21 位。

在卡塔尔，全国有 13 家商业银行，其中五家为本国所有。比较著名的有卡塔尔国民银行（QNB），1990 年资产总额有 32.57 亿美元，在海湾地区排第 13 位。

（三）阿拉伯国家合营的银行

阿拉伯国家的各类银行走向世界、进入欧美金融市场，比在国内赢利更大且更为安全。况且参与国际金融经营活动可获得更多的经验，以提高阿拉伯资本市场的经营效益。但是，国际金融市场上竞争十分剧烈。阿拉伯国家清楚地认识到必须联合起来，以增强竞争力。于是由阿拉伯国家共同合资创办的银行陆续出现。其中，以海湾国际银行（GIB）和阿拉伯银行公司（ABC）的规模和作用最大。

海湾国际银行：1975年11月由巴林、伊拉克、科威特、阿联酋、卡塔尔、沙特阿拉伯和阿曼七国政府联合组成的区域性商业银行，总部设在巴林首都麦纳麦。在伦敦、纽约、新加坡、开曼群岛、东京和法兰克福等地均设有分支机构。该行为海湾国家的经济发展及国际经济合作服务，参与国际货币市场的各种辛迪加贷款、工程项目和贸易的资金融通，以及债券交易等。该行资产总额在成立时为二亿美元，到1989年增至98.93亿美元，1990年减为65.94亿美元。[①]

阿拉伯银行公司：1980年1月由科威特财政部、利比亚中央银行、阿布扎比投资局共同建立。总部设在巴林麦纳麦，是巴林境内最大的离岸银行机构。1989年该行资产总额达217.3亿美元，1990年减为205.49亿美元，在海湾地区位居第二。

阿拉伯投资和外贸银行（ABIFT）：1975年由阿联酋、阿尔及利亚、利比亚三国政府合资建立，各占股1/3。1990年该行资产总额达10.80亿美元，在海湾地区排第26位。

此外，科威特和巴林、阿尔及利亚和利比亚之间均有合资银行。在阿拉伯国家间还发展了专业性的金融服务机构，例如阿拉伯金融服务社（AFS），由60个阿拉伯金融机构共同组建，于1985年在巴林创办，专门投资于发展中国家的旅行支票市场。1990年该服务社占有阿拉伯世界旅行支票市场45%的份额，票券价值约达40亿美元。[②]

---

① ［英］《中东经济文摘》1990年3月9日、1991年4月5日和4月26日。

② ［英］《中东经济文摘》1991年4月5日。

（四）具有商业银行性质的投资公司

顺应阿拉伯产油国海外投资经营的需要，一批具有商业银行性质的投资公司在中东地区也先后出现，较为引人瞩目的有：

海湾投资公司（GIC）：由海湾合作委员会的六个成员国合资于1982年11月成立，1983年开始经营。该公司创始资本为21亿美元，每个成员国出资3.5亿美元，到1991年公司资产总额达70亿美元以上，公司职员大约120人。公司主要在海湾地区进行投资，资助的工业项目包括制药、化学、钢线、飞机、炼铝、奶制品，养鸡场等方面。公司总部设在科威特，海湾危机期间曾迁往麦纳麦。

阿拉伯石油投资公司（APICORP）：1975年建立，旨在援助阿拉伯世界和发展中国家的石油和石油化工有关工业的投资。其法定资本为12亿美元，沙特、科威特、阿联酋各占股17%，利比亚、伊拉克、卡塔尔各占股10%，阿尔及利亚占股5%，巴林、埃及、叙利亚各占股3%。

科威特的"三Ks"，即科威特外贸、承包和工程投资公司（KFT CIC）、科威特投资公司（KIC）、科威特国际投资公司（KIIC）均属于活跃于国际市场的投资银行。它们发行债券，参与辛迪加贷款，经营直接投资、房地产和造船业等等。

（五）同西方合营的国际银行

为了利用西方银行的经营经验和服务技能，阿拉伯的银行同西方银行合组银团。如尤巴夫银团（UBAF）就是规模最大的这类银行的典型，在该银团中，20个阿拉伯国家的26家银行占股60%，三家法国银行占股40%。该银团于1970年组建，现在英国、法国、意大利、德国、卢森堡、美国、香港等地均设有分行。阿拉伯资本在银团中占优势地位，因而阿拉伯国家能在该银团的经营活动中起决定性的作用。

（六）伊斯兰银行

70年代中期，石油收入增长之后，在穆斯林世界特别是阿拉伯国家发展起来的伊斯兰银行遵循禁止收取"里巴"（riba）的戒律，即金额交易一般不得收取利息，只收取投资利润和营业手续费。到80年代中期，这类银行大约有30多家，如伊斯兰发展银行（IDB）、迪拜伊斯兰银行（DIB）、巴林伊斯兰银行（BIB）、科威特金融社（KFH）等。

伊斯兰发展银行是这类银行中规模和作用最大的一家。它是根据1973年12月伊斯兰会议组织在吉达举行的财政部长会议的决定而建立起来的国际金融机构。1975年10月该行正式营业，行址设在吉达，其宗旨在于鼓励成员国和非成员国的穆斯林社团发展经济和促进社会进步。该行有44个成员国，法定资本为20亿伊斯兰第纳尔（约合27.8亿美元），到1992年初，已付资本为18.659亿伊斯兰第纳尔（约合25.90亿美元）。[①]1992年7月该行董事会决定将其法定资本增至近60亿美元。[②]该行的信贷和投资活动，主要是为成员国的发展项目、外贸经营提供资金和技术援助贷款。贷款期限为10—40年（包括5—10年宽限期）。到1987年8月为止，该行已批准总额为15.65亿伊斯兰第纳尔（约合19.46亿美元）的项目资助和技术援助，以及总额为43.55亿伊斯兰第纳尔（约合54.16亿美元）的外贸资助。此外，为了向成员国提供人才，该行于1982年设立了伊斯兰研究和培训机构，以研究符合伊斯兰法的经济金融和银行活动。这一切对伊斯兰国家的经济和社会发展起了积极的促进作用。

---

① ［英］《中东经济文摘》1992年3月6日。
② ［塞浦路斯］《中东时报》1992年7月21日。

　　值得重视的是，沙特阿拉伯的费萨尔亲王是伊斯兰银行运动的著名活动家之一。1977 年他在埃及和苏丹分别建立了费萨尔伊斯兰银行，1981 年他又在日内瓦建立了一家伊斯兰基金社，拥有已付资本 3.1 亿美元，从而使伊斯兰银行开始进入了西方金融市场。随后，沙特的一些伊斯兰金融机构陆续在伦敦、伯明翰等地开设分行，为穆斯林社团提供服务，并且，在土耳其、突尼斯、马来西亚等国也先后开办分行，大大地开拓了伊斯兰银行的经营市场。

　　除了上述各类阿拉伯银行外，为了加强阿拉伯银行的协调行动，在中东金融界还建立了阿拉伯银行家协会（Arab Bankers Association）和国际伊斯兰银行协会（International Association of Islamic Banks）。前者 1980 年在伦敦建立，旨在协调阿拉伯银行的利益，改善同其他国家的关系，为阿拉伯世界的发展项目进行调研，培训阿拉伯银行家等，其成员机构达 500 多个；后者总部设在沙特吉达，并在开罗等地设分支，旨在加强伊斯兰银行间的联系，并开展研究和培训工作。

　　综上所述，在 70 年代和 80 年代崛起的阿拉伯银行体系，不仅成为推动中东地区经济发展的有力杠杆，而且在国际金融领域也发挥着不可忽视的重要作用，这充分显示出巨额石油美元有效运作的突出成果。

二　新的国际金融中心的出现

　　中东金融业崛起的另一突出表现是，在海湾地区出现了一批新的引人瞩目的国际金融中心。70 年代中期以前，中东的国际金融中心比较重要的只有黎巴嫩的贝鲁特。但是，由于 1975 年黎巴嫩爆发内战，连绵不断的战火严重地破坏了贝鲁特金融中心的设施，并影响了金融经营活动的开展，导致贝鲁特国际金融中心的传统地位日趋衰落。而随着 70 年代和 80 年代石油美元的成功运作和银行金融网络体系的形成，为适应中东"石油繁荣"和经济迅速增长的需要，科威特、麦纳麦、迪拜等一些新的国际金融中心勃然兴起，成为中东经济发展的一大特色。其中最具代表性的是科威特和麦纳麦两大金融中心，兹分别介绍于后。

（一）科威特金融中心

科威特金融中心是科威特政府实施对外投资战略的窗口，突出发挥着对外投资活动的独特作用。在科威特，银行业十分发达，在这一小块弹丸之地，高度密集着各类银行及其分支机构达180 多家，特别是各类投资公司林立，除了前文提到的国际上著名的"三 K_s"三大投资公司外，还有 27 家投资公司也在国际融资活动中起着重要作用。尤其值得重视的是，科威特金融中心有两个对外开放的资本交易市场：其一是科威特官方的第纳尔证券市场。该市场从 60 年代初就开始经营，70 年代后期发展很快。1980 年在该市场上成交的证券总额达 45 亿科威特第纳尔（相当于 200 多亿美元），其交易规模在世界上居第八位。在该市场上参与债券交易的有世界银行、欧共体公司，以及瑞典、法国、荷兰、芬兰、美国、日本、印度等国的银行和公司。其二是马纳赫证券交易市场（MaNakh）。该市场是 70 年代中期伴随着巴林麦纳麦国际金融中心的形成而出现的证券自由交易场所。1982 年中，该市场的股票交易数量曾高达 20 亿股以上，在金融投资经营中曾发挥过重要的作用。但因受两伊战争的影响，1982 年秋爆发了过期证券无法兑现的支付危机，导致该市场关闭，而且由于 80 年代中期石油价格的暴跌，石油收入锐减，明显地影响了科威特金融业务的开展。但在 1987 年银行业的经营活动回升，资产总额普遍增长。科威特中央银行雄心勃勃的计划是要使科威特成为世界范围的金融中心而不仅仅是地区性的国际金融中心，该行于 1989 年 5 月宣布在 6 月重新开放马纳赫证券交易所，1989 年 7 月宣布允许本国银行和投资公司作为非科威特人的代理者从事货币经营活动，从而刺激了投资业务的发展。例如，1988 年科威特投资公司（即"三 K_s"之一）的总资产从原来的 9800 万科威特第纳尔（约合 3.5133 亿美元）急剧增加到 6.09 亿科威特第纳尔（约合 21.8326 亿美元）。海湾战争使科威特经济遭受严重损失，达 1600 亿美元以上，为国民生产总值的五倍多。① 因而，科威特金融中心的经营活动一度陷于瘫痪。海湾战后，在科威特政府和人民重建家园的努力下，科威特经济迅速恢复，科威特股票市场也于 1992 年 9 月 27 日开始营业，到 1992 年底参与股票交易活动的公司增至 50 多家，基本恢复到伊拉克入侵前的水平。可以预料，经过恢复与发展，科威特金融中心将重新在国际金融领域发挥积极的作用。

（二）麦纳麦金融中心。

巴林首都麦纳麦是当今世界上著名的离岸金融中心之一。它的兴起直接同石油美元的投放运作密切相关，并在石油美元的回流过程中发挥着重要的作用。

麦纳麦国际金融中心的金融机构多、规模大，经营十分活跃，但其突出的特点是离岸银行特别兴旺发达。所谓离岸银行一般是指经营非所在国货币，享受所在国政府豁免税款的优惠，其经营活动几乎没有任何限制，服务对象主要为外国企业和个人。离岸银行中心通常有四种情况：一是发挥着全球范围金融媒介作用的重要中心，如伦敦、纽约等；二是发挥着金融

---

① 据 1992 年 9 月阿拉伯国家中央银行行长会议后发表的报告。

账目转口口岸作用的簿记中心，如拿骚、开曼群岛等；三是起着为本地区集资的内向金融媒介作用的集资中心，如新加坡等；四是吸收本地区多余的资金，转向区外投资，起着外向型金融媒介作用的代收中心，麦纳麦正是属于这一类离岸金融中心，它在国际金融市场上不是信贷资金的需求者，而是大量石油美元的供应者。

巴林地处海湾中段，同拥有巨额石油美元的产油国相邻，交通和通信设施十分发达，而本国原油储量却很有限。因此，巴林政府从国内的实际情况出发，确定以银行服务业立国的经济发展战略。1985 年 10 月，巴林货币局（即中央银行）颁布了离岸银行条例，规定了各种鼓励措施。例如，在巴林境内开展离岸金融业务的单位免缴所得税；每年只需交 2.5 万美元的许可证手续费；不提取存款储备金；实行自由利率等，这一切对外国银行很有吸引力，它们纷纷到这里设立分行或办事处。到 1983 年，共有 76 家离岸银行机构，资产总额共达 627.41 亿美元。巴林离岸银行具有明显的阿拉伯地区的特色，其资金大约 2/3 来自中东产油国，1/4 来自欧美国家，但在外汇市场上同石油盈余资金一样，仍以美元为主要货币，约占银行负债款的 77%。

在巴林，除了离岸银行外，其他金融机构也很发达。如 1988 年初，有 20 家商业银行，18 家投资银行，59 家银行代办处和一家专业银行，一家伊斯兰银行。

麦纳麦金融中心的产生和发展，除了与巴林当局所采取的鼓励政策外，还有其特定的有利因素。第一，它是适应阿拉伯产油国掌握自己的巨额石油盈余资金的需要而设立的；第二，黎巴嫩战祸迭起，贝鲁特金融中心遭损，西方银行纷纷把分行或办事处迁到巴林，以便于吸收产油国的盈余资金；第三，巴林的地理位置恰好处于欧洲和远东的金融中心之间，因时差关系，在巴林银行机构的营业时间内，可赶上伦敦金融市场的开盘钟点和东京金融市场的收盘钟点，实现伦敦——巴林——东京之间的同日交易，有利于国际资本在世界范围的迅速流通。

然而，麦纳麦金融中心的发展并不是一帆风顺的。它受到海湾地区政治经济形势的影响和制约。80年代中期，因油价下跌和两伊战争影响，有的离岸银行撤离，资产下降。如1986年，离岸银行总资产减为511.86亿美元。而随着海湾经济的恢复和两伊停战，巴林离岸银行的境况也有所好转。如1988年，离岸银行总资产回升到631.90亿美元。海湾危机爆发后，巴林离岸银行总资产于1990年9月一度骤减108亿美元，到该年年底才逐渐恢复到599亿美元。[①] 由此可见，麦纳麦国际金融中心的发展前途是同中东地区的政治经济形势的变化息息相关的。

三　援外金融机构的发展

援外金融机构作为石油美元投放运作的流通渠道之一，也是中东金融业的重要组成部分。援外金融机构主要以基金组织的形式出现，这些基金组织的发展，同样反映了中东石油经济的繁荣，体现了中东产油国对石油盈余资金的运用。它们有一国建立的，也有多国组成的进行双边和多边的融资安排，通常条件比较优惠，贷款年限长、利率低，并附有宽限期。它们在发展中国家之间的资金融通活动中发挥着明显的桥梁作用，有力地促进了南南金融合作关系的发展。

---

① ［英］《国家概况：巴林、卡塔尔》1992—1993年。

在中东产油国的援外金融机构中，规模和影响较大的主要有：

（一）科威特阿拉伯经济发展基金组织（KFAED，简称科威特基金会）

中东产油国中最先出现的单国援外金融机构，成立于1961年12月，其资本十分雄厚，最初法定资本为二亿科威特第纳尔（约合七亿美元），1981年增至20亿科威特第纳尔（约合70亿美元）。科威特基金会是具有法人资格的半自治机构，可通过发行债券来扩展信贷能力，但其业务安排必须经政府认可，实际上起着代表政府对外投资的作用。科威特政府的对外援助，大约占总额的1/3经由该基金组织来实施。1974年以前，其对外援助经营范围只限于阿拉伯国家以后扩大到其他发展中国家。据报道，截至1991年6月底，该基金会总共提供了389笔贷款，总金额达17.75亿科威特第纳尔（约合61.23亿美元）。受益国65个，其中阿拉伯国家16个，非洲国家30个，亚洲国家15个，其他国家四个。阿拉伯国家占援助总额的52.9%，亚洲国家占27%，非洲国家占18.3%。从产业部门来看，交通运输所占的比例最大，为30.5%，其次是电力占21.9%，农业占20.9%，工业占18.1%。贷款年限15—30年，并附有2年4个月至9年6个月的宽限期，年利率1.5%—5%不等。主要受援国是突尼斯、埃及、摩洛哥、塞内加尔、坦桑尼亚等国。[①] 1982年7月该基金会给我国提供了第一笔阿拉伯贷款，到1989年为止，基金会向中国的10多个经济项目提供了三亿多美元的优惠贷款。海湾危机爆发后，该基金会仍向中国提供低息贷款。

---

① ［法］《热带与地中海市场》1992年5月22日。

（二）阿拉伯经济和社会发展基金组织（AFESD，简称阿拉伯基金会）

该基金会是较早出现的阿拉伯多边援外金融机构。在科威特的积极倡议下，于 1968 年 5 月 16 日由阿拉伯联盟经济委员会决定成立，1973 年正式开展信贷经营，成员国共 21 个，总部设在科威特市。1973 年 4 月其法定资本为一亿科威特第纳尔，1982年增至八亿科威特第纳尔。该基金会的宗旨是参与资助阿拉伯国家和地区的经济和社会发展项目，特别是基础设施和工农业项目，以促进阿拉伯各国的经济和社会进步，接受援助贷款者必须是阿拉伯国家的政府或私人机构。该基金会的资金不参与证券交易活动，在政策上注意平衡各成员国的利益。到 1988 年底为止，该基金会对 17 个国家 173 个项目承诺了 222 笔贷款，总额达10.0098 亿科威特第纳尔，已付出 4.9955 亿科威特第纳尔。据国际货币基金组织测算，1973—1989 年间，该基金会已付出的援助贷款达 19.217 亿美元。其所提供的货款一般占项目建设费用的 1/2，年利率为 4%—6%，期限 15—25 年，宽限期 2—6年。

（三）阿布扎比阿拉伯经济发展基金组织（ADFAED，简称阿布扎比基金会）

该基金会为单国援外金融机构，成立于 1971 年，资本为5.27 亿美元，1979 年资本增至 40 亿迪拉姆（约合 10.96 亿美元）。其宗旨是为阿拉伯国家和其他发展中国家的工业、农业、旅游业和基本建设项目提供贷款，但贷款金额不得超过项目总费用的 1/2 或基金资本的 1/10，年利率为 3%—4.5%，管理费0.5%。仅 1980 年，该基金会提供的贷款有 12 笔，共 2.0269 亿美元。据国际货币基金组织报道，1973—1989 年间，阿联酋是阿拉伯产油国中居第三位的对外援助的贡献者，总额约为 96 亿美元，其中相当大的部分经由阿布扎比基金会实施。该基金会面向所有发展中国家，到1991年为止，该基金会共向43个国家的102个工程项目提供贷款，投资为15.6亿美元。其中向13个阿拉伯国家的55个项目贷款12.52亿美元，占其向外贷款总额的80%，向非洲19个国家贷款1.01亿美元，向亚洲八个国家贷款1.28亿美元。①

（四）沙特阿拉伯发展基本组织（SFD，简称沙特基金会）

该基金会也是单国援外金融机构，1974年建立，总部设在利雅得，创始资本为29.85亿美元，1982年增至70亿美元，1991年再增至310亿里亚尔（约合83亿美元）。沙特基金会专门对建设项目提供援助，其贷款条件比较优惠，贷款期限20年左右，宽限期5—10年，不收取利息，最多只收2%的行政管理费。但是，贷款数额一般不超过项目总值的1/2和基金资本的1/10。截至1991年底，沙特基金会对外援助贷款总额达187.275亿里亚尔（约合50亿美元），共有61个国家获得277笔贷款。其中，阿拉伯国家收到的贷款占总额的40%以上，伊斯兰国家收到的贷款占总额的3/4左右，优先为穆斯林提供贷款的倾向十分明显。②

（五）阿拉伯非洲经济发展银行（BADEA，简称阿拉伯非洲银行）

该银行为中东阿拉伯国家援助非洲阿拉伯国家的金融机构。根据1973年11月第六届阿拉伯国家首脑会议的决定，于1974年成立，1975年开始经营，共有18个阿拉伯国家参加，总部设在苏丹首都喀土穆。该行的宗旨是以金融资本促进非洲

---

① 《经济参考报》1992年9月20日。
② ［英］《中东经济文摘》1992年4月3日。

国家经济发展，并为它们提供技术援助。接受援助的对象为非洲统一组织成员国中的阿拉伯国家。1977 年该行将 1972 年设立的阿拉伯援助非洲特别基金合并进来。截至 1988 年底，各成员国已交付资本为 10.455 亿美元，已批准的贷款和赠款共计 8.744 亿美元（如果将阿拉伯援助非洲特别基金的经营额计算在内，应为 10.886 亿美元），接受援助的国家共 41 个。项目援助一般不超过 1500 万美元，或者为项目总费用的 1/2；项目总费用在 1000 万美元以下的可得到 80% 的贷款。在援助总额中，基础设施项目占 51.4%，农业项目占 25.8%，工业项目占 12.5%，能源部门占 8.5%。到 1989 年底为止，该行的贷款和赠款总额达 11.6 亿美元。贷款期限一般 16—20 年，年利率 1% —6%。

（六）石油输出国组织国际发展基金（OFID）

该基金是以中东产油国为主要捐赠者的一个多国金融合作和援助机构，旨在为发展中国家的政府提供财政援助。该基金由各成员国捐款，最初资本为 8 亿美元，1989 年底认捐额达 34.45 亿美元，已交付资本为 27.01 亿美元。从 1976 年该基金创立至 1992 年底，基金对发展中国家的贷款共 568 笔，共计 27.5 亿美元，已支付 20 亿美元，占贷款承诺额的 73%，受益国有 92 个；赠款累计 331 笔，共 2.21 亿美元，已支付 1.394 亿美元。该基金的贷款以 17 年为限，还有 5 年宽限期，年利率在 2% —4%，另有每年 1% 的服务费。[1]

此外，还有伊拉克发展基金、海湾埃及发展机构、伊斯兰团结基金、阿拉伯农业投资和开发机构等组织在中东产油国的对外援助活动中发挥着积极的作用。据国际货币基金组织的一份报告

---

① ［塞浦路斯］《中东经济概览》1992 年 12 月 28 日。

称，在1973—1989年间，阿拉伯产油国对发展中国家和多国援助机构捐献的援助金额达997亿美元。其中，优惠性的援助贷款为851.23亿，占85.38%。[1]

（原载马秀卿主编《石油·发展·挑战——走向二十一世纪的中东经济》，石油工业出版社1995年版）

---

[1]　[英]《中东经济文摘》1992年3月6日。

中东贸易市场的发展趋向

90 年代初受海湾危机和战争的影响，中东地区国家的国内生产总值 1991 年下降了 4.9%，中东贸易市场一度有所萎缩。[①] 随着海湾战后重建工作的展开和经济调整与改革取得成效，中东经济很快摆脱了海湾战争投下的阴影，开始呈现出新的发展势头。中东阿拉伯国家的国内生产总值增长率 1992 年达到创纪录的 14%，1993 年增长约 4%；国际收支逆差则由 1991 年的 470 亿美元大幅度降低到 1992 年的 120 亿美元。[②] 引人注目的是，中东地区的经贸格局正在发生实质性的重大变化：由于中东和平进程加快，阿以和谈取得突破性进展，阿以双方由对抗走向和解，朝着加强经贸合作、促进共同发展的方向迈进。在这种有利形势下，中东贸易市场的发展明显呈上升的趋势，在国际经贸领域发挥着日益重要的作用和影响。其主要表现有以下几方面：

[①] 联合国西亚经济和社会委员会 1992 年 5 月 11 日公布的年度报告。

[②] 合众国际社开罗 1993 年 9 月 2 日电。

一　市场规模和容量扩大

中东是当今世界上重要的国际贸易市场之一。第二次世界大战后，随着石油业的大发展，中东的对外贸易迅速增长，在世界进出口商品贸易中所占的比重不断上升，国际贸易地位日益提高。到 80 年代初，中东的商品进口额已占到世界商品进口总额的 5% 以上，商品出口额占世界商品出口总额的比重更大，达 10% 以上。[①] 由于油价下跌，80 年代中东的进出口贸易额有所减少，直到海湾危机爆发之前开始回升，1989 年仅沙特、伊朗等 18 个人口超过 100 万的中东国家进出口商品额达 2593.38 亿美元，占世界商品进出口总额的 4.38%。但是在海湾危机和战争期间，由于军事对峙和战事的影响，中东对外贸易的发展一度受挫。海湾战后，随着经济的恢复和重建工作的展开，中东市场规模又渐趋扩大，特别是进口商品容量显著增加。1992 年仅沙特、伊朗、土耳其、以色列、阿联酋、埃及和摩洛哥等七个中东主要商品进口国的进口总额由 1989 年的 825.25 亿美元上升到 1332.29 亿美元，增幅达 61.49%。

为了不断扩大进出口规模，中东国家明显趋向于加强贸易自由化政策，如采取减少或放宽进口限制、调整和降低关税率、鼓励私人经营进出口贸易、与欧美签订自由贸易协议、增设和扩建经济自由区等项措施，以广泛吸引国内外商人从事进出口贸易，加速中东市场的发展与繁荣。同时，沙特、阿联酋等国通过举办国际商品交易会、展销会和兴建外国商品展销厅、贸易城等多种方式，积极拓宽进出口渠道，开辟经贸交流的新途径。

---

①　据联合国贸发会议：《国际贸易发展统计手册》1981 年的有关数字计算。

此外，有利于促进中东市场繁荣的重要因素还有：中东国家的人口增长速度快，年轻化程度高，移民流动性大，以及城市化进程加快，社会消费量增长迅速，使本国生产的许多产品不能满足国内需要而仰赖进口供应，加之一些富油国实行高福利、高消费政策的刺激，对进口商品的消费需求不断扩大。由于这些有利因素的作用，使中东贸易市场的规模和容量日益扩展，显示出极有开发潜力的广阔前景。

二　商品结构趋向多样化

众所周知，一国或一地区对外贸易的商品结构一般受其本身经济和社会发展状况和水平的制约，一国国内的生产结构在很大程度上决定该国的对外贸易商品构成。据此综观中东地区各国的实际情况，大致可以将它们划分为两大类型：

一类是主要的石油输出国，即中东的一批富油国，如沙特、伊朗、伊拉克、科威特、阿联酋、阿曼、巴林、卡塔尔等海湾国家和利比亚、阿尔及利亚等北非国家。它们拥有丰富的石油资源，以石油工业为主要经济支柱，其出口商品以原油、石油制品和天然气制品为主，同时输出一些土特产品和制成品。它们主要靠原油、石油和天然气制成品的出口贸易来带动整个国民经济的发展，利用其巨额石油收入大规模地进行现代化建设，由于制造业的基础比较薄弱，它们的进口商品以机械和运输设备为大宗，用来满足国内经济发展的需要。

另一类是以出口多种农矿产品为主的中东国家，如埃及、叙利亚、土耳其、约旦、以色列、也门、黎巴嫩、塞浦路斯、阿富汗、突尼斯、摩洛哥、苏丹等国。它们大多以出口农矿初级产品为主，只有土耳其、以色列、约旦等少数几国出口制成品所占的

比重较高，如 1992 年这三个国家的制成品出口占其出口总额的
比重分别为 63%、62% 和 48%。埃及出口商品的大宗为石油、
棉花，是世界上主要的棉花出口国之一，1993—1994 年度棉花
出口达 37.1 万包（合 2.67 亿磅），创该国 1986 年以来棉花出口
的最高纪录。这一类中东国家的主要进口商品是机械和运输设备
及其他工业品。

应当指出，中东贸易市场的突出特点是，大多数中东国家
（土耳其、以色列、沙特除外）都是粮食进口国，使中东地区成为
世界上主要的粮食市场之一。中东的农业发展受到主客观条件的
许多限制，如气候干旱炎热，水源短缺，土壤严重沙漠化，农业
投入不足等，使粮食生产长期停滞不前，粮食和食品供应不得不
仰赖进口。据 1993 年 1 月举行的第 22 届阿拉伯农业部长会议的公
报称，1992 年阿拉伯国家进口粮食等农产品总值达 243 亿美元；
目前阿拉伯国家 80% 的粮食依靠进口，平均每天为进口粮食要支
付 3700 万美元。仅埃及一国每年要进口小麦 550 万吨，价值达 10
亿美元。目前只有沙特阿拉伯发展小麦生产取得成功，产量有富
余可供出口，成为世界第六大小麦出口国。按目前的生产和消费
比例计算，到 2000 年，阿拉伯国家为支付小麦进口的费用就要花
420 亿美元，而支付各种粮食进口的费用总值将高达 700 亿美元。
中东地区这种严重依赖粮食进口的状况在近期内不可能改观。

还应指出，中东地区进出口商品结构的上述格局虽然基本保
持不变，但其商品构成的部分内容在近几年来却发生了一些重要
变化。这主要是由于许多中东国家经济多样化取得进展，特别是
沙特等海湾国家的大规模基础设施和石油化工等工业项目大体建
成，其结果反映在进口商品方面是大型的资本货物逐渐减少，生
活消费品显著增加，出口商品方面则是石油制品、石油化工产
品、化肥以及铝制品等所占的比重明显上升。在进口迅增的商品

中，以金银饰物、香水、化妆品、家具、家用电器、药品、食品、汽车等的进口增长尤为突出，如近年来中东地区对黄金进口的需求量年增长率达 20％。据世界黄金委员会 1994 年 10 月 31 日公布的统计数字，1993 年中东进口黄金达 448 吨，居世界首位，其中沙特阿拉伯一国就进口黄金 239 吨。显然，进出口商品的日趋多样化，将促进中东贸易市场的扩大与繁荣。

三　市场竞争态势错综复杂

中东市场一向为西方工业发达国家所占有，作为中东国家最大的贸易伙伴，美国、西欧和日本既是中东出口贸易的主要对象，又是中东进口商品的主要来源。从国别看，美国向来是中东市场的最大供应国，其次为英国，日本后来居上，超过英国而仅次于美国，但西欧各国合起来则大于美、日之和，构成了中东市场上欧、美、日三足鼎立的基本格局。近几年来，欧美日三方在中东特别是海湾地区的贸易争夺战日趋激烈，加上世界其他地区的国家如东南亚各国、韩国、俄国等积极进入中东市场，使中东市场上的竞争态势呈现出错综复杂的局面。

美国在市场竞争中明显处于优势地位，它依仗自己的强大经济实力，利用其在海湾危机和战争中表现突出的军事作用和政治影响，迅速扩大对中东的出口贸易。随着美国对中东出口的急剧增长，愈来愈多的美国产品打入中东市场，使美国在中东市场拥有的份额显著上升。如 1991 年美国对中东的商品出口额达 199.637 亿美元，占中东市场商品进口的份额由海湾战前 1989 年的 11.2％上升到 16.77％。[①] 1992 年美国对中东出口额增至

---

① ［英］《中东经济文摘》1993 年 6 月 4 日。

213.1 亿美元，其占中东市场商品进口的份额再上升达 18.995%。1993 年美国对中东出口额持续增加至 213.258 亿美元。美国占领中东市场的重点是在政治上和军事上有赖于美国支持的海湾六国和以色列，其次是经济上急需外资的国家如埃及、黎巴嫩等国。美国在中东的最大市场是沙特阿拉伯，1992 年和 1993 年美国对沙特的商品出口额分别为 66.556 亿美元和 71.633 亿美元，占美国对中东出口总额的 33.6% 和 31.19%。第二大市场是以色列，1992 年美国对以色列的出口额为 40.742 亿美元，占其对中东出口总额的 19.12%，1993 年为 44.202 亿美元，占 20.72%。第三大市场为埃及，1992 年埃及进口美国商品 30.875 亿美元，占美国对中东出口总额的 14.49%，1993 年埃及进口美国商品 27.626 亿美元，占美国对中东出口总额的 12.95%。上述沙特、以色列、埃及三国合在一起约占美国对中东出口 2/3 左右。海湾合作委员会六个成员国作为整体构成美国在中东的核心市场。据美国商业部统计，1991—1993 年美国每年对海湾六国的商品出口额均突破百亿美元大关：1991 年为 100.924 亿美元，1992 年为 109.778 亿美元，1993 年达 105.707 亿美元。仅两家美国公司——通用机械公司和现金出纳机公司就几乎独占了海湾的计算机市场。随着商战的加剧，大批美国公司和企业纷纷涌入中东市场，汽车、飞机、机器设备和高科技产品乃至洗衣机、电冰箱、电视机、纺织品等大宗美货充斥市场，同西欧、日本以及其他国家富有竞争力的商品展开较量，以维护和扩大美国在中东的商业利益。

对西欧国家来说，中东历来是它们重要的原料产地和商品销售市场，为保持其在中东市场的传统地位和影响，维护其既得利益，它们同美、日等各路竞争对手的角逐以及它们自己相互间的争夺从未间断。欧共体诸国合起来远远超过美、日，在中东拥有最大的市场份额，1992 年欧共体对海湾合作委员会成员国的商品出口额达 230 亿美元，对中东地区的出口总额达 500 亿美元，约占中东进口总额的 44.57%。[①] 而在西欧各国中，英国对中东的商品出口居于首位，是美国在中东市场上最主要的竞争对手。海湾战后，在美国的强大贸易攻势的压力下，英国在中东市场上的地位稍微有所削弱。1992 年和 1993 年英国对中东的商品出口额分别为 60.701 亿英镑（等于 91.97 亿美元）和 69.955 亿英镑（等于 102.88 亿美元），均低于海湾战前 1989 年英国对中东的商品出口额（约 104.27 亿美元）。[②] 从英国对海湾地区的出口占其对中东出口总额的一半以上（1992 年为 60.66%，1993 年为 57.92%）的情况看，英美在中东市场的竞争，主要是争夺海湾市场，足见富油国集中的海湾地区是中东市场最有吸引力的组成部分，占有特别突出的重要地位，成为国际商战的必争之地。

日本挟其雄厚的经济实力，成为中东海湾市场上角逐者中的后起之秀。是美欧诸国的强大竞争对手。目前它已占有中东市场 10% 左右的份额，正处在上升发展的势头。据日本对外贸易组织统计，1991 年头九个月日本对中东的出口额达 90.3 亿美元，1992 年头九个月上升至 119.8 亿美元，增长 32.67%；1992 年全年日本对中东的出口总额达 160.77 亿美元，超过英国而接近美国，其中对海湾六国的出口额为 96.37 亿美元，对伊朗的出口额为 26.49 亿美元，合起来达 122.86 亿美元，占日本对中东出口总额的 76.4%。[③] 日本对海湾地区出口的商品主要是电器、汽车、五金制品、纺织品和建筑设备等，尤其是小汽车乃日本对海

---

① 《石油输出国组织公报》1994 年 5 月号。
② ［英］《中东经济文摘》1991 年 5 月 31 日及 1994 年 4 月 5 日。
③ ［英］《中东》月刊 1993 年 3 月号。

湾出口的拳头产品。1991年日本向海湾市场出口小汽车15.8万辆，1992年增至19.8万辆，增长25.3%；汽车出口金额则从16.4亿美元增加到24亿美元，增长46%。[①] 近年来由于日元升值，日元对美元的比价上涨，削弱了日本商品在海湾市场上的竞争能力，1993年下半年日本对海湾出口的小汽车数量减少20.3%，金额下降3.5%。日本向海湾六国的出口总额1993年为88亿美元，比1992年下降8.4%。[②] 但是，这种暂时出现的情况和因素并没有遏制日本拓展中东市场的努力及其对美欧商品输出的挑战。

在美、欧、日三方进行角逐的同时，世界其他地区的许多国家特别是发展中国家，在互利互补平等的基础上积极发展同中东国家的经贸合作，中东国家也日益重视加强同东方国家的经济联系和贸易往来，以减少对西方国家的依赖。近几年来，东方国家的产品越来越多地进入中东市场。例如，1991年新加坡向中东出口家具总额达2000万美元，其中沙特的进口量最大，占新加坡向中东出口家具总额的70%。目前中东已成为新加坡家具的第五大出口市场，预计今后的销售量每年将增加10%—20%。由于日本缩减在海湾家电市场的商品销售，由此造成的这类市场部分家电商品供应的缺口很快为他国所弥补。如日本在海湾盒式录像机市场所占的份额从1992年的88%下降到1993年的70%，而与之相应，韩国所占的份额在同期内从8%上升到17.5%，马来西亚所占的份额则从3.5%增到10%。1993年马来西亚和韩国分别占有海湾电视机市场份额的32%和26%，成为海湾的第

---

① 《经济参考报》1993年6月9日。

② 合众国际社1994年4月13日讯。

一和第二大电视机供应国。①

我国政府一贯重视发展同中东国家的经贸往来与合作，特别是改革开放以来，在双方的共同努力下，我国与中东国家之间的贸易往来增长较快。1993 年双方贸易总额达 31.22 亿美元，比 1992 年增长 37.9%，其中我国同海湾六国的贸易额占总额的 70.47%，达 22 亿美元。我国在增加进口中东石油和石化产品的同时，积极扩大对中东国家的出口，1992 年我国对迪拜的出口额达 10.427 亿美元，主要出口商品为纺织品、轻工机械和化工产品等。此外，香港大力向中东海湾地区出口手表、钟表、纺织品、服装、家用设备和家电，1993 年香港对中东的商品出口额达 22 亿美元。② 我国台湾地区 1993 年头九个月向海湾六国的商品出口额为 3.75 亿美元。

值得注意的是，俄罗斯目前也在努力恢复和拓展其在中东阿拉伯国家的传统市场，俄国重返中东的这一动向，可能对中东市场产生重要影响，使中东市场的竞争态势发生微妙而复杂的变化。

四　构筑共同市场热升温

冷战结束后，国际经贸合作日趋扩大与加强，中东地区的经贸合作也展现出新的前景。努力构建不同范围和规模的共同市场，已成为中东贸易市场发展的重要趋势。由于中东和平进程取得了突破性进展和阿以经贸关系的逐渐恢复，使推动建立一个包括以色列和阿拉伯国家在内的中东共同市场的构想应运而生。阿

---

① 法新社迪拜 1994 年 8 月 12 日电。
② 法新社阿布扎比 1994 年 7 月 27 日电。

以双方和美、欧等西方国家出于各自利益的相互需要，不同程度地都想促使搞成一个统一的中东共同市场，谋求通过这个中东地区大共同市场的运作，更有效地拓展经贸交流与合作，促进共同发展与繁荣。

在当前的这种有利形势下，有关构筑一个由阿拉伯国家、以色列、伊朗和土耳其等国组成的包括整个中东地区的大共同市场——"中东北非经济共同体"的设计现已揭橥托出。这一设计集中表现在 1994 年 10 月 31 日美国提出的一项关于建立包括以色列和阿拉伯国家在内的中东北非经济合作体系的四点计划：（1）促进中东和北非合作的商品、劳力和思想的跨越国界的流动和传播；（2）成立一个专家委员会，建立一个地区性经济合作与发展银行，它将既为公共部门也为私营部门提供服务；（3）成立一个旅游委员会，以便于人们自由地出国旅行；（4）成立一个地区商业委员会或商会，以促进贸易和商业机会。在宣布上述计划时，美国国务卿克里斯托弗宣称，阿拉伯和以色列的冲突正在走向结束，中东已为商业活动打开大门，这一势头已经不可逆转。美国的这一建议受到当时正在摩洛哥卡萨布兰卡举行的第一届中东北非经济首脑会议的关注和重视。该首脑会议于 1994 年 11 月 1 日通过的《卡萨布兰卡宣言》中表示要"为建立一个涉及本地区的商品、资本和人员的自由流通的中东北非经济共同体奠定基础"，而这一奠基工作"包括建立一个中东北非开发银行"、"建立一个地区旅游局以便使中东北非地区成为一个统一的和有吸引力的旅游目的地"、"建立一个地区商会和商务委员会以鼓励地区间的经贸交流"等。《卡萨布兰卡宣言》的这些倡议对创建统一的中东共同市场将产生积极的促进作用。

应当指出的是，中东现有的三个次区域经济合作组织正在继续作出新的努力，积极推进其经济一体化的发展进程。这些致力于建立较小范围和规模的共同市场的实际行动，在客观上也将为逐步形成中东地区统一的大共同市场创造条件。这些次区域经济合作组织近几年在开放市场、促进自由贸易等方面分别取得了不同程度的进展和成效，引起了国际上的关注和重视。

1981年建立的海湾合作委员会由海湾六国组成，通过各成员国的共同努力，其经济一体化现已取得较大进展，使海湾六国共同市场已粗具规模，如取消了民族工业产品进入另一成员国的关税，允许六国公民自由进入各成员国谋职就业，六国政府共同实施民族工业产品保护法等。该组织在1991年12月举行的第12届首脑会议上，制定了今后八年即在2000年以前分阶段执行六国自由贸易协议全部条款的具体方案和鼓励六国公司与个人进行贸易交流的实施细则；在1992年12月举行的第13届首脑会议上，提出要建立旨在消除贸易壁垒、统一关税的海湾共同市场，通过了一项关于制订零售贸易新原则的决议，并决定在海湾合作委员会内部建立专利制度。近年来，该组织在诸如商品自由进出口、人员往来，房地产和股票的持有与经营以及海关法等方面已经或正在采取具体措施，为把海湾建成一个自由贸易市场创造必要条件，并确定1999年为完全建成海湾共同市场的最后日期。

1989年建立的马格里布联盟由北非的五个马格里布国家组成，其成员国的经济一体化进程正在逐步展开并不断取得成效。1991年3月该联盟在利比亚的拉斯拉努夫举行的第三届首脑会议上确定了该联盟成员国的共同发展战略，以加速向建立马盟共同市场的目标迈进。该战略计划分四个阶段实施：第一阶段目标是消除关税壁垒，在1992年底以前建立一个自由贸易区，实现各成员国之间的产品自由交易；第二阶段目标是统一所有各方的关税，在1995年以前建立关税同盟，统一对外税则、关税法律和法规；第三阶段目标是建立一个没有关税的联盟内部统一市场，即在 2000 年底以前建立马格里布联盟国家之间的共同市场，实现人员、服务、商品和资金的自由流动；第四阶段目标是最后实现经济一体化，建立经济联盟。1994 年 4 月该联盟第六届首脑会议正式宣布成立马格里布国家自由贸易区，并签署了一系列有关经济、贸易、文化等领域进一步加强合作的协议。尽管这表明上述第一阶段目标的实现已滞后一年多，但却标志着马盟国家的共同发展战略开始进入实施阶段，无疑是向前迈进了重要的一步。同年 11 月埃及申请加入马格里布联盟，这将有利于加强该组织的作用和影响。

由伊朗、土耳其和巴基斯坦三国于 1964 年共同创立的区域发展合作组织，曾长期沉寂无息，进展不大。1985 年恢复活动并更名为"经济合作组织"后，渐呈转机，近几年发展较快。1992 军 2 月该组织接纳土库曼、乌兹别克、阿塞拜疆、塔吉克和吉尔吉斯等中亚五国为成员国，同年 11 月接纳阿富汗和哈萨克两国加入，使该组织成员国的数目增至 10 个，一跃而成为较大的跨地区经济合作组织。该组织已制定贸易优惠关税文件，并要求各成员国在运输、通信等方面进行合作，提出要为尽快实现完全取消关税和非关税壁垒的自由贸易创造条件。目前该组织正致力于为建立一个穆斯林共同市场奠定基础。

此外，阿拉伯国家努力扩大它们之间贸易交流的趋势明显增强，这也有利于促进中东共同市场的发育和形成。为了促进阿拉伯国家的经贸合作，阿拉伯货币基金组织于 1991 年设立了五亿美元的专项基金，作为阿拉伯贸易筹资计划的组成部分，用来资助和支持阿拉伯国家之间的贸易交流。到 1993 年初，阿拉伯贸易筹资计划的专项基金已为阿拉伯国家之间的商贸交易提供了 1.7 亿美元的贷款。目前该组织的筹资能力每年可达 10 亿美元，用于实行优惠宽松的信贷政策，有效地促进了阿拉伯国家之间的贸易发展。1992 年阿拉伯国家之间的贸易额为 102 亿美元，仅占阿拉伯国家总贸易额的 8%。[①] 随着阿拉伯国家之间贸易的进一步扩大，这一比重今后还会继续增大。与此同时，一些阿拉伯国家着手建立出口担保机制，在科威特还设立了阿拉伯投资担保公司，为扩大出口提供信贷担保。

为了加强阿拉伯国家之间的市场联系，阿拉伯国家正在合作建立一个广泛使用计算机和最新通信设备联网的贸易信息网络，为成员国提供有关阿拉伯市场的商品供求情况、价格和规格以及每一个成员国的经济状况和政策信息等。这个遍布整个中东阿拉伯地区的信息网将在 1995 年建成启用。[②]

可以预期，随着区域经济合作的加强和经济一体化进程的加快，中东贸易市场将以其更大规模和更高水平的新发展出现在地中海之滨。

（原载《西亚非洲》1995 年第 2 期）

---

① ［英］《中东经济文摘》1994 年 7 月 8 日。
② 法新社阿布扎比 1993 年 3 月 2 日电。

国别经济研讨

沙特阿拉伯石油供应政策初析

当历史跨进 80 年代，资本主义世界笼罩着新的"石油危机"的时候，在世界石油供应方面举足轻重的沙特阿拉伯所实行的石油供应政策，由于有可能受到中东局势变化的影响，正日益受到国际社会的关注。

沙特阿拉伯生产的石油绝大部分输出国外，每年的出口量约占世界石油总输出量的 1/4，石油收入占政府收入的 90% 左右。因此，沙特阿拉伯的石油供应政策不仅关系到本国经济的发展和对外政策的实施，而且对国际石油市场和世界经济具有重大的影响。

石油价格措施是沙特阿拉伯石油供应政策最重要的方面。同第三世界其他产油国一样，沙特的石油定价权过去长期操在外国石油公司手中。1971 年沙特阿拉伯等海湾产油国通过谈判斗争迫使西方石油公司签订了关于提高标价及石油税率的德黑兰协议，从而改变了国际石油垄断资本单方面任意决定油价的局面。1973 年 10 月中东战争爆发后，沙特同其他阿拉伯产油国一道，两次大幅度提高石油价格，夺回了油价决定权。1974 年底，石油输出国组织宣布从 1975 年起废除原油标价，实行单一价格制。

这样，在联合斗争取得胜利的基础上，沙特开始实行自主的石油价格政策。

在油价决策上，沙特阿拉伯一方面要维护民族经济权益，争取合理油价，保障石油收入；另一方面又强调适应国际市场的供求关系，同西方妥协合作，不赞成提价过高。从1975年10月石油输出国组织提价10%以后，国际石油市场上供过于求，沙特就极力主张冻结油价。由于沙特政策的影响，近几年来在国际石油价格格局上先后出现了两次"双重价格制"。

第一次"双重价格制"，是1976年12月石油输出国组织在多哈举行的第48次部长级会议上形成的。会前，在油价冻结14个月期间，由于资本主义世界通货膨胀，工业品价格上涨，使产油国石油收入受到严重损失，石油输出国组织的成员国普遍主张提高油价。该组织的经济委员会于11月举行会议研究油价问题，一致同意从1977年初开始提价，但在提价幅度上意见分歧很大。伊拉克要求提高25%，伊朗认为至少提高15%，沙特则主张提价最多不得超过8%。在多哈会议上，各成员国就提价幅度问题进行了辩论。多数成员国认为，从1975年10月提价以来，产油国进口工业品的价格上涨幅度高达26%，为了弥补损失，提高油价15%是必要的。而沙特则坚持说，按美元计算，通货膨胀率只有3.5%，提价超过5%就会有害于世界经济。结果，在会上11个成员国决定从1977年1月1日起提高油价10%，7月1日起再提价5%，全年提价15%；而沙特阿拉伯和阿拉伯联合酋长国却只同意全年提价5%，因而产生了"双重价格制"。沙特这种做法是对美国和其他西方国家主动采取的一个妥协行动。后来，石油输出国组织各成员国经过半年的充分协商，终于达成一致协议，从7月1日起恢复单一价格制，统一油价为比1976年年底提高10%。

　　第二次"双重价格制"出现于 1979 年 6 月石油输出国组织在日内瓦举行的第 54 次部长级会议上。这次会议关于提价幅度又发生分歧。伊朗和利比亚要求每桶提高到 27 美元，多数成员国认为每桶 20 美元比较合适，沙特阿拉伯和阿拉伯联合酋长国则主张每桶不超过 19 美元。在沙特的坚持下，会议最后决定实行最高价格和最低价格并行的"双重价格制"，每桶原油的最高价格为 23.5 美元，最低价格为 18 美元。西方通讯社强调，这是沙特阿拉伯温和政策的明显胜利。这次会后不久，国际石油市场上出现了突破石油输出国组织规定的官方价格的现象，现货市场上的石油价格扶摇直上，每桶有的高达 50 美元，但沙特仍按每桶 18 美元的最低价格出售。到 1979 年 12 月石油输出国组织在加拉加斯举行第 55 次部长级会议前夕，为了给提价幅度定下框框，沙特阿拉伯才将油价提高到每桶 24 美元。

　　在加拉加斯会议之前，美国曾派财政部长米勒访问沙特阿拉伯、科威特、阿拉伯联合酋长国，要求限制油价，增加产量，保证石油供应。而沙特则一再要求西方削减石油消耗量，制止抢购、囤积现象，以稳定国际石油市场。为了顺应这种要求，以美国为首的国际能源机构决定 1980 年减少石油进口量的 5%。在这种背景下，沙特阿拉伯在加拉加斯会议上主张限定油价每桶为 24 美元，同其他成员国发生激烈争议，伊朗要求每桶提高到 35 美元，多数成员国主张每桶 26 美元，各方意见相持不下。会议未能达成油价协议，其重要原因之一就是沙特坚持对西方持妥协的态度。据透露，沙特阿拉伯的石油和矿物资源大臣亚马尼在会议期间曾多次同白宫通电话。会后，美国石油研究所对沙特限制提价的做法公开表示赞赏。

沙特阿拉伯 34°标准轻油的价格　　（美元）

1973 年	2.591	1975 年	11.251	1977 年	13.00	1979 年	18.00
1974 年	11.651	1976 年	12.376	1978 年	13.00	1980 年初	24.00

资料来源：沙特阿拉伯货币局。转引自［英］《沙特阿拉伯经济季评》1979 年年度增刊。

　　石油生产政策是沙特阿拉伯石油供应政策的重要组成部分。沙特政府通过 1973 年在阿美石油公司中参股 25%，1974 年扩大股份到 60% 等措施，逐步收回了生产自主权。

　　在生产决策上，沙特阿拉伯认为"必须根据自己的利益来决定生产量"，[①] 并强调"市场将决定我们生产的水平"，[②] 把争取本国的经济权益同适应国际市场的供求关系结合起来，致力于维持较高的石油产量。70 年代以来，沙特的平均日产量，从 1971 年的 470 万桶提高到 1973 年 10 月前的 830 万桶。中东 10 月战争爆发后，为了对美国施加压力，沙特同其他阿拉伯产油国一起，毅然实行减产。其后，由于国际石油市场供过于求，产量再次下降，1975 年平均日产只有 697 万桶。但是，到 1976 年和 1977 年日产又分别上升到 860 万桶和 920 万桶。1978 年由于伊朗石油减产一半，造成国际市场石油供应短缺，于是沙特在 1978 年年底，1979 年第一季度及下半年又把日产提高到 950 万桶，[③] 1979 年全年平均日产 925 万桶，跃居世界第二位（苏联日产 1167 万桶居第一位，美国日产 865 万桶，退居第三位）。[④]

---

　　① 沙特石油和矿物资源大臣亚马尼讲话，见新华社科威特 1977 年 8 月 18 日讯和法新社多哈 1976 年 12 月 27 日电。

　　② 同上。

　　③ ［英］《沙特阿拉伯经济季评》1979 年增刊。

　　④ ［美］《油气杂志》1980 年 1 月 2 日。

　　沙特阿拉伯实行石油高产政策，既保证了巨额石油收入，又有助于减缓油价上涨的速度和满足世界石油消费需求。与此同时，沙特也注意保护本国石油资源，以防止地下油藏过早枯竭。沙特的一些权威人士近年来明确提出，让石油留在地下，其价值将会更大。据统计，1978 年年底，沙特已探明的原油储量为 1133 亿桶，加上估计潜在的储量达 1778 亿桶[①]。把开采量同储量加以比较，可以看出沙特的石油生产是有节制和留有余地的。1978 年，沙特原油总产量为 30.23 亿桶[②]，同探明储量的储采比为 37∶1，同探明加上估计潜在的总储量的储采比为 58∶1。这样，按当年的生产水平，沙特的油藏还可继续开采 37 年至 58 年。根据美国中央情报局 1979 年 6 月估计，沙特已拥有日产 1280 万桶原油的生产能力，大大高于目前的平均日产量。这也表明了沙特政府对石油生产是有适当控制的。

　　在上述石油价格和石油生产政策的基础上，沙特阿拉伯对国际石油市场的供应量保持着较高的水平。1975 年输出了 3.2819 亿吨石油，到 1977 年增至 4.3 亿吨以上。沙特对外的石油销售，大部分是通过阿美石油公司的四家母公司经营的。1976 年，沙特政府规定阿美石油公司生产的原油，每天可将 700 万桶（或者产量的 92%）交由其母公司在国际市场上出售。为了扩大国家对石油销售的控制权，沙特政府规定从 1979 年 5 月起，将阿美石油公司的销售限额减为 650 万桶，其余部分由沙特政府自己经营。目前，沙特政府在国际市场上的直接销售量每天大约 200 万桶。

　　综上所述，可以看出，沙特阿拉伯在石油供应政策上，一方

---

　　① 〔英〕《石油经济学家》1979 年 11 月号。
　　② 〔英〕《沙特阿拉伯经济季评》1979 年增刊。

面要维护本国的石油经济权益，坚持合理油价，高产量、多输出，争取更大的石油收入；另一方面采取温和、稳健的油价与生产措施，以保证石油销路和国际市场的石油需求。因此，沙特的石油供应政策具有一定的民族主义色彩，并且反映了沙特政府同西方世界既有矛盾又有较大妥协的两重性。

沙特阿拉伯石油供应政策的制定和实施，主要取决于国内的经济政治因素和同西方特别是美国的关系。

沙特阿拉伯从 60 年代开始致力于国民经济现代化，70 年代正式实施两个五年发展计划，大力促进经济基础设施的建设，加速工业化的进程。

第一个五年发展计划（1970 年 9 月 2 日至 1975 年 7 月 8 日）的总经费，原是 413.135 亿沙特里亚尔，国内生产总值年增长率的指标为 9.8%。[①] 然而，在计划执行期间，由于石油收益迅速增长，政府的实际收入总额达 1771 亿沙特里亚尔。[②] 于是，沙特政府修订了国家预算，并将第一个五年发展计划的总经费追加了一倍多，达 983.3 亿沙特里亚尔。[③] 计划实施的结果是，国内生产总值的年增长率高达 13.5%，为民族经济的进一步发展奠定了良好的基础。从 1975 年 7 月 9 日起，沙特政府开始推行更具雄心的第二个五年发展计划，其总经费高达 4982.3 亿沙特里亚尔（相当于 1420 亿美元），国内生产总值年增长率的指标为 10.2%[④]。这个空前庞大的发展计划，不但需要雄厚的资金，

---

①　[英]《中东年评》1978 年，第 330 页。

②　沙特阿拉伯中央计划组织：《1975—1980 年发展计划》及沙特阿拉伯货币局《1975 年年度报告》，第 11—15 页，转引自 [美] 道纳尔德·阿·威尔士：《沙特阿拉伯的发展战略》（1976 年华盛顿），第 25 页。

③　同上。

④　《美国新闻与世界报道》1977 年 7 月 25 日。

而且需要技术、设备；不但需要设计和建设能力，而且需要经营和管理经验。尽管沙特靠石油获得了大量财富，但由于过去长期受帝国主义的剥削和掠夺，经济落后，技术、设备非常欠缺，不得不依赖西方世界。沙特的石油要靠在西方市场销售，它的石油美元也得投入西方的金融市场。因此，沙特在制定石油供应政策时，不得不考虑对西方世界的关系和影响。沙特的石油和矿物资源大臣亚马尼曾直截了当地说："如果我们的顾主软弱无力，我们的石油就会毫无价值，如果我们的西方供应者总是处于经济或政治的混乱之中，我们要购买必需的东西就麻烦了。"① 可见，沙特在经济上对西方的依赖关系是导致其推行温和石油供应政策的主要因素。

沙特阿拉伯对西方的依赖性，突出地表现在同美国的特殊关系上。这种特殊关系是美国石油垄断资本长期掠夺沙特石油资源的历史条件形成的。从 1933 年阿美石油公司在沙特取得石油特许权以来，沙特的政治经济生活就同阿美石油公司的掠夺活动紧密联系在一起。随着石油工业的发展，石油日益成为沙特的主要经济支柱，而沙特对美国及其阿美石油公司的依赖关系也不断加深。

几十年来，阿美石油公司不仅控制着沙特的石油工业（包括勘探、开采、运输、提炼、销售等上下游业务），而且渗透到沙特社会经济生活的许多领域。它在沙特钻井取水，经营农场，修建港口、公路、铁路；建造城镇、村庄，为沙特职工提供住宅贷款（从 1951 年至 1977 年年底共有 9553 名职工获得总数近 1.2 亿美元的贷款）。在东方省建立了 57 所学校，每年拨款 330 万美元为沙特发展教育事业。该公司的地方工业部从 1944 年建立以

---

① ［英］《中东经济文摘》1975 年 8 月 22 日。

来，对沙特民族工业的发展起了一定的促进作用。仅在 1976 年该工业部就给 76 个沙特企业以技术帮助。[①] 阿美石油公司正是通过这些"慈善"事业来掩盖其对沙特丰富石油资源的掠夺。目前，阿美石油公司的经济活动正向着天然气开发及电力生产方面扩展。它承担着一项价值 160 亿美元的天然气采集、加工和分配系统的综合建设工程。同时，它还代表沙特联合电力公司，负责东方省的供电建设安排。由于阿美石油公司在沙特的社会经济生活中扎根很深，以致在 70 代中期，沙特收回石油资源主权后，对阿美石油公司的全部接管问题，始终持谨慎态度。

阿美石油公司在掠夺沙特石油资源的基础上，发展成为世界上最大的石油企业，并使沙特成为世界上最大的石油输出国，而美国这个头号的石油消费国，从 1973 年取消石油进口限制以后，成为世界上最大的石油进口国，其 40% 以上的消费量依靠进口。在它进口的石油中，大约 20%—25% 来自沙特阿拉伯。这样，沙特就成了美国的主要石油供应国。

美国不仅需要沙特的石油，而且要利用沙特的石油美元来遏制国内经济"滞胀"的趋势。沙特出口石油所获得的大量美元，因国内无法全部吸收而又回流到西方特别是美国。1977 年年底沙特的国外资产 660 亿美元，大部分用于购买美国的公债券，特别是汇票和有价证券。[②] 1978 年初，沙特大约持有美国财政部发行的价值 300 亿美元的证券。[③] 因此，美国希望沙特提高石油产量，供应它所需的石油，同时又可吸收更多回流的石油美元。对沙特阿拉伯来说，石油财富的增长，增强了经济实力，既可提高

---

①　［苏］《亚非各族人民》1979 年第 2 期。
②　［英］《阿拉伯经济》1979 年 6 月号。
③　《美国新闻与世界报道》1978 年 3 月 20 日。

它的国际地位，又能加强它在国际金融市场上的影响。因此，沙特尽量保持石油的高产量和多输出。

沙特阿拉伯同美国的关系如此之深，决定了它倾向于采取妥协性的石油供应政策。由于担心国外资产的安全和投资的利息（1977年沙特国外资产的利息为44.47亿美元[①]），它对美国及其他西方国家的经济稳定感到关切，担心石油提价过高将会引起美国国际收支恶化，从而使美元贬值，损及自己所持有的石油美元，因而沙特不赞成，甚至反对其他产油国大幅度提价和改变以美元核算油价的主张。

还应当指出，沙特的经济发展计划是委托美国斯坦福研究所制订的，大部分的建设项目也靠美国企业来执行。沙特政府给予有关的美国公司的无息贷款（规定分10年偿还），至少相当于第二个五年发展计划经费的一半。这些公司享受免税和豁免关税的优待，可以自由汇回资金，利润率高达600%。[②] 这样，五年发展计划大部分投资的使用，实际上也有利于美国工业的发展，而沙特对美国的经济依赖也更加深化。

沙特阿拉伯在军事上对美国的依赖也促使它在石油供应方面同美国实行妥协。沙特政府是美国武器的最大买主之一，光是1978年年度就购买了41.55亿美元的军火，等于美国向外出售武器的30%。[③] 美国还帮助沙特建立军事院校，空军基地和训练部队等。1977年大约有6000—7000名美国军事人员在沙特工作。伊朗事件后，美国又向沙特派出两个战斗机中队和千余名军事专家。[④]

---

① ［英］《阿拉伯经济》1979年6月号。
② ［阿尔及利亚］《非洲革命》1978年12月第826期。
③ 《华盛顿邮报》1979年10月11日。
④ 安莎社1979年10月13日电。

　　但是，在对美国为首的西方世界实行妥协的同时，沙特阿拉伯在采取石油决策时，也注意维护石油输出国组织的团结，以保持自己在这个组织中的重要地位和影响。沙特是石油输出国组织的创始国之一。这个组织成立20年来，由于各成员国的团结战斗，在反对国际石油垄断资本，维护民族石油权益的斗争中，取得了一系列的胜利。今天，它已成为世界经济领域中一支有影响的力量，在相当大程度上左右着国际能源供应。西方世界对它不能不刮目相看，它的各成员国也十分珍重团结的力量。沙特拥有无与伦比的石油财富，因而在这个组织中具有极其重要的地位和作用，在作出石油决策时，当然不能不考虑其他成员国的利益和彼此的相互关系。比如1976年多哈会议前，沙特国王哈立德对美国《新闻周刊》的记者说："我可以向你保证，我们是宁愿把石油价格冻结到明年年底的。但是，我们对石油输出国组织所承担的许诺和义务可能会有碍于这样的冻结。"[1]　因此，在多哈会议上沙特还是同其他成员国一起，解除了对油价的冻结。虽然起初提价幅度不一致，但不久沙特同其他成员国就达成协议，统一了油价。这些都表现了沙特具有维护石油输出国组织团结的愿望。

（原载《世界经济》1980年第9期）

---

[1]　合众国际社纽约1976年11月14日电。

阿拉伯—美国石油公司的演变和趋向

阿拉伯—美国石油公司（简称阿美石油公司）是美国石油垄断资本掠夺沙特阿拉伯石油资源的工具，也是世界上最大的石油生产企业。它不仅控制着世界最大石油输出国沙特阿拉伯的石油工业，渗透到沙特社会经济生活的各个领域，而且经由其母公司向国际市场大量输出石油，对世界石油供应具有举足轻重的影响，成为一家很有典型性的美资跨国公司。70年代以来，在第三世界石油斗争高涨的形势下，阿美石油公司逐步被沙特政府接管，所有权发生了根本的变化，经营活动也出现了引人注目的新趋向。

一

阿美石油公司创办于1933年，最初称加利福尼亚—阿拉伯美孚石油公司，1936年改组为加利福尼亚—德克萨斯石油公司，1944年正式改称现名。

阿美石油公司的建立不是偶然的。它是当时力图摆脱1929年大危机的美国垄断资本加紧对外扩张，掠夺与控制世界战略资源，同英国垄断资本争夺势力范围的产物。中东石油是英、美争夺的一个重要目标，英国垄断资本捷足先登，早已在中东地区开采石油。美国在第一次世界大战中发了横财，急于寻求新的投资场所，对石油资源丰富、战略地位重要的中东垂涎欲滴，力图插足。1923年至1928年间，英国"东方通用辛迪加有限公司"的代理人、新西兰冒险家弗兰克·霍姆斯少校在沙特阿拉伯寻找石油的活动，引起了美国垄断资本对沙特油藏的觊觎。1928年，美国加利福尼亚美孚石油公司在巴林岛上取得了石油特许区，成为美国石油垄断资本在中东的第一个立足点。1932年2月，美国一位"慈善家"查尔斯·克林乘伊本·沙特政权面临经济困难，迫切需要财源的时机来到吉达，同伊本·沙特商讨发展阿拉伯半岛经济的问题，答应派工程师来勘查矿产资源。不久，克林介绍一位美国地质学家卡尔·S. 特韦查尔到沙特探矿。经过调查，特韦查尔断定沙特蕴藏着令人鼓舞的石油资源。1932年9月伊本·沙特宣布自己为沙特阿拉伯国王后，英、美等国的石油公司纷纷出价抢购沙特阿拉伯的采油权。在这场争夺中，美国的加州美孚最为活跃。它高价聘请特韦查尔当顾问并由他代表公司同沙特政府谈判，以行贿和重金收买的手段，击败了英国竞争对手获得了沙特阿拉伯的石油特许权。

1933年5月29日，沙特阿拉伯的财政大臣阿卜杜拉·苏莱曼·哈姆丹同加州美孚石油公司的代表汉密尔顿在吉达正式签订了石油特许权协定，并于同年7月7日经伊本·沙特国王批准生效。协定的主要内容是：（1）给予公司在沙特东部地区93.2万平方公里的范围内，从事石油勘查、钻探、生产、运输、加工和销售的专利权，期限为60年；（2）给予公司建筑港口、码头、公路、营房、工棚等项权利；（3）豁免公司的一切直接税、间接税和进出口税；（4）协定生效后半个月内，公司应向沙特政府交纳三万金镑，18 个月后再交三万金镑；（5）公司每年应向沙特政府预付租金五千金镑，开始生产石油以后，公司每年预付油田使用费五万金镑，这项使用费按每吨原油四个金先令计算；（6）公司应在沙特建设一座炼油厂；每年向沙特政府免费供应 20 万加仑汽油和 10 万加仑煤油等。① 这项石油特许权协定为美国石油垄断资本掠夺和控制沙特阿拉伯的石油资源提供了法律依据，具有明显的殖民掠夺性质。

根据这项协定，加州美孚石油公司于 1933 年年底建立了一家资金为 70 万美元的子公司，即加利福尼亚—阿拉伯美孚石油公司，着手进行石油勘探，在达曼发现了当时世界上最丰富的油藏。但是，加州美孚力量有限，缺乏资金和海外市场，不得不寻求拥有世界销售网的德克萨斯石油公司（即德士古）的合作。1936 年，这两家美国公司合作组成了加利福尼亚—德克萨斯石油公司，双方各持一半股票，共同开发沙特阿拉伯的石油。1938 年 3 月，达曼油田第一口油井开始喷油。这一年，公司还铺设了一条几十英里长的油管，在塔努拉角建成了油管终点站。次年 5 月，第一艘装运沙特原油的轮船从塔努拉角启航。

达曼油田的成功，使英、德、法、意、日等国许多财团分外眼红，纷纷企图挤进沙特。为了防止它们染指沙特的石油资源，加利福尼亚—德克萨斯石油公司又用高价购得了沙特新的石油特许区。按照 1939 年 5 月 31 日签订的一项补充协定，沙特政府给予公司的新特许区为 20.7 万平方公里，加上原来的特许区，面

---

① 参看 ［美］拉蒙·克瑞尔黑斯《沙特阿拉伯经济》，1975 年美国普雷格出版社出版，第 7 章及 ［美］哈维·奥康诺《世界石油危机》，1958 年世界知识出版社中译本，第 27 章。

积共达 113.9 万平方公里，占沙特阿拉伯国土的 1/2 以上。新的特许权协定为期 60 年，并把 1933 年协定的期限延长六年，都到 1999 年截止。补充协定还规定，公司应立即向沙特政府交付 14 万金镑，发现商业数量的石油后，再交 10 万金镑。另外，每年预付租金两万金镑，免费供给沙特的汽油和煤油分别增加 130 万加仑和 10 万加仑。补充协定给予了美国石油公司更多的权利，进一步加强了它在沙特经济中的地位。

此外，公司在沙特的石油开发进展迅速。原油年产量从 1938 年的 6.5 万吨增加到 1940 年的 67.2 万吨。达曼油田达到日产三万桶的纪录。公司的职工发展到近四千人。1940 年秋还在塔努拉角建成了一座日产三千桶的小型炼油厂。但是，当时第二次世界大战已经爆发，意大利在 1941 年 10 月轰炸了沙特的产油区。塔努拉角炼油厂也被迫停产。公司的发展受到了挫折，也严重影响到沙特政府的石油收入。这时，朝觐收入也完全中断，使沙特政府的财政状况更加恶化。于是，沙特国王一面向英国请求贷款，一面要求公司预付更多的油田使用费，以维持王室政府的开支。公司担心沙特投入英国的怀抱对自己不利，便向美国政府建议给予沙特贷款。1943 年 2 月，美国政府答应贷款给沙特。据统计，在第二次世界大战期间，美国直接或者通过英国间接向沙特提供了 9900 万美元的“援助”，其中大约只有 2700 万美元必须偿还。① 这样一来，公司也就用不着向沙特政府预付更多的油田使用费了。可见，美国政府的贷款为美国私人垄断资本的对外扩张创造了有利的条件。正是在美国政府的直接支持下，阿美石油公司在第二次世界大战期间，渡过了难关，站稳了脚跟，并

---

① ［苏］尼·伊·普罗申《沙特阿拉伯》中译本，人民出版社 1973 年版，第 167 页。

且在同英国垄断资本的竞争中保持了优势，为战后公司的大发展奠定了基础。

二

第二次世界大战后到 60 年代期间，是阿美石油公司迅速发展成为世界上头号石油生产公司和沙特阿拉伯的"国中之国"的阶段。

战后，美国垄断资本加紧了全球扩张，把掠夺与控制世界石油资源作为维护霸权的一个战略手段。以洛克菲勒为首的石油财团大力加强掠夺沙特阿拉伯石油的活动。为了扩充阿美石油公司的资金和销售市场，并铺建贯通阿拉伯半岛的大油管，加州美孚和德士古公司随即同实力更为雄厚的新泽西美孚石油公司（即埃克森）和纽约真空美孚石油公司（即莫比尔，我国习惯称之为飞马）谈判，于 1946 年达成了合伙经营阿美石油公司的原则协议。但是，埃克森和莫比尔在 1928 年曾同英国石油公司、壳牌石油公司、法国石油公司签订"红线协定"，协定在所谓"红线区"即原奥斯曼帝国的绝大部分区域内，缔约的任何一方都不得单独开采或购买石油。因而，它们要进入沙特阿拉伯就必须摆脱"红线协定"的束缚。经美国政府出面同英国外交部交涉后，它们终于同原缔约公司达成妥协，于 1948 年 11 月废除"红线协定"，正式加入了阿美石油公司。在公司的全部股权中，埃克森占 30%，莫比尔占 10%，原来各占一半股权的加州美孚和德士古都减为 30%。为购买股权，埃克森和莫比尔分别付出了7650 万和 3550 万美元，同时在几年内不得分享红利，这样它们实际上总共付出了 4.5 亿美元。这两家老牌美孚石油公司的入股，使阿美石油公司的实力大大增强。它在沙特的石油经营活动，包括勘探、开采的"上游"业务和加工、运输、销售的"下游"业务都以极大的规模扩展开来。

战后，公司以其强大的资本和技术力量投入石油勘探。1948 年 10 月，公司同沙特政府签订了海上石油勘探特许权协定，在每年预付租金 200 万美元和每桶原油的油田使用费比陆上多付五美分的条件下，公司可在沙特海域自由进行石油勘探和生产。于是，公司的勘探活动从陆地到海洋全面展开。从战后到 60 年代先后发现了加瓦尔、萨法尼亚等 11 个储量丰富的大油田。

其中加瓦尔是目前世界上最大的陆上油田，面积达 8400 多平方公里；萨法尼亚是世界上最大的海上油田，面积达 500 多平方公里。据报道，阿美石油公司每年都找到了新油藏。沙特阿拉伯石油探明可采储量的纪录不断地刷新：1945 年为 6.47 亿吨，1955 年增至 54.7 亿吨，1965 年达 93.7 亿吨，1970 年激增至 197.8 亿吨。[①] 阿美石油公司的石油开采量也以惊人的速度持续增长：1946 年原油平均日产量只有 16.5 万桶，1958 年增至 100 万桶，1965 年达 200 万桶，1970 年激增至 350 万桶，比战后初期增加 30 倍以上。[②]

与"上游"业务的发展规模相适应，"下游"业务也得到迅速发展。第二次世界大战结束不久，塔努拉角炼油厂就修复投产，由于不断扩充设备，年产量由 1954 年的 7530 万桶上升到 1970 年的 20730 万桶，[③] 成为世界上规模最大的炼油厂之一。为了快速向世界市场输出沙特原油，阿美石油公司耗资二

① 参看石油工业部科学技术情报所编《国外石油工业统计》（油气勘探开发分册），1979 年版，第 111—119 页。

② ［英］《中东经济文摘》1976 年 12 月沙特阿拉伯专辑。

③ ［美］拉蒙·克瑞尔黑斯《沙特阿拉伯经济》，第 197 页。

亿美元，于 1950 年 9 月建成了全长 1700 多公里的贯通阿拉伯半岛的大油管。公司从沙特开采的原油，流经这条管道，到达黎巴嫩的西顿港，然后注入油船运往欧洲。阿美石油公司还大力建设塔努拉角油港，修建了一批能停泊 40 万至 50 万吨级巨型油轮的深水泊位和许多容量达 50 万至 100 万桶的大储油罐。此外，还在各个主要油田区铺设了一整套输油管道网，并建立了公司的油船队和汽车队。随着公司的巨大发展，沙特的原油出口量不断增长，由 1950 年的 2000 万吨增至 1960 年的 5300 万吨，1970 年达 15900 万吨以上，约占世界原油输出总额的 14% 左右。[①]

总之，在战后 50 和 60 年代，阿美石油公司经历了它历史上的兴盛时期，成了世界上屈指可数的石油跨国公司之一。它不仅几乎独揽了沙特阿拉伯社会经济生活的许多方面，还为沙特政府承包了许多工程项目：钻井取水、经营农场、修筑港口、铺设公路和铁路，以及开办学校等。与此同时公司的地方工业部专门为沙特的地方工业提供经济和技术援助。在沙特阿拉伯国内，阿美石油公司享有种种特权：拥有自己的行政系统、电台、机场、港口、教育卫生设施甚至安全部队。在公司直接管辖的达兰市，还专为美国人和其他西方人提供舒适的住宅，以及为沙特这个保守的伊斯兰国家所禁止的游泳池、电影院、供应猪肉的餐厅等等。这样，阿美石油公司实际上成了沙特阿拉伯的"国中之国"。

阿美石油公司在沙特拥有这种"超国家"的地位，是在美国政府的直接支持下取得的。战后美国历届政府对盛产石油的沙特阿拉伯实行政治、经济、军事的渗透扩张，直接为美国石

---

① 联合国《1950—1974 年的世界能源供应》。

油垄断资本在沙特的掠夺活动提供了有利条件。此外，阿美石油公司的迅速发展还有以下几个原因：（1）合伙经营阿美石油的四家母公司都是闻名世界的"石油大鳄"，特别是埃克森为"大鳄"之冠。它们拥有雄厚的资金、先进的技术、丰富的经营管理经验和庞大的国际销售网，这些都是阿美石油公司大规模发展的必要条件。以资金为例，战后初期阿美石油公司的账面资产价值只有1.5亿美元，[①]到70年代初已达15亿美元，[②]为前者的10倍。（2）沙特王室政府的亲美政策及其温和的民族主义倾向，有利于阿美石油公司的经营活动。同时，面对沙特政府要求分享更多利益的压力，公司也能顺应形势，作出一些让步，以缓和矛盾，保证政治环境的安定。如1950年阿美石油公司接受了沙特政府提出的建立标价制度和平分石油利润的要求，就是一个突出的例子。（3）沙特阿拉伯的石油资源得天独厚、储量大、油层厚、埋藏浅、开采成本低。阿美石油公司利用技术先进的勘、采力量，把地下宝藏不断变成人间财富，迅速养肥了自己。据统计，从1938年到60年代末，公司总共攫走了原油一百二十多亿桶。（4）沙特阿拉伯的廉价劳动力不断补充阿美石油公司的职工队伍，为公司掠取超额利润提供了重要条件。公司除雇用少数西方人从事一些技术工作外，主要劳动全靠当地阿拉伯人承担。50年代初，沙特人在公司职工总数中占60%，50年代末增至72%，到1970年又上升到82.4%。受雇的西方人收入很高，生活优裕，而阿拉伯工人的工资要微薄得多。通过剥削工人、掠夺石油资源，阿美石油公司获得的利润非常惊人，仅1948—1958年间，纯利润就达10

---

① 前引书《世界石油危机》，第327页。
② ［美］《石油情报周刊》1978年5月8日。

亿美元①。

三

70 年代以来，在新的世界民族解放运动高涨和国际垄断资本变换经济扩张方式的背景下，阿美石油公司经历了深刻变化。这个变化的内容包括互相关联的两个方面：一方面是阿美石油公司的所有权，通过参股和接管逐步转到了沙特政府手中。另一方面是阿美石油公司的母公司在交出所有权的过程中，采取新的形式，继续加强同沙特政府的合作关系，以保持它们在沙特的经济实力，进行新的经济扩张与掠夺活动。

阿美石油公司在二次世界大战后的大发展时期，就开始受到沙特经济民族主义的冲击。继 1950 年签订平分利润的协议后，沙特石油和矿物资源大臣塔里基主张对阿美石油公司加强监督，并在 1959 年举行的第一届阿拉伯石油大会上提出了"阿拉伯石油属于阿拉伯人"的民族主义口号。1960 年 9 月，沙特阿拉伯和委内瑞拉共同倡议成立了石油输出国组织，第三世界产油国开始联合起来同国际石油垄断资本抗衡。在 50 和 60 年代，沙特曾采取措施，多次增加阿美石油公司的税额，并收回一些尚未利用的特许区。但是总体来看，这一时期阿美石油公司并未受到根本的触动。进入 70 年代以来，随着第三世界反帝斗争在经济领域的深入发展，许多产油国纷纷收回石油资源主权，实行国有化。沙特王室政府也加紧实行对阿美石油公司的参股和接管，使公司的所有权逐步转归国有。但是，由于沙特一直存在着对外依附

---

① 沙特阿拉伯石油和矿物资源大臣阿卜杜拉·塔里基 1959 年在第一届阿拉伯石油大会上的讲话。

性，王室政府基本上奉行亲美政策，民族主义倾向比较温和，所以对阿美石油公司采取的行动非常慎重而缓慢，明显具有高价赎买、互相妥协和分阶段逐步实现的特点。事实上，阿美石油公司所有权的改变，足足花了将近八年时间才告完成，到1980年4月，沙特政府最后付清了全部赔偿费。但是，直到现在接管协议尚未正式签署。

下面分析一下阿美石油公司所有权改变的主要进程：

参股——早在1964年，沙特政府就向公司提出过参与股份的要求，但未取得结果。沙特政府转而呼吁石油输出国组织采取联合行动。1972年2月，亚马尼代表海湾五国（伊朗、伊拉克除外），同西方石油公司的代表阿美石油公司总经理詹金斯在吉达港进行谈判。经过反复激烈的斗争，10月16日终于在纽约签订了参与股份协定，规定当年产油国增股20％，1973年增加到25％，以后逐年提高，到1983年达到51％，取得控股权。1972年12月31日，沙特政府根据总协定精神同阿美石油公司签订了参股协议，规定1973年参股25％，1978年以后每年增加股权5％，1982年增加6％，比总协定的规定提前一年达到51％的控股权。按照这项协议，沙特政府在1973年实现参股25％，付给阿美石油公司赔偿费5.1亿美元，从而打破了美国石油垄断资本完全控制阿美石油公司的局面。

增股——1973年10月爆发的第四次中东战争激化了阿拉伯产油国同美国的矛盾。产油国以石油为武器加强了联合斗争。它们不仅提高油价，实行减产禁运，而且要求增加股权，加速石油国有化的进程。沙特政府迫使阿美石油公司于1974年6月10日签订了一项增股协议，规定从1974年1月1日起，由沙特政府掌握公司60％的股权。增股的实现加快了沙特政府接管阿美石油公司的步伐。

接管——在增股谈判的过程中，沙特政府受到伊朗实现石油国有化的鼓舞，开始酝酿要把阿美石油公司置于自己的完全控制之下。就在增股协议签订后不久，即 1974 年 10 月，沙特政府宣布执行（原先不同意的）同年 6 月和 9 月石油输出国组织第 40、41 次部长级会议的决议，增收油田使用费和石油税，对公司施加财政压力。迫于中东石油斗争高涨的形势，阿美石油公司只得作出让步，于同年 11 月底表示同意全部接管的原则。此后，围绕着赔偿金额、石油供应和承包经营等问题，双方进行了一年多的反复谈判。经过激烈的讨价还价，于 1976 年 3 月 7 日至 12 日在美国佛罗里达州巴拿马城郊海滨胜地举行了秘密谈判，终于达成了百分之百接管的基本协议。据透露，这项协议规定：不管何时正式签署，协议都将追溯到 1976 年 1 月 1 日生效；从生效之日起，阿美石油公司百分之百为沙特政府所有，而公司的四家母公司作为承包者继续经营，并将以斯坦科（STEMCO，四国母公司名称第一个字母缩写）的名义从事石油勘探、生产和销售；沙特按公司全部资产纯账面价值的 75% 付给赔偿费；沙特政府给予公司承包者以优惠待遇，包括每生产一桶原油付给佣金 15 美分，如果开采新发现的油藏，每生产一桶原油外加奖金六美分，每天卖给公司原油 700 万桶左右（约占公司日产原油总额的 92%），供四家母公司在国际市场上销售等等。[①] 从 1976 年到 1980 年，沙特政府实际上按照这项协议，以高价赎买的方式，逐步取得公司的所有权和付清公司的赔偿费。据报道，到 1978 年，沙特政府已给公司赔偿费大约 30 亿美元，相当于 1977 年年

---

① ［英］《中东经济文摘》1976 年 3 月 12 日、3 月 19 日、10 月 15 日及沙特阿拉伯专辑 1978 年 8 月。

底公司公布的总资产纯账面价值59亿美元的51%。[①] 1980年4月1日，沙特政府最后付给公司一笔15亿美元的赔偿费。[②] 至此，沙特政府先后付给公司的赔偿费共达45亿美元，全部完成了对阿美石油公司资产的赎买。虽然，美国四家母公司敦促沙特政府尽快签署接管协议，以便它们同美国国内税务局结算税收，因为它们在阿美石油公司中的股份影响到在美国国内应缴纳税额的比例。可是，由于存在一些重要原因使沙特政府并不急于马上签署协议和正式宣布接管：（1）沙特最高石油委员会[③]认为，接管需要十分慎重，他们担心沙特自己管不了这样庞大的现代化石油企业，因为沙特目前缺乏先进技术和经营管理经验等必要的条件。（2）沙特政府内部存在着派系矛盾，使承担接管工作的新国家石油公司领导班子一时组织不起来，亚马尼选择石油和矿业总公司经理塔赫尔担任国家石油公司领导人，在最高石油委员会中遇到很大阻力。

迄今尚未公布的1976年接管协议及其后悄悄展开的缓慢接管过程，标志着沙特收回石油主权斗争的胜利，也表明沙特政府和美国石油垄断资本之间达成了新的妥协，而阿美石油公司进入了它历史发展的一个新阶段。尽管目前尚未正式签署接管协议，但是阿美石油公司的四家母公司已成为承包者，在沙特政府领导下进行经营。公司的资金来源已主要依靠政府的预算拨款和公司本身的财力。沙特政府的两位石油和矿物资源部副大臣于1980年7月参加了公司的

---

①　[美]《石油情报周刊》1978年5月8日。

②　[英]《中东石油经济季评》1980年第4季刊。

③　沙特最高石油委员会由第一副首相法赫德王储、石油和矿物资源大臣亚马尼、外交大臣费萨尔亲王、工业和电力大臣戈塞比、计划大臣纳泽尔及沙特货币局总经理卡拉基等六人组成。

董事委员会。[①] 然而，所有权的变更并未影响公司业务活动的顺利进行。70 年代以来公司继续大发展，1979 年年底，公司已探明的原油储量上升到 1134 亿桶，[②] 占世界探明总储量的 1/4 以上。原油年产量持续上升，1979 年创纪录高达 35 亿桶，约占世界总产量的 14.2%。[③] 塔努拉角炼油厂的日产量已达 68 万桶以上。[④] 1980 年 6 月，公司开始承包建设一座耗资 25 亿美元的新炼油厂，计划该厂生产设备能力达到日产 25 万桶，1986 年投产，加工来自马尼清油田的高硫原油。[⑤] 公司目前正在实施一项扩充生产设备能力的规划，预计到 1987 年，原油日产能力将达到 1400 万桶。近年来公司每年平均经营费用达 30 亿美元[⑥]。公司的职工队伍也在不断扩大，1979 年底达到 38000 多人。[⑦] 应当特别指出，阿美石油公司的经营活动已经超出石油工业的范围而向天然气和电力部门扩展。1975 年 2 月，公司开始承包目前世界上最大的天然气利用工程——沙特全国范围的天然气收集、加工系统的建设和经营。计划投资 200 亿美元，在贝里、谢德甘、乌斯马尼亚建造液化天然气中心，在朱雅玛赫和延布建立精馏厂，并铺设一条连接谢德甘和延布的长达 1170 公里的液化气管道，以便于往国外输出液化气，并为朱拜勒和延布工业基地提供动力和原料。整个工程完成后，每天加工 350 万立方米天然气，将使世界的液化天然气产量增加 10% 左右。[⑧] 1977 年，阿美石油公司作为沙特阿拉伯联合电力公司股东之一，代表后者负责东方省的电力

---

① ［塞浦路斯］《中东经济概览》1980 年 9 月 22 日。
② ［英］《中东石油经济季评》1980 年第 3 季刊。
③ ［英］《中东经济文摘》沙特阿拉伯专辑 1980 年 7 月。
④ ［英］《中东石油经济季评》1980 年增刊。
⑤ ［塞浦路斯］《中东经济概览》1980 年 6 月 9 日、9 月 15 日。
⑥ ［英］《中东经济文摘》1980 年 8 月 15 日。
⑦ ［英］《中东经济文摘》沙特阿拉伯专辑 1980 年 7 月。
⑧ 同上。

经营工作，安排电力网工程，在加兹兰兴建 800 兆瓦的蒸汽发电厂，在乌斯马尼亚、谢德甘和贝里扩充汽轮发电设备，并建设一条连接萨德尼亚、乌斯马尼亚、胡赖斯的长 640 公里的高压输电线等。[①] 总之，阿美石油公司在沙特的经济领域中仍然起着重要的作用。

更加值得注意的是，阿美石油公司的四家母公司，面对沙特政府的接管，适应形势变化，改变活动方式，依仗技术优势，采取承包、合营的形式，转向沙特新的工业部门进行新的经济扩张。这四家美国石油公司在交出阿美石油公司所有权的过程中，由于获得了巨额的赔偿费和购买石油的优惠待遇，因而几乎未受损失。同时，通过阿美石油公司的经营活动继续获取巨额利润，仅 1977 年它们就分得利润 8.107 亿美元。[②] 它们还选择新兴的石油化工部门进行投资，扩大同沙特的合作关系，承包建设和合营石油化工厂、炼油厂等新建企业。例如莫比尔公司在 1980 年 4 月 19 日同沙特基础工业公司签订了合营年产 45 万吨乙烯的延布石油化工厂协议，双方各占 50% 的股权。[③] 这家美国公司还在 1977 年和 1980 年先后同沙特政府签订协议，参与建设从阿布凯克至延布的长达 1270 公里、世界上设备能力最大的东西向输油管道和对半合营日产 25 万桶的延布炼油厂。[④] 莫比尔公司参与经营的延布石油化工厂、炼油厂和输油管都是当前沙特政府经济发展计划中的重大项目和延布工业基地建设的重要组成部分，可见其在沙特经济中所起的作用是不可忽视的。埃克森公司也于 1980 年 4 月 26 日同沙特基础工业公司签订了对半合营年产 26 万

---

① ［英］《中东经济文摘》阿拉伯—美国往来专辑 1977 年 11 月及沙特阿拉伯专辑 1978 年 8 月。

② ［美］《石油情报周刊》1978 年 5 月 1 日。

③ ［塞浦路斯］《中东经济概览》1980 年 4 月 24 日。

④ ［塞浦路斯］《中东经济概览》1980 年 3 月 10 日。

吨乙烯的朱拜勒石油化工厂的协议。[①] 德士古和加州美孚公司正在同沙特商讨建设日产1.2万桶的润滑油厂。[②] 上述石油工厂和炼油厂的建设费用投资60%来自沙特阿拉伯公共投资资金的低息贷款,10%的国外贷款,其余部分由合营双方对半分担,因此,美国合伙者只要付出15%的资金就可以占有合营企业50%的股权。另外,这些投资还得到供应原油的优惠,凡投资100万美元,就可获得每天购买500桶"鼓励"原油的权利。这项权利分五年逐步实现,头一年获20%,以后每年增加20%,到第五年达100%。享受这项权利的期限为15年。[③] 很明显,美国石油垄断资本大力加强上述承包、合营等经济活动,不仅是为了缓和同投资对象国的矛盾,减少可能实行国有化的风险,而且也是由于受到战后国际垄断资本活动规律的支配,逐步改变过去直接占有和掠夺第三世界国家自然资源这种损害他国主权的做法,转而同所在国合资经营获利更丰厚的新制造业部门,以保证投资的安全和对这些部门从技术上和经营管理上实行控制。

综上所述,阿美石油公司自70年代以来发生的重大变化,看来具有两重性:一方面表现为沙特阿拉伯民族主义的胜利,另一方面也反映了美国石油垄资本寻求比较保险和稳定的对外经济扩张方式的新趋向。在研究当代帝国主义跨国公司活动规律及其矛盾发展的问题上,阿美石油公司的演变过程无疑提供了一个很有价值的例证。

（原载《西亚非洲》1982年第2期）

---

① ［塞浦路斯］《中东经济概览》1980年5月5日。

② ［美］《亚洲华尔街日报》香港中文版,1980年3月31日。

③ ［塞浦路斯］《中东经济概览》1980年7月14日、1981年1月12日。

面向 21 世纪的沙特阿拉伯经济

世界上首屈一指的石油王国沙特阿拉伯，在海湾战争结束后五年多来，经过采取积极灵活的经济调整与改革政策和措施，有效克服了战争带来的财政和经济严重困难，有力促进了油气工业和经济多样化的建设与发展，使国家的经济形势日趋好转，从而为沙特经济顺利跨入 21 世纪及其后可持续发展奠定了良好的基础。

一

油气工业是沙特阿拉伯的经济支柱。石油出口收入占其出口总收入的 90% 以上和政府岁入的 75%。石油天然气部门的发展状况在很大程度上决定着国家总的经济形势。因此，发展油气工业一向受到沙特政府的高度重视和政策倾斜，被赋予突出的优先地位。五年多来，在沙特政府的大力支持下，油气工业的建设和发展再上新台阶，取得了显著的成就。其主要表现在：

（一）在世界石油储产供领域继续独占鳌头

沙特以拥有得天独厚的石油资源著称于世，其石油储量保持世界第一。据美国《油气杂志》的最新资料，截至 1996 年 1 月 1 日止，沙特探明石油储量达 352.87 亿吨，占世界探明石油总储量的 25.68％，位居世界之冠。1995 年沙特原油年产量为 3.9335 亿吨（日产为 823.1 万桶），占世界总产量的 12.8％，超过独联体（占世界的 11.31％）和美国（占世界 10.65％），列世界首位。[①] 按 1995 年的产量计算，沙特的石油资源还可持续开采 89 年以上，大大高于世界平均 44.73 年的储采比，沙特是世界上最大的石油输出国，其所产原油大部分（80％左右）出口。1994 年其原油出口量为 25.83 亿桶，大约供应世界需求的 12％。[②] 海湾战后，沙特在欧佩克（OPEC）中的地位大大加强，占有该组织 1/3 的原油产量，对协调成员国的共同对策和行动起着举足轻重的决定性作用。1994 年沙特石油出口到世界各大地区的比重是：亚洲占 45.7％，西欧占 26.4％，北美占 22.9％，拉美占 2.7％，非洲占 2.3％。这表明，随着亚洲在世界经济格局中的地位迅速上升，亚洲在沙特石油出口中所占的比重也已增大，日益接近欧美所占的比重。这一变化显示，沙特的石油供应对保障世界经济的能源需求和稳定国际石油市场具有越来越重要的意义和发挥越来越大的作用。

（二）扩大投资、加紧勘探、提高产能

为了适应 21 世纪世界石油需求迅速增长的势头和保持其世界最大产油国地位的需要，沙特政府提出要实现确保其在世界石油产量中占有 12.5％以上的份额和在欧佩克中占有 33.3％的产量比例的石油战略目标。为此，沙特决定实施一项 200 亿美元石油投资的计划，要求到 2000 年将石油生产能力增至 1200 万

---

① ［美］《油气杂志》1995 年 12 月 25 日。

② ［英］《沙特阿拉伯国家概况》1995—1996 年刊。

桶/日。

加紧石油勘探、大力开发新油田是提高石油产能的前提条件。沙特政府在这方面作出了巨大的努力并取得了显著的成效。1989 年至 1995 年间，沙特在中部、西部和北部地区成功地发现了 17 个新油田，[①] 而且大都为低硫优质轻油储藏。其中，在首都利雅得南面艾尔—希尔瓦（Al－Hilwa）和阿布·拉基兹（Abu Rakiz）等地下深层发现的是超巨型油田。据沙特计划部报告，到 1995 年底，沙特共拥有 74 个油田，且多数为大型或特大型油田。目前海上油气勘探正在抓紧进行之中。

为提高产能，沙特阿美石油公司采取了启用封闭的油井、加速建设油气分离厂以及向石油矿藏中注水以增加压力等方法。到 1994 年底，沙特提前实现了每天原油生产能力达 1000 万桶的阶段性目标。

鉴于优质轻油的使用价值高，世界市场上消费需求越来越大，沙特 1993 年开始大力发展其轻油生产能力，开发轻油矿藏成为近几年沙特石油生产的侧重点和突出特点。中部的霍塔赫（Hawtah）油田自 1994 年底开始生产 44°—45°API 新等级的阿拉伯高级轻油，并在其附近诺伊姆（Nuayim）建一座日产 7.5 万桶的油气分离厂。1995 年 4 月，沙特石油和矿产资源大臣宣布，在霍塔赫油田北面 25 公里处又发现了一个阿拉伯高级轻油田，探井日产达 1635 桶。哈腊德（Haradh）油田则安排在 1996 年投产，日产 30 万桶 34°阿拉伯标准原油，并计划到 1998 年将日产能力翻一番。[②]

开发谢巴油田（Shaybah）是沙特发展轻油生产的主要项目。

---

① 《石油输出国组织公报》1996 年 2 月号。
② ［英］《中东经济文摘》1995 年 5 月 12 日。

该油田位于鲁卜哈里沙漠东部，阿布扎比正南，于 1968 年发现，油田大约长达 40 公里，可采储量高达 70 亿桶，石油密度 40°—42°API，含硫量仅为 0.7%。1995 年 4 月对该油田的大规模开发进行投标，计划在油田周围建设三座油气分离厂（每座产能为 16.7 万桶/日），铺设 635 公里长的输油管道以及有关的基础设施，估计总共需耗资 25 亿美元。到 2000 年，该油田将为沙特增加大约 50 万桶/日阿拉伯轻油的产能。[①]

（三）实施炼油升级规划

沙特的煤油工业比较发达，全国共有九座煤油厂。除位于中立区的米纳绍德炼油厂因在海湾战争中受破坏尚未恢复生产外，其他八座炼油厂均正常运营，其总石油加工能力 1991 年为 170 万桶/日。1993 年沙特对全国炼油网着手进行扩建升级的规划，打算花 10 至 12 年时间，投资 160 亿，使其炼油能力到 2003 年达到年产 1.4 亿吨（约 280 万桶/日）。

这项称为王国炼油升级规划的主要目标是，扩建在拉斯塔努拉、延布、利雅得和吉达的四座炼油厂。1993 年 10 月第一个扩建项目在延布炼油厂动工，计划 1997 年完成。其他三座炼油厂的扩建工程打算在 1994 年以后陆续开始实施。尽管该规划在实施过程中由于资金筹措困难而有些拖延，但仍在逐步推进之中。1996 年初，加拿大的一家国际公司获得对沙特三座炼油厂进行升级扩建的工程合同。该工程计划投资二亿沙特里亚尔（约合 300 万美元），分三阶段进行，到 2003 年完成。[②] 按照这项规划，在沙特国内炼油厂进行升级扩建的同时，还将对沙特在美国、韩国和菲律宾的合资炼油厂进行升级扩建，这是当前世界上规模最

① ［英］《中东经济文摘》1995 年 11 月 3 日。
② 同上书，1996 年 1 月 19 日。

大的炼油扩建工程项目之一。可以预料，随着炼油升级规划的实现，沙特将一跃进入世界炼油工业大国的行列，大大增强其在世界石油制品的生产和供应方面的地位和作用。

（四）大力推行石油跨国经营战略

沙特石油跨国经营战略的突出特点是，全方位、多渠道开展海外炼油厂、销售网和储油设施等石油下游经营业务，大力增强其在国际石油市场上的竞争能力。

1988 年 6 月，沙特阿美石油公司以 18 亿美元的价格买下了濒临破产的德士古石油公司在美国东部和墨西哥湾的三座炼油厂和分布在美国 23 个州的 11450 个加油站的一半股权，建立起沙特第一家海外合资石油公司——"星辰企业"（Star entreprise）。[①] 从此，沙特石油跨国经营活动迅速崛起，并引起国际上的注目。海湾战争后，沙特在世界范围特别是在亚太地区的石油跨国经营活动取得明显的进展，先后在东西方一些国家，采取合资、合营、租用等形式大力拓展其石油下游业务，成为当今国际石油领域一个重要的新动向。例如，1991 年 7 月，沙特阿美石油公司以 4.7 亿美元购买了韩国双龙炼油公司 35% 的股权，并在炼油能力约为 26.5 万桶/日的两座炼油厂获得相应的股份。[②] 随后，沙特投资四亿美元，扩建上述两座炼油厂，将其炼油能力提高近一倍，1995 年达 52.5 万桶/日。1994 年 2 月，沙特阿美石油公司以 5.02 亿美元购买了菲律宾国家炼油公司 40% 的股份，并着手对该公司拥有的巴丹炼油厂进行扩建，到 1997 年将使该厂炼油能力从原有的 15.5 万桶/日提高到 18

① ［英］《经济学家》1989 年 2 月 4 日及 ［英］《中东经济文摘》1992 年 4 月 3 日、1993 年 1 月 4 日。

② ［美］《油气杂志》1992 年 12 月 28 日。

万桶/日，并计划进一步扩大到 38 万桶/日。1995 年 7 月沙特阿美石油公司原则上同意以大约 4.3 亿美元购买了希腊炼油公司的科林斯炼油厂（炼油能力为 10 万桶/日）和大约 700 个加油站的一半股份，1996 年 3 月 14 日正式签订协议。1995 年 12 月，沙特同我国达成合资建设两座炼油厂的协议。其一是在青岛建造一座新炼油厂，炼油能力为 30 万桶/日，估计需投资 15 亿—20 亿美元，我国占股 40%，沙特占股 45%，韩国双龙公司占股 15%。其二是参与建设茂名炼油厂，估计投资 10 亿美元，使该厂炼油能力达到 17 万桶/日。[①]与此同时，沙特还先后同日本、法国、比利时、意大利、西班牙、新加坡、香港的有关公司洽谈下游业务的合资合营问题。上述情况表明，沙特推行石油跨国经营战略的成效显著，它同东方国家发展石油合作的前景广阔。

为了适应石油跨国经营活动迅速扩大的需要，沙特大力加强国有石油公司跨国经营的组织管理，沙特阿美石油公司于 1992 年冬在公司内部实行重大的结构性改革，从同年 12 月 1 日起，公司由原来七个生产系列体系改组为四个大部门，即石油经营部、工业相关事务部、国际经营部和财务部。国际经营部负责销售业务及海外合营企业的活动安排。另一家国有的沙特阿拉伯炼油和销售公司则在伦敦、纽约、东京、新加坡分别设立办事处，强化海外业务开拓，推进公司的全球化经营。1993 年中，沙特政府决定将这家公司并入沙特阿美石油公司，从而使沙特阿美石油公司成为当今世界上最大的上下游一体化的综合型石油公司，这大大推进沙特的石油跨国经营，迅速提高其经济效益和促进沙特的经济发展。

---

①　[美]《沙特阿拉伯经济季评》1996 年第 1 季刊。

（五）大力发展天然气工业

沙特的天然气主要是石油伴生气，随着石油的大规模开采，天然气的采集、加工工业逐步发展起来。截至1996年1月1日，沙特的天然气储量为52468.2亿立方米，占世界总储量的3.76%，仅次于独联体、伊朗、阿尔及利亚和卡塔尔，居世界第五位。[①] 1994年沙特天然气产量为316.88亿立方米，占世界总产量的1.45%。[②] 沙特阿美石油公司拥有一套完整的天然气采集加工系统，为国内的电厂、海水淡化厂提供75%的动力燃料，为石油化工厂提供25%的原料。为了提高天然气采集能力，在谢德古姆（Shedgum）、贝里（Berri）和乌斯马尼雅赫（Uthmaniyah）分别兴建了天然气加工厂，三个厂的年总加工能力为40亿—43亿立方米/日。据阿美公司估计，到2005年，沙特国内天然气燃料需求将达50亿立方米/日。为了满足对天然气日益增长的需求，沙特现已着手大力扩建天然气加工厂的生产设备能力，如投资1.5亿美元扩建乌斯马尼雅赫厂，投资1.5—2亿美元在朱雅马赫（Juaymah）建新厂等。[③]

二

从70年代以来，沙特政府就十分重视并致力于经济的多样化发展，以逐步减少对石油的过度依赖，先后取得了一定的成效。海湾战后，沙特更努力推进这一进程，同海湾合作委员会成员国一起，将实现经济多样化摆到重要的战略位置，视为"90

---

①　[美]《油气杂志》1995年年终号。

②　同上书，1995年3月13日。

③　[英]《中东经济文摘》1995年5月12日。

年代的战略发展"目标，为 21 世纪的全面发展创造有利条件。

沙特充分发挥其拥有的石油资源优势，在油气工业不断发展的基础上，为国民经济其他部门的建设和发展提供原料、燃料和资金，从而保证了经济多样化发展的顺利进行。在推进这一发展过程中，沙特逐步调整产业结构，在经济各部门大力鼓励私人投资，通过商业银行对工业贷款，为出口提供财政支持，以及大力发展科技，由技术进口转向技术发明等等，从而使国民经济结构发生了明显的变化，非石油工矿业、农业、金融服务业等部门都得到较大的发展。在 1994 年国内生产总值构成中，非石油部门所占的比重上升到 67.8%，石油部门的比重降为 32.1%。[①] 这表明沙特经济的多样化取得较大的进展，其主要表现有以下几方面：

（一）工业体系初步形成

经过 90 年代以前四个五年发展计划的实施和累计高达 6000 亿美元的投资建设，沙特的工业化和现代化进程进入了一个新的发展阶段，现已初步形成了以石油化学工业为龙头的工业体系。

沙特工业发展的战略目标在于促进以石化、化肥、钢铁为主的重工业的发展，特别是侧重发展能源和资本相结合的集约型工业，投入巨额资金，在短期内迅速建成一批具有世界先进技术水平的石化和冶金企业，并以此为龙头，带动和促进其他非石油工业的发展。

沙特的重工业几乎都控制在官商合营的沙特基础工业公司（Sabic）手中，在该公司中政府占股 70%。目前，它是世界上最大的石化企业之一。其生产能力从 1990 年的 1190 万吨/年增至 1994 年为 1730 万吨/年，计划 1996 年 7 月再增加 120 万吨/年的生

① ［英］《沙特阿拉伯国家概况》1995—1996 年刊。

产设备能力。该公司的石化产品有 30 多种，绝大部分进入国际市场。沙特努力扩大高附加值的石化产品出口量，1992 年其石化产品出口收入为 28 亿美元，1994 年增至 30 亿美元，占非石油出口收入的 73%，成为沙特外贸创收的又一重要来源。

钢铁工业是沙特工业化的重要基础。1989 年沙特钢产量已达 181 万吨，1994 年增至 240 万吨，除满足本国需要外，还可出口，在世界排第 38 位。目前，沙特钢铁公司正投资 10 亿美元，扩建朱拜勒钢铁厂。其他制造业也在迅速发展，据 1992 年的统计资料，登记注册的工厂已达 2036 家，累计资本为 1385 亿沙特里亚尔。1992—1994 年间新建的注册工厂企业有 245 家，资本达 35.635 亿沙特里亚尔。此外，还有几千家未注册的工厂企业，这些厂家分属不同行业，分别生产化学药品、加工食品、橡胶、建材、水泥、皮革、纸制品、家具、塑料，清洁剂、金属五金、纺织品等等，以供应国内日益增长的消费需求。制造业部门的产值 1994 年已占沙特国内生产总值的 14.15%。

沙特的新兴石化工业主要集中在延布和朱拜勒两大工业城市，而大多数轻工业则分布在吉达、利雅得、达曼、盖西姆、塔布克、胡富夫、麦加、麦地那和阿卜哈、穆萨伊特等新建工业区。沙特正以阿拉伯世界最大工业国的新面貌迈向 21 世纪。

（二）非烃矿产资源的大力开发

沙特阿拉伯是一个矿产资源十分丰富的国家。除石油和天然气外，已探明的还有黄金、铁、铜、磷酸盐、银、铀、铁矾土、煤、钨、铅和锌等多种矿藏，过去，这些资源的开发被忽视。现今沙特政府为了加速经济的多样化，大力鼓励私营部门和引进外资来从事矿产开发，第六个五年发展计划（1995—1999 年），要求非烃矿业部门每年以 9.1% 的增速发展，从而使之成为增长最快的经济部门。目前，有四个大型项目正着手进行开发：

其一是阿扎拉米德磷矿。该矿位于北部边远地区，是摩洛哥—约旦—沙特磷酸盐矿带的组成部分，储量极丰，矿层达 15 米厚，被认为是未来中东地区重要的磷酸盐基地，据沙特石油和矿产资源部透露，沙特的磷酸盐储量约为 78 亿吨，居世界第五位，但开采尚处于初期阶段。该矿开发项目的可行性研究已由美国杰科布（Jacobs）国际公司完成。1994 年沙特邀请了 10 家国内外公司参加该矿的综合开发工作，估计该项目将投入 17.4 亿美元。

其二是萨瓦维河谷铁矿。1994 年 8 月，沙特决定拨款 5.5 亿美元开发该铁矿，已由英国钢铁咨询公司完成了可行性研究，现有七家公司参与开发工作。估计该矿产量可满足沙特未来 25 年内的炼铁需要。

其三是艾尔·马沙尼亚矿。该矿位于西南部纳吉兰附近，将开采铜、锌和黄金。现由沙特、美国各占股 50% 的合资公司经营。

其四是阿鲁贾恩·恩特格拉特铜矿。该矿位于吉达东南部，计划投资五亿美元，1998 年投产，每年为延布炼铜厂提供 15 万吨原料。加拿大和美国公司参与可行性研究，日本公司将与沙特建合资公司进行该矿的开发经营。①

（三）农业的发展和调整

基于经济多样化战略和食品安全考虑，沙特政府对农业发展给予了特殊的重视。自 70 年代以来，沙特政府实施了一系列发展农业的措施，到 1992 年底为止，已将 260 万公顷可耕地无偿分配给农民和农业公司；89 万农户从沙特农业银行获得了 265 亿沙特里亚尔（约 70 亿美元）长期无息贷款和 98 亿沙特里亚

---

① ［英］《沙特阿拉伯国家概况》1995 年 3 月 10 日。

尔（约26亿美元）的补贴；政府高价收购农副产品；积极发展水利事业，共筑水坝200余座、水井9万余眼、海水淡化站29个（淡化水产量占世界的30％，居首位）。这些举措使沙特农业获得迅速发展。小麦生产到1985年已自给有余，1986年开始出口，1991年产量高达410万吨，成为世界上第六大小麦出口国。鱼、蛋、奶和其他一些农产品也实现自给。但是，海湾战争后迫于财政困难，沙特政府不得不采取务实态度，调整农业政策，放慢农业发展速度。在沙特，每生产一吨小麦，政府要投入480美元，而世界市场上每吨小麦价格仅为100美元。为了减轻政府的财政负担，农业大臣说，我们不希望成为小麦出口国，只要能自给就行。政府减少对小麦的补贴，由1993年的18.7亿美元降至1994年的8.5亿美元；降低小麦的收购价格，1995年5月起每公斤小麦的收购价由2沙特里亚尔减为1.5沙特里亚尔；减少小麦产量，预计由1995年的250万吨降为1996年的150万—200万吨。第六个五年计划规定，农业产值平均年增率为3.1％，比以前的增速明显放慢，以利于整个国民经济的稳定协调发展。

（四）金融服务业兴旺发达

作为拥有巨额石油美元的金融大国，沙特的金融服务业相当发达。70年代中期以来，随着巨额石油美元的积聚和投放，沙特银行体系迅速形成。在国外有著名的沙特国际银行等一批合资银行；在国内除沙特货币局起着中央银行作用外，共有12家商业银行及其1106家分行和五家专门金融机构及沙特发展基金会。沙特银行金融机构的活动在海湾战争中受到冲击，商业银行的存款下降，减少了36亿沙特里亚尔（约9.6亿美元）。但海湾战后，人们对沙特经济恢复了信心，银行存款稳定增长，1991年底增加19.2％，达1712亿沙特里亚尔（约456亿美元），1992年底又增长3.6％，达1774亿沙特里亚尔（约473

亿美元）。同时，由于政府鼓励私营部门的发展，由商业银行向私人新建项目提供贷款，加上沙特人口的年轻化，对银行服务活动产生了不同的要求，沙特商业银行的顾客迅速扩充，技术装备的改善也使银行更具活力。从 1991—1994 年，商业银行对公共和私人部门的贷款分别提高了 54.4% 和 88.8%，银行的利润明显地增长，1993 年提高 25%，1994 年再提高 3.6%，从而使银行的总资产由 1990 年的 2320.55 亿沙特里亚尔（约 619.64 亿美元）增至 1994 年的 3127.93 亿沙特里亚尔（约 835.23 亿美元）。①

　　沙特政府还通过五个专门信贷机构提供中长期贷款服务。它们是：沙特工业发展基金、公共投资基金、不动产开发基金、沙特信贷银行、沙特农业银行。到 1992 年中，这五个专门信贷机构的总资产达 2080 亿沙特里亚尔（约 555.4 亿美元），贷出款额为 1529 亿沙特里亚尔（约 408.28 亿美元）。② 沙特发展基金会是中东富油国最大的援外金融机构，到 1991 年底为止，已向 61 个国家提供了 277 笔贷款，总金额达 50 多亿美元。海湾战后，沙特的对外援助仍占其国内生产总值的 1.5%。③

　　沙特拥有中东地区最大规模（就上市资本额而言）的现代化资本市场——利雅得股票交易所。1992 年共有 80 家合股公司参与该股市的交易活动，它们上市资本的账面价值共 600 亿沙特里亚尔（约 160.2 亿美元）。其中仅沙特基础工业公司一家就占上市资本的 14%。1993—1994 年间，由于政府削减开支和油价疲软，该股市曾一度萧条，1995 年重新趋于活跃，头 10 个月股

---

① ［英］《沙特阿拉伯国家概况》1995—1996 年刊。
② 同上书，1994—1995 年刊。
③ 同上。

票价格上升 8%，这反映了沙特经济发展势头增强。

三

近几年来，沙特经济之所以能够展现新的发展势头，是同沙特政府付出的巨大努力分不开的。其突出表现是沙特政府坚持采取以下针对性强、标本兼治的有效措施：

（一）积极鼓励私营部门的发展

沙特政府非常重视私营部门对国民经济的促进作用，特别鼓励私人资本兴办工厂企业。仅制造业部门中领取许可证的私人企业就从 1989 年的 205 家，资本 73 亿沙特里亚尔（约 20 亿美元）增至 1994 年的 652 家，资本 128 亿沙特里亚尔（约 35 亿美元）。[①] 1993 年，私营部门在非石油的国内生产总值中已占有 35.73% 的份额，私人企业出口值达 13 亿美元，占沙特非石油出口的 11%。[②] 为了进一步发挥私营部门的作用，1994 年 5 月沙特国王宣布向私人出售国有企业的计划，其中包括沙特航空公司、电话局和一些石油化工企业。还决定减少政府在沙特最大工业集团沙特基础工业公司中 70% 的控股比例，将其所属的阿拉伯纤维工业公司改为合股公司，向私人出售其股份，以吸收私人资本参与经济建设。

沙特鼓励私人投资的做法灵活多样，往往通过一些官方或半官方机构，如贷款基金会、研究中心、工业联合会、规格和标准局、出口公司和国际博览会等来进行，采取的鼓励措施包括提供优惠贷款、低价土地、水电和燃料、生产用的机械设备和原材料

---

① ［英］《沙特阿拉伯国家概况》1995—1996 年刊。
② ［黎巴嫩］《事件》周刊 1995 年 8 月 18 日。

进口可豁免关税等等。据报道，工业发展基金、不动产发展基金、农业银行和信贷银行等四家专门信贷机构 1995 年共向私人部门提供贷款 59 亿沙特里亚尔（约 16 亿美元）。[①] 计划 1996—2000 年，上述四家和公共投资基金一起，将为私人部门提供 241 亿沙特里亚尔（约 64.27 亿美元）的新贷款。其中，不动产发展基金占 53.9%，工业发展基金占 22%。[②]

（二）大力招回外流资金

沙特的私人存款估计高达 2000 亿美元，其中多半投放在欧美国家，可能超过 1600 亿美元。[③] 设法吸引如此庞大的海外资金回流国内投入建设，对沙特经济发展起着十分重要的作用。为此，沙特政府制定特殊的优惠政策，提供良好的投资环境，逐步扭转了资金严重外流的局面，到 1993 年已招回海外资金 250 亿美元。

海外资金回流的加快，不仅弥补了沙特经常项目赤字的大约 80%，而且使国内股票发行激增，银行存款大幅上升。如 1994 年商业银行就抽回它们大约 40 亿美元的海外资金，用于购买政府债券。

（三）推行金融创新，加速引进外资

金融创新系指股票、债券、管理等金融手段或工具的花样翻新，以迎合客户需要，活跃资本市场，促进资金融通，这种创新活动已成为当今国际金融领域的一种趋势。1994 年 8 月，沙特货币局推行金融创新，宣布发行一种以美元标价的总金额为 2.8 亿美元的浮动汇率票据，以利扩大集资。同时，沙特政府通过修

---

① ［英］《沙特阿拉伯经济季评》1996 年第 1 季刊。

② ［英］《中东经济文摘》1995—1996 年刊。

③ ［美］《华盛顿邮报》1991 年 8 月 13 日及法新社阿布扎比 1994 年 12 月 14 日英文电。

改投资法，提供优惠条件，改善投资环境，进一步加快引进外资。其主要做法是：规定外商只要具有丰富技术经验，并从事工农业、卫生、服务业和承包项目，均可获准入境经营；设立外国投资委员会秘书处为外国投资者提供方便、提供信息和必要的帮助；凡投资于工农业生产项目，10 年内免征所得税，其他项目免税期为五年；进入沙特工业生产领域的商品一律免征关税。沙特还允许外商兴办独资企业，无须找沙商合资，政府不予任何干预。但多数外商愿与沙商建立合资企业，因为这可获得独资企业所没有的特殊优惠待遇。据统计，到 1990 年 7 月底，外商投资总额约 156 亿美元。近几年外资进入加快，仅 1993—1994 年间，外国直接投资就达 14 亿美元。

（四）励行增收节支，平衡财政预算

沙特政府坚持增收节支方针，一再压缩政府开支。1994 年比上年削减预算开支 19%，即由 1993 年的 1970 亿沙特里亚尔降为 1994 年的 1600 亿沙特里亚尔。1995 年再削减 6%，降至 1500 亿沙特里亚尔。削减政府开支的范围包括教育、卫生、社会福利事业、市政和供水、基础设施与工业、电力、交通运输、国家贷款机构以及农业补贴等方面。结果使财政赤字由 1993 年的 4640 亿沙特里亚尔减至 1995 年的 100 亿沙特里亚尔。

与此同时，沙特政府千方百计开辟财源，增加收入。从 1995 年 1 月 1 日起提高各种服务费用，如提高国内航班的机票价格，日用汽油、煤油、液化气、水电费都分别增加一倍，并取消了免费使用电话的福利。此外，外籍劳工办理签证时要付 267 美元的手续费。[①] 还对近 500 万外籍工人汇款实行限制，使他们汇往母国的款额从 1994 年的 117 亿美元减为 1995 年的 102 亿

① 路透社迪拜 1995 年 1 月 2 日英文电。

美元。

通过开源节流的种种努力，有效地改善了沙特的财政状况。据国际清算银行资料，到 1995 年 6 月，沙特的净资产比上年同期增加了 32.4%。

沙特的国际储备到 1995 年 10 月上升到 94.44 亿美元，这是 1992 年 8 月以来的最高金额。沙特官方的统计表明，主要由于 1995 年的非石油出口增加 42%，达到 238 亿沙特里亚尔（约 64 亿美元），使经常项目的赤字从 1994 年的 91 亿美元减至 1995 年的 51 亿美元。①

目前，沙特经济进入了一个新的发展阶段，1995—1999 年第六个五年计划的提出和实施标志着这个新阶段的顺利展开。沙特政府正力求使这个五年计划的实现成为沙特经济迎来 21 世纪的新起点。

（原载《西亚非洲》1996 年第 5 期）

---

① ［英］《沙特阿拉伯经济季评》1996 年第 1 季刊。

试论科威特的对外投资

科威特是海湾西北角的一个蕞尔小国，然而却是世界上赫赫有名的对外投资大国。今天，对外投资已成为科威特的重要经济活动。它的投资范围遍及全球各大洲，投资方式日益多样化，投资领域不断扩大，特别是在世界石油工业部门中的投资更为引人瞩目，截至1983年初，科威特的对外投资总额已达750亿美元左右。[①] 发展中国家的资本输出是六七十年代以来世界经济中出现的新现象。科威特作为一个发展中国家，它的对外投资活动，对促进南南合作，改善南北经济关系，争取建立国际经济新秩序的斗争无疑起着一定的积极作用。我们探讨科威特的对外投资活动，不仅对研究科威特本国的经济发展，而且对研究当前世界经济领域中的新情况和新问题，都具有重要的现实意义。本文试图就科威特对外投资活动兴起的原因、基本特点、发展趋势及其影响等方面提出一些初步的看法。

---

① ［英］《中东经济文摘》科威特专辑1983年5月。

一

科威特之所以能够发展成为当今举世闻名的对外投资大国，有其特定的社会经济条件和国际环境。

庞大石油盈余资金的积累是科威特对外进行大规模投资的物质前提。众所周知，科威特是著名的富油国。据报道，截至1983年年底，它的探明石油储量为89.7亿吨，约占世界总探明石油储量的1/10，仅次于沙特阿拉伯而居世界第二位。[①]加上科威特的油藏离地面较浅，储层又厚，易于开采，生产成本低，大约只相当于中东其他产油国生产成本的1/3。早在第二次世界大战结束的翌年，科威特就开始向国外输出原油，到50年代中期迅速上升为世界重要石油生产国和供应国，成为帝国主义垄断资本在中东掠夺石油资源的重要对象。科威特的经济命脉石油工业，完全操纵在英美资本的科威特石油公司（KOC）手中。随着60年代中东民族解放运动的高涨，1961年6月，科威特获得独立。此后，科威特政府采取一系列措施，逐步收回石油资源主权，实现石油工业的全部国有化。1962年，科威特从外国石油公司手里收回了9262平方公里的石油租让地，1964年科威特国家石油公司（KNPC）开始在这片土地钻探和开采原油。1973年初，科威特政府同英美资本的科威特石油公司达成参股协议，可以在该公司中获得25%的股权。但科威特国民议会认为参股比例太低，拒绝批准这项协议。不久，双方重开谈判，于1974年1月又签订了一项新的协定，科威特政府取得该公司60%的股权。尔后又经过一年多的激烈谈判斗争，到1975年9月，终于

---

① ［英］《中东能源经济季评》1984年增刊。

达成协议，科威特政府百分之百地接管该公司，并追溯到 1975年 3 月生效。在收回石油资源主权和实现石油工业国有化的同时，科威特还积极地参加了第三世界产油国的联合斗争。特别是1973 年 10 月第四次中东战争爆发后，阿拉伯产油国运用石油武器打击美、以侵略者，实行减产、禁运，夺回定价权，大幅度地提高原油价格。由于石油斗争取得的胜利成果，科威特政府的石油收入获得了急剧的增长（详见下表）。

1946—1983 年科威特政府的石油收入　　（单位：亿美元）

年　份	金　额
1946—1950 累计	0. 3638
1951—1960 累计	25. 426
1961—1970 累计	60. 455
1971	9. 630
1972	16. 500
1973	17. 952
1974	70. 949
1975	86. 412
1976	98. 028
1977	89. 631
1978	96. 042
1979	170. 761
1980	190. 003
1981	151. 688
1982	104. 810
1983	95. 000

资料来源：①1946—1977 年统计数字引自 M. W. 霍贾和 P. G. 萨德勒《科威特经济》，1979 年伦敦版，第 26 页。②1978—1982 年统计数字引自［英］《中东经济文摘》1983 年 8 月 26 日，第 19 页。其款额单位原为科威特第纳尔，这里的数字按该资料所提供的 1 美元 = 0. 2931 科威特第纳尔的汇率换算得出的。③1983 年统计数字见［塞浦路斯］《中东经济概览》1984 年 3 月 5 日。

以上数字表明，仅 1974 年和 1975 年两年间，科威特政府的石油收入竟高达 157.361 亿美元，远远地超过了 1946—1973 年的累计收入。70 年代中期获得的巨额石油资金为加速科威特的社会经济发展提供了充裕的财政来源和物质条件，使科威特的社会经济生活呈现出一派欣欣向荣的景象。

然而，由于骤然握有大量石油资金这一新情况产生的新问题，即如何将这批巨额资金有效地使用于促进本国的发展，很快就成为摆在科威特政府面前亟待解决的重大课题。从国内的具体条件来看，科威特毕竟是一个小国，国土总面积只有 17818 平方公里，人口也很稀少，1983 年最新的估计居民总数仅有 167.2 万人，[①] 原有的经济基础又比较薄弱，因而造成科威特的国内市场和经济活动范围狭窄，对资本吸收能力很有限，充其量只能使用 1/3 左右的政府收入。例如，1974—1975 年度，科威特政府总收入为 22.714 亿科威特第纳尔，而政府总支出只为 10.852 亿科威特第纳尔；1975—1976 年度，总收入为 28.383 亿科威特第纳尔，总支出 7.799 亿科威特第纳尔；1976—1977 年度，总收入为 32.247 亿科威特第纳尔，总支出 10.318 亿科威特第纳尔。[②] 这三年的总支出共计 28.969 亿科威特第纳尔，只相当于合计总收入 83.344 亿科威特第纳尔的 34.76%，三年累计的盈余资金 54.375 亿科威特第纳尔。这样巨大的盈余资金如果被闲置起来就会丧失其经济效益，于经济发展不利。而要使这些盈余石油资金即石油美元充分发挥其经济效益，促进本国的经济发展就必须实现资本化，创造条件使货币转化为资本。这对科威特来说，唯一合适的途径和办法就是面向世界寻求出路，以资本输出的方式

---

① ［英］《科威特经济季评》1984 年增刊。

② M. W. 霍贾和 P. C. 萨德勒：《科威特经济》，第 117 页。

进入国际市场，借助对外经济合作来促进国内的发展。因此，大力进行对外投资就成为科威特必须采取的一项重要经济政策。这是科威特对外投资活动兴起的国内原因。

从国际环境方面来看，当 70 年代科威特面向国外寻找盈余石油资金的投放市场时，世界资本主义经济和国际金融货币体系激烈动荡，危机加剧。美元地位受到猛烈冲击，黄金价格发生巨大波动，美元停止兑换黄金，以浮动汇率制取代固定汇率制，布雷顿森林体系陷于崩溃。在这种情况下，无论工业发达国还是发展中国家都迫切希望能从积累了大量石油美元的中东产油国获得货币资本，以弥补国际收支逆差，稳定财政金融，缓和"滞胀"，促进经济的恢复和发展。这样，就为科威特巨额石油美元的大量输出敞开了大门，提供了广泛的机会和渠道，使近十多年来科威特的石油盈余资金源源不断地流向世界许多国家，包括英、美、德、日等工业发达国和亚非拉发展中国家。这是科威特迅速发展成为对外投资大国的国际背景。

二

由于上述国内外条件，科威特的对外投资活动迅速兴盛和蓬勃发展起来。目前，在中东产油国中，科威特不仅是输出资本最早的国家，而且是对外投资活动最活跃和颇具特色的国家。从科威特进行对外投资的具体措施和办法来看，其值得注意的独特做法有以下几点：

（一）由国家设储备金，并以储备金名义将资本投放到国际市场上去，从而使政府在对外投资经营中占主导地位

换言之，科威特的对外投资是以国家投资为主，私人投资为辅。

　　科威特政府设有两种储备金：一种为"国家总储备金"；一种称为"后代人储备金"。后者是按照科威特政府1976年第106号法令的要求，于当年12月创立的。起初，该储备金的款额为8.5亿科威特第纳尔（大约相当于29.31亿美元），以后每年从国家预算总开支中拨出10%来增加储备。科威特宪法明文规定，为了保证后代人的资金需要，在该储备金设立后的25年内，应绝对确保储备金的追加。截至1982—1983年度，"后代人储备金"的累计总额已达93.79亿科威特第纳尔（大约相当于329.29亿美元）。[①] 据报道，科威特政府拨给上述两种储备金的总款额，通常占每年国民生产总值的40%。到1983年6月底为止，两种储备金的累计总数共达218亿科威特第纳尔（大约相当于744亿美元）。[②] 这些储备金的绝大部分都作为资本输出，被投到国外市场，而以储备金的名义在国外投资统由科威特中央银行直接经办。到1981年年底，储备金总额为667亿美元，其中投在国外的有510亿美元，[③] 占总额的76.46%。而同年年中，科威特国外资产的总额为720亿美元。[④] 由此可见，以政府拨款建立储备金为形式的国家资本居于绝对优势地位是科威特对外投资的重要特征之一。

　　（二）建立由政府经营的、政府和私人资本合营的以及私人资本经营的各种投资机构，直接在国外开展投资活动

　　早在50年代中期，科威特政府就在伦敦设立了科威特投资办事处（KIO），作为中央银行的派出单位，专门从事对外投资经营。这个机构在对西方国家的投资活动中起着重要的作用。科

① ［英］《中东经济文摘》1984年5月4日。
② ［塞浦路斯］《中东经济概览》1984年6月6日。
③ ［英］《科威特经济季评》1983年增刊。
④ 同上。

威特独立后，政府和私人又先后组建了一批官商合营或私营的投资公司。其中，以政府占股50%的科威特投资公司（KIC）、政府占股80%的科威特对外贸易、承包和投资公司（KFCIC）和私人所有的科威特国际投资公司（KIIC）等三家公司的规模最大，在国际上享有盛名，通常被称为"三Ks"。这些财力雄厚的投资公司又同不少国家特别是发展中国家一起建立了联营公司，参与各种经济发展项目的投资建设。例如，科威特投资公司就是非洲—阿拉伯投资和国际贸易公司（AAIITC）的主要股东，在许多非洲和阿拉伯国家的发展项目中投入了资本。此外，还有科威特—巴基斯坦投资公司（KPIC）、科威特—突尼斯投资公司（KTIO）、科威特—墨西哥联合投资公司（KMUIC）等等，都是科威特和发展中国家共同经营的重要公司，在扩大对外投资和促进南南合作方面正发挥着积极的作用。为了加强对海外投资的指导和协调，科威特政府还于1982年6月专门设立了科威特国家投资局（KNIA），在财政部的管辖下开展工作。因此，国家对各种投资机构的建立及其活动实行有力的干预是科威特对外投资经营的一个重要特色。

（三）大力发展银行业，从金融信贷方面促进对外投资

为了适应对外投资发展的需要，科威特政府对银行业的发展非常重视，并采取了一些较为灵活的财政管理措施予以支持和鼓励。1976年11月，政府取消了国内贷款利率最高不得超过7%的限制。1977年2月，科威特中央银行宣布实行四级利率制：一年以上长期贷款的利率为10%；一年内的短期无保证贷款的利率为8.5%；一年内的短期有保证贷款利率为7%；银行存款最低利率为4.5%。① 与此同时，中央银行还多次用发行政府证

---

①　［英］《中东经济文摘》科威特专辑1977年8月。

券的办法来帮助商业银行，并以商业银行证券再贴现来提供方便。这使商业银行的存款迅速增多，私人债券交易加速发展。这样，很快扩大了银行的营业额和增强了它们的竞争能力，推动了银行业的蓬勃发展，使银行业成为仅次于石油业的科威特第二大经济部门。现在，科威特已经初步形成了一个由中央银行、三家专门银行、七家商业银行以及它们在国内外建立的各类合营银行、分行或代办处等组成的银行网，活跃在国内外金融信贷市场上，在对外投资活动中发挥着显著的作用。据统计，1983 年科威特商业银行的资产和负债总额高达 99.94 亿科威特第纳尔，信贷总额也达 38.44 亿科威特第纳尔。[1] 在国外的科威特银行财力也越来越雄厚，影响日益扩大。如设在英国的科威特联合银行（UBK），由十二家科威特银行和金融机构组成。1983 年，该行的资本已有 7560 万英镑。[2] 它在伦敦设立五个银行营业处，还有两家专门从事旅游服务和经营房地产的附属机构，并在伦敦国际金融交易所中占有重要地位。此外，该行在纽约设有分行。这样，银行服务业和对外投资经营相辅相成，互相促进、同步崛起，成为科威特对外投资迅速发展的一大特色。

（四）在国内开放证券市场，利用第纳尔证券的自由交易，作为扩大对外投资的一个重要手段

科威特政府凭借本国货币第纳尔在国际货币中十分坚挺的优越地位，发行以科威特第纳尔为票面值的证券，通过国内证券市场进行交易。随着银行和第纳尔证券交易的兴旺发达，科威特迅速上升为国际金融中心之一。

科威特有一个官方的第纳尔证券市场，还有一个非官方的马

---

[1]　[英]《科威特经济季评》1984 年增刊。

[2]　[英]《科威特经济季评》1983 年第 3 季刊。

纳赫证券市场。官方的第纳尔证券市场在 60 年代初期就开始营业。政府通过科威特工业银行（KIB），在该市场发行公债券、中长期债券和存款单等。1977 年，这家银行同科威特国际投资公司合办了一家阿拉伯证券贸易公司（ACTS），大大地推进了该市场的股票交易。到 80 年代初，这个市场的交易规模已居世界第八位。1980—1981 年度，由于国内流通股票枯竭，该市场曾一度被关闭。1981 年 6 月重新开放后，该市场证券交易额在1982 年达到 19 亿科威特第纳尔（大约相当于 65 亿美元）。① 近几年来，在该市场借贷科威特第纳尔证券的有斯德哥尔摩城市银行、瑞典出口信贷公司、欧洲共同市场公司、世界银行以及法国、芬兰、美国、印度和日本的公司。1982 年 9—10 月间，由于科威特非官方的马纳赫证券市场爆发支付危机的影响，科威特第纳尔证券市场再度关闭。该市场恢复后，从 1984 年初以来又同一批外国公司进行了一些股票交易。

马纳赫市场是科威特商人为了摆脱官方证券市场的法律限制而另搞起来的交易各种证券的自由市场。1975 年黎巴嫩金融市场被烧毁和巴林成为海湾金融中心之后，由于巴林发行的一些票据同马纳赫市场的交易发生联系，从而促进了马纳赫市场迅速兴起，并一度成为海湾的一个重要证券交易场所。1982 年 6 月到 8月间，这里的交易数量竟高达 20 亿股以上。但不久由于该市场发生支付危机，于 1983 年终于完全关闭。

（五）创立援外的金融机构，积极向第三世界其他发展中国家提供优惠贷款，从而增辟了一条对外投资的重要渠道

在中东产油国中，科威特第一个建立了专门对发展中国家进行经济援助的机构——科威特阿拉伯经济发展基金会（KFAED

---

① ［英］《科威特经济季评》1983 年增刊。

简称科威特基金会）。该基金会于 1961 年 12 月设立，最初法定资本为两亿科威特第纳尔，1981 年增至 20 亿科威特第纳尔。科威特基金会是一个具有法人资格的半自治性机构，可通过发行债券来扩大信贷活动能力，而它的业务安排必须取得政府的认可，实际上起着代表政府对外进行投资的作用。它对发展中国家的贷款大约占科威特政府对外援款总额的 1/3。截至 1983 年 6 月底，科威特基金会承诺的援外贷款累计总额达 11.575 亿科威特第纳尔（大约近 40 亿美元）。① 其中，大约一半提供给阿拉伯国家，大约 1/3 提供给亚洲国家，18% 供给非洲国家，提供给其他国家的约占 1%。在所有阿拉伯产油国的援外机构中，科威特基金会提供的贷款总额居于首位。

此外，科威特政府还于 1962 年设立了援助南部阿拉伯海湾国家总局（GBSAG），主要为巴林、阿曼、也门等国的教育卫生事业的发展提供援助。科威特政府还积极地倡议建立和参加了许多多边的援助机构。比如，阿拉伯社会经济发展基金会（AFESD）就是在科威特的倡导下建立起来的，而且科威特还是该基金会中提供款项最多的成员国，它提供的资金占该基金会资本总额的 18.75%。与此同时，科威特在阿拉伯援助非洲特别基金、石油输出国组织特别基金，世界银行第三世界基金等国际经援组织中，都投入数额相当可观的资金。

科威特通过建立本国的援外机构和参加多边经援机构，向第三世界其他发展中国家提供巨额贷款，这不仅扩大了间接的对外投资，而且更重要的是对促进南南合作，增强发展中国家之间的团结互助，实现共同发展的战略目标，具有一定的积极意义。

---

① ［英］《科威特经济季评》1984 年增刊。

三

由于科威特先后采取了具有自己特色的各项具体措施和办法，使它的对外投资经营颇具活力，迄今方兴未艾，发展前景广阔。从目前科威特对外投资的流向、方式、领域等方面来看，其主要特点和趋势可分述于后：

（一）投资对象国主要是工业发达的资本主义国家，尤其以美国为重点，但对第三世界发展中国家的投资正在日趋加强

从另一方面看，投资流向的地区目前仍以西方欧美国家为主，同时也出现了"东移"的明显趋势。

据统计，科威特的对外投资大约有 2/3 以上集中在发达的工业国，而到 1982 年初，对美国的投资总额高达 550 亿美元。[①] 80 年代以来，出于投资的安全和赢利考虑，科威特开始注意改变过去投资过分集中的情况，设法开拓新的投资场所，使投资区域不断扩大。近几年来，除了继续对更多的工业发达国进行投资外，科威特特别重视和大力加强对第三世界发展中国家的投资。据前任科威特财政和计划大臣阿卜杜勒·拉蒂夫·哈马德 1982 年 10 月向国民议会的报告说，科威特已在 44 个国家（14 个工业国、17 个阿拉伯国家、七个非阿拉伯的伊斯兰国家和六个第三世界其他国家）进行了投资，投资范围扩大到了世界各大洲。[②] 与此同时，科威特的投资流向在地区上也明显地由西向东转移。1981 年在新加坡设立了科威特亚洲银行（KAB），紧接着又在日本、中国香港、澳大利亚、印度和马来西亚等国和地区设立分行或代

---

① ［英］《外国商情公报》1982 年 10 月号。
② ［英］《科威特经济季评》1982 年增刊。

办处，从而在远东形成了科威特自己的一个银行网，为其对东方的投资活动提供各种金融信贷服务。1983年初，科威特对外贸易、承包和投资公司在中国香港和新加坡建立了亚洲海洋有限控股公司（AOHL）。1983年夏，科威特还同沙特阿拉伯和中国香港的银行联合组建了阿拉伯海湾（远东）投资公司（AGLFE），专门承包对东南亚的投资。1984年初，科威特投资办事处还用6200万美元购买了新加坡海外联合银行（OUB）1/3的股权。[①]不久，又购买了马来西亚邱维克家族拥有的香格里拉公司（金融服务财团）20%的股权。香格里拉公司在香港拥有许多利益，包括证券公司、保险公司、信用公司以及贸易公司等等。[②] 上面列举的这些事例，充分地表明了近年来科威特大力加强在东方的投资活动，其中包括对我国的投资也在积极进行。仅1982—1983年间，科威特就给我国（未包括香港在内）提供了四笔援建贷款，总共为4360万科威特第纳尔。[③] 可见，科威特对外投资东移的趋势今后还会继续加强。

（二）开拓对外投资的方式是以间接投资起步，然后转向直接投资，投资领域广泛，遍及许多重要的经济部门，投资规模也不断扩大

70年代，科威特的对外投资主要集中在银行存款、购买外国政府债券以及房地产投资方面。但是，80年代以来，银行存款在科威特对外投资中的比重下降，而向工商业等部门的直接投资迅速上升。科威特通过大规模地购买外国公司股票，日益加强和扩大了它对工业发达国家的制造业、采矿业、农业、商业、旅

---

① ［英］《中东通讯：海湾国家》1984年2月27日。
② ［塞浦路斯］《中东经济概览》1984年7月9日。
③ ［英］《科威特经济季评》1984年增刊。

游业和房地产等许多部门的投资，使投资领域不断扩大，投资方式日益多样化。

目前，科威特在美国拥有通用汽车公司、通用电器公司等著名大公司的大量股票，还参与了对美国密西西比州工业和农业建设计划的投资以及美国和加拿大边境的安大略湖的水利工程投资，并参加美国核武器制造工程的设计和施工。据报道，科威特在美国五百家大公司中几乎都拥有5%左右的股份。此外，在华盛顿拥有一座摩天大楼，在亚特兰大拥有商业中心和大旅社，在休斯敦拥有一家综合企业的股权，在南卡罗来纳拥有一个海上休假岛屿。在英国，科威特最著名的一项投资是花了1.07亿英镑买下圣·马丁房地产公司。此外还在一批金融、保险企业中占有股份。在法国，科威特拥有曼哈坦旅游公司。在联邦德国，科威特购买了最大的化学药品公司霍伊切斯特（Hoechst）24.9%的股份，并在著名的柯尔夫（Korf）钢铁公司中占股51%（原来占30%，1983年从美国合伙者手中再买得了21%），在奔驰汽车公司中占股14%。另外，在加拿大的铜、钼矿业中占股30%，在日本矿业公司等六家企业中也拥有许多股权。[①]

总之，科威特的对外投资活动已由信贷资本输出发展到生产资本的输出，流向外国的工矿业、农业、商业和旅游业等许多经济部门，明显地呈现出投资多样化、领域广、活力强的特点和趋势。

（三）在对外国工业领域的投资中，最突出的是对国际石油工业的投资，不仅规模巨大，富有活力，而且对世界石油领域具有深远的意义和影响

1981年12月，科威特石油总公司（KPC）以25亿美元的

---

① ［英］《科威特经济季评》1981—1984年各年增刊。

巨款买下了美国圣·塔菲国际石油公司，为其对外石油投资开
辟了广阔的新天地。圣·塔菲公司是世界上 15 家最大的能源公
司之一。它拥有一百多架钻台，在国际石油工业同行中是首屈
一指的。通过对这家公司的直接购买，科威特获得了世界上最
先进技术的转让，并利用这家公司雄厚的技术力量和丰富的经
营经验，在世界各地特别是发展中国家广泛从事石油勘探活动。
目前，在摩洛哥、安哥拉、刚果、坦桑尼亚、埃及、土耳其、
阿曼、巴林、印度尼西亚、澳大利亚等国都有科威特的石油勘
探投资。据 1981 年建立的科威特海外石油勘探公司（KOPEC）
经理侯赛因说，到 1984 年底，该公司已在 14 个国家拥有石油
租让权，在国外石油勘探活动中共投资 2.5 亿美元，并打了 36
口勘探井。①

　　此外，从 1983 年以来，科威特石油总公司陆续购买了美国
海湾石油公司设在意大利、瑞典、丹麦、比利时、荷兰、卢森堡
的 2800 个加油站和哥本哈根、鹿特丹、米兰的三座炼油厂。②
1983 年 12 月，科威特石油公司还购买了海湾石油公司设在中国
香港的航空燃料仓库设施 50% 的所有权。③

　　通过上述对国际石油工业的投资，科威特在世界石油工业领
域开始取得了举足轻重的地位，拥有国际石油勘探、提炼和销售
等上下游生产经营的巨大权益。科威特石油总公司已成为国际上
颇具影响的大石油公司，1982 年和 1983 年其利润收入都超过 10
亿美元以上。④ 西方舆论界认为，科威特石油总公司现在仅次于
世界最大的“石油巨鳄”——“七姐妹”，称得上是占世界第八

---

①　[塞浦路斯]《中东经济概览》1984 年 12 月 10 日。
②　[英]《科威特经济季评》1984 年增刊。
③　[塞浦路斯]《中东经济概览》1984 年 7 月 7 日。
④　[英]《中东经济文摘》1983 年 4 月 13 日。

位的大石油公司。

（四）在政府对外投资继续保持主导地位的同时，私人对外投资的活动与作用渐趋增强

近几年来，在科威特的全部国外资产总额中，以国家储备金的名义投资所占的比重有所下降：1982 年为 67%，1983 年减至 61%。[①] 出现这一趋势的原因，除了由于不属于储备金拨款的海外石油投资扩大的因素外，在一定程度上也反映了私人对外投资有所增长。

活跃在对外投资领域的私营公司，除前面提到过的科威特国际投资公司外，还有一家科威特私人拥有的国际石油财团（IPG），专门从事国际石油开发的投资经营活动。1982 年这个财团同民主也门签订了第一个合同，对亚丁炼油厂现代化和炼油厂制品销售方面进行投资。1983 年，它又同民主也门签订了第二个合同，计划进行为期三年的陆地和海上的石油勘探工作。[②] 科威特另一家私人金融公司呼图赫（Futooh）投资公司，在 1983 年初取得了荷兰克雷斯特伍德（Cretwood）公司全部"所有权"，还在联邦德国一家具有两百年悠久历史的乔治·豪克和索恩银行（Georg Hauck and Sohn）中购买了 15% 的股权。[③] 科威特前财政和计划大臣哈马德在 1983 年 7 月辞去政府职务后，于 1984 年创立了一家私人投资公司（在英国注册），专门包揽为科威特人和阿拉伯的私人对外投资牵线搭桥、开拓渠道。哈马德及其公司的活动，对加强科威特今后的私人对外投资，可能会起重要作用。这一点正在引起人们的关注。

---

① ［英］《科威特经济季评》1984 年增刊。
② ［英］《科威特经济季评》1983 年第 3 季刊。
③ 同上。

四

70 年代中期特别是 80 年代以来，科威特对外投资的迅猛发展，无论对于科威特本国的经济和社会生活，还是对接受投资的工业发达国和发展中国家以及世界经济关系，都具有不同程度的重要影响。

对科威特本国来说，大力发展对外投资是从它自己的国情出发，着眼于发挥其握有巨额石油美元这一经济优势，而采取的有利于扩大财源、加速国富、促进本国经济发展的一项重要措施。其实行的积极效果主要表现在：

（一）通过对外投资，开拓了一大新的财政来源，在国家收入中仅次于传统的石油业，使科威特开始改变长期以来财政完全依赖石油收入的畸形状态

据科威特中央银行公布的数字，近几年来科威特政府的对外投资收入如下：

1978—1979 年度　5. 214 亿科威特第纳尔

1979—1980 年度　8. 803 亿科威特第纳尔

1980—1981 年度　17. 439 亿科威特第纳尔

1981—1982 年度　13. 640 亿科威特第纳尔

1982—1983 年度　16. 571 亿科威特第纳尔[1]

在 1982—1983 年度的国家总收入中，对外投资收入占 39％，石油收入占 55％。[2] 对外投资收入已相当于石油收入的 70％以上。这使科威特的财政收入有了极大的增长，财源也日趋

---

[1]　［塞浦路斯］《中东经济概览》1984 年 6 月 18 日。

[2]　［英］《科威特经济季评》1984 年增刊。

多样化。而实现财源多样化，对科威特当前以至长远的发展目标来说都是至关重要的。因为有了对外投资的巨额固定收入，可以保证科威特在其石油耗尽或石油收入受国际市场影响而锐减时，能够维持国家的社会经济生活正常进行，不至于发生巨大波动，陷入不可收拾的境地。近几年来，由于世界市场石油价格暴跌，使科威特的石油收入急剧减少。在这种情况下，正是靠有对外投资的大量收入来弥补，科威特才得以比较平稳地渡过了难关。

（二）通过对外投资，科威特获得了国外的先进技术和经营管理经验，从而大大提高了本国的经济效益，并在国际市场上扩大了本国出口产品的销路

例如，1981 年科威特购买了美国圣·塔菲石油公司，由于全部接管该公司的技术设备和管理人员，科威特才有能力在国外从事大规模的石油勘探活动。同样，科威特在购买了海湾石油公司的欧洲销售网以后，石油产品出口大大增加，平均每天推销了科威特国内提炼的 11 万桶石油制品，占其日产 48 万桶的22.9%。[①] 1982 年，科威特石油总公司购买了联邦德国的霍伊切斯特化学药品公司 24.9% 的股权，后者则于 1983 年购买科威特石油化学工业公司（KPI）生产的氨作原料，并保证提供技术援助。1984 年 1 月，双方还达成了一项新的协议，决定通过霍伊切斯特的国际销售网，在世界市场上推销科威特的石油化工产品。

（三）大规模的对外投资活动，使科威特对国际金融货币的稳定和世界经济关系的变化发挥着日益重要的影响，从而大大地提高了它的国际地位和作用

一位美国记者这样写道：科威特是"世界上令人畏惧的一

---

① ［英］《科威特经济季评》1984 年增刊。

股金融力量，它的海外投资可在证券市场上兴风作浪，国际重要债券要是得不到科威特的支持，也无法顺利发行"。① 可见在世界金融领域，科威特正在成长为一个不容忽视甚至举足轻重的力量。

应当指出，与上述对外投资积极效果伴随而来的，还有颇值得注意的消极影响的一面。由于科威特对外投资的广泛展开，不可避免地使它更加深刻地卷入了世界资本主义经济体系之中。科威特本国的经济发展因之越来越受到资本主义世界市场价格波动尤其是世界经济危机的严重影响和制约。在现存不合理的世界经济关系中，科威特往往要遭受通货膨胀、美元汇率波动、油价暴跌、贸易歧视，特别是工业发达国转嫁经济危机所造成的巨大损失。另一方面，科威特的资产阶级通过对外投资也参与分享国际剥削所带来的超额利润，并使科威特国内正在形成一批专靠剪息票为生的食利阶层。这个阶层的人们往往拥有万贯家财，过着养尊处优的寄生生活，他们大多好逸恶劳、游手好闲，严重腐蚀着正常的社会风气。由于这个阶层的恶劣影响，使科威特人非劳动化的社会问题日趋尖锐，而为发展本国经济所必需的劳动力越来越靠大量雇用外籍移民来提供。目前，外籍移民已占科威特总人口的 59％和总劳力的 70％以上。这种情况对于科威特的社会经济发展，无疑会带来影响深远的不良后果。

科威特的对外投资，对工业发达的资本主义国家影响也颇为深远。一些西方发达国家的统治当局，对科威特及其他产油国在它们国家的巨大投资活动感到严重不安和担心。它们深恐自己的一些重要经济部门、企业以及技术和利润等落入产油国手中，会变成这些产油国用来对付自己、施加经济压力的手段。它们更为

---

① ［美］《读者文摘》（中文版）1984 年 4 月号。

忧心忡忡的是：像科威特这样具有活力的大规模投资，会反过来使接受投资的工业发达国家加深对产油国的依赖，削弱西方跨国公司在发展中国家的经济实力及其国际垄断地位，不利于维持现存旧的国际经济关系。因此，从80年代中期以来，它们针对科威特等产油国的投资活动，陆续采取一些限制和防范措施。例如，美国政府规定了产油国对美投资的限额，联邦德国政府也决定对本国主要企业股票的出售进行监督；英国也通过了关于禁止向产油国移交公司合股权的法案等。

但是，由于西方国家正陷于资本主义世界经济危机影响下的经济萧条状态，而来自科威特等产油国的巨额投资，对加速它们的经济复苏无疑是一副刺激剂，恰正切合它们渴望摆脱困境的实际需要。因为这些投资对它们来说，实质上就是石油美元的回流，而实现这种回流可以弥补它们的国际收支逆差，有助于稳定金融货币，缓和财政困难，成为它们恢复经济活力的必要补充。这正是西方国家求之不得的事情。所以，尽管它们采取措施加以某些限制，但还是大量接受投资，特别欢迎产油国的石油美元存入它们的银行，购买它们的政府债券。在上述情形下，科威特对西方国家的投资，无疑将有助于改变现存不合理的国际经济旧秩序。

科威特对第三世界其他发展中国家的投资，特别是巨额优惠贷款，则明显地具有平等互利、友好合作的性质，对于促进南南合作、减少"南方"对"北方"的依赖，加速建立公平合理的国际经济新秩序，将发挥重要的积极作用。目前，大多数发展中国家已进入巩固政治和经济独立、大力发展民族经济的历史阶段。它们在建设自己国家的过程中，迫切需要大量资金和先进技术。但是，由于西方发达国家转嫁经济危机以及自身的国力薄弱，不少国家的经济相当拮据。来自科威特的援助贷款和直接投资，大大帮助了它们克服财政上的困难，平衡国际收支，加速经济建设。科威特对发展中国家的贷款条件比较优惠，利率较低，通常为 2%—6%，年限较长，一般为 10—30 年。这对一些资金缺乏的发展中国家是一种很大的帮助和支援。与此同时，科威特和一些工业发达国家合资经营的联合公司，近几年来加强了对发展中国家的直接投资，使发展中国家从引进科威特的资金和西方国家的技术中受益。而发展中国家用自己的原料和劳动力，与科威特的投资结合起来，体现了平等互利、团结互助、共同发展的精神，对双方都有利。例如，1981 年 3 月科威特同法国合办的一家冶金联合投资公司，专门在发展中国家从事冶金部门的投资活动。它把科威特的资金、西方的技术和投资对象国的原料、劳动力结合在一起，促进了发展中国家冶金工业的发展。

综上所述，科威特对外投资影响的主要方面是积极的，其消极的一面是次要的。当前，我们研究科威特的对外投资，对我国来说也有重要的现实意义。因为在我国进行社会主义现代化建设的过程中，亟须扩大资金来源，而开拓引进外资的渠道具有重要意义。科威特作为当今发展中国家的资本输出国，其投资潜力和发展趋势以及对外国进行投资的前景，与我国引进外资、加速"四化"建设有关。对此，我们应当予以足够的重视。

（原载《西亚非洲》1985 年第 4 期）

科威特的人口问题与社会发展

科威特的人口问题同其社会有着密切的关系。人口是"作为全部社会生产行为的基础和主体"。① 作为生产者和消费者的统一，人口对社会经济的发展起着促进或延缓的作用。对科威特来说，人口问题既关乎它的经济发展，又是影响其社会政治的重要因素。本文根据现有的科威特人口等有关资料，对其人口问题的基本特点和人口同社会发展的关系作一初步探讨。这是对科威特经济社会发展战略进行分析研究的重要方面。

一

科威特是海湾地区对世界具有影响的发展中国家。它的土地面积为 17818 平方公里，人口总数截至 1983 年约为 167 万，② 国小人少，而其石油资源极其丰富（石油储量占世界总储量的 9.5%），社会经济发展和物质生活均已达到相当高的水平。80

---

① 《马克思恩格斯全集》第 46 卷上卷，1979 年版，第 37 页。
② ［英］《科威特经济季评》1984 年第 2 期，第 2 页。

年代以来，每年的人均收入都不下于一万美元，有时甚至高达二万美元以上，[1] 居于世界前茅。因此，和其他多数发展中国家人多国穷的情况迥然不同，科威特的人口问题有它的特殊性。

科威特是世界上人口增长最迅速的国家之一。据世界银行估计，20 世纪初，科威特只有 10000 至 12000 人，[2] 人口十分稀少，人口密度平均每平方公里还不到一人。但是，1938 年发现石油以后所带来的社会经济变化大大地加速了人口的增长。到 1957 年第一次人口调查时，全国有 206473 人，比发现石油前的 1937 年的 75000 人[3]增加了 1.75 倍。1961 年科威特独立后，更加快了人口增长的速度，1981 年已增至 1464000 人。[4] 比 1961 年的 321621 人增长 3.55 倍。

表 1　　　　　1957—1980 年间科威特六次人口调查的
人口总数和平均年增长率

年份	人口总数	平均年增长率（％）
1957	206473	/
1961	321621	11.7
1965	467339	9.8
1970	738662	9.6
1975	994837	6.1
1980	1355827	7.26

资料来源：（1）1957—1975 年数字根据科威特工业银行：《科威特劳动力统计》1976 年 8 月 16 日。（2）1980 年数字引自［英］《科威特经济季评》1980 年度增刊，第 18 页。

---

① 科威特的人均收入，1980 年 22840 美元；1981 年 20900 美元；1982 年 12862 美元；1983 年 16662 美元。
② ［英］萨姆朗·阿列沙：《科威特的人力问题》，1981 年伦敦版，第 51 页。
③ 同上书，第 11 页。
④ ［英］《科威特经济季评》1983 年增刊，第 5 页。

科威特的人口迅速发展，而外籍移民在人口构成中所占的比例也日益增长，并已超过半数。这是科威特人口问题的一个突出的特点。

表2 科威特的外籍移民人数及其在总人口中所占的百分比

年份	外籍移民人数	占总人口的%
1957	92851	45.0
1961	159712	49.0
1965	247280	52.9
1970	391266	53.0
1975	522749	52.5
1980	792762	58.5

资料来源：（1）1957—1975年数字根据科威特工业银行：《科威特劳动力统计》1976年8月16日。（2）1980年数引自［英］《科威特经济季评》1980年度增刊，第18页。

科威特的外籍移民大部分来自阿拉伯各国和亚洲国家，少数来自英、美和其他国家。以1975年为例，外籍移民中巴勒坦和约旦人有204178人，占科威特总人口的20.5%；埃及人60534人，占6.1%；伊拉克人45070人，占4.5%；叙利亚人40962人，占4.1%；其他阿拉伯人有68443人，占6.9%。外籍移民中的阿拉伯人总共为419187人，占科威特总人口的42.1%。外籍移民中的非阿拉伯人以伊朗人，印度人和巴基斯坦人较多，他们分别占科威特总人口的4.1%、3.2%和2.3%。[1]

在科威特，随着石油经济急剧发展，需要大批的劳动力，而

---

[1] 科威特计划部《1976年统计概要》。

科威特本国又不能满足需要，科威特势必要对外开放就业机会的门户，许多职业岗位要由外籍人来填补。这样一来，外籍移民不仅在科威特总人口中所占的比例不断增长，而且在科威特劳动力构成中所占的比例更要高些。1975 年人口调查时，科威特的劳动力共有 298415 人，其中外籍移民为 211444 人，占劳动力总数的 70.8%。[①]

当然，科威特外籍移民的迅速增多和在科威特劳动力中所占比重如此之大，还有种种国内外政治经济和社会历史因素，主要是：

（一）阿拉伯同以色列的长期冲突导致大批阿拉伯人尤其是巴勒斯坦人和约旦人移居到科威特等海湾国家；埃及国内的高失业率造成许多人才流向这一地区；伊拉克和伊朗政治和经济的动荡也使一些人涌到科威特。由此可见，中东政治经济局势的不稳定乃是科威特外籍移民不断增加的重要原因之一。

（二）妇女参与劳动的比例极低，使本来劳动力就很缺乏的科威特不得不更多地吸收外籍移民来弥补国内劳力的不足。据统计，1965 年科威特妇女共有 107000 人，参与劳动者仅 1100 人，只占妇女人数的 1%；1970 年妇女有 171900 人，参与劳动者 2000 人，占 1.2%；1975 年妇女有 235500 人，参与劳动者 7500 人，占 3.2%。[②]

（三）科威特籍的男子参加劳动的比例也比较少，这更造成对外来劳力的依赖和外籍移民的日益增长。1965 年，科威特籍男子有 112500 人，参加劳动者 41900 人，只占男子人数的 37.2%；1970 年科籍男子 175500 人参加劳动者 63300 人，占

①　［英］《科威特经济季评》1980 年增刊，第 19 页。
②　科威特工业银行：《科威特劳动力统计》1976 年 8 月 16 日。

36.1%；1975 年科籍男子有 23600 人，参加劳动者 84300 人，占 35.1。[①]

科威特籍的男子之所以较少参加劳动，一方面是由于科威特人口的"年轻型"。在 1975 年，科威特人口的年龄构成中，15 岁以下的占总人口的半数以上，20 岁以下的占总人口的 1/3。据估计，大约 75% 的科威特人仍然处于就学阶段。另一方面，富裕的物质生活也造成一部分科威特人不屑于参加生产劳动。在科威特的历次人口调查统计表中，都有相当数量的人属于"不需要参加工作者"。

（四）科威特人较高的文盲率和文化水平偏低，使得科威特政府不得不吸引外籍的熟练工人和专业人员。科威特人劳动力中的文盲率，1965 年为 43%，1970 年为 35.1%，1975 年为 35.9%。如果加上仅仅能够简单地读写的半文盲者，1975 年的文盲和半文盲率达 59.3%；而具有小学文化程度的科威特人劳动力大约只占 14.2%，初中程度为 11.9%，大学水平以下的约 10.6%。[②] 因此，在一些须具有专门知识的职业中，科威特人所占的比例也比较低。例如，在教师中只占 28.6%，工程师中占 9.5%，医生中占 12.7%，律师中占 33.5%，会计中占 6.9%。

（五）按照科威特国籍法的规定，外籍移民很难获得科威特籍，这当然也是外籍人迅速超过科威特人的一个原因。1959 年颁布的科威特国籍法规定，科威特人基本上是从 1920 年以前就开始居住在科威特并在国籍法公布前一直居住在科威特者。这些人及其后代享有全部的政治权利，比如有权投票选举国民议会议员和市政官员，并有资格被提名或被选为政府官员。1966 年修

---

① ［英］萨姆朗·阿列沙：《科威特的人力问题》第 14 页。
② 同上书，第 27 页。

订的国籍法仍明文规定，只有从 1945 年以来一直居住在科威特的阿拉伯人和从 1930 年以来一直居住在科威特的非阿拉伯人才能得到科威特国籍。虽然，新的国籍法还规定：内政大臣有权给从 1959 年以后在科威特居住 10 年以上的阿拉伯人和居住 15 年以上的非阿拉伯人授予国籍，但是，每年被授予国籍者不得超过 15 名。[①] 这些严格的法律条文，对外来移民获取科威特国籍起着很大的制约作用。

二

　　人口问题始终是同社会经济发展密切联系的重要问题，最低限度的一定数量和质量的人口是社会发展的前提。对于拥有巨大石油财富，而人口却十分稀少的科威特来说，人口的增长具有极其重要的意义。因而，面对着奇缺的人口状态，科威特政府高度重视人力资源的开发，注意人口的发展和人口质量的提高。在科威特计划部公布的《1967/68 年至 1971/72 年第一个五年计划》中明确规定："计划的目标在于依靠增进专门性的科学技术知识，扩大教育，并通过有计划的教育和训练以及提高全民的文化和健康水平来挖掘人口的潜力和提高他们的生产效率，以开发人力资源。"由此可见，科威特当局人口政策的重点在于发展文化教育、医疗卫生和社会福利等方面。科威特的这种人口政策及其所采取的具体措施，有力地推动了社会的发展。

　　教育事业的巨大进展是科威特社会发展的一项突出的成就。1912 年，科威特全国只有一所私立的学校（仅限于男生），教师要从埃及、土耳其请来，而且只是教授神学、阿拉伯历史和数

---

① ［英］萨姆朗·阿列沙：《科威特的人力问题》第 101—108 页。

学。1921 年出现第二所私立学校。1936 年建立教育委员会，翌年才开办了第一所包括男女生的公立学校，并从巴勒斯坦聘请教师。然而在校学生和教师的人数少得可怜。1937—1938 年度，公立学校只有学生 760 人，教师 35 人。但是，到 1977—1978 年度，全国在校学生已达 253212 人，教师达 19774 人。[①] 40 年间，学生增加了 332 倍以上，教师也增加了近 564 倍。各级学校都迅速地增多，到 1978—1979 年度，全国共有幼儿园 57 所，小学校 154 所，初级中学 122 所，高级中学 64 所，总计为 397 所。[②] 几乎所有的适龄儿童都上了小学，大约 75% 的适龄少年上了中学，而在独立前的 1960 年，只有 37% 的适龄儿童能够上学。

科威特政府把高级专业人才视为最重要的社会财富。因此，它一直不断地发展高等教育事业。1966 年创办了综合性的科威特大学。今天，这所大学已发展成为拥有 605 名教师，9640 名学生的现代化高等学府。[③] 全校分设七个学院：文学院，石油工程学院，政治、经济、商业学院，法学院，理工学院，教育学院和一所研究生院。此外，科威特还有师范学院、工业学院、商业学院，神学院等等专业性的高等院校。

在发展国内高等教育的同时，科威特还经常选派青年人出国学习。据报道，1978—1979 年度在国外的留学生有 2925 人，其中在美国就学的有 1367 人，在埃及的有 1083 人，在英国的有 268 人。[④] 在国外学习的学生通常由政府的某一个部、科威特大学、科威特阿拉伯计划研究所或石油公司派出。

科威特政府还十分重视发展职业训练，1972 年特地设立了

---

① 科威特计划部 1979 年统计摘要。
② 同上。
③ 《阿拉伯世界》1982 年第 2 期，第 14 页。
④ ［英］《科威特经济季评》1981 年增刊，第 5 页。

中央职业训练理事会，负责协调和改进职业训练的规划工作。到 1974—1975 年度，全国共有 10 个职业训练机构。政府各部也都有自己的专项职业训练安排，主要是培训熟练、半熟练工人及技术人员等。

科威特教育事业的迅速发展同政府的大量教育投资是分不开的。教育经费在科威特政府历年的总开支中都占有相当的比重，最高的达到 10% 以上，最少的也不低于 5.49%。

表 3　　　　　1971/72—1983/84 年度科威特的教育经费

（单位：百万科威特第纳尔）

年　　度	政府总开支	教育经费	占总开支%
1971/72	346.9	35.1	10.12
1972/73	396.7	45.1	11.14
1973/74	536.7	52.3	9.74
1974/75	1085.2	59.6	5.49
1975/76	1032.6	103.2	9.99
1976/77	1272.0	106.4	8.36
1977/78	2160.5	133.53	6.81
1978/79	2537.2	146.60	5.78
1979/80	2250.0	165.40	7.35
1980/81	2925.0	184.05	6.29
1981/82	3007.7	221.50	7.36
1982/83	3113.46	2460.50	7.90
1983/84	3376.3	2660.57	7.88

资料来源：（1）1971/72—1976/77 年度见［英］《中东经济文摘》科威特专辑，1977 年 8 月，第 11 页。（2）1977/78—1980/81 年度见［英］《中东北非年鉴》（1981—1982），第 527 页。（3）1981/1982—1983/84 年度见［英］《科威特经济季评》1980 年度增刊，第 5 页及 1983 年度增刊，第 8 页。

充足的教育经费保证了科威特人都能享受免费教育；从幼儿园到大学，政府都免费提供书本、校服、午餐和上学用的交通工具，并发给学生零用钱。每个幼儿园孩子每月可领到 10 个第纳尔，小学生 15 个第纳尔，初中生 20 个第纳尔，高中生 30 个第纳尔，大学生 45 个第纳尔。派往国外的留学生一切费用全由国家包干，还有优厚的补贴，留美的学生每月补贴高达 800 美元。[①] 据科威特政府教育部宣布，科威特培养一个学生每年的花费在世界上是首屈一指的。

医疗卫生保健条件的极大改善是科威特社会发展的又一项突出的成就，1949 年，科威特全国只有两家医院和若干小诊所，平均每 2350 人才有一名医务人员。到独立前的 1960 年，仍平均 1210 人才有一名医生，270 人才有一名护士，但到 1980 年，平均每 590 人就有一名医生，每 18 人有一名护士。[②] 1983 年，平均每 200 名居民有一个医院床位。1984 年初，全国已有 17 个设备完善的现代化医院。根据国家计划，全国建立 5 个保健区，每个区都有一个大的总医院，即在 1980—1983 年间建立的贾赫拉医院、法瓦尼雅医院、艾顿医院、新的艾米尔医院和穆巴拉克·贾比尔医院。每家医院都有 500 个床位。最近还在苏维克的萨巴赫医疗中心建成了有 300 个床位的拉齐矫形医院和有 280 个床位的专做儿科手术、眼科手术、神经科手术和胸腔手术的西纳医院。目前正在建设军医院、传染病医院，并计划到 1985/1986 年建成一些大的医院，如梅西拉赫总医院和萨尔梅雅医院等。[③] 在一个不到 200 万人口的国家中，有这么多的医疗设施，这在世界

---

① 《阿拉伯世界》1983 年第 1 期，第 140 页。
② 世界银行：《1983 年世界发展报告》，第 195 页。
③ ［英］《中东经济文摘》科威特专辑，1984 年 5 月，第 32 页。

上恐怕是绝无仅有的。而且不论是科威特人还是外国侨民都享受免费医疗的待遇，住院期间还免费供应伙食。在国内无法治疗的科威特籍病人，经卫生部批准，可到国外就医，全部费用均由政府负担。

与教育、卫生事业阔步迈进的同时，科威特的其他社会福利事业的发展也是十分迅速的。

在住房方面，科威特政府对于本国公民的优惠照顾相当显著。从1954—1974年20年间，政府为16000个国家庭提供了廉价的住宅。1974年政府还特地设立了国民住宅局，专门负责住宅的建设和分配工作。1976—1977年至1980—1981年第二个五年计划期间，住房建筑的拨款达14亿科威特第纳尔，相当于计划总投资48.85亿科威特第纳尔的28.7%，是该计划中最大的单项拨款。到1982年初，国家住房局已经为142000人解决了住宅问题，并且计划到1986年止，要为中等收入和低收入的家庭再营造36400套房子，造价总共为8.64亿科威特第纳尔。①

表4　　　　　　　　到1986年将完成的住宅建设计划

建房地点	中等收入户的住宅		低收入户的住宅	
	别墅	公寓单元房	别墅	公寓单元房
费拉卡	/	/	70	/
西艾凯拉	/	/	2541	/
艾尔迪雅 II	/	/	2364	/
贾赫拉 II	330	/	1720	/
萨巴赫·萨利姆	1990	/	/	874
萨瓦帕	/	951	/	/

---

① ［英］《中东经济文摘》科威特专辑，1982年5月，第36页。

续表

建房地点	中等收入户的住宅		低收入户的住宅	
	别墅	公寓单元房	别墅	公寓单元房
东北萨瓦帕	/	368	/	/
东苏拉比克哈特	/	2000	/	/
芬塔斯	/	/	3480	/
菲那蒂斯和南萨巴赫·萨利姆	5632	/	14080	/
总计	7952	3319	24255	874

资料来源：科威特国民住房局，1981 年年度报告。

上列计划表明，为低收入家庭建造别墅式的住宅，是住房建设的重点。可见，科威特政府重视改善人民的居住条件。此外，科威特政府还于 1982 年 3 月 31 日颁布一项法令，宣布建立一个高级住房委员会，以便于根据人口预测全面地协调有关住房的总政策，避免过去出现的多占住房或工作漏洞。总之，科威特当局对住房问题给予高度的重视。

科威特的工资之高，津贴种类之多，在世界上可能也是独占鳌头的。科威特籍的职工，一般月薪多在 250 个科威特第纳尔以上，如月薪低于 200 个科威特第纳尔则纳入有限收入者，可得到政府的特别补贴。科威特政府对人民生活必需品实行补贴；米、面、蛋、奶等食品都以很低的价格出售给当地居民。此外，还有已婚津贴、未婚津贴、家庭主妇津贴、妻子津贴、孩子津贴等等名目繁多的补助。

综上所述，科威特人享受着世界上第一流的优厚福利待遇。这对于提高人民的文化水平和健康素质，培养本国技术人才，发展本国民族经济具有积极的意义和作用。比如现在科威特人口的

平均预期寿命已达到 70 岁的古稀之年，成年人的识字率也达到
60% 以上，人口的出生率为 3.8%，而死亡率仅为 0.4%。的确，
在科威特这个昔日的沙漠渔村，贫穷、饥饿、疾病流行的落后现
象已经随着光阴而流逝。今天，科威特人享有超富裕的高质量生
活举世皆晓。但是，过于优越的物质生活也给科威特带来了毋庸
否认的社会问题。

<h2 style="text-align:center">三</h2>

人口对生活、生产的需求，同社会物质生产、分配、消费诸
过程都有着错综复杂的联系，而物质条件是制约人口数量和质量
变化的根本因素。科威特的福利政策促进了社会的发展，然而，
过分丰厚的社会福利待遇，确实对科威特人造成了一些不良的影
响。

轻易得到的物质享受条件，使得有的科威特人不懂得"节
约"。因此，在科威特人中浪费的现象是十分惊人的，尤其是对
于电力的浪费更加严重。在科威特，人均供电能力已达到每小时
6700 千瓦，而且政府给予居民的电费补贴相当高，每千瓦小时
的发电费用大约为 30—40 费尔（等于 100—140 美分），而消费
者只要交电费 2 费尔（等于 7 美分），仅相当于生产成本的
17.5%—23.3%。以 1983—1984 年度为例，水电部的预算开支
大约有 25% 用于保证科威特人享受舒适的空调设备方面。① 然
而，有些人出国旅游，家中无人，却让耗电很大的空调机一直开
着。科威特的一位计划工作者也不得不承认："在用电方面，我
们是世界上浪费最大的，按人口平均用电仅次于美国，不过美国

---

① ［英］《中东经济文摘》科威特专辑 1984 年 5 月，第 2 页。

差不多把电都用在工业上了。"① 科威特当局曾多次呼吁，要求大家注意节约用电，但都无济于事。

许多科威特人拥有万贯家财，过着养尊处优的生活。有的人不愿意参加体力劳动，大量的苦活、脏活都由外籍移民来承担。科威特人普遍雇用外籍移民做家务劳动，并以多雇佣人为荣，这是造成科威特劳动力分布不合理的一个重要原因。据统计，1980年科威特的劳动力构成中，从事于服务工作的占去64%，而从事工业生产的才占34%，从事于农业生产的更少得可怜，只有2%。这种情况势必使得工农业生产部门人力更感短缺。一位科威特官员焦虑地问道："为什么科威特人的每个家庭都得有一班子炊事员、司机和佣人呢？这对像我们这样人口稀少的国家来说，在道德上和经济上都是坏事情。就是把所有的科威特人送到日内瓦去住旅馆，开支也没有这样大。"② 的确，正如某些科威特的有识之士所感慨的，科威特人"被福利宠坏了，特别是青年人，他们娇气十足"。③ 这种现象如果继续发展下去，同早年科威特人依靠航海运输、贸易和采珠业为生，所渐渐形成的那种能吃苦、敢冒险、有闯劲的民族性格是大相径庭的。

本来人力就不足，再加上有的科威特人不乐意从事发展工作所需要的生产劳动，这样一来，对外籍移民的需求就更迫切，对外来劳动力的依赖就更严重。科威特石油公司的人事苏莱曼·穆塔瓦曾直言不讳地说："如果有谁说单靠科威特人就能治理科威特，谁就是大傻瓜。"④ 因此，可以预料，科威特外籍移民和外籍劳动力在总人口中的比例还将进一步增长。科威特政府计划部

① ［美］《华盛顿邮报》1981年3月23日。
② 同上。
③ 同上。
④ 同上。

公布的《1983年年度统计概要》中作出这样的人口预测：科威特的总人口将从1982年的156万人增加到1985年为190万人；按1975—1980年外籍移民8.67%的平均年增长率和科威特人3.68%的年增长率来计算，预计到1985年，外籍移民将增到122.8万人，而科威特人只增到68.2万人，前者占总人口的64.29%，后者只占35.71%。[①]一位科威特的高级官员在1981年曾预言："到2000年，科威特人在全国总人口中所占的比例将由41.5%下降到25%。"[②]显然，科威特人面临着变成少数民族的威胁。

　　这个严重的社会问题，近几年来已经引起了某些头脑清醒的科威特人的忧虑，他们开始提出了关于外籍移民的归化问题。1981年恢复议会活动时，在历时一个月的竞选过程中，争论得最多、最激烈的就是这个问题。看来，在相当长的一段历史时期内，合理地解决人力问题和对外籍移民采取恰当的政策措施是科威特政府的当务之急。否则，现存的人口问题对于科威特的社会发展将会产生难以估量的不良后果。

　　（原载北京大学亚非研究所编：《亚非问题研究》第7集，

北京大学出版社1987年版）

---

① ［英］《科威特经济季评》1983年第4期，第6—7页。
② ［英］《中东经济文摘》1981年7月3日。

科威特经济发展战略研讨

　　科威特是当今一个举世闻名的产油国和正朝着金融国地位前进的国家，在世界石油供应和金融信贷活动中都起着重要的作用。它的经济发展战略的实施，在一定程度上影响着国际能源和金融货币市场的形势。科威特虽然是一个发展中国家，但按人均国民收入来说，它却是一个超富裕的国家，其经济政策措施对南南合作的发展和南北关系的改善都会产生一定的影响。

一　决定经济发展战略的若干因素

　　一个国家经济发展战略的选择和形成，通常取决于国内外种种有利和不利的特定条件，特别是要受到本身社会经济发展客观进程的制约。对于科威特经济发展战略的形成具有决定性影响的主要因素如下：

　　（一）独特的自然地理和丰富的石油资源。科威特的国土很小，只有 17818 平方公里。大部分土地为平坦的沙漠，没有河流，雨量很少，严重缺水，这对农业的发展极其不利。但科威特处于有利的地理位置：东濒海湾，从科威特市向西延伸 45 公里的科威特湾是很好的船只停泊处。这里自古以来就是东西方航行商船的会集地，并且是丝绸贸易和香料贸易的必经之路。时至今日，科威特湾仍是一个重要的转口贸易点，从而使科威特得以发展成为海湾地区的贸易中心之一。

更值得注意的是，科威特的得天独厚的石油资源条件。据美国《油气杂志》报道，截至1985年1月1日，科威特的探明石油储量为123.29亿吨（未包括中立区在内），仅次于沙特阿拉伯，居世界第二位，占世界总储量957.08亿吨的12.88%。无论是从单位面积的平均储量来看或是从储采比来看，科威特都在世界上独占鳌头。如果按1984年的4625万吨的产量来计算，它的油藏还可继续开采266年之久。丰厚的石油蕴藏成了科威特社会经济发展的物质基础，也是它发展成为产油国和金融国的先决条件。

（二）奇缺的人力资源和大量的外籍移民。科威特的人口十分稀少。1961年独立时，全国只有32.16万人。[①] 到1981年也只有146.4万人，[②] 1984年的估计数为178万人。[③] 科威特是世界上人口增长较快的国家（年增长率大约为8%），但是外籍移民在其总人口中却占有相当高的比例：1961年占49.66%，1970年占52.97%，1984年竟占了61.69%，[④] 大大地超过了科威特籍人。不仅如此，在科威特的劳动力构成中，外籍移民所占的比例更高，1980年已达到78.07%。[⑤] 人力资源是国家发展的基本

---

① 科威特工业银行：《科威特劳动力统计》1976年8月16日。

② 科威特计划部统计局：《每年统计摘要》，转见〔英〕《科威特经济季评》1983年增刊，第6页。

③ 〔英〕《科威特经济季评》1985年第1季刊，第9页。

④ 据〔英〕《科威特经济季评》1984年第2季刊第2页及1985年第1季刊第9页的有关数字算出的百分比。

⑤ 〔英〕《科威特经济季评》1983年第4季刊，第7页。

保证。科威特人口如此稀少，对外来劳力依赖程度这么严重，对其社会经济发展构成了极大的限制因素。

（三）畸形的单一经济结构。由于帝国主义长期的经济掠夺，使科威特发展成为原油供应地，出现畸形的单一经济结构。原先，在本世纪初，科威特凭借濒临海湾的有利位置，主要发展海上贸易、手工造船和采珠业。但是，随着世界上普遍采用汽轮和人工养珠的发达，科威特人赖以为生的造船、采珠业，均遭淘汰。与此同时英美石油垄断资本开始向科威特渗透。1934 年，英美石油公司合伙组成了科威特石油公司，从埃米尔手里获得了第一个石油租让特许权，1938 年，该公司在科威特南部发现了布尔甘油田。第二次世界大战期间，该公司的活动一度中止。战后，帝国主义加紧对中东石油的掠夺，科威特石油公司的采油工作迅速发展。1946 年该公司从科威特运走了第一船原油，此后科威特石油宝藏被源源不断地抽走。从 1946 年至 1961 年间，科威特的原油年产量足足增长了 107 倍以上（历年产量见表 1）。在 50 年代中至 60 年代初，科威特是在中东占第一位和在世界占第二位（少于委内瑞拉）的原油输出国。1955 年其原油出口量占世界总出口量的 21.1%，1960 年占 19.7%。[①] 石油工业也成了国家的经济命脉，1961/62 年度石油收入占政府收入的 92% 以上，石油出口值占总出口值的 97.8%，[②] 而国内其他生产部门都十分薄弱。

（四）比较稳定的政治局面和较为有利的国际政治经济环境。科威特是阿拉伯半岛上实行议会制的君主国之一，其埃米尔（最高统治者）萨巴赫家族的统治地位比较巩固。这个家族的统

① 联合国：《世界能源供应（1950—1974 年）》，1976 年。
② M. W. 霍贾和 P. G. 萨德勒：《科威特经济》，伦敦 1979 年版，第 35 页。

治从 1756 年至今已持续了 229 年之久，先后传袭 13 代埃米尔。
1977 年 12 月继位的贾比尔，在西方记者的笔下是一位精明、能
干、有远见卓识、作风民主的领导人。1981 年，他恢复中止了
六年的国民议会的活动，选出 50 名议员来共商国家大政方针。
1985 年 2 月 25 日，科威特改选了国民议会，并于 3 月 3 日组成
了新内阁。所有这一切都进一步巩固和加强了萨巴赫家族的统
治。

与此同时，在对外关系方面，科威特执行比较灵活的外交政
策。它同美国、苏联都有外交关系和经济往来，并积极发展同欧
洲、日本以及广大发展中国家的友好关系，以求得安全的国际环
境。1981 年 5 月 25 日，它同沙特阿拉伯、卡塔尔、阿曼、阿拉
伯联合酋长国、巴林等国一起建立了海湾合作委员会，致力于成
员国之间的集体防卫和区域的经济一体化。科威特《卡巴斯报》
的总编辑说："科威特的作用是遏制和设法消除地区的各种威
胁。阻挠极端主义，鼓励自由气氛，维持平衡，使我们能在和平
环境中繁荣。"① 的确，科威特长期以来，始终贯彻这种精神，
从而赢得安定，因此人们曾称赞科威特的"最好的自卫武器就
是它的外交部。"②

对科威特经济发展有利的国际经济环境主要是：世界能源消
费结构的改变为科威特石油工业的迅速发展创造了条件。60 年
代中期，世界跨入了能源消费的"石油时代"，国际市场上对石
油的需求与日俱增，加上科威特原油的开采成本低（大约为中
东平均生产成本的 1/3），并拥有艾哈迈迪大油港，从海上往外
输出原油十分方便，从而使科威特成为世界上重要的石油输出

① ［美］《读者文摘》（中文版），1981 年 4 月号。
② 同上。

国。70 年代第三世界石油斗争的胜利，使科威特的石油收入
（详见表 2）急剧增长，拥有了巨额石油资金。与此同时，国际
金融形势的激烈动荡，又为科威特金融业的崛起和对外投资的勃
兴提供了"适逢其会"的大好时机。

二 经济发展战略的目标和措施

根据上述各种条件，科威特独立后，执行着面向国际贸易，
大量出口原油、石油制品和输出盈余石油资金，以带动国内社会
经济发展的石油出口和多样化国际金融投资经营相结合的经济发
展战略。换言之，科威特经济的发展，实质上就是石油财富向其
他经济部门的物质转移，就是利用石油收入和石油盈余资金对外
投资的收入，来扩大国家经济规模，改变畸形的单一经济结构，
加速现代化和工业化的进程。但是，纵观科威特独立二十多年来
经济发展的侧重点，在不同时期是有所变化的。如果以 1973—
1974 年第一次大幅度提高油价、石油收入迅猛上升的年份作为
分水岭的话，那么在此以前，科威特基本上沿袭着历史上形成的
原始型石油出口战略，并且开始了向外输出资本的活动。而从
70 年代中期以来，科威特实施着从以石油出口为主逐渐转向大
力开展对外投资的石油和金融并重的发展战略。

科威特的社会经济发展战略目标，集中地反映在它的第一个
五年计划（1967/68—1971/72）所提出的目标中，其主要内容
是：

（1）建设能确保经济持续增长（年增长率 6.5% 以上）的
多样化经济结构，以减少对石油出口的过分依赖；

（2）保证比较公正的收入分配；

（3）培养本国技术人才，以开发人力资源；

（4）加强同其他阿拉伯国家的经济往来，争取实现地区经济一体化。

这也是其后的五年计划所遵循的目标。为了达到这些目标，科威特政府采取了下列主要措施：

（一）收回石油资源主权，实现对石油工业的全面控制，推行符合民族利益的石油经济政策。1962年，科威特就先从外国石油公司手里收回了9262平方公里的租借地，1964年科威特国家石油公司开始在这片土地钻探和开采石油。1973年初，科威特政府同英美资本的科威特石油公司达成参股协议，可在公司中获得25%的股份。但是国民议会认为参股比例太低，拒绝予以批准。不久，双方重开谈判，于1974年1月签订了新的协定，科威特政府在该石油公司中取得60%的股权，随后经过多轮的谈判斗争，终于在1975年9月达成了科威特政府100%地接管该公司的协议，并追溯到1975年3月5日生效。收回石油资源主权斗争的胜利，为科威特民族经济的发展奠定了基础。

为了制定有关石油经济的重大决策，科威特政府专门成立了一个最高石油委员会。由首相亲自担任主席，成员包括石油大臣、财政大臣、外交大臣、工商业大臣和内阁事务大臣。科威特政府主要的石油经济政策有：（1）保护地下石油资源，有节制地进行石油开采。在60年代和70年代初，科威特的石油生产保持着直线上升的势头。1972年原油产量和出口量都达到历史上最高水平。这一年的石油输出量为1.47亿吨，占世界总输出量的10.7%。[①] 此后，鉴于石油是一种不可再生的递耗资源，科威特政府决定采取保护石油资源的政策，根据国内生产建设的需要和国际市场的形势，控制和调节原油产量。比如，考虑到国际上

---

① 联合国：《世界能源供应（1950—1974年）》，1976年。

石油消费需求的减少，科威特政府明确规定，从 1981 年 4 月起，原油的最高日产量不得超过 125 万桶。后来根据石油输出国组织减产保价的决议，1983 年 3 月科威特又将原油日产限额定为 105 万桶，1984 年 10 月减至 90 万桶。（2）不断扩大石油加工和运输的能力，以实现石油产品的增值。到 70 多年代中期，科威特国内已有艾哈迈迪、舒艾巴、阿卜杜拉三座现代化的炼油厂，年加工能力达 2970 万吨，炼油制品的输出量相当于原油输出量的 18.7%。[1] 70 年代末，这三座炼油厂能提炼本国原油的 37%。目前，它们的生产设备正在进一步扩充，计划到 1986 年日加工能力将达 66.4 万桶，大约可提炼本国原油的 70%。[2] 在石油运输方面，早在 1957 年就建立了科威特油船公司（政府占股 49%，私人股份 51%），到 1976 年该公司油轮的运载能力达 210 万吨。[3] 1979 年政府购买了该公司中的私人股份后，制定了扩充规划，公司的资本从 2590 万第纳尔增至二亿第纳尔。[4] 1984 年初，这家公司拥有 23 艘具有最新技术设备的油轮，能运载本国出口原油和石油制品总量的 48%。[5] 为求达到运输本国出口量的 65%，该公司于 1985 年初又定购了六艘大型的运载石油制品轮船，[6] 以适应国内面向出口的炼油厂生产增长的需要。（3）采取灵活的销售办法，开辟石油销路，以求从原油和石油制品的出售中获取最大收益。科威特政府在接管外资石油公司的同时，与外国公司签订了供油合同，以保证原油销路。根据合同规定，从

---

① 前引书，《特威特经济》，第 143 页。
② ［英］《科威特经济季评》1984 年增刊，第 10 页。
③ 前引书，《科威特经济》，第 154 页。
④ ［英］《科威特经济季评》1983 年增刊，第 16 页。
⑤ ［英］《中东通讯·海湾国家》1984 年 1 月 30 日，第 10 页。
⑥ 同上。

1975 年至 1980 年，科威特平均每天卖给英国石油公司 45 万桶原油，卖给海湾石油公司 50 万桶，卖给壳牌公司 31 万桶。1980 年科威特又同这几家公司签订了新的供油合同，改变了过去主要依靠合同来出售原油的做法，总共每天只卖给它们 22.5 万桶，并规定这些公司不得在国际市场上同科威特的直接石油销售相竞争。[①] 同时，科威特注意在东方开辟市场，日本、中国的台湾省、韩国、巴基斯坦、马来西亚、新加坡等都成了科威特原油和石油制品的重要主顾。科威特还注意把对外投资同开拓石油销路结合起来，自 1983 年以来，它所购买的海湾石油公司欧洲销售网和炼油厂，就成为销售本国石油的重要网点。而且，在其石油出口中，石油制品所占的比重也在不断提高。1983 年，科威特原油出口大约二亿桶，炼油产品的出口约达 1.5 亿桶，相当于前者的 75%。[②] 石油下游经营的发展，增加了本国工业制成品的输出量，增加了石油收入，并为民族经济的发展提供了必要的技术力量和管理经验。

（二）优先发展社会经济基础设施，创办工业区，发展以新兴石油化学工业为主的面向出口的现代化工业。科威特是一个沙漠国家，严重缺水，因而在政府的发展计划中，解决供水问题被摆到最优先的地位。早在 1953 年它就开始着手建设海水淡化厂。先后在苏威克、北舒艾巴和南舒艾巴建成了三座现代化的淡化厂。1966 年淡化水年产量达 100 亿升（22 亿加仑）。此后，淡化厂的生产设备不断扩充，到 1978 年达到日产淡化水 4.64 亿升（1.02 亿加仑），是当时世界淡化能力最高的国家。此外，还在北部的劳扎塔因和西部的萨凯雅开发地下水源，两地每天共可汲

---

① 新华社科威特 1980 年 5 月 19 日讯。

② ［英］《科威特经济季评》1984 年增刊，第 10 页。

水 3637 万升（800 万加仑）。① 因此，科威特基本上解决了国内的生产和生活用水问题。同时，科威特还利用淡化水装置来发电，随着淡化设施的扩充，发电能力也相应地提高：1962 年为 160 兆瓦，1978 年增加到 2618 兆瓦，② 1983 年为 3586 兆瓦。③ 电力供应十分充足，人均耗电量居世界首位。

为适应 70 年代中期以来，国家在资本货物和其他方面进口的巨大增长，科威特大力扩建交通运输网。原有的舒艾巴和苏威克两个商港获得了很大的扩展，尤其是苏威克港由于转口贸易的需要，已建成 198 米的散货码头，60 个深 42 米的泊位，能容纳 22 万吨巨轮的船坞，面积为 8800 立方米的冷藏仓库和 25500 平方米的畜圈等等。④ 现正计划投资二亿美元，对该港口进一步加以扩建。科威特有良好的公路网。1975 年公路全长 2100 公里，1980 年增至 2730 公里。⑤ 全国商业中心、居民区都有现代化公路连接，并同通往沙特阿拉伯、伊拉克的国际公路相连。目前，还有一项耗资 30 亿美元的高速公路建筑工程正在施工中，还打算在科威特市建设一个能容纳 5500 辆汽车的巨型停车场。⑥ 科威特拥有现代化的国际机场，航线可通世界上 39 个城市。近年来，国家航空公司还购进不少大型客机，不断扩大空中运载能力。科威特的通信设施也不错，1981 年 1 月使用中的电话达 214763 台。目前，国际电讯网和国内电话系统都在扩建中，自动电话线将从 4000 线增加到 25000 线。⑦ 这些海、陆、空运输和

---

① ［英］《科威特经济季评》1984 年增刊，第 29 页。
② 同上书，第 10 页。
③ ［英］《中东经济文摘》科威特专辑 1984 年 5 月。
④ 同上书，1977 年 8 月。
⑤ 见科威特政府 1961 年 5 月 12 日向国民议会提出的施政纲要。
⑥ ［英］《科威特经济季评》1984 年增刊，第 13 页。
⑦ 同上。

通信网为社会经济的发展提供了必要的保证。

科威特实现工业化的一个重要决策是创办工业区。这是在独立当年即作出的决定，并于次年选定舒艾巴为地址。1964 年建立工业区管理局，直接向为工业区提供建设资金的财政部和石油部负责。舒艾巴工业区面积为 6.4 平方公里。[①] 工业区内的水电供应价格优惠：每千加仑（220 升）淡水只收 260 费尔（相当于35 美分），每千瓦电只收 1 费尔（少于 0.5 美分），地皮租金每年每平方米只收 50 费尔（约 17 美分）。[②] 在政府的支持和鼓励下，舒艾巴工业区成为新兴石油化学工业的主要基地，在这里兴建了第一个石油化工企业——综合化学肥料公司，1966 年，该公司开始投产的工厂有年产 13.2 万吨的硫酸厂，年产 16.5 万吨的硫酸铵厂，年产 13.2 万吨的氨厂。1967 年又有一座年产 18.2万吨的尿素厂投产。其后，考虑到国际市场的需求，继续扩建尿素和氨的生产线。到 70 年代末，每年能生产 71.2 万吨氨和 64.4万吨尿素。[③] 目前正在建设一座耗资 13 亿美元的大型烯烃和芳香剂工厂，计划在 1986 年年中投产。[④] 此外，在舒艾巴工业区还兴办了水泥厂、砖厂、预制构件厂、金属管厂和食品加工厂等等。

除了舒艾巴工业区外，在苏威克、艾哈迈迪和阿卜杜拉等地也建立了许多工厂。1978 年在苏威克开办了大型的石油化工综合厂，年产氨 7009 吨、苛性钠 8009 吨、盐 18972 吨、盐酸1567506.26 升（344，810 加仑）、次氯酸钠 10000 立方米和大量

---

　① 萨伊格·优素福：《1945 年以来阿拉伯世界的经济发展》，伦敦 1978 年版，第 102 页。

　② 前引书《科威特经济》，第 138 页。

　③ ［英］《科威特经济季评》1980 年增刊，第 34 页。

　④ ［英］《科威特经济季评》1982 年增刊，第 14 页。

的氢气。① 1979 年在艾哈迈迪建起了液化石油气厂，采集和加工过去白白烧掉的石油伴生气。

科威特以石油和天然气作为原材料和燃料，大力发展石油化学工业和其他制造业部门，在国内形成了一定的工业基础。而且，随着基础设施和制造业的发展，建筑业也成了十分重要的经济部门。这一切都大大地加速了民族经济的发展，有助于改变单一的畸形经济结构（参看表5）。

（三）参与国际金融活动，有控制地吸收外国资本，大力开展对外贸易和对外投资经营，使科威特发展成为海湾的贸易和金融中心之一。科威特地少人稀，国内市场狭窄，所产原油、石油制品、石油化工产品和工业制成品，大部分必需向外输出，而国内所需的机器设备和食品大多数要依靠进口。加上科威特有良好的港湾和港口设施，也便于发展进出口和转口贸易。因此，科威特政府采取鼓励性的自由贸易政策，进口商品几乎没有限制。除个别商品关税较高外，大部分商品的进口税都很低，一般约为4%，使科威特的对外贸易迅速增长。1970—1980 年间，出口年均增长率为 25.7%，进口年均增长率为 30.3%。② 长期以来，科威特是一个贸易出超国。1982 年它的出口商品额为 165.61 亿美元（其中转口贸易额占 1/10），进口商品额为 80.42 亿美元，对外贸易总额高达 246.03 亿美元，贸易顺差为 85.19 亿美元，而同年的国内生产总值只有 200.6 亿美元。③ 二者相比，可见对外贸易在科威特国民经济中占有相当重要的地位。

科威特本国资金十分充足，长期以来国家储备超过国内投资，政府收入多于开支，国际收支又总有盈余。但是，科威特政府对外国资本并不是一概拒之门外，而是采取有控制地吸收外资的政策。政府规定，在有外国人投资的企业中，科威特人必须占51％的控股权。但对某些行业，如有利于打入中东市场的药品公司中，外资则可占85％的股份。对于与外国人合营并且是政府鼓励发展的新兴工业投资，科威特工业银行可提供年息5％的长期贷款；政府还提供廉价的水电和厂房用地；免税期长达10年；在投资的头五年可享受关税保护，由政府限制竞争商品的进口，并以高于进口品10％的价格优先购买在科威特国内生产而质量又过得硬的产品。外资参与承包的项目，所获利润在5250第纳尔以下者不必缴税，利润超过37.5万第纳尔的需按55％的比例缴纳税收。[①] 这些措施对于鼓励外国资本参与新兴工业部门的建设，引进它们的先进技术设备和管理知识是有利的。

科威特所拥有的石油资金，除用于加速国内社会经济发展外，还有大量的盈余。为了使盈余石油资金不至于闲置而失去经济效益，并且使国家经济来源多样化，以及在石油收入受到国际因素影响而减少或中断和在石油枯竭以后能够保证国家的生存和发展，科威特又大力地发展国际金融和投资经营，尤其是70年代中期以来更加紧推行金融立国的战略决策。其主要做法如下：

（1）国家设储备金，并以储备金名义将资本投放国际市场，从而使政府在对外投资中占主导地位。除原有的国家总储备金外，科威特政府于1976年12月创立了"后代人储备金"，最初资本为8.5亿第纳尔（29.31亿美元），以后每年从国家预算开支中拨出10％来增加储备。宪法还明文规定，为保证后代人的资金需要，25年内应确保对该储备金的追加。截至1983年6月

---

① ［英］《金融时报》1984年2月22日。

底，该储备金的累计总额已达 93.79 亿第纳尔（329.29 亿美元），① 加上国家总储备金，二者总共为 218 亿第纳尔（744 亿美元）。② 这些储备金大部分由中央银行投放到国外。

（2）大力发展银行和投资公司，从金融信贷方面促进对外的间接和直接投资。科威特政府采取了一些较为灵活的财政管理措施，以支持和鼓励金融机构的发展。例如，1976 年 11 月政府取消了国内贷款利率不得超过 7% 的最高限额。1977 年 2 月，中央银行宣布实行四级利率制：一年以上的长期贷款利率为 10%；一年内的短期有保证贷款利率为 7%；银行存款最低利率为 4.5%。③ 同时，中央银行还多次用发行政府证券的办法来帮助商业银行，并为它们提供证券再贴现的方便。这样一来，商业银行的营业额和实力大大增加。现在，科威特已初步形成了一个由中央银行、三家专门银行、七家商业银行以及它们在国内外建立的各类合营银行、分行或代办处组成的银行网，活跃在国内外金融信贷市场上，在对外投资中发挥着显著的作用。此外，科威特还有国营、官商合营和私营等不同类型的 27 家投资公司（大都兼营银行业务）。其中，以政府占股 50% 的科威特投资公司、政府占股 80% 的科威特对外贸易承包和投资公司以及私营的科威特国际投资公司的财力最为雄厚，在国际上享有盛名，通常称之为"三 Ks"。它们在对外投资中十分活跃。

（3）开放证券市场，取消外汇管制，并利用第纳尔证券的自由交易，作为扩大对外投资的一个重要手段。科威特有一个官方的第纳尔证券市场和一个非官方的马纳赫自由市场。前者在

① ［英］《中东经济文摘》1984 年 5 月 14 日。
② ［塞浦路斯］《中东经济概览》1984 年 6 月 6 日。
③ ［英］《中东经济文摘》科威特专辑 1997 年 8 月。

60 年代初即已开始营业，政府通过科威特工业银行在市场上发行公债券、中长期债券和存款单等。70 年代中期以后，该市场的交易额迅速上升，到 80 年代初，这个市场的规模已居世界的第八位。1982 年至 1983 年间，受马纳赫市场危机的影响，这里的证券买卖有所减少，但 1984 年初以来又同许多外国公司有了交易。马纳赫市场在 1975 年才开始出现，曾一度成为海湾的一个重要的股票交易场所。1982 年 6—8 月间，这里的股份交易数量竟高达 20 亿股以上。但后来由于发生支付危机而于 1983 年关闭。

（4）设立援外金融组织，积极向第三世界其他发展中国家提供优惠贷款，从而增辟了一条对外投资的重要渠道，1961 年 12 月，科威特建立了中东国家第一个援外组织——科威特阿拉伯经济发展基金会（简称科威特基金会）。起初，它只为阿拉伯国家的经济发展项目提供贷款。但 70 年代以后，它对非阿拉伯的发展中国家也提供贷款援助。截至 1983 年 6 月底，科威特基金会承诺的援款总额已达 11.575 亿第纳尔（近 40 亿美元）。[①]其中，大约一半供给阿拉伯国家，1/3 供给亚洲国家，18% 供给非洲国家，其他国家占 1%。在所有的阿拉伯产油国援外组织中，科威特基金会的资本和承诺援款都属首屈一指。科威特还于 1962 年设立了援助南部阿拉伯海湾国家总局，为巴林、阿曼、南北也门等国的教育卫生事业提供贷款。此外，还积极参与各种国际性的多边援助机构，为发展中国家的团结合作，实现共同发展的战略目标作出了贡献。

（5）将投资地区流向从以欧美为主逐渐转向东方，大力加强在东南亚和东亚的投资活动；投资的方式从银行存款、购买债

---

① ［英］《科威特经济季评》1984 年增刊，第 15 页。

券等间接投资为主转向直接投资于生产部门或购买房地产；投资的领域日益扩大，现已遍及制造业、采矿业、农业、商业、旅游业、金融业等许多经济部门，特别是 80 年代以来在国际石油工业方面的投资更为举世瞩目。1981 年底，科威特石油总公司以 25 亿美元的巨款买下了美国的圣·塔菲国际石油公司，获得了世界上最先进的石油技术的转让，并利用其雄厚的技术力量和丰富的经营经验，在世界各地特别是发展中国家广泛从事石油勘探活动。到 1984 年底，科威特已在 14 个国家获得石油租让权。[①]此外，从 1983 年以来，它先后购买了海湾石油公司设在欧洲的 2800 个加油站和三座炼油厂等。[②] 因此，科威特在国际石油勘探、提炼、销售等上下游经营中都拥有了巨大的权益，在世界石油工业中开始取得了重要的地位。

（四）大力发展国家资本，保证国营经济的主导地位，同时也鼓励私营经济和官商合营经济的发展，发挥各种经济成分的积极作用，促进国民经济的迅速增长。科威特的国家资本是民族独立的产物，也是维护民族石油权益斗争的结果。在谋求全面控制自己的石油经济命脉的斗争中，政府通过接管外国公司，并将石油及其有关企业收归国有的办法来发展国家资本。而且通过对那些投资周期长、风险大、耗资多，私人资本不愿经营的社会经济基础设施（水、电、交通运输等部门）以及对经济发展有重大影响的新兴石油化学工业和其他非石油部门（如金融业）进行投资，兴办国营企业，从而增强了国家资本的实力。国营经济在 1970—1971 年度的国内生产总值中占 70%，而到 1974—1975 年度上升到 87%。政府作为巨大的投资者和资本的所有者直接干

---

① ［塞浦路斯］《中东经济概览》1984 年 12 月 10 日。
② ［英］《科威特经济季评》1984 年增刊，第 11 页。

预社会生产，掌握国家经济命脉；国家资本的力量比较雄厚，有利于在竞争激烈的国际市场上同国际垄断资本相抗衡。如科威特石油总公司在国外的经营活动就是明显的例证。在国内，由于国家投资发展基础设施和创办新兴工业等都增加了社会总需求和扩大了市场，从而刺激了私人资本的扩大再生产。科威特人具有悠久的贸易传统，擅长做生意，为了发挥民族私人资本的作用，科威特政府鼓励私人资本从事对外贸易、金融服务和制造业等以弥补国营企业的不足。到1977年，全国共有私营企业21695家。[①]同时，为了减少私人资本对承担风险的顾虑，政府还重视发展官商合营企业，以加速工业化的进程。政府主要通过科威特工业公司（1961年建立，政府参股51%）同私人资本建立各种合营企业，如科威特金属管公司、科威特面粉公司、科威特联合渔业公司等等。到1977年6月底，全国共有26家官商合营企业，政府参股从6%至80%不等。

（五）积极发展教育卫生事业，提高人民的科学文化知识和健康水平，改善人口素质，以达到开发人力资源的目标。在科威特政府每年预算开支中，教育经费占有相当大的比重。1971—1983年间，最多时高达11%以上，最少的年份也不低于5.49%。充裕的教育投资保证了科威特人都能享受免费教育，从幼儿园到大学，都由政府提供书本、校服、午餐和上学的交通工具。并且还发给学生零用钱：幼儿园小孩每人每月10第纳尔，小学生15第纳尔，初中生20第纳尔，高中生30第纳尔，大学生45第纳尔。出国留学生一切费用全由国家担负，还有优厚的补贴，留美学生的补贴每月高达800美元。[②]

---

① 前引书《科威特经济》第146页。
② 《阿拉伯世界》1983年第1期，第140页。

无论是基础教育还是高等教育，职业教育还是成年人的扫盲教育，科威特政府部十分重视，大力发展。到 70 年代末，全国共有幼儿园 57 所，小学 154 所，初级中学 122 所，高级中学 64 所，在校学生达 25 万人以上。[①] 1966 年政府创办的科威特大学，现有七个学院近万名学生。此外，还有师范学院、工业学院等 19 所高等院校和专门教育机构。科威特积极地派遣青年出国留学，1978—1979 年度在外国学习的共有 2925 人。与此同时，还通过职业训练来培养专门技术人员和熟练工人。1972 年设立了中央职业训练委员会，负责协调和改进这方面的训练规划。扫盲工作也得到应有的重视，1980 年全国共有 134 个扫盲中心，4000 名学员；从小学文化程度提高到初中文化程度的成年人有 7000 人。[②]

改善医疗卫生条件，是科威特开发人力资源的又一项重要措施。在中东地区，科威特最早实行免费保健服务。1963 年其人均保健费为 28.8 第纳尔（82 美元），1976 年增至 45 第纳尔（155 美元）。1960 年平均每 1210 人才有一名医生和每 270 人才有一名护士。但 1980 年已发展到每 590 人就有一名医生和每 180 人有一名护士。1983 年平均每 200 人就有一张病床，国内不能治疗的病人出国就医，一切费用均由国家负担。

三 对科威特经济发展战略的初步评估

考察一个国家经济发展战略的成败，要看其是否符合国情，能否扬长避短，发挥优势，而且是否在经济增长和社会发展方面

---

① 科威特政府计划部：《1979 年统计（摘要）》。
② 科威特政府 1981 年 5 月 12 日向国民议会提出的施政纲领。

都取得一定的成就。从这个角度出发来评价科威特的经济发展战略，应该认为它基本上是成功的。因为：

(1) 科威特政府看到单纯靠石油生产这种单一畸形经济结构的脆弱性和危险性，明确地提出要实现国家工业化，发展多样化经济，减少对石油的过分依赖。独立后，科威特即着手发展民族经济，大搞基本建设，兴建工业区，并先后制定了1967/68—1971/72年度、1976/77—1980/81年度和1981/82—1985/86年度的三个五年发展计划，第一个计划投资9.12亿第纳尔（25亿美元），第二个计划投资44.4亿第纳尔（150亿美元），着重发展国内的工业，并充分地利用本国的石油资源，把它变成国内经济发展的动力，大力发展石油工业的下游业务和石油化学工业。当70年代中期石油资金滚滚而来的时候，科威特又不失时机地调整发展战略，大力开展对外投资，发挥盈余石油资金的效能，既避开了国内人力短缺和市场狭小的限制因素，又开辟了国家的新财源，从而保证了国民经济的持续上升，即使在国际市场上石油价格暴跌的情况下，科威特仍然能维持一定的经济发展速度。

1962/63—1972/73年度，科威特的国内生产总值年均增长率为14.2%，国民生产总值平均每年提高了17.7%。[①] 而在70年代中期，这些经济指标又有更大的增长。1973/74—1979/80年度，年均国内生产总值增长率为22.11%，年均国民生产总值增长率为33.94%（详见表3）。进入80年代以后，尽管科威特实行大幅度的石油减产和国际市场上油价猛降，科威特仍能保证较高的收入和保持经济的繁荣发展。据科威特计划部中央统计局公布的资料，科威特的国内生产总值1980年为74.51亿第纳尔（约为260亿美元），1981年为67.72亿第纳尔（237亿美元），

①　前引书《1945年以来阿拉伯世界的经济发展》，第90页。

1982 年为 57.27 亿第纳尔（200 亿美元）。①

　　投资收入的不断上升是保证科威特政府有足够收入的一个重要原因。进入 80 年代后，投资收入已成为科威特仅次于石油收入的另一主要财源。1981 年政府石油收入 44.46 亿第纳尔，投资收入为 23.43 亿第纳尔，相当于石油收入的 52.27%。1982 年石油收入 30.72 亿第纳尔，投资收入为 19.08 亿第纳尔，相当于石油收入的 61.19%，② 而在 1982/83 年度，对外投资的收入为 16.57 亿第纳尔，占这一年国家总收入的 39%。③

　　上述情况表明，科威特政府在全面控制石油经济命脉的基础上，从以石油出口为主逐步转向石油和金融并重的发展战略，开展对外金融投资活动，是很有远见的决策。

　　（2）除了经济增长速度外，人民生活质量的提高和社会的进步也应是评价一国发展战略成功的重要标志。昔日，科威特是贫穷的沙漠渔村。今天的科威特却是世界上第一流的福利国家。人民的生活质量有了极大提高，普遍享受着免费教育和免费医疗保健，免交所得税，高工资，高津贴，低房租等优惠待遇。

　　高水平的人均收入是科威特实施世界独一无二的超级福利措施的根本前提。据统计，科威特的人均收入 1975 年为 12500 美元，居世界第一，1980 年为 22840 美元，1981 年为 20900 美元，1982 年为 12408 美元，1983 年为 16662 美元，均列世界第三位。而且科威特政府比较注意财富分配问题，它实行高价收购和低价出售土地的政策，就是注意把财富比较合理地转移给一般平民的一种具体做法。同时，政府还注意对低收入者给予补贴。科威特

---

① ［英］《科威特经济季评》1984 年增刊，第 6 页。

② 国际货币基金组织 1983 年 8 月 8 日公布的数字。

③ 科威特中央银行公布的数字，见《科威特经济季评》1984 年增刊，第 14 页。

人的月薪大都在 200 第纳尔以上，少于此数的被划为有限收入者，政府给予特别补贴（住房补贴、结婚补贴、节日补贴等等）。据报道，每个科威特人一生可得到的各种补助和津贴，按 1980 年的市价计算，高达 50 万美元。[①]

生活质量的提高加上大量外籍移民的流入保证了科威特人口的迅速增长。1960—1970 年人口增长率为 9.9%。1970—1982 年为 6.3%。1982 年的人口出生率为 5.7%，而死亡率仅为 0.3%，生活质量的提高也改善了人口的素质。到 1980 年科威特成年人的识字率达到 60% 以上。国家为青少年兴建了许多教育和娱乐中心以及体育俱乐部等以开发他们的智力和增强他们的体质。

（3）科威特的经济发展战略的实施，尤其是开展多样化的国际金融投资活动，使得它在国际金融领域中获得令人刮目相看的地位。一个美国记者这样写道：科威特"是世界上令人畏惧的一股金融力量，它的海外投资可在证券市场上兴风作浪，国际重要债券要是得不到科威特的支持，也无法顺利发行"。的确，科威特这个海湾的石油豪富在国际金融货币交往中发挥着十分重要的作用。它为许多国际援助机构提供了捐款，为许多发展中国家提供了贷款。科威特的对外援助在其国民生产总值中占有相当高的比例。1975—1980 年间，外援平均每年占国民生产总值的 6.326%。[②] 科威特在国际金融领域中的地位和它对南南合作事业的贡献，都有力地表明了科威特的经济发展战略所获得的成就。

但是，我们也应看到，科威特的发展战略还存在一些弊端。

---

① ［美］《亚特兰大日报》，1980 年 2 月 10 日。
② 据经济合作与发展组织 1981 年 6 月公布的数字计算的比例。

第一，科威特实行"外向型"的发展战略，活跃在国际石油和金融市场上，不可避免地更深卷入日益国际化的资本主义世界经济体系当中去。因而科威特的经济情况势必受到资本主义世界经济形势和国际市场机制的严重影响。资本主义世界的经济衰退、通货膨胀、美元贬值、油价暴跌等等无不对科威特造成或多或少的经济损失。例如，由于石油降价和石油输出国组织统一限产保价，科威特政府的石油收入锐减，不得不采取缩小开支、减慢一些工程项目和实行赤字预算（1982—1983 年度预算赤字2.851 亿第纳尔，1983—1984 年度 6.37 亿第纳尔，1984/85 年度8 亿第纳尔）等措施来平衡财政收支。虽然，科威特的预算赤字很快就弥补上了，但这些情况毕竟说明科威特经济存在着很大程度的对外依附性。而且，科威特几乎全部工业设备和大部分生活必需品，尤其是粮食和副食品（蔬菜只能自给 16%，家禽自给23%，奶类自给 50%）都要依靠进口。

第二，科威特"外向型"的经济，不仅要受到世界经济形势的影响，而且还要受到国际特别是中东政治局势的牵连。比如，由于两伊战争的持续进行，科威特商人为安全着想，把大量资本转移到欧美和亚洲进行投资，从而导致非官方的马纳赫市场于 1982 年 7 月爆发了一场严重的到期证券无法兑现的支付危机，使科威特社会经济生活一度出现混乱。

第三，随着对外投资事业的发展，在科威特国内逐渐形成一个靠剪息票为生的食利阶层。他们拥有万贯家财，过着养尊处优的生活，有的人逐渐养成游手好闲的习气。同时，过分优裕的社会福利待遇也产生了一些副作用。科威特的某些有识之士感慨地说：科威特人"被福利宠坏了，特别是青年人，他们娇气十足"。① 科威特人

---

① 《华盛顿邮报》1981 年 3 月 13 日。

不愿意参加体力劳动，大量的苦活、脏活要由外国移民承担。科威特人还普遍雇用外籍工人担当家务劳动。一位科威特官员焦虑地问道："为什么科威特人的每一个家庭都得有一班子炊事员、司机和佣人呢？这对像我们这样人口稀少的国家来说，在道德上和经济上都是坏事情。就是把所有的科威特人送去日内瓦住旅馆，开支也没有这样大。"① 的确，科威特对外籍劳力的严重依赖已成为一个不可忽视的社会问题。科威特一位高级官员曾忧心忡忡地预言："到2000年，科威特人在全国总人口中所占的比例将由41.5%下降到25%。"② 科威特人面临着在国内变成少数民族的威胁，这不能不引起某些头脑清醒的科威特人的担忧。他们开始提出了关于外籍移民的归化问题。显然，合理地解决人力问题和对外籍移民采取恰当的政策措施，对科威特的进一步发展具有十分重要的意义。

表1　　　　　　　**科威特历年的石油产量**　　　　　（单位：百万桶）

年　份	产　量	变化百分比	年　份	产　量	变化百分比
1946	5.9	/	1965	861.5	2.3
1947	16.2	174.0	1966	907.2	5.3
1948	46.5	187.0	1967	912.4	0.0
1949	89.9	98.0	1968	956.6	4.8
1950	125.7	39.0	1969	1011.7	5.8
1951	204.9	63.0	1970	1000.6	7.8
1952	273.4	33.0	1971	1116.4	2.4
1953	314.6	15.0	1972	1201.6	7.6

① 《华盛顿邮报》1981年3月13日。
② ［英］《中东经济文摘》1981年7月3日。

续表

年　份	产　量	变化百分比	年　份	产　量	变化百分比
1954	340. 7	11. 0	1973	1102. 5	- 0. 8
1955	402. 7	15. 0	1974	929. 3	- 15. 7
1956	405. 5	0. 6	1975	760. 7	- 18. 2
1957	421. 8	4. 7	1976	785. 2	3. 2
1958	522. 4	23. 0	1977	718. 0	- 3. 5
1959	525. 9	0. 6	1978	777. 5	8. 3
1960	619. 1	17. 7	1979	912. 5	17. 4
1961	633. 3	2. 2	1980	642. 7	- 28. 8
1962	714. 6	12. 8	1981	408. 8	- 37. 0
1963	765. 2	7. 0	1982	302. 9	- 25. 9
1964	842. 2	10. 0	1983	392. 0	29. 4

资料来源：1946—1977 年据科威特每年统计摘要；1978—1983 年据科威特石油部公布的平均日产量换算得出。

表 2　　　　　　科威特历年的石油收入　　　　（单位：百万美元）

年　份	金　额	变化百分比	年　份	金　额	变化百分比
1946	0. 76	／	1965	597. 50	2. 4
1947	2. 07	172. 8	1966	598. 30	5. 4
1948	5. 95	187. 4	1967	648. 80	8. 4
1949	11. 52	98. 6	1968	736. 70	13. 6
1950	16. 09	39. 6	1969	690. 20	- 6. 3
1951	18. 00	11. 8	1970	784. 00	13. 6
1952	57. 00	216. 6	1971	964. 00	22. 8
1953	169. 00	195. 6	1972	1650. 00	71. 3
1954	194. 00	14. 0	1973	1795. 20	8. 8
1955	281. 70	45. 0	1974	7094. 90	295. 2

续表

年　份	金　额	变化百分比	年　份	金　额	变化百分比
1956	293.70	4.2	1975	8641.20	21.8
1957	308.00	4.8	1976	9802.80	13.4
1958	356.00	15.5	1977	8963.10	-8.0
1959	419.40	17.8	1978	9604.23	6.6
1960	445.80	6.3	1979	17076.08	43.7
1961	467.40	4.8	1980	19000.34	10.1
1962	484.40	3.6	1981	15168.88	-25.2
1963	513.80	5.7	1982	10481.06	-44.7
1964	554.40	7.9	1983	9500.00	-9.4

资料来源：1946—1977 年转引自《科威特经济》，第 26 页；1978—1982 年引自
《中东经济文摘》，1983 年 6 月 26 日。其款项原为第纳尔，这里是按
该资料提供的 1 美元 = 0.2931 第纳尔的汇率换算得来的；1983 年数
字见《中东经济概览》，1984 年 3 月 5 日。

表 3　　　　　科威特的国内生产总值和国民生产总值（单位：亿第纳尔）

年　度	国内生产总值	增长率（%）	国民生产总值	增长率（%）
1970/71	10.34		9.69	
1971/72	14.17	30.7	11.51	26.6
1972/73	15.18	11.6	12.74	10.7
1973/74	21.12	33.6	18.59	45.9
1974/75	34.847	64.9	31.69	70.5
1975/76	38.393	10.2	33.03	10.5
1976/77	40.497	5.5	43.77	24.9
1977/78	42.647	5.3	40.98	11.2
1978/79	67.431	24.8	76.63	13.3
1979/80	74.511	10.5	90.63	16.3

资料来源：科威特计划部中央统计局及中央银行。

表4　　　　　1977—1981 年科威特国外资产和投资收入 （单位：亿美元）

	1977 年	1978 年	1979 年	1980 年	1981 年
累计国外资产	210	270	400	650	760
投资收入	21	27	48	65	76

资料来源：西方国际公司估计。

表5　　　　1980—1983 年科威特国内生产总值的构成 （百分比）

部门	1980 年	1981 年	1982 年	1983 年
石油	70	63	48	50
制造业	6	7	7	6
商业	5	7	9	8
建筑业	3	3	5	6
金融机构	2	3	5	5
交通运输业	2	2	3	3
其他	12	15	23	23

资料来源：《科威特经济季评》各有关季刊。

（原载张俊彦主编《中东国家经济发展战略研究》，

北京大学出版社 1987 年版）

伊朗经济开放政策研讨

伊朗是世界上著名的石油和天然气大国,在国际能源供应和经济贸易领域占有重要地位,其对外经济政策受到国际上关注,颇具影响。1979 年初流亡国外的宗教领袖霍梅尼回国掌权并于 4 月 1 日宣布成立伊斯兰共和国以后,伊朗国家的基本指导思想是政教合一,神权高于一切,在对外关系方面宣称"不要东方,不要西方",强调伊朗独立于国际社会之外,而将其作为国民经济支柱的石油业由外向型转为内向型,大大缩减生产和输出。原油日均产量从 1978 年的 524.2 万桶降至 1979 年的 316.8 万桶,[①] 石油日均出口量由 1978 年的 457.5 万桶降至 1979 年的 264.2 万桶。[②] 1980 年两伊战争爆发后,伊朗对外经济往来进一步削弱。1981 年石油日均出口量减少到 70 年代以来的最低水平,只有 85.5 万桶。[③] 然而,八年战争却给伊朗带来了新的转机,两伊停战后特别是 1989 年 8 月拉夫桑贾尼总统执政以来,

---

① [英]《石油经济学家》1991 年 8 月号。
② [英]《伊朗国家概况》1991—1992 年增刊。
③ 同上。

基于国家利益的现实需要，伊朗政府着手改变霍梅尼时期的指导方针，重新调整与加强对外关系，逐步推行经济开放政策，大力吸收外资和引进国外先进技术设备，扩大对外贸易往来和经济合作，重建与发展本国油气工业和其他经济部门，从而有力地促进了国民经济的恢复和振兴。近年来，伊朗以开放促发展、以发展促开放的政策措施成效显著，前景令人瞩目。

一

伊朗对外经济政策的调整和开放政策的实施并不是偶然的，它产生于国内社会经济发展的现实需要和外部国际环境条件发生巨大变化的客观要求，因而不仅有其历史的必然性，而且具有深刻的现实意义。

从国内背景看，最重要的原因莫过于由长达八年之久的两伊战争所造成的惨重后果和影响。战后伊朗国民经济百废待兴，举国上下普遍要求恢复经济生活正常化，重建家园、振兴经济的强烈愿望和国家生存发展现实利益的客观要求，使曾经十分炽烈的伊斯兰原教旨主义宗教意识热降温，而退居于次要地位，这样就促使伊朗政府面对现实，决定实行有利于发展国民经济的对外经济开放政策，并得到国内人民的支持。

两伊战争的浩劫使伊朗遭到巨大的经济损失。1991 年初，拉夫桑贾尼总统在重建伊朗南部和西部的一次国际会议上说，战争期间，伊朗有 50 多座城市遭到轰炸，其中 15 座城市以及 1300 个村庄被夷为平地。[①] 据伊朗政府计划和预算机构（PBO）1991 年 6 月初提交联合国调查团的报告说，1980—1988 年的两

---

① 新华社德黑兰 1991 年 1 月 5 日电。

伊战争中，伊朗的直接经济损失为 4400 亿美元，间接经济损失为 4900 亿美元，两项合计高达 9300 亿美元。其中，石油工业损失最大，达 2950 亿美元。[①] 战后伊朗国民经济陷入空前严重危机中，生产下降，商品匮乏、通货膨胀、失业增加成为伊朗经济的四大顽症。1988 年国民生产总值从 10 年前的 39223 亿里亚尔（约合 560 亿美元）下降为 29610 亿里亚尔（约合 423 亿美元）；人均国民产值从 2000 美元下跌到 800 美元；人均国家预算每年下降 10.7%；失业率达 30%。[②] 为了摆脱困境，面临重建与发展国民经济艰巨、紧迫任务的伊朗政府认识到光靠本国的力量孤立进行是不行的，必须大力争取国外的资金和技术援助，因此需要改变对外关系的孤立局面，实行开放政策，积极引进外资和国外先进技术设备，扩大对外经贸往来与合作，增创外汇收入，以保证振兴国民经济的需要，加速重建与发展进程。伊朗政府关于重建方针强调三点：一是重建住宅和办公大楼；二是重建基础设施，加快油气工业和其他经济部门的现代化；三是创造新的对外开放环境。1990 年 1 月伊朗议会通过了新的五年发展计划（1989—1994 年），规定国内生产总值年增长率要达到 8%，通货膨胀率降到 8.9%，争取消除预算赤字等，并强调要实现这些目标，必须重新调整国家对外政策，努力改善与扩大对外经济关系，加强经济合作，谋求共同发展。

从国际环境看，苏联衰落、解体，美国经济衰退，西欧、日本地位增强、势力扩张，一些发展中国家逐步壮大、影响上升，使世界的总格局由两极走向多极化，世界形势更加动荡不稳。伊朗所在的中东地区，两伊战争、海湾战争、中东和会交相更替，

---

① ［英］《中东经济文摘》1991 年 6 月 21 日。
② ［伊朗］《人民报》1990 年 1 月连载文章：《伊朗经济和五年发展计划》。

力量失衡、矛盾复杂、前途未卜，为此伊朗政府抓住时机，调整政策，改善关系，争取外援，以发展经济、增强国力为其当务之急。目前，国际政治、经济秩序已进入新旧交替的过渡阶段，世界经济的集团化、一体化趋势和信息社会的时代潮流，大大密切了各国之间的联系与往来，各国之间的相互依存和相互竞争日趋增强，闭关自守让位于门户开放的趋势不可逆转。因而，各国互相开放以利于加强经济合作、互利互补，已成为世界经济形势发展的客观要求。这是伊朗政府之所以实行对外经济开放政策的一个重要的外部原因，而其主观目的则是通过实行这一政策，为伊朗的经济发展创造一个有利的外部环境和良好的国际条件，以保证国家经济建设的顺利进行。

二

伊朗对外经济开放政策具有"全方位、多领域"的明显特点。所谓"全方位"，是指不论东方、西方，对世界各国普遍开放，广泛交往，目前表现为伊朗同西方发达国家的经济关系迅速恢复正常或有所改善，同发展中国家包括中国在内的合作往来不断加强；同周边国家的友好合作正在大力发展。所谓"多领域"，是指对外开放的经济活动领域很广，既有油气工业、石化工业、进出口贸易等重点部门，又有其他工业、农业及第三产业等一般部门；既有资源勘探开发，又有产品加工制造；既有基础设施工程，也有经营管理培训；既有生产运输，也有金融投资等等，总之呈现出经济开放的多渠道、多形式、多层次的显著特色。

集中反映上述政策特点的伊朗对外经济开放的主要内容突出地表现在以下几方面：

（一）大力吸收外资，引进外技，重点发展油气工业，石化工业，以带动国民经济的全面振兴

两伊战后，伊朗重建的规模大、项目多，资金不足，技术落后，陷于力不从心的困境。为了推进重建工作，伊朗政府决定千方百计争取外援，采取以资源吸引外资，以公司开通渠道，以项目招揽承包等有效措施，通过谈判，陆续签订了一个个投资协议或承包合同，从而迅速打开了引进外资、外技的局面。

伊朗 1989—1994 年的五年发展计划提出，五年期间共需吸收外资 274 亿美元，其中 174 亿美元为外国银行的出口信贷，100 亿美元为含有回购条件的外国直接投资。[①] 为了实现这一筹集巨额外资的目标，伊朗以其拥有丰富的石油和天然气资源为后盾，以大力推进其油气工业、石化工业的发展战略为号召，设法吸引和鼓励外国投资和贷款。截至 1991 年初，伊朗的探明石油储量有 928.5 亿桶，占世界探明石油总储量的 9.3%，居世界第五位，按其 1990 年原油产量计算，还可开采 82 年。[②] 天然气储量更为巨大，1991 年初探明储量达 170100 亿立方米，占世界总储量的 12.9%，仅次于前苏联，居世界第二位，按 1990 年开采水平计算，还可供连续开采 717 年。[③] 为了充分利用油气资源优势，伊朗现行五年计划提出，大力提高石油生产能力，从日产 350 万桶增至 500 万桶；加紧开发天然气储藏，使天然气年加工能力从 2800 万立方米增至 1.28 亿立方米；[④] 大规模兴建石化工业企业，要求碳化氢生产部门为国家创收外汇 830.16 亿美元，

---

① ［英］《中东经济文摘》1991 年 6 月 14 日。
② ［英］《伊朗国家概况》1991—1992 年增刊。
③ ［英］《石油经济学家》1991 年 8 月号。
④ ［英］《伊朗国家报道》1990 年第 2 季刊。

占五年计划外汇总收入的 69.67%。[①] 1991 年 5 月 27—29 日在伊斯法罕举行的一次自伊斯兰革命以来规模最大的国际石油和天然气会议上，伊朗国家石油公司（NIOC）向西方国家公司呼吁在提供投资和技术援助以帮助伊朗重建和发展油气工业方面予以通力合作。伊朗的油气资源优势及其雄心勃勃的发展战略，对外资确实具有强大的吸引力，看好的获利前景使西方跨国公司对伊朗着手进行投资和提供技术力量。目前，西方国家许多大石油公司，诸如法国的托塔尔（Total）、埃尔夫（Elf），意大利的阿及普（Agip），美国的谢夫隆（Chevron），英荷壳牌（Shell）及英国石油公司（BP）等，正在同伊朗国家石油公司就投资开发陆、海油气问题进行谈判。

伊朗五年计划期间的石油开发大约需要 200 架钻井机投入钻探，加拿大的特里顿（Triton）公司率先同伊朗国家石油公司达成协议，每年向伊朗提供 12 架钻井机和所需的技术服务人员，其价值总额每年为二亿美元。[②] 迄今为止，对伊朗油气工业的外国投资以法国处于领先地位，法国的索弗里加兹（Sofregaz）公司向达兰天然气加工厂提供技术设备的合同，虽然价值总额只有 6000 万美元，但伴有法国两家银行答应提供 48 亿美元贷款的许诺。[③] 日本石油开发公司（Jepex）允诺到 1997 年为止，将花费 16 亿美元帮助伊朗开发霍尔木兹海峡附近的海上油田。[④] 意大利的特帕尔（TPL）公司则参与开发占世界天然气储量 4% 的海上南波斯天然气田。

在油气工业的下游部门，如阿巴丹炼油厂的重建和扩建，哈

① ［英］《中东经济文摘》1989 年 12 月 11 日。
② ［英］《伊朗国家报道》1991 年第 3 季刊。
③ ［英］《石油经济学家》1991 年 8 月号。
④ ［英］《中东经济文摘》1991 年 10 月 18 日。

尔克岛石油出口终端站的修复，油气管道的铺设，油船队的扩大等，都有外国公司不同程度的参与或支持。特别是在发展油气的深加工，兴建石化工业企业方面，伊朗更是花大力气争取同外资进行合作，大力引进国外先进技术设备。石化工业是伊朗五年计划期间的重点发展部门，要求年增长率达到16%，石化产品的年产量要从350万吨增至900万吨。为此，五年计划规定对石化工业部门的投资总额达119.5亿美元，[①] 并着手兴建霍梅尼港、阿拉克和大不里士等三个新的石化工业综合基地，尤其强调要把霍梅尼港建成中东地区最大的石化工业中心。在此吸引下，许多外国公司纷纷接踵而来，参与石化工业的建设。据伊朗国家石化工业公司（INPC）的总经理拉赫戈扎尔（Rahgozar）1991年5月宣布，伊朗同外国公司已签订的和正在进行谈判的石化工业承包合同总额达32.7亿美元。其中，在霍梅尼港承包工程的有荷兰、意大利、法国、德国的公司；在大不里士承包工程的有法国、韩国的公司；在阿拉克承包工程的有意大利和法国的公司等。[②]

　　与此同时，伊朗政府还在农业、矿业、冶金制造业、建筑业等众多经济部门中广泛引进外资和先进技术设备，以促进和加速这些部门的发展。

　　在农业方面，兴修水利是突出重点，在五年计划提出的吸收270多亿美元外资中，30亿美元用于兴建卡仑河上的四座水坝。[③] 另拨13亿美元用在胡泽斯坦省建设一个占地8.4万公顷的大型农－工业综合基地。这个综合体计划在1996年建成投产

---

① ［英］《伊朗国家报道》1992年第3季刊。
② ［英］《中东经济文摘》1991年6月7日。
③ ［英］《中东经济文摘》1990年2月9日。

后，每年将产糖 70 万吨、肉八万吨、纸 30 万吨、木板 13 万吨，从而每年可为国家节省进口这些产品的费用 8.7 亿美元。此外，还拨款 5.2 亿美元用来购买或租用渔船，在海湾和阿曼海发展渔业，提高捕鱼量及其出口潜力。①

在矿业方面，矿业部准备邀请法国和德国的公司对伊朗的矿产资源进行全面调查，以扩大矿物开采，使矿产品的出口收入在 90 年代中期达到 10 亿美元以上，约占非石油出口收入的 1/3。②

在冶金制造业方面，伊朗将同意大利、日本的公司在伊斯法罕附近的穆巴拉克合建一座耗资 47 亿美元的钢铁综合企业；同迪拜合建价值 14 亿美元的阿巴斯港炼铝厂。③ 澳大利亚的公司将承建七座炼糖厂和在马赞德兰省的造纸综合企业，并由澳大利亚的银行提供五亿美元信贷作保证。④ 丹麦的一家公司承诺为霍拉散省的水泥厂提供设备等。⑤

在建筑业方面，巴西的公司承建 10 万套住宅，法国的公司承建三万套住宅，德国的公司承建二万套住宅。⑥

（二）积极开展对外贸易，改善出口商品结构，扩大贸易伙伴，开拓国际市场以增加外汇收入，支持国内建设

不断扩大对外贸易是伊朗经济开放政策的重要组成部分，也是其加速重建与发展进程、振兴国民经济的可靠途径和有力支柱。其特点主要表现在：

（1）在扩大石油和天然气出口的同时，加紧拓展非油气产

---

①　［英］《中东经济文摘》1990 年 3 月 9 日。

②　［英］《中东经济文摘》1991 年 11 月 29 日。

③　同上。

④　［英］《中东经济文摘》1991 年 6 月 7 日。

⑤　［英］《中东经济文摘》1991 年 9 月 20 日。

⑥　［英］《中东经济文摘》1991 年 6 月 7 日及 11 月 29 日。

品的出口，使出口商品结构趋于多样化、合理化。1989 年伊朗
日均石油出口量由上年的 170.4 万桶增至 206.3 万桶，石油出口
年收入由 81.7 亿美元增至 125 亿美元。[①] 海湾危机爆发后，伊朗
原油出口增长，1990 年石油出口收入上升至 197 亿美元。[①] 1991
年石油出口日均在 240 万桶以上，估计年收入可达 200 亿美元左
右。[②] 天然气出口计划到 2000 年建成三条输气管道时年出口量
将达 500 亿立方米，其中 50% 输往欧洲，其余供应巴基斯坦等
邻国。[③] 为了改变出口商品单一的结构，目前伊朗正在努力开拓
非油气产品出口，1990 年这方面的出口达 15 亿美元的创纪录水
平，伊朗政府希望这方面的年出口收入到 90 年代中期达到 27 亿
美元。[④] 目前伊朗的非油气出口商品主要包括手织地毯、阿月浑
子果仁、苋蒿种子、葡萄干以及铜锭、装饰石等。

　　（2）实行全方位贸易，不断扩大贸易伙伴和市场，以出口创
汇保证进口国内经济建设所需的机器设备和消费物品。在开放政
策的指导下，伊朗积极扩大贸易伙伴和市场，开展全方位贸易，
而伊朗的重建吸引着世界各国的进出口商竞相涌入伊朗市场。
1989 年伊朗的主要出口对象国有印度（占出口比重 16.4%）、日
本（12.1%）、比利时/卢森堡（7.3%）、荷兰（7%）、法国
（7%）、西班牙（5.6%）、土耳其（4.5%）等；进口主要来自德
（占进口比重 15.4%）、日（10.5%）、土（7%）、意（6.4%）、
英（4.8%）、法（4.1%）、罗马尼亚（3.8%）等国。[⑤] 1990 年伊

---

① 据石油输出国组织的年度统计公报。
② ［英］《伊朗国家报道》1991 年第 3 季刊。
③ ［英］《中东经济文摘》1990 年 3 月 23 日。
④ ［英］《中东经济文摘》1991 年 9 月 27 日。
⑤ 国际货币基金组织：《贸易方向统计年鉴》1990 年。

朗的进出口总值达 377 亿美元，[①] 贸易伙伴继续增加，进口商品的主要供应国有德、日、意、英、法、荷、美、加、澳、土、迪拜、比/卢、奥、西、瑞士、瑞典、前苏联、南斯拉夫等国。[②]

（三）努力发展双边和多边经贸合作关系，积极建立海外合营企业，以加强国际经济合作，促进共同发展

早在 1964 年伊朗同巴基斯坦、土耳其建立的三国经济合作组织（ECO）于 1985 年重新恢复活动，经过共同努力，于 1991 年 5 月决定建立联合投资和开发银行。1991 年 7 月三国在德黑兰举行部长会议，决定在 1992 年年底正式建立关税同盟。为了拓展双边贸易，伊朗同巴基斯坦签署了一项协议，决定建立一笔一亿美元的周转信贷基金，以资助两国间的进出口项目。[③]

同时，伊朗还不断加强同其他邻国的经济合作关系。如 1991 年 6 月阿塞拜疆共和国总理哈沙努夫访问伊朗时，两国签订了一系列协议，包括共同在边界阿拉克河上建造水坝、铺设天然气管道，发展双边运输和旅游等。[④] 1991 年 11 月卡塔尔王储访问伊朗时，双方签订了五项合作协议，其中包括共同开发特大的波斯天然气田（储量估计有 4200 亿立方米）。

伊朗同我国的友好合作关系不断发展，1990 年双边贸易额达 3.14 亿美元，创历史纪录。

为了扩大对外经济开放，伊朗还积极开拓海外石油经营，合建或购买炼油厂。1990 年伊朗国家石油公司同印度尼西亚和马来西亚在马来西亚的吉打州合建耗资达 12 亿美元的炼油厂。[⑤]

---

① ［英］《伊朗国家报道》1991 年第 3 季刊。
② ［英］《中东经济文摘》1991 年 3 月 1 日。
③ ［英］《中东经济文摘》1991 年 8 月 16 日。
④ ［英］《中东经济文摘》1991 年 6 月 21 日。
⑤ ［英］《伊朗国家报道》1990 年第 3 季度。

1991 年 5 月 16 日，伊朗同巴基斯坦达成协议，决定在卡拉奇附近的卡西姆港合建一座日产 12 万桶的炼油厂，由伊朗提供原油，并可取回 1/3 的炼油制品。同年 6 月伊朗就购买加拿大一座日产 15 万桶的炼油厂进行谈判。此外，同希腊、葡萄牙等国为在它们国内合建炼油厂的谈判也在进行。①

三

为了保证对外经济开放的顺利进行，伊朗政府积极采取措施，努力改善内部经济环境和外部环境，从外交和内政两方面双管齐下，为开放政策的实施创造有利条件。这些努力主要表现在以下几方面：

（一）调整外交政策，发展国家关系，采取实际步骤解决双边财务纠纷，以促进对外经济开放

出于国家利益需要，伊朗政府改变霍梅尼时期"不要东方，不要西方"的外交方针，实行拉夫桑贾尼总统提出的"既不倾向东方，也不倾向西方"②的等距离外交政策，努力恢复和发展同世界各国的关系。在海湾危机和海湾战争中，伊朗充分利用有利机会，摆脱孤立状态，重返国际社会，在中东地区积极发挥作用，不断提高其国际地位。1990 年 9 月 27 日伊朗同英国恢复了外交关系，1991 年 3 月同约旦、沙特阿拉伯先后实现了国家关系正常化，同海湾合作委员会其他成员国的关系也得到改善，扩大了贸易往来。伊朗政府还在推动黎巴嫩的有关组织释放西方人质方面作出许多努力，博得了国际社会的赞赏。

---

① 《石油输出国组织公报》1991 年 9 月号。

② ［民主德国］《地平线》（周刊）1990 年第 9 期。

伊朗同美国关系的松动，对伊朗的经济开放具有重要意义。尽管两国尚未恢复外交关系，但已打开了贸易往来的大门。1990年美国对伊朗的出口额突破零而达到1.66亿美元，1991年上半年增至2.73亿美元。[①] 伊朗对美国的出口也于1991年6月11日美国政府解除对进口伊朗石油的禁令后开始恢复，美国的考斯塔尔公司率先首批进口250万桶伊朗原油，随后谢夫隆、阿梅拉达、埃克森、莫比尔、阿什兰、德士古等一大批美国石油公司纷纷前来同伊朗国家石油公司洽购原油。[②] 这将有利于伊朗扩大原油出口市场，增加外汇收入。伊朗和美国之间以前遗留下来的双边财务纠纷，经过共同努力也得到初步解决。1991年12月2日美国偿还了伊朗一笔在巴列维王朝时期向美国购买武器但未交货的费用赔款2.6亿美元。另外一笔赔款，根据海牙特别法庭的裁决，美国已将1800万美元转入在海牙的担保账户。[③] 这仅仅是美国欠伊朗款项的一小部分，其余大部分尚待进一步解决。

伊朗同法国的财务纠纷，通过两年的谈判，于1991年12月29日在德黑兰双方最后签署了"一揽子解决协议"，从而结束了长达12年的争执。这项协议规定，法国归还伊朗1974年为核能合作计划而给予法国原子能委员会的10亿美元贷款。其中5.5亿美元在两天内交还，其余部分在一年内付清。[④] 这一问题的解决，消除了双边关系中的一大障碍，有利于两国经贸合作关系的发展。

（二）加强外汇管理，调整汇率政策，以支持和促进对外经济开放

为了整顿混乱、疲软的国内金融市场，伊朗中央银行采取措

① ［英］《金融时报》1991年12月4日。
② ［英］《中东经济文摘》1991年6月21日。
③ ［英］《金融时报》1991年12月4日。
④ 法新社德黑兰1991年12月29日法文电。

施，大力加强和改善外汇管理，于 1991 年 1 月 20 日宣布实行汇率多样化。主要包括三种：一是官方汇率，70 里亚尔兑换一美元；二是竞争性汇率，600—800 里亚尔兑换一美元，主要适用于必需的基本商品和战略物资的进口；三是自由市场的浮动汇率，1400—1440 里亚尔兑换一美元。① 这在当时有利于吸引外资，活跃外汇市场。随着金融货币形势的好转，中央银行于 1991 年 6 月适时地调整，竞争汇率为 600 里亚尔兑换一美元，主要适用于为出口商提供外汇贷款，并以此取代官方汇率；银行卖出的浮动汇率为 1350 里亚尔兑换一美元，而在自由市场卖出一美元还可多换到 20—30 里亚尔。② 就上述调整决定，伊朗财政和经济部长努尔巴赫什强调说，在 1994 年实现统一汇率之前，伊朗将主要保持竞争汇率和浮动汇率两种比价，并继续采取措施逐步缩小二者的差额。③

（三）改善贸易管理与投资环境，以有利于招徕外商，扩大开放

伊朗政府改变过去实行的严格集中的贸易管制做法———一切进口商品都要由国家购买和销售中心（PDCs）审查批准和定价，于 1991 年 8 月 8 日宣布取消该中心，由商业部实行宏观管理，以减少层次，提高办事效率。④

开设工贸自由区是吸引外商的重大措施之一。首批自由区设在海湾的基什岛（Kish）和丘什姆岛（Qeshm），还计划在自由区内设立同外资合营的银行，已同意大利的一家商业银行洽谈在

---

① ［英］《伊朗国家报道》1991 年第 1 季刊。
② ［英］《伊朗国家报道》1991 年第 3 季刊。
③ ［英］《中东经济文摘》1991 年 11 月 15 日。
④ ［英］《中东经济文摘》1991 年 8 月 23 日。

丘什姆自由区开办合资银行。①

另一项措施是举办大型的国际贸易展销会。1991 年 10 月
2—12 日在德黑兰国际展览中心举行的第 17 届展销会有来自 50
个国家的数百家公司参加，还有本国约 120 家厂商展销它们的产
品。②

此外，伊朗政府计划把近 400 家小型的国营企业出售给私
人，并鼓励海外侨胞回国投资，共建家园。同时，还积极开拓旅
游业，设法吸引外国旅游者到伊朗观光购物。

目前，伊朗的经济开放政策已取得明显成效，有力地促进了
国民经济的重建与发展，不仅很快扭转过去增长率为负值的状
况，而且创造出两位数的高增长率。据官方统计，国内生产总值
的增长率 1988 年为 - 4.8%，1989 年上升为 4%，1990 年达到
10.1%（国际货币基金组织估计为 10.5%）；通货膨胀率 1988
年为 28.6%，1989 年为 22.4%，1990 年降为 7.6%。③ 工业生
产设备的平均投产率从 80 年代末的 30% 上升为 1991 年的
85%。④ 外汇收入 1991 年估计达 230 亿美元，使伊朗许多年来头
一次能够建立起外汇储备。⑤

存在的问题主要是：经济开放起步晚、时间短、经验不足，
以致许多项目同时上马，造成发展资金短缺，消费需求增长过
速，通货膨胀率可能回升，财政赤字将会增大。加之国内政治的
不稳定因素和来自不同政见、不同势力的压力，同美国、伊拉
克、瑞士等国关系中还有许多矛盾等。这些情况对伊朗的经济开

---

①　[英]《中东经济文摘》1991 年 6 月 14 日。
②　[英]《中东经济文摘》1991 年 9 月 27 日。
③　[英]《伊朗国家报道》1991 年第 3 季刊。
④　[英]《中东经济文摘》1991 年 11 月 15 日。
⑤　同上。

放将产生不利影响。

　　尽管存在这些困难和问题，但是可以预料，随着国家重建与发展进程的加快和各项政策措施的不断完善，伊朗的对外经济开放必将进一步扩大与加强，获得更大的成效。

（原载《西亚非洲》1992 年第 2 期）

土耳其外资政策的发展趋向

近几年来，土耳其的外资政策朝着更加开放、更加灵活、更加务实的方向发展，这一明显趋向深刻地反映了土耳其力图通过广泛引进和利用外资以加速本国经济发展的愿望与要求。研究分析这一发展趋向，对于我国引进外资和向土耳其投资都会有积极的参考借鉴作用。

一　修订法规　调整政策

1992 年 3 月 20 日土耳其政府颁行《外国资本组织法》，对现行的外资政策、法规作了重大修订，明确规定外国在土耳其投资和转出其资本的各项原则，以适应冷战结束后进一步扩大开放和鼓励外国投资的实际需要。①

土耳其现行的外资基本法即《外国投资鼓励法》制订于 1954 年 1 月，规定对外资与本国资本一视同仁，权利待遇平等（第 10

---

　　①　［土］《外国资本组织法》1992 年 3 月 4 日通过的第 2789 号法令，于 1992 年 3 月 20 日《政府公报》公布施行。

条），鼓励外资投入对本国私人企业开放的经营活动领域（第 1
条）。[①] 但是由于土耳其承袭凯末尔革命以来奉行的民族主义和国
家主义的原则，实行国营经济和私人资本并重，由国营经济控制
国家经济命脉的"混合经济"体制，私营企业的活动范围有限，
而政府对吸收和利用外资亦存在消极的认识与理解，在政策和行
动上束缚较大，难以放开，因而 1980 年以前投资环境与条件得不
到改善，外资活动余地不大，外资在土耳其的投资经营裹足不前。
据官方统计，1954—1979 年外资累计仅有 2.28 亿美元。[②] 80 年代
以来，为了摆脱经济困境，恢复经济活力，土耳其政府积极推行
"稳定经济计划"，大力发展自由经济，鼓励兴办私人企业，并把
国营企业改为合营或私营，使市场经济体制逐步取代以国营经济
为主导的体制。在新的形势下，土耳其政府日益重视外资和技术
的引进，以适应加速经济发展对外来资金和先进技术设备的迫切
需要。为此，政府于 1980 年专门设立了外国投资局（FID），负责
处理外资问题，并采取实际步骤鼓励和吸引外资，完善投资法规，
实行外国自由投资的新政策。特别是自 80 年代中期加快了开放的
步伐，并抓紧完善有关立法。1984 年制订《促进外国投资法》。
1985 年通过《自由贸易区法》，设立自由贸易区，以加速引进外
资，发展特区外向型经济，年底外资企业已有 421 家，累计投资
总额增至 14.2 亿美元。1980 年至 1985 年吸收的外资已超过前 25
年的五倍多，表明对外开放政策初见成效。1986 年 2 月 12 日和 5
月 25 日先后发布《外国资本组织法》和《关于外国资本组织法的
第一号公报》，对外资进一步开放，被视为土耳其经济自由化的组

---

① 〔土〕《外国资本鼓励法》1954 年 1 月 18 日通过的第 6224 号法律，于 1954 年
1 月 24 日《政府公报》公布施行。

② 〔土〕外国投资总局：《在土耳其的投资》1992 年 6 月英文版，第 1 页。

成部分。① 1988 年 3 月 5 日和 6 月 13 日分别公布对上述第一号公报的两项"修正案"。到 1989 年外资企业数目增至 950 家，外资总额增至 30.16 亿美元。1990 年初颁布新的《进口法》，实行进口商品自由化。1992 年 3 月制订新的《外国资本组织法》，废除 1986 年 2 月的旧法，进一步完善了外资法规，把在新形势下调整外资政策的基本原则用法律形式固定下来。这些鼓励外资的立法措施，有力地促进了外资迅速增加，从 1980—1992 年 4 月为止，外国投资总额达 87 亿美元，加上前 25 年的共计 89.28 亿美元，而其中 66.3% 是近三年半引进的：1989 年 15 亿美元，1990 年 18 亿美元，1991 年 17 亿美元，1992 年头 4 个月 6 亿美元。② 据 1990 年底的统计，外资按国别所占比重为：英国 15.75%，瑞士 11.18%，美国 11.13%，德国 10.08%，四国合占土耳其外资的近 50%；以下依次是日本 9.44%，荷兰 7.53%，意大利 7.47%，法国 6.66%，合占 31.1%；其他国家占 20.76%。③ 1992 年 4 月外资企业数目已增至 2098 家，其资本的部门分布为：制造业占 52.73%，服务业占 40.81%，农业占 4.53%，采矿业占 1.93%。④

综观土耳其外资政策、法规的调整与修订，其主要内容有以下几点：

（一）关于外资的地位与作用

土耳其政府认为外国直接投资对其弥补国际收支赤字、解决失业问题和实现有效的技术转让具有十分重要的意义，把外资看

---

① ［土］《外国资本组织法》1986 年 2 月 12 日通过的第 10353 号法令；《关于外国资本组织法的第一号公报》1986 年 5 月 25 日《政府公报》公布施行的第 19117 号文件。

② ［土］外国投资总局：《在土耳其的投资》1992 年 6 月英文版，第 1 页。

③ ［土］出口促进中心：《土耳其：1991》英文版，第 56 页。

④ 《土耳其政府统计公报》，转引自《商报》1992 年 8 月 23 日。

作是使其在 20 世纪末跨入世界经济大国行列的主要影响因素，因此大力推行外国自由投资政策，最大限度地减少国家干预，为自由市场经济的运转提供基础，把土耳其经济纳入世界经济体系，以便吸引更多的外资。规定外国投资者和本国投资者地位平等，享有同样的权利和待遇，并获得土耳其法律和有关国际条约与组织给予的安全保障。肯定外国投资和技术同土耳其的企业精神和资本相结合，将使巨大自然资源转变为生产性投资，对土耳其的经济发展作出贡献，而不会导致垄断和特权。①

（二）关于投资范围

规定凡对土耳其私营企业开放的一切领域也对外资开放，并根据经济发展的实际需要，不断扩大外国投资经营的范围。目前，土耳其政府为外资提供选择的投资重点行业部门计有：旅游膳宿设施、旅游区的综合基础设施、衣帽服装、皮革加工和鞋类、综合畜牧产品、造船和修船、教育和卫生、生物工艺、汽车及其附件工厂、电子、化工、机电产品和建设－经营－转让（B. O. T）项目。② 此外，据土耳其驻华使馆提供的材料还有研究与开发、专业和科学的测量和控制装置、防止环境污染和非生产性投资、钢铁产品。③

（三）关于经营方式

80 年代中期，外国投资者绝大多数采取与土耳其合资、合营的经营方式。1986 年的《外国资本组织法》曾提高外资在

---

① ［土］出口促进中心：《土耳其：1991》英文版，第 55 页。

　　［土］伊斯坦布尔商会：《投资鼓励》1990 年英文版，第 1 页。

　　［土］外国投资总局：《在土耳其的投资》1992 年 6 月英文版，第 2、3 页和序言。

② ［土］出口促进中心：《土耳其：1991》英文版，第 55、56 页。

③ 《商报》1992 年 8 月 23 日。

合营企业中的股份最高限额可占 49%。1992 年的新法取消了限额，允许外国投资者直接或通过投资基金组织购买土耳其现有的联合股份公司或有限公司的全部或者部分股份，外国投资者也可创办新的联合股份公司或者有限公司，不论有没有土耳其人参加，或者外国合资伙伴。[①] 这大大增强了政策执行上的灵活性。

（四）关于投资环境和优惠待遇

规定外资公司可以自由汇出利润收入、债权收益和资产出售收入；预扣的赋税比率和本国企业一样都从占收入的 46% 减至 10%；取消原规定必须有出口保证和作为国营企业的附属等限制；允许获准后任意雇用外国人；享有减免税收和获得低息贷款等优惠待遇；可自由进口几乎所有商品，并享有几千种商品减免进口税的好处。80 年代以来，土耳其通过提高通讯和运输技术水平、开放市场和改善金融及工业管理，努力为外资创造良好的投资环境，提供合适的投资条件。土耳其政府强调对外资很有吸引力的有利条件是：1. 地理位置好，位于欧洲和中东的交界处，是这两个市场的桥梁和进入中亚市场的门户，而且气候宜人；2. 拥有丰富的自然资源，有多种矿藏，目前已开采 53 种；3. 熟练劳动力的供应充足，人力资源丰富；4. 居民超过 5800 万人，有一个可观的国内市场；5. 在交通通信方面建立了完善的网络，对投资经营活动非常便利。

（五）关于外资管理与服务

80 年代以来，土耳其的外资管理机构精干统一，办事效率高，服务项目全，为引进外资起了积极的促进作用。原外国投资局是土耳其国家计划组织的下属机构，90 年代初调整为外国投

---

① ［土］出口促进中心：《土耳其：1991》英文版，第 55、56 页。

资总局（GDFI），设置在直接向总理负责的财政和外贸秘书处属下，是土耳其管理外资的唯一机构，被誉为不搞繁琐、拖拉的公事程序和机关作风的机构。它的职能包括：为外国投资者提供帮助和指导；评估投资计划、协调投资项目、检查和履行外资项目；批准许可证；批准移民；谈判与签订双边相互促进和保护投资协议等。该局有权批准5000万美元以下的项目。

二　兴办自由区　大力吸引外资

设立自由贸易区的决策与实践，是土耳其外资政策发展趋向的一个缩影。它创造了一种特殊的投资环境，并在吸引外资上取得显著成效。

土耳其政府兴办自由贸易区的具体考虑是：1. 为加速引进外资，提供一种新的更富吸引力的投资环境和设施；2. 在外资、外贸管理上最大限度地减少繁文缛节和拖拉作风，提高办事效率；3. 减少进口和仓储费用，增强企业竞争能力；4. 扩大产品深加工和销售，增加出口收入；5. 扩大运输、装卸货物、租地、仓储、银行和保险服务，增加服务业收入；6. 增加当地就业人数；7. 吸引更多的外国公司，特别是技术先进的公司投资经营；8. 为完善政策进行试点以提供有益经验，如离岸银行等。[①] 其目的在于通过加快外国资本和技术的引进，扩大出口导向型的投资和生产；用经济和行政的手段实现对经济的投入（资金和物资）；增加对外资和外贸可能性的有效利用。为了开拓这一新的发展道路，土耳其政府1985年首次决定兴办第一批四个自由贸易区，即梅尔辛、安塔利亚、爱琴（伊兹密尔）和伊斯坦布尔

---

① ［土］出口促进中心：《土耳其：1991》英文版，第60页。

的阿塔图克国际机场，分布在地中海、爱琴海和黑海沿岸的这四个港口城市，地理位置优越，战略地位重要，成为土耳其对外开放的重要窗口和门户。政府明确规定：自由贸易区是土耳其的免税特区，有关海关和外汇限制的立法在这里不适用；进口商品完全免税并可转销内地或其他国家；外国投资者可以独资经营，资金可以全部返还，免缴所得税和公司税，利润自由汇出；外汇自由进出，一切支付以外汇结算；享有当地廉价劳动力供应，头10年内禁止罢工等。[①] 这些规定反映了土耳其外国自由投资的重大发展。

自由区为外资提供了更加开放、更多优惠的投资环境，有效地吸引了外国投资和引进技术，加快了自由区的建设，促进了当地经济的发展。

梅尔辛和安塔利亚两个自由区于1987年建成，分别拥有77.6万平方米和54.4万平方米的良好设施，提供仓储、包装、批发、银行、保险、装配、经纪和租赁等项服务。梅尔辛自由区作为工程技术、咨询和承包活动中心，主要发展电子、光学仪器、食品、服装等制造业。安塔利亚主要开发轻工业的高科技产品。爱琴自由区重点发展电子、电讯、计算机、精密仪器等高技术工业，伊兹密尔的主体设施已建成投入使用。伊兹密尔—加济伊迈尔工程项目将连接阿德南·门德雷斯国际机场和伊兹密尔港，便利交通运输。还将投资5亿美元于超级市场建筑，以提供3.6万人就业，使年营业额提高到10亿美元。伊斯坦布尔的阿塔图克国际机场自由区较小，利用机场现有基础设施，划出33间和47间两大片设施出租。特大的耶希尔科伊世界贸易中心工

---

① ［土］《自由贸易区法》1985年6月6日通过的第3218号法律于同年6月15日公布施行。

程项目建成后将并入机场自由区，为出口商提供全面服务，以进一步扩大出口。

据 1991 年 3 月为止的统计数字，这四个自由区共收到 1136 家公司的投资申请，已获准的 752 家（102 家为外资）公司总投资额为 3.81 亿美元，提供 2.27 万人就业，创附加值 13.46 亿美元。还有 287 家公司正在进行投资经营，总投资额为 8260 万美元，提供 6654 人就业，创附加值 5.69178 亿美元。[①]

目前还有第二批四个自由区和一个离岸银行中心正在加紧建设。它们是：1. 阿达纳－尤穆塔利克自由区。1986 年决定设立，面积 52 平方公里，是目前土耳其最大的自由区，作为面向东地中海、伊拉克和伊朗的商品集散中心和转口贸易港口，主要出口大宗和散装货物以及农产品，由于港口靠近伊拉克输油管终端，具有发展石化和炼油工业的便利条件。2. 伊兹密尔－阿利亚加自由区。1990 年 5 月 7 日决定设立，目前搞的主要项目是兴建一座热能厂。3. 特拉布宗自由区。1990 年 5 月 22 日决定设立，目前规划面积较小，仅从特拉布宗港口划出 3.8 万平方米土地建区，主要目标是通过扩大港口转运能力，在黑海地区建立一个面向中亚国家和伊朗的转口贸易中心。4. 伊斯坦布尔－特拉基亚自由区。1990 年 11 月 22 日决定设立，面积 35 万平方米，主要发展纺织、服装、电子、家用电器等。5. 伊斯坦布尔阿塔图克国际机场自由区的离岸银行中心。1990 年 11 月 30 日决定设立，从阿塔科伊旅游综合大厦一、二层拨出地方供外国银行开办分行或另设银行，按 1991 年 2 月 27 日颁行的离岸银行法规进行营业。

---

① ［土］出口促进中心：《土耳其：1991》英文版，第 61 页。

三　积极推行 BOT 模式

　　BOT 是英语三个词的缩写字首，意为"建设－经营－转让"。这一模式是当前国际上通用的一种投资方式，具体做法是：把某项基础设施工程在一定时间内完全包给外资，由外资公司全部出资承建，建成后由外资公司继续经营管理，以收回其投资和应得的利润，经营期结束后全部移交给东道国政府。BOT 模式有利于大规模引进外资和技术，加速实现一些重大工程项目的建设。

　　土耳其在建设自由贸易区的过程中，由于费用浩大，资金短缺，无力整治和发展电力、港口、道路等基础设施。为解决这一困难，政府决定采用 BOT 模式，吸引外资承包自由区的重点建设工程项目，希望借助这一投资方式，在国内资金缺乏的情况下，使自由区的建设及其基础设施工程得以顺利进行。1986 年开始兴建阿达纳－尤穆塔利克自由区时，政府曾同美国贝克特尔公司达成协议，按 BOT 模式由该公司出资承建基础设施工程，以及造价为八亿美元的泰基尔达火电站工程。当时美国公司在土耳其拟按 BOT 模式承建的发电等项目投资估计超过 20 亿美元。爱琴自由区的伊兹密尔主体设施也是按 BOT 模式进行的。特拉布宗自由区的建设已同一家外国公司达成 BOT 模式的承包协议。

　　近几年来，BOT 模式已不限于自由区的建设项目，而推广到内地许多领域。其中一个重大项目是首都安卡拉的地铁工程，由加拿大和土耳其公司组成的一个财团承包投资七亿美元建造。另外两个重大项目是伊斯坦布尔的阿塔图克国际机场扩建工程和世界贸易中心建设工程，旨在使伊斯坦布尔成为世界一流的商业和贸易中心。其他的 BOT 项目还有比莱西克水坝工程，土耳其东南部的水电站工程，伊兹密尔供水系统等。伊斯坦布尔－安卡拉高速铁路这个巨大的建设工程项目也打算采用 BOT 模式进行。

实践表明，作为吸引外资搞基础设施建设的有效手段之一，BOT 模式及其成功经验将为外国投资者打开新的眼界，并进一步扩大他们在土耳其的活动范围。

四　因地制宜　区别对待

没有区别、没有重点，就没有政策。为了对外资和技术的引进实行正确导向，土耳其政府采取因地制宜、区别对待的方针，对投入不同地区和不同行业部门的外资实行程度不同的鼓励和优惠措施，也就是说，对那些最急需引进外资的地区和行业部门实行倾斜政策，以加强对外资流向的宏观调控和引导。

按照不同的经济和社会发展水平，土耳其政府将全国划分为四个类型的地区：（1）第一类优先发展地区，包括阿德亚曼、阿勒、巴特曼等 19 个省。（2）第二类优先发展地区，包括阿马西尼、阿尔特温、钱克勒等 15 个省。上述两类地区统称为重点发展地区，几乎全部在土耳其的中部和东部。（3）一般地区（或称标准地区），在土耳其的中部和西部，包括不属于其他三个地区的各省。（4）发达地区，包括伊斯坦布尔和科贾埃利两省全境，伊斯坦布尔、安卡拉、伊兹密尔、阿达纳和布尔萨等大城市及其周围地区。

鼓励外国投资的重点行业部门除上文谈到的 17 个之外，1992 年又增加了软件开发、水电能源、浇铸、BOT 模式以外的大型项目，以及政府决定给予特别鼓励的项目等。

土耳其鼓励和优惠外资政策的具体落实都与投资的地区和行业部门挂钩，这在有关的立法中作了明确而具体的规定。例如，

1992 年规定外资项目的最低投资额和最低产权比例分别为：重点发展地区，10 亿土耳其里拉（以下简称里拉），40%；一般地区，50 亿里拉，50%；财政租赁的公司，2.5 亿里拉，10%；旅游、服装、软件开发等，10 亿里拉；防止环境污染、研究与开发等，2.5 亿里拉，15%；住宅建筑、出版印刷等，30%；发达地区，60%。对最低产权比例不加限制的有出口的船艇建造、BOT 基础设施项目、政府决定对于特别鼓励的大型项目等。① 凡达到上述规定标准的外资项目，均可享受投资鼓励的优惠待遇，并由外国投资总局发给"优惠许可证"。

又如关税豁免，是给予获得"优惠许可证"的外资项目的一项重要优惠待遇。规定几乎全部机器和设备（资本货）的进口都免缴关税，只需缴纳 5%（少数资本货交 10%—20%）的基金费。但属于下列地区和行业部门的项目连基金费也可免交：1. 重点发展地区（基础设施项目除外）；2. 重点发展地区投资在 250 亿里拉以上的大型项目的原料进口；3. 一般地区投资在 2000 亿里拉以上的大型项目的原料进口；4. 教育、卫生、造船、电子、生物工艺、黑海地区旅游业等重点行业部门和 BOT 项目。此外，重点发展地区的大型项目，不需交基金费，其原料和半成品货物价值不超过其机器设备价值 40%，最多为 12 个月生产所需的原料和半成品货物的进口；一般地区的大型项目，已交 10% 的基金费，其原料和半成品价值不超过其机器设备价值 30%，最多为六个月生产所需的原料和半成品货物的进口；不论哪类地区投资超过 100 亿里拉的新项目，已交 10% 的基金费，其原料和半成品货物价值不超过其机器设备价值 20%，最多为三个月生产所需的原料和半成品货物的进口，均

---

① ［土］外国投资总局：《在土耳其的投资》1992 年 6 月英文版，第 4—5 页。

可免缴关税。

投资补贴是对获得"优惠许可证"的外资项目在一定期间免缴公司税的优惠政策。投资补贴的比例为 30%—100% 不等：发达地区 30%；一般地区 40%；农业 40%；第二类优先发展地区 60%；第一类优先发展地区 100%；若干重点行业部门 100%；水产养殖 100%；研究与开发 100%。享受 100% 的投资补贴者即意味着免缴公司税直到该项目投资全部（100%）赚回时为止。其余类推。

提供低息贷款，也是一项重要的优惠措施。1992 年规定这种优惠贷款（五年到期）的利率分别为：第一类优先发展地区 15%；第二类优先发展地区 20%；一般地区 25%；发达地区 35%。贷款的数额按项目投资的一定比例提供，1991 年规定的比例为：发达地区 0；一般地区 20%；重点发展地区 40%；教育和卫生 50%；旅游 30%；汽车、造船、电子 25%；研究与开发 1.5%。1992 年调整比例，汽车 15%；研究与开发 25%。

捐税豁免、土地优先划拨、能源、保险、住宅基金等项优惠待遇，也都规定有地区、行业部门以及项目性质和规模等方面的差别。如连续五年出口其产品者免交捐税和信贷手续费，但须达到的最低出口率分别为：发达地区 20%；一般地区 10%；重点发展地区 5%。规定在一定期间由政府补贴其电费的 30%、社会安全保险金的 50% 以及 100% 的住宅基金和义务存款者，必须符合下列条件之一：1. 重点发展地区的大型项目，投资额 250 亿—500 亿里拉，启动后一年内享此优惠；投资额 1000 亿里拉以上，启动后三年内享此优惠。2. 一般地区的大型项目，投资额 2000 亿—4000 亿里拉，启动后一年内享此优惠；投资额 4000 亿—7500 亿里拉，启动后二年内享此优惠；投资额 7500 亿里拉以上，启动后三年内享此优惠。3. 重点发展地区的农产品加工新项目，启动后三年内享此优惠。规定优先给予划拨土地者，必须符合下列情形之一：1. 黑海地区和安纳托利亚东部及南部的项目；2. 农产品加工和教育与卫生项目；3. 大型项目。还规定重点发展地区和重点行业部门的项目可免缴建筑和建设税，以及减免工资税。

对于不具备获享投资鼓励的条件而无"优惠许可证"的外资项目，只需持有"投资许可证"也可得到低息贷款或现金补助的优惠待遇，但须符合下列条件：1. 投资额为 10 亿里拉的旅游业项目和某些中、小型企业，可申请低息贷款。2. 综合畜牧产品、水产养殖、绿化工程、果树和温室栽培及托儿所等项目可申请现金补助。

综上所述，土耳其的外资政策及其实践具有开放程度高、灵活性较大和讲求实效的显著特点，这将成为今后持续深化和不可逆转的发展趋向。

（原载《西亚非洲》1993 年第 2 期）

以色列对外贸易的发展

以色列自然资源贫乏，经济规模较小，国内市场也较为狭小，因此，对外贸易对其具有特殊的重要性。以色列政府向来十分重视开展对外贸易活动，把发展外贸作为推动经济增长的重要因素，投入大量创造性资源来促使对外商品贸易，特别是扩大出口，从而促使社会经济发展取得了显著的成就，并且有效地促进了国家经济结构的改造。

一　外贸的突出地位和发展态势

以色列经济严重依赖对外贸易，外贸部门在国民经济中占有极其突出的重要地位，对其经济增长起着举足轻重的作用。据以色列工贸部公布的数字，1993 年以色列商品进出口总额为 345.89 亿美元，约占国民生产总值的 75%，国内生产总值的 52.81%。其中，商品进口额为 205.19 亿美元，占国内生产总值的 31.33%；商品出口额为 140.7 亿美元，占国内生产总值的 21.48%。[①] 近年

---

① 　[以] 工贸部：《以色列经济一瞥》1994 年版。

来，外贸总额在国民生产总值中所占的比重进一步上升。1994
年商品进口额占国民生产总值的 46%；商品出口额占 34%，进
出口总额合计占国民生产总值的 80%。[①]

以色列的对外贸易不仅在国民经济中占有突出位置，而且其
发展速度之快令人注目。据以色列中央统计局的统计资料，1950
年至 1993 年，以色列商品进出口总额足足增长了 100 倍以上。
其中，进口额增长了 66 倍；出口额增长了 401 倍。十分明显，
商品出口的增速大大地领先于商品进口的增速。但是，1994 年
情况有所变化，头 10 个月进口额为 192 亿美元，增长 15%，而
出口额为 128 亿美元，增长 12%，低于进口的增长速度。[②]

以色列商品贸易的增长率还大大地超过国民经济的总体增
长。例如，1990 年到 1994 年间，以色列的经济增长率平均每年
为 5.8%，而在同期内，其出口额增长了 41%，进口额增长了
71%。[③] 进出口贸易的这种超前增长态势充分显示了外贸在以色
列国民经济中的发动机作用。

二　进出口商品结构的变化和技术出口模式的形成

以色列对外贸易的迅猛发展，同其要使本国经济与国际贸易
接轨的政策密切相关。为达到"接轨"的目的而采取的经济发
展战略明显地呈现在其对外贸易经营中；由于外贸在实质上是一
国生产和流通超越国家范围的延伸，进出口商品结构及其变化必
然反映出该国经济发展水平和趋向。以色列经济发展模式的演变

---

① 以驻华使馆经商处主任贺立夫：《以色列的经贸现状及其贸易政策》，转见
《国际商报》1995 年 5 月 9 日增刊。

② ［英］《以色列经济季评》1994 年第 4 季刊。

③ ［美］《基督教科学箴言报》1995 年 3 月 30 日。

就在其进出口商品结构方面十分清楚地展现出来。

建国初期，以色列经济活动的重心在于发展基础设施和安置移民。为了恢复和发展经济，政府实施了优先发展农业，力争实现粮食自给自足，并以农业为基础，推动国民经济发展的方针。因而表现在对外贸易关系上，在50年代采取了进口替代战略和促进农产品出口的政策措施。其目的在于用国内生产的工业品（主要是加工食品、纺织、服装、橡胶等非高科技工业产品）代替进口产品，减少本国对国外市场的依赖，以促进国内工业的发展和节省外汇支出。但是，随着进口替代工业的发展，所需的生产设备和原材料进口也相应增加，消费品进口减少。进口商品大约2/3为工农业和建筑业所需的原材料，1/4为各类生产设备，少数为日用消费品。出口商品则以柑橘类水果和蔬菜产品为主。1950年农产品的出口额约占总出口额的60%，到50年代末仍占1/4以上。[①]

由于国内经济的恢复与发展，以色列政府在50年代后期大力扶植工业的发展，采取一系列有利于发展工业的政策措施。如1958年以色列政府通过《鼓励资本投资法》，对可替代进口的制造业和以出口为方向的科技产品及钻石工业等给予特殊的优惠。但是，进口替代工业产品主要面向国内市场，这难免遇到国内市场狭小的限制。因此，以色列采取促进面向出口工业发展的政策。如1969年制定了《鼓励工业投资法》，对面向出口及"研究与发展"项目的投资给予优惠。1973年以后，政府又规定投资集中在以科技为基础的工业，诸如电子工业、高级化学工业等部门。这样一来，以色列逐步形成了出口替代的经济发展战略，以工业制成品和半制成品的出口代替传统的初级产品出口，促进

---

①　本·波瓦施：《以色列经济》，哈佛大学出版社1986年版。

出口产品的多样化发展，从而增加外汇收入，并且带动工业体系的建立和经济的持续增长。

随着经济发展战略的转换，从 60 年代以来以色列的商品进出口结构发生了明显的变化。在商品进口结构方面，由于人口的增长，消费品的进口逐步上升，进口额由 1960 年的 4400 万美元增至 1993 年的 25.325 亿美元，所占商品进口的比重由 1960 年的 8.77% 增至 1993 年的 12.35%。同时，由于国内基础设施和基本建设的大部分建成，资本货物的进口有所减少，所占进口比重由 1960 年的 20.89% 减为 1993 年的 17.45%。但是，生产资料（包括未加工的粗钻石）的进口始终保持较高的份额，占总进口的 70% 左右，[①] 这反映了以色列对来料加工工业一直比较重视，来料加工在以工业中占有重要地位。商品出口结构方面的变化更为突出：农产品在总出口中所占的比重由 1960 年的 29.13% 减为 1993 年的 3.80%；而工业品的出口比重由 1960 年的 70.87% 上升到 1993 年的 96.20%。其中，钻石出口所占份额由 1960 年的 28.12% 减为 1993 年的 25.36%。[②]

上述表明，以色列的工业品出口急剧增长，大大超过了农产品的出口。而在工业出口中则以高科技的新兴工业产品为主。在 1970 年，传统的和非尖端的工业品出口占工业总出口的 60% 以上，1975 年降为 45%，1980 年少于 36%，而高科技的尖端工业产品的出口地位则日益上升。电子、电信、化学、金属制品和运输设备的出口比重增长更为迅速。据以色列工贸部资料，1993 年工业出口总额为 131.73 亿美元。其中，金属制品、机械和电子产品占 38.6%，抛光钻石占 22.7%，化学制品、橡胶和塑料

---

① 据以色列中央统计局《1994 年以色列统计摘要》的有关数字计算的百分比。
② 同上。

制品占 17.9%，轻工产品和日用杂货占 7.4%，纺织品、服装和皮革占 7.1%，食品和蔬菜加工制品占 4.1%，炼制品及矿物占 2.3%。[①]

在以色列的工业出口中，传统工业部门以钻石加工最为突出。该行业拥有大约 700 家企业，一万多名从业人员，是以色列重要的创汇部门之一。钻石加工产品的出口额 1960 年为 0.609 亿美元，1970 年增至 2.446 亿美元，1980 年再增至 16.151 亿美元，1990 年跃增至 32.361 亿美元，到 1993 年高达 36.451 亿美元，为 1960 年的 58 倍多。[②] 以色列的小块抛光宝石产量约占世界总产量的 80%，其中大多数是珠宝饰物镶嵌用宝石。在各种规格和形状的钻石加工上占全世界 40%，在生产和销售两方面成为世界钻石加工的一个主要中心。[③] 以色列钻石出口的优势在于其高技术的加工工艺使成本大大降低。由于它是世界上第一个使用自动化抛光、切割和黏接设备及先进的激光镶嵌技术的国家，因而在国际市场上极具竞争力。

在新兴高科技工业部门中，则以电子工业的电信产品输出最为令人瞩目。如果说以色列的某种工业领域在国际市场上已建立起超规模地位，那就是电信和数据通信领域。以色列的电话线路倍增器已占有世界市场 80% 的份额，电信产品如数据调制解调器、卫星地面接收终端设备等均享有极高的国际信誉，其出口额 1992 年增长了 47%，1993 年又增长了 25%，是以色列各工业领域中出口增长最快的部门。[④] 以色列电信产品在国际市场上获得成功，完全得益于其高新工程技术的发展。由于国防工业带动了

---

① 原资料累计为 100.1%。

② 以色列中央统计局：《1994 年以色列统计摘要》。

③ 以色列新闻中心：《以色列概况》1992 年版。

④ 以色列驻华大使馆文化处：《以色列通讯》1995 年 4 月号。

电子工业的革新，并把技术推向民用市场，完成高效率的转化，从而使得以色列的电信系统、航空控制系统等方面所取得的成绩，在国际上获得了认可。据报道，1994 年以色列电子和电信产品的出口额达 41 亿美元，占工业总出口的 36. 12%。[1]

机器和金属加工工业是以色列的又一重要的出口产业部门，包括自动化控制设备、激光切削装置以及铣床等等，尤其是农业机械、温室管理、灌溉系统都有重大的发展。如埃因·多尔灌溉系统公司生产的设计合理、造型独特、使用微机控制喷灌机的自动推进水利系统，已被世界粮农组织向各国推荐，出口至全球六十多个国家。另外，电脑控制的联合收割机、自动调温农用暖房均居世界领先水平，向许多国家出口。1994 年金属制品出口额达 26 亿美元，占工业品出口的 22. 90%。[2]

化学和制药工业部门也是主要出口行业之一，其 1994 年出口额为 24 亿美元，约占工业出口的 21. 15%。[3]

农产品出口虽然在以色列的总出口中所占的比重大大下降：从 1950 年的 60% 减至 1993 年的 3.8%，但其出口额却是明显地上升：从 1991 年的 2000 万美元增至 1993 年的 5.47 亿美元。柑橘是主要的出口农产品，所赚外汇 1979 年曾高达 2.56 亿美元，后因气候影响及在国际市场上遇到西班牙产品的竞争，出口量有所减少，出口收入也渐趋下降，1992 年仅为 1.17 亿美元。但是，由于引进被誉为"电视水果"的新柑橘品种，色泽鲜艳、味道甜美、无籽且易剥皮，坐在电视机前吃橘子，不用担心弄脏东西，从而使以色列柑橘出口大增，1994 年出口了 32 万吨，收

---

① ［德］《商报》1995 年 4 月 20 日。
② 同上。
③ 同上。

入为 1.6 亿美元。① 以色列的鲜花出口从 80 年代后期以来不断增长，到 1993—1994 年花季出口鲜花达 10.55 亿束，成为仅次于荷兰和哥伦比亚的世界第三鲜花出口国。总之，以色列品种繁多的鲜花、水果、蔬菜成为出口创汇的重要产品。以色列农业出口成功的奥秘在于农业科技在各个领域广泛和深入的应用。例如，花农每年投入一亿谢克尔（2.459 谢克尔 = 1 美元）以开发鲜花新品种、提高种植技术和保鲜技术，使鲜花成为以色列农业出口的主要产品。

综上所述，以色列商品出口的不断扩大和增长，主要受益于高新科技的发展和应用。高新技术产品在对外贸易活动中发挥着明显的优势，在国际市场上具有较强的竞争力。高新技术生产和出口的成功使以色列逐步形成了技术出口模式，并且成为以色列经济增长的主要动力因素。

三　以自由贸易为主导的外贸格局

一国的对外贸易格局一般取决于技术和要素禀赋以及规模经济等因素，而以色列的外贸格局则还受到政治因素的严重影响。由于长期的阿以冲突和经济发展水平的差异，以色列同多数阿拉伯国家的贸易受阻。因此，以色列不得不将注意力转向西方，集中力量打入欧美市场，发展同欧美国家的贸易关系。

在建国初期的 50 年代，以色列经济恢复和发展所需的原材料、燃料、生产设备以及消费品主要来自美、英、意、加、德等国。如 1950 年从欧美国家的进口额占其总进口的 76.10%。而且，以色列出口的商品也绝大部分销往欧美地区，1950 年对欧

① ［英］《金融时报》1995 年 7 月 6 日。

美出口额占以色列总出口的 97.43%。但是，随着以色列出口替代工业的逐步发展，其对欧美国家的出口比重渐趋下降（1960年占 84.81%，1970 年占 75.62%，1980 年占 70.54%，1993 年占 69.30%），然而其工业发展所需的机器设备仍要依靠工业发达国家，从欧美的进口始终保持较高的比重（4/5 左右）。由于同欧美国家的贸易往来居于支配地位，为了保证外贸的顺利发展，以色列于 1962 年加入了关税与贸易总协定，并先后同欧共体、美国和欧洲自由贸易联盟签订了自由贸易协定，形成了自由贸易的主导方向。

1975 年 5 月，以色列与欧共体（包括意大利、爱尔兰、比利时、卢森堡、联邦德国、丹麦、英国、希腊、西班牙、葡萄牙、法国）签订了第一个自由贸易区协定，旨在促进合作和扩大双边贸易。该协定规定，从协定生效之日起，欧共体免征以色列制成品 60% 的关税，1976 年 1 月 1 日起免征 80% 关税，1977年 7 月 1 日起免征 100% 关税；至于欧共体国家进入以色列的货物，按规定应是 1985 年开始 100% 免征关税，实际上则是从1989 年 1 月 1 日起才实现免征关税。[1] 欧共体是以色列的最大贸易国家集团，1970 年双边贸易额已达 10.187 亿美元，1980 年增至 50.278 亿美元，1990 年再增至 118.146 亿美元，1993 年高达144.392 亿美元，占以色列外贸总额的 40.85%（其中，出口占29.66%，进口占 48.95%）。[2] 可见，该自由贸易区协定对加强双方经济往来起了十分重要的作用。

1985 年 4 月，以色列同美国签订了建立自由贸易区协定。这一旨在进一步加强两国经贸关系的协定规定，分阶段逐步废除

---

① 叶胡达、拉宾和基赛曼：《自由贸易》，1993 年 10 月耶路撒冷版。
② 据以色列中央统计局：《1994 年以色列统计摘要》的有关数字计算百分比。

两国之间的所有关税，到 1995 年实现取消全部关税，但实际上到 1989 年大多数商品已免征关税。美国是同以色列贸易往来最多的国家，1980 年双边贸易额已达 25 亿美元以上。该协定的签订更促进了两国间的贸易，1990 年双边贸易额上升到 52 亿多美元，1993 年高达 82.658 亿美元，占以色列外贸总额的 23.38%。①

1992 年 9 月，以色列同欧洲自由贸易联盟（包括奥地利、冰岛、挪威、芬兰、瑞典、瑞士等国）签订了自由贸易区协定。旨在增进以色列同欧洲自由联盟经济合作的这个协定从 1993 年 1 月 1 日生效。不同于上述两协定，这个协定规定从生效之日起立即废除大部分关税。据此，所有的工业品均豁免关税，一些农产品和加工食品的关税被豁免或者减少。于是，双边的贸易往来获得进一步发展。1993 年以色列对欧洲自由联盟国家的出口额为 4.385 亿美元，占总出口额的 2.96%；以色列从欧洲自由联盟国家的进口额为 20.823 亿美元，占总进口额的 10.15%。②

此外，以色列还享受澳大利亚、加拿大、日本、新西兰等国的"普惠制"，使以色列工业品向这些国家的出口得到减免关税的优惠。因此，以色列同这些国家的贸易往来也有所发展。例如，1993 年以色列同日本的双边贸易额达 18.167 亿美元。

为了开辟新市场，保证经济的持续增长，以色列政府从 1991 年起还致力于推行一系列贸易自由化的措施。由于东南亚、南美、东欧国家在国际贸易中的地位日益重要，它们产品的价格也相对比较低廉，促使以色列从 1991 年 9 月 1 日起开始实施逐步放宽进口的计划，如取消许可证和非关税壁垒，只规定某些

---

① 见《1994 年以色列统计摘要》。

② 同上。

"敏感商品"的关税在七年内逐步降低。因此，近几年来，以色列同亚洲等地区的贸易也获得不断增长。1993年同亚洲的贸易额为45.528亿美元，占以外贸总额的12.88%。目前，以色列同世界五大洲的国家都有贸易往来。据以色列工贸部的资料，1993年以色列商品出口的地区分布是：西欧占32.61%，北美占31.86%（其中美国占31.17%），亚洲占16.93%，东欧占4.28%，南美占2.67%，非洲占1.77%，大洋洲占1.07%，其他未分类地区占9%。

四　促进外贸发展的重要措施

在推行进口替代到出口替代战略和贸易自由化政策的过程中，以色列十分重视并积极采取具体配套措施，有力地推动了对外贸易的发展。其主要做法有：

（一）开辟自由贸易区

迄今为止，以色列已建立的自由贸易区有埃拉特港、阿什多德港自由区和拉马特甘钻石原料自由贸易区。根据1969年的《自由港区法》、1971年6月6日的《海关法》和1972年4月6日的《免税规则》而设立的埃拉特、阿什多德、海法自由港区内，开办的公司企业在七年内免缴一切收入所得税，此后征收25%的公司税，红利抽税15%，免征因通货膨胀而赢得的资本增值税，免征财产税；如产品主要供出口的企业还可享受贷款担保等等优惠。为适应外贸和经济发展需要，1985年11月2日，以色列政府通过了《埃拉特自由贸易区法》，在自由港区内专门开辟自由贸易区，规定所有投资者除享受自由港区的优惠外，还可获得相当于其向雇员支付净工资总额20%的贷款，进出口货物一律免征间接税以及用外汇进行投资者免征资本增值税等优惠。自由港和自由贸易区的设立，吸引了外国投资者，增加了就业，扩大了对外贸易，加强了以色列同世界各国的经贸往来，对经济发展发挥着明显的作用。

1992 年 7 月 1 日，以色列工贸部在特拉维夫附近的拉马特甘开设了钻石原料自由贸易区。规定外商无需通过中介商可直接在该区内销售钻石原石，所得外汇可自由汇出；原石全部免税，从而建起了当今世界规模最大的一个钻石市场。目前，在该区周围的几个小镇拥有七百多家私营钻石加工厂，一万余人直接从事钻石加工，年创汇人均可达 18 万美元。以色列钻石出口成绩斐然，年出口额稳定在 30 亿美元以上。这除了由于高技术加工工艺大大降低成本外，钻石原料自由贸易区的建立所起的作用也不可低估。

（二）设立促销机构

由于进出口贸易特别是产品输出对以色列经济具有举足轻重的意义，以色列对出口促销工作极其重视。因此，政府于 1958 年成立了以色列出口协会（Israel Export Institute），其宗旨是促进以色列的出口贸易，为外国厂家、新闻界和商业团体提供接触以色列制造业、商业和新闻界的机会，扩大以色列与其他国家的交流和合作。目前，该协会有二千多名工作人员，设有四个主要部门：市场部、战略和销售数据库部、出口服务部、展览部。该协会参与了全国出口业务的 90% 以上，成为以色列出口贸易的强大推动者。

为了使农产品打入国际市场，扩大出口销路，以色列政府还专门成立了同农民合资经营的农产品出口公司，其主要任务是组织货源、推销产品和收集市场反馈。该公司在国外设有八个办事处，有日夜直通电话联系，保证销售信息灵通和及时，从而有力地促进了农产品在国际市场上的畅销。在柑橘出口方面，从 1991

年开始，以色列政府采取了同一家批发公司柑橘营销委员会联营的做法。该委员会现已形成一个伞形商业机构，向 12 家出口公司发放许可证，每年还投资于研究和开发，以促进柑橘出口业。

（三）组织国际销售网络

犹太人有经商的传统，自从以色列建国以来，散居各国的犹太商人就一直同其做生意，这种建立在民族感情基础上的商业关系，使以色列得以同世界上许多国家发展经贸往来。为了扩大出口，吸引更多的犹太人到以色列来投资和旅游，1984 年以色列政府专门成立了一个部长委员会，致力于建立犹太经济协调组织——"使命团"。该"使命团"由 40 名美国犹太实业家、40 名以色列经济界人士、20 名欧洲、南美和南非的犹太实业家组成，其宗旨是促进世界各国的犹太实业界同以色列建立联系。"使命团"的建立是以色列开拓国际市场的一种长远战略措施。事实上，利用民族感情，经过努力，以色列已逐步形成了遍布全球的购销网络，从而保证了外贸渠道的通畅。

（四）调整汇率制度

汇率是影响对外贸易的主要经济杠杆之一。以色列建国伊始就面临外汇短缺问题，因此它实行外汇管制。为了适应经济发展形势和对外贸易的需要，以色列适时地放松外汇管制和不断地调整汇率。如 1962—1998 年间，为了保证进口的外汇需要，放松行政管制而代之以财政控制。1977 年 10 月 28 日以色列宣布实行浮动汇率制度，并将大部分现行货币和贸易管制取消、以镑成为自由兑换的货币，以色列银行取代财政部作为决定汇率的机构。1979 年 3 月起，银行允许汇率每天浮动，使汇率成为调控经济的重要手段。1981—1983 年间，由于谢克尔（1980 年 9 月 30 日开始采用的新货币单位，1 谢克尔为 10 以镑）面值上涨，汇率被人为地提高，导致国际收支恶化，为了缓解困难，以色列从1983年秋起将谢克尔同外汇的比价下调。1985年7月，谢克尔对美元的比价固定下来。1986年8月以色列实行"贸易加权一揽子货币"的办法，即将谢克尔与主要贸易伙伴的一揽子货币（由美元占60％、马克占20％、英镑占10％、法郎和日元各占5％组成）挂钩来确定汇率。1990年初，允许谢克尔根据贸易需要比价可上调5％。1991年12月实行所谓"斜线"政策，即按照事先预定每年6％的通货膨胀率，根据市场供求关系，每天确定汇率，从而使汇率每年贬值5％左右。所有这些措施的采取，使以色列的汇率政策得到改善，更为符合外贸发展的实际需要。

五　问题和前景

应当指出，在以色列对外贸易发展的进程中，也伴随着一些困难和问题，比较突出的是长期存在贸易赤字以及同许多阿拉伯邻国仍未建立正常的贸易关系。

由于大量购买武器、进口资本货物及原材料，以色列多年来虽然出口增长率高于进口增长率，但仍处于贸易逆差状况，出口额一般仅为进口额的50％至80％，贸易赤字不断上升：1970年为6.999亿美元，到1993年增至61.615亿美元，增长了8.8倍；人均贸易赤字由1970年的235美元增至1993年的1145美元。[①] 1994年头10个月贸易赤字达64亿美元。以色列的贸易赤字部分由外资转让（包括外援、外国投资和贷款）来弥补，在某些年份经常项目出现盈余，但多数年份经常项目出现赤字，如1994年估计经常项目赤字达25亿美元。预料，随着以色列对外贸易方向的日趋

---

① 《1994年以色列统计摘要》。

多样化，贸易伙伴的不断增多，加上技术出口的优势进一步加强，其出口占进口的比重将会逐渐提高，贸易赤字也可能缩小，但这不是短期内能够实现的，而将是一个缓慢的发展进程。

至于同多数阿拉伯邻近国家迄今尚未建立正常的贸易关系，这对以色列开展对外贸易是很不利的。对此，以色列采取了比较灵活的贸易方式，通过第三国的中间人转手，改换商品的包装，运往阿拉伯市场，同阿拉伯国家进行间接贸易。当前，随着中东和谈的进一步发展和中东全面和平的可能实现，阿盟和阿拉伯各国正在逐步改变并最终将会取消对以色列经济制裁和贸易抵制，阿以之间正常的经贸关系可能会逐步实现。事实上，从1993年9月巴以媾和以来，以色列已先后同巴勒斯坦、约旦签署了经济合作协定；以色列代表团被邀参加阿曼、摩洛哥等国的贸易博览会；沙特、巴林等国商人也曾到以色列参观商品展销会；以色列还同阿拉伯国家就石油和天然气的贸易合作进行谈判。目前正在酝酿中的项目主要有：向以色列市场提供阿拉伯成品油及向以色列炼油厂提供阿拉伯原油；重新开放连接沙特经约旦、叙利亚和黎巴嫩横贯阿拉伯输油管线，并利用以色列境内的管道把阿拉伯石油输送到地中海；卡塔尔向以色列供应天然气。并已原则上达成了修建从埃及每天输送566万立方米天然气至以色列的管道协议。看来，以色列可能会成为对阿拉伯国家极有吸引力的石油和天然气市场，而阿以正常贸易关系的建立将使以色列的对外贸易进入一个新的发展阶段。

（原载《西亚非洲》1995年第6期）

海湾危机和战争研究

石油与海湾危机

1990 年 8 月 2 日，伊拉克入侵科威特所引发的海湾危机，短短几天就迅速升级为领土吞并和军事对峙的严峻态势，并面临着爆发一场新战争的危险。这明显地反映了恃强凌弱、夺占邻国石油财富的伊拉克扩张主义和以中东秩序保护者自居的美国霸权主义在世界战略要地——海湾的矛盾突然激化和直接较量。究其实质，乃是卷入这场危机的敌对双方围绕中东石油利害关系而展开的尖锐冲突。

石油是一项至关重要的战略资源，对世界经济、政治、军事和社会生活等影响巨大。而在石油利益上的差别、对立乃至争夺，又为当今世界经济关系中的客观存在，并深深渗透于南北关系和南南关系的错综复杂的矛盾之中。争夺中东石油利益，实为当前海湾危机的症结所在，并将对世界经济和国际关系格局产生深刻的影响。

一

伊拉克为夺占邻国石油财富而同科威特反目成仇、并出兵入侵实行武力吞并，是爆发这场海湾危机的真正根源和直接动因。

海湾位于中东地区的东侧，以盛产石油著称于世，中东主要产油国如沙特阿拉伯、伊朗、伊拉克、科威特、阿拉伯联合酋长国等都集中在这里，是美国、西欧、日本等工业发达国家石油供应的重要来源，成为世界一大战略要地。自1988年8月两伊战争结束以来，海湾局势虽曾一度缓和，但是风云突变，伊拉克和科威特之间的领土和石油争端又突然冒了出来，成为引爆这场海湾危机的导火线。

伊拉克和科威特互相毗邻，同是中东阿拉伯国家，并且都是世界上著名的产油国，它们的石油储、产、销量均位居世界前列。据报道，截至1989年底，伊拉克的石油探明储量为1000亿桶，占世界总探明储量的9.98%，仅次于沙特阿拉伯，居世界第二位。科威特的石油探明储量为945.25亿桶，占世界总探明储量的9.43%，居第四位。① 1989年下半年原油的平均日产量，伊拉克为297万桶，科威特为198.3万桶，分别占世界平均日产量的4.58%和3.06%。② 它们所产原油大部分输出国外，以获取石油收入。1988—1989年度科威特政府的石油岁收达21.15亿第纳尔（约合75.8亿美元）；③ 1988年伊拉克的石油出口值大约为130亿美元。④ 可见，两国都拥有巨大的石油财富。

但是，伊拉克和科威特的综合国力相差悬殊，实力发展很不平衡。伊拉克国土面积441839平方公里，人口1725万（1988年），均大大超过科威特，分别为近25倍和近9倍，但由于受到长达八年的两伊战争破坏和影响，损失很大而陷于困境。据估

---

① ［美］《油气杂志》1989年年终号。
② ［英］《石油经济学家》1990年5月号。
③ ［英］《科威特国家概况》1989—1990年。
④ ［英］《伊拉克国家概况》1989—1990年。

计，两伊战争双方共耗费 5260 亿美元，战后伊朗向伊拉克索取战争赔偿达 2000 亿美元。① 伊拉克欠债累累，债务总额约 700 亿美元，1988 年需偿还本息约 70 亿美元，这一年，经常项目的盈余只有 17 亿美元，能够拿来还债的钱还不足 20 亿美元。从 1989 年起光是支付债息就要 35 亿美元。因此，伊拉克要靠借新债来还旧债，但条件苛刻，每偿还一美元才能获得两美元的新贷款。在这种情况下，伊拉克要实现其战后的重建计划谈何容易。据海湾国际银行的研究报告说，这项重建资金约需 300 亿美元。② 加上维持庞大的军事开支和每年上百亿美元的民用必需品进口，财政十分拮据，困难重重。与经济状况恰成鲜明对照的是伊拉克强大的军事存在，它的兵力在两伊战争中大大膨胀，号称雄兵百万，并拥有大量先进武器，成为中东阿拉伯世界的一大军事强国。

科威特国小民寡，防务薄弱，陆军 1.6 万人，海军 2100 人，空军 2200 人，总兵力仅为 20300 人。但在经济上由于长期积富，按人口平均占有的石油财富特大，成为当今世界上最富有的国家之一。据报道，科威特设立的后代人储备金 1986 年达 547 亿美元，国家储备金达 372 亿美元，这两笔款项都由国家投资局用于国外投资，每年可获利 40 亿—45 亿美元。③ 据国际货币基金组织统计，1988 年科威特的国际储备（不包括黄金）为 192.35 亿美元，经常项目盈余为 47.13 亿美元，国内生产总值为 55.71 亿第纳尔（约合 199.68 亿美元）。④ 两伊战争期间，科威特用自己生产的石油借给伊拉克去卖钱的办法资助伊拉克共达 150 亿美

---

① ［英］《伊拉克国家概况》1989—1990 年。
② 《海湾国际银行研究报告》1989 年 5 月 29 日。
③ 《光明日报》1989 年 12 月 25 日。
④ ［英］《科威特国家概况》1989—1990 年。

元。科威特这样一个富有的弱国，对于急欲摆脱经济困境而又力图扩张自己势力的伊拉克来说，眼下竟成为其弱肉强食的一个牺牲品。

伊拉克垂涎科威特的石油财富，必欲得之而后快，终至动武抢夺。为了替自己的侵略行为制造"借口"，伊拉克蓄意挑起同科威特的领土和石油争端，主要表现在以下三个方面：

（一）领土争端

1961 年科威特独立后，伊拉克未予承认，双方关系一度紧张。到 1963 年伊拉克才承认科威特独立，并宣布放弃对科威特的领土要求。1963—1973 年，两国关系正常化，但是确定边界的谈判毫无结果，边界线一直没有划定。1973 年两国边界发生火拼事件之后，双方恢复谈判，但仍无实质性进展。1980—1988 年两伊战争期间，科威特给予伊拉克政治和经济支持，两国边界争端暂时搁下。

伊拉克和科威特历史遗留的边界领土争议悬而未决，因其地蕴藏石油并有油港设施，所以这一争议实际上也是石油利益的争夺，成为伊拉克入侵科威特的一个"借口"。1990 年 7 月 16 日，伊拉克在致阿拉伯联盟的信中指责科威特"蚕食"其领土，并执行一项"逐步有计划地向伊拉克领土伸展的计划"。7 月 31 日在同科威特谈判时，又公开提出布比延岛和沃尔拜岛应归伊拉克所有。这两个油源丰富的岛屿是科威特 10 个岛屿中最大的两个，并且是海上油田的重点开发区。它们早为伊拉克所觊觎。

（二）采油争端

伊拉克和科威特的含油盆地相连，科威特油田处于含油构造层的盆底，周围石油皆向盆底汇集，使油田总是满盈易采，多年来储量不减，采油丰盛。而伊拉克的油田处于盆壁，其油源顺向盆底顺流。因此，油层开采的自然条件有利于科威特而不利于伊拉克，双方关系好时尚能相安无事，彼此不和时则借此攻讦，成一争端。伊拉克攻击科威特自 1980 年以来擅自开采其鲁迈拉油田的油层，并要求科威特赔偿"偷油"款 24 亿美元。

（三）超产争端

欧佩克为了稳定石油市场，维护合理油价，以保障产油国利益，实行"限产保价"的政策，根据国际石油市场供求关系变化情况，统一、协调并合理分配各成员国的石油生产限额，这就是欧佩克的配额制。多年来，各成员国在制定与执行配额协议的过程中，基本上都能照顾大局，统一行动，但有时也出现过为各自国家利益而违反协议超产的现象。作为欧佩克创始成员国，伊拉克、科威特长期在该组织内协调行动，同其他成员国一起为维护产油国的共同利益而团结战斗、互相支持，彼此之间没有根本的利害冲突。这次两国却发生了超产争端。按照欧佩克的产量配额规定，科威特 1990 年上半年的石油生产配额为 150 万桶/日，但其实际产量达 200 万桶/日，超产 50 万桶/日，这当然不利于油价的稳定，应按惯例在欧佩克内部通过平等协商、互谅互让求得合理解决。但是伊拉克却借此攻击科威特等国违反协议、倾销石油，压低油价而使其蒙受 140 亿美元的损失。其实，这类事情伊拉克自己也曾有过，如 1986 年 8 月起拒不接受日产 120 万桶的限额，而坚持日产二百多万桶。后经欧佩克反复磋商，作出适当安排，在 1988 年 11 月举行的第 84 届部长级会议上，将伊拉克的配额增为 264 万桶/日，占欧佩克配额总量的 14.27%，使伊拉克接受并签署了协议，从而恢复了欧佩克"限产保价"政策的统一行动。可见，伊拉克不过是以科威特超产问题作为入侵的一个"借口"而已。

伊拉克凭借其绝对优势兵力，一举占领了科威特，达到了它蓄意夺占科威特石油财富的目的。它霸油田，占油港，直接抢走了价值数十亿美元的黄金、外汇和货物，并单方面将它欠科威特的 150 亿美元借款一笔勾销。与此同时，在占领后几天，它就宣布科威特是其领土的一部分，公然实行领土吞并。它还乘机抢占了位于科威特与沙特阿拉伯之间的"中立区"。这块沙漠飞地是英国于 1922 年建立的，面积 5700 平方公里，仅有几百名游牧民居住。伊拉克占领它，是因为它是世界上含油量最丰富的地区之一。据国际能源机构报道，这个"中立区"的原油日产量自 1990 年 1 月以来，一直保持 30 万桶。

由上可见，伊拉克悍然入侵科威特，挑起海湾危机，实质上是它企图重新分配中东石油财富并想夺占更多石油利益的集中表现，明显反映了它从民族主义到扩张主义的蜕变。

二

伊拉克一占领科威特，就立即陈重兵于科、沙边境，威胁沙特阿拉伯，以图进一步控制海湾石油，在欧佩克内占居主导地位。这是对美国的世界霸权及其石油利益的直接冲击和严重挑战。出于全球战略考虑，美国不能容忍伊拉克扩张主义在海湾坐大称雄。当前美国在海湾大规模军事卷入，以及其他西方国家采取配合行动，其根本考虑和现实目标就是要确保海湾对美国及整个西方国家的石油供应，维护它们各自的既得利益，并设法防止新的石油危机。尤其是对美国来说，它还要竭力维护其世界霸权地位。因此，美国迅速调兵遣将，控制海上通道，加紧封锁伊拉克，并在沙特阿拉伯境内部署大军，直接同伊拉克的重兵对峙，恰似插入了一面"沙漠盾牌"。

美国同伊拉克在海湾的军事对峙，使海湾危机急剧恶化，这反映了双方在石油领域的根本利害冲突。其利害关系主要包括以下几方面：

（一）石油供应方面

作为西方石油供应的重要来源，中东海湾对于美国及其他西方国家具有重大的经济和战略意义，被视为它们的"生命线"。美国担心海湾油源落入伊拉克之手，将从根本上危及对它及整个西方世界的石油供应。

众所周知，中东石油的储、产、销在世界上占有举足轻重的地位，而海湾国家得天独厚，拥有世界上最丰富的石油资源，是中东的巨大"油库"。据统计，截至 1989 年底，沙特阿拉伯、伊拉克、阿拉伯联合酋长国、科威特、伊朗等五个海湾国家的石油探明储量合计占世界总探明储量的 63.92％，其中沙特阿拉伯为 2550 亿桶，占世界总储量的 25.45％，居世界首位。[①] 如果将其中的非阿拉伯国家伊朗除外，其余四个阿拉伯国家合计亦占世界总储量的一半以上（54.65％）。在储采比方面，海湾国家的石油可采年份都很高，按 1988 年产量计算，阿联酋为 185 年，科威特 182.9 年，伊朗 114.9 年，伊拉克 102 年，沙特 96.9 年，都大大高于世界平均的可采年份 43 年。[②] 在原油产量方面，1989 年沙特为 2.55 亿吨，占世界总产量的 8.2％；伊朗 1.45 亿吨，占世界 4.7％；伊拉克 1.38 亿吨，占世界 4.4％；科威特 0.91 亿吨，占世界 2.9％；阿联酋 0.97 亿吨，占世界 2.9％；它们合计占世界总产量的 23.1％。[③] 顺便作一比较，虽然目前世界上最大的石油生产国是苏联，1989 年产油 6.08 亿吨，占世界总产量的 19.1％，[④] 但它同时又是自然型的石油消费国，它生产的

---

① ［美］《油气杂志》1989 年年终号。

② ［美］《油气杂志》1988 年 12 月 26 日。

③ ［英］《石油经济学家》1990 年 1 月号。

④ 同上。

原油主要满足国内需要，而不是为了出口。海湾国家所产原油除满足国内少量消费外，绝大部分向国外输出，特别是输往西方国家，成为当今世界主要石油供应地。

美国等西方石油消费国在很大程度上依赖中东石油供应，以满足它们对石油消费的巨大需求。美国是当今世界上最大的石油消费国，1989 年日均石油消费量为 1730 万桶，占世界石油消费总量的近 1/3。它是调节型的石油消费国，国内所产原油只能满足部分需要，还需从国外大量进口原油来弥补国内的不足。1989 年美国石油进口量占其石油需求量的 40% 以上。据统计，美国石油探明储量为 341 亿桶，占世界石油总探明储量的 3.4%，居世界第九位。[①] 其储采比低，可采年份不超过 10 年。油田老化，产量下降，1988—1989 年，采油量从 4.547 亿吨减至 4.27 亿吨，占世界原油总产量的比重从 15% 降为 13.7%。石油消费量却不断上升，预计 1995 年日均耗油量将增至 1770 万桶，国内产油只能供应 760 万桶/日，仅为需求量的 42.9%，其余 57.1% 的石油要仰赖进口。[②] 从美国能源部的统计材料看，沙特阿拉伯是美国进口石油的最大供应国，美国从沙特进口的原油日均为 114.9 万桶，占美国石油进口总量的 14.8%；伊拉克为第五位供应国，美国从伊拉克进口的原油日均为 58.8 万桶，占 7.6%。这样，仅沙特和伊拉克两国就提供了美国原油进口总量的 22.4%。[③] 可见海湾油源对美国是何等重要。

西欧（除英国、挪威外）、日本仰赖中东石油供应的程度更甚于美国。它们都是贫油国，是依外型的石油消费国，所需原油

①　［美］《商业日报》1990 年 8 月 15 日。
②　［英］《石油经济学家》1990 年 5 月号。
③　［美］《洛杉矶时报》1990 年 8 月 3 日。

绝大部分从国外进口，尤其要靠海湾产油国供应。它们的石油进口量占其石油需求量的比重分别为：瑞典 100％，日本 99.6％，法国 95.7％，意大利 95.4％，联邦德国 95.2％。[①] 而来自海湾的石油供应占日本石油进口量的 64％，占法国需求量的 45％。据预测，包括北美、西欧、日本等 24 个工业发达国家在内的经济合作与发展组织，其石油需求量 1990 年为 3790 万桶／日，它们自己生产的石油只有 1620 万桶／日，占其需求量的 42.7％，仰赖于进口油的比重达 57.3％；1995 年的需求量将增至 4020 万桶／日，自产油却减为 1470 万桶／日，仅占需求量的 36.57％，而仰赖进口的比重将上升到 63.43％。[②] 因此，整个西方世界对来自中东海湾石油的依赖程度将日益加深。

（二）石油价格方面

中东海湾石油的油质好、成本低（科威特每桶原油的生产费用约 15 美分），在世界上以价廉物美著称，给大量进口中东石油的美国等西方国家带来了巨大的好处。而中东产油国在获得巨额石油收入的同时，往往由于西方国家压低油价和提高工业品价格而蒙受巨大的经济损失。伊拉克主张大幅度提高油价以增加石油收入的强硬立场，使美国等西方国家为之侧目。

以中东产油国为主体的欧佩克，在世界石油领域占有非常重要的地位，1989 年其石油储量占世界的 77％，石油产量占世界的 37％，石油供应量占世界的 45％。[③] 欧佩克为维护合理油价、稳定国际石油市场，进行了长期的联合斗争。通过收回资源主权，提高石油价格的巨大努力，有力地打击了西方石油垄断资

① ［日］《时事周刊》1990 年 3 月 31 日。
② ［英］《石油经济学家》1990 年 5 月号。
③ ［英］《石油经济学》1990 年 1 月号、5 月号。

本，捍卫了产油国的民族权益。随着前两次石油危机成为过去，美国等西方国家利用石油供过于求的买方市场局面不断压价，使油价一度暴跌，严重损害了产油国的共同利益。欧佩克成员国一致要求保卫合理油价。作为世界最大石油供应国的沙特阿拉伯在平衡石油供求关系上起着主导作用，因而它对油价政策的温和主张往往在欧佩克内占上风。伊拉克持激进态度，主张采取高价政策，要求大幅度提高油价。1990 年 7 月 26—27 日举行的欧佩克第 87 届部长级会议决定，将油价从每桶 18 美元提高到 21 美元，而伊拉克主张提高到 25 美元的意见没有被会议采纳。由于欧佩克在稳定国际石油市场油价方面起着十分关键的作用，因而美国等西方国家非常担心，如果伊拉克在欧佩克内占居主导地位，左右油价政策，那将会损害它们的既得利益。

（三）石油投资方面

美国等西方国家通过投资、承包等方式在中东分享巨大的石油利益，同时吸引中东巨额石油资金向它们投资，以增强西方石油工业的活力。石油资本的这种互相渗透与融合，使中东一些产油国同西方国家之间形成一种利益上的结合。美国深恐伊拉克打破它们精心构架的国际经济关系的这种格局，危及西方资本主义世界的经济秩序与根本利益。美国等西方国家一方面力图保持在中东的既得利益，如美国在沙特的阿美石油公司在被沙特政府收归国有后，仍以承包方式经营管理，继续获取厚利，莫比尔石油公司通过投资拥有在利雅得和吉达的两座润滑油厂 29% 的股权，莫比尔公司和壳牌石油公司还同沙特阿拉伯合资经营在延布和朱拜勒的两座大型炼油厂等。① 另一方面吸引中东一些产油国向西方石油工业的下游部门（运输、销售、加工）投资，以帮助一些西

———

① ［英］《沙特阿拉伯国家概况》1989—1990 年。

方石油公司恢复活力，同时对这些产油国扩大原油出口、获得投资利润也有好处。如科威特石油公司通过购买取得了英国石油公司 9.9% 的股权，在鹿特丹和哥本哈根拥有炼油厂，在意大利、瑞典、丹麦、比利时、荷兰、卢森堡和英国共拥有 4800 个加油站，均标以"Q 8"（音同科威特）的分号名称。① 沙特阿拉伯以 18 亿美元的现金和石油，购买了美国德士古石油公司的三座炼油厂一半以上的股份，并参与了美国 23 个州的 11450 个加油站。②

　　由于上述几方面的缘故，美国等西方国家在中东大力支持那些同它们合作的阿拉伯产油国，以确保中东石油供应线畅通无阻，维护自己在海湾的既得利益。当前伊拉克在海湾的扩张势头，足令它们为之震惊。伊拉克公开号召"反美"、"推翻沙特腐朽王室"、进行一场"伊斯兰圣战"，美国对此深感忧虑，万一伊拉克得逞，控制了沙特这样最大的石油供应地，对美国等西方国家将是致命打击。美国前驻沙特大使韦斯特说："我们确实在中东具有重大的经济利益。我们不能让萨达姆或别的对美国不友好的人控制将近一半的世界石油供应。事实上，我们对中东石油的依赖程度超过我们愿承认的程度。今天，控制世界石油资源一半的人将决定世界经济前景，决定我们将陷入衰退呢还是繁荣"。③ 这一席话再清楚不过地道破了美国军事干预海湾局势的真实意图在于维护其石油利益和霸权地位。

三

　　海湾危机的爆发，使世界突然处于第三次石油危机的边缘。

---

① ［英］《科威特国家概况》1989—1990 年。
② ［英］《经济学家》周刊 1989 年 2 月 4 日。
③ ［美］《纽约时报》1990 年 8 月 13 日。

国际石油市场动荡，油供出现缺口，油价迅速上涨，突破每桶40美元大关，打破了有利于西方世界的石油买方市场局面，冲击着西方国家的经济，也给世界其他地方投入阴影，使许多国家的经济受到不同程度的影响。其具体表现主要有以下几方面：

（一）在海湾危机的直接影响下，国际石油市场发生激烈动荡

由于封锁、禁运，伊拉克和科威特生产的原油不能输出和投放市场，使石油供应出现每天400多万桶的大缺口，一时造成供不应求的紧张状态。国际石油市场油价不断上升，出现了自1986年以来不曾有过的涨风与油价纪录。而每一次涨价无一不与海湾危机有关，可以说是准确地反映了海湾危机恶化的程度。1990年8月2日伊拉克入侵科威特的当天，由于人们担心侵略行动会影响石油供应，英国北海布伦特原油的现货价格每桶立即提高两美元，达到22.39美元，纽约期货市场的原油则每桶增价1.57美元，达到23.11美元。8月7日，美国宣布派遣军队进驻沙特阿拉伯后，美国西德克萨斯中质原油每桶高达29.08美元，英国北海布伦特原油也接近每桶30美元。8月16日，从东京传出消息说，沙特已通知美国、日本和欧洲各国的石油公司，它将于9月份削减15%—20%的原油供应量。因而人们担心一触即发的海湾战火将会造成世界石油供应严重短缺，油商乘机哄抬价格，于是国际市场油价持续上升，突破每桶30美元大关。8月22日，美国西德克萨斯中质原油期货价格每桶达31.22美元。8月23日，英国北海布伦特原油的期货价也增至31.05美元。9月23日，伊拉克发表公告声称，如遭进攻，将袭击中东地区所有油田，于是次日欧洲现货市场上，英国北海布伦特原油价格大幅度上涨至每桶40.40美元，同海湾危机发生前相比，增幅达88.87%，为1980年11月以来现货市场上的油价最高纪录。纽

约期货市场上每桶油价亦达 38.35 美元，增幅达 78％。显而易见，海湾危机直接导致国际石油市场动荡不稳，加速孕育一场新的石油危机。

（二）油价的大幅度上涨，打乱了西方世界经济发展的节奏

今年以来，美国的经济增长势头明显减弱，第一季度增长 1.7％，第二季度增长 1.2％，可见它的经济增长率已很低微。海湾危机爆发后，美国在石油涨价的冲击下，股票市场看跌，经济发展受制，不得不放慢速度。据估计，美国今年下半年的经济增长率将下降一半，通货膨胀率将上升 0.5％，使得原先打算为避免经济衰退而必须采取的降低利率措施难以实行，巨额贸易逆差也将由于石油进口费用增加而无法弥补，从而使处于经济衰退边缘的美国经济陷入更加困难的境地。据国际经济学家分析，如果每桶 25 美元的油价持续到 1991 年，日本明年的经济增长率可能下降为 3.6％，而不是预期的 3.9％；通货膨胀率将达 2.8％，而不是 2.1％。英国明年的经济增长率将为 1.7％，而不是 1.9％；通货膨胀率将达 6.5％，而不是 5.5％。[①] 法国明年的通货膨胀率将达 3.6％，而不是原计划的 3％；它今年计划将达 3％ 的经济增长率也将无法实现。其他工业发达国受油价上涨影响，也将普遍降低其经济增长速度，通货膨胀加剧，并面临经济衰退的危险。国际货币基金组织的一个研究报告估计，如果石油价格保持在每桶 25—30 美元之间，那么西方七个主要发达国家的经济增长率将下降 0.5％，在经济增长势头强劲的情况下，这可能无关大局，但在这次石油冲击之前，西方经济增长率只在 1.6％ 上下徘徊，在这种情况下，高油价就可能导致世界经济的衰退。可见资本主义经济危机的阴影正在日益笼罩西方世界。

---

① 美联社伦敦 1990 年 8 月 4 日电。

（三）石油的严重匮乏，正在使东欧国家付出高昂的代价

东欧国家几乎完全依赖从国外进口石油来保证它们国内所需的石油供应。以前在经互会的体制下，它们的主要石油供应者是苏联，但从 1989 年起，苏联对它们的石油供应减少 30% 以上，并要求它们自 1991 年起用硬通货买油。因此，它们转向从伊拉克进口石油。海湾危机前，伊拉克每天出口到东欧国家的原油约有 56.5 万桶，并以此抵偿它欠东欧国家的债务，这对双方都有好处。伊拉克入侵科威特后，受到国际的贸易封锁和禁运，它的石油运不出来。本来伊拉克已答应今年向波兰输送 100 万吨原油，以抵偿欠波兰的五亿美元的部分债务，这一允诺就无法兑现。它向波兰输送的原油一下子减少了 3/4，使波兰蒙受 2.5 亿美元的损失。伊拉克欠保加利亚 13 亿美元债务，欠匈牙利 1.45 亿美元债务，原定用石油来偿还，现在也都落空。这使东欧国家不仅受到石油匮乏之苦，而且要支付更多的石油进口费用。为应付国内需要，东欧国家不得不到国际市场上去购买高价原油，如按每桶油价 20 美元计算，保加利亚将耗去其外汇储备的 80%，捷克斯洛伐克将失去外汇储备的 60%。[①] 这样下去，它们的外汇储备很快就会枯竭，财政与经济困难局面将日益加剧。

（四）油供的短缺与高价，给亚洲、非洲和拉丁美洲许多发展中国家的经济带来了较大的困难和负担

自从 80 年代中期油价大幅度下跌以来，第三世界发展中国家特别是亚洲新兴工业国石油消费量的增长速度一直比西方工业发达国家还要快。据国际货币基金组织 1990 年 5 月份的报告说，发展中国家对石油的总需求在 1986—1989 年期间增加了 18%，

---

① ［法］《解放报》1990 年 8 月 17 日。

而工业化世界仅增加 9%。① 亚洲一些新兴工业国如新加坡、韩国等，由于它们依赖进口原油而受到油价上涨造成的经济损失，影响了它们的经济增长速度。印度原来靠伊拉克、科威特供应的那部分原油，现在要从别的国家进口，仅此一项今年要多花费2.22亿美元。巴基斯坦日需石油20万桶，其中14万桶靠进口，2/3 来自科威特，现要从其他地方进口，估计今年要多花费八亿美元以上。对于非洲和拉丁美洲的许多国家来说，原先伊拉克、科威特曾经许诺供应给它们的大量石油，由于海湾危机的爆发而无法兑现，石油短缺、油价上涨造成的沉重压力，使它们已经很困难的经济状况和债务形势更加恶化。那些正在忍受饥饿、贫困的黑非洲大陆国家将因此蒙受更深重的苦难。拉丁美洲的非产油国也将勒紧裤带过日子，它们正在搞的经济调整和恢复工作可能不得不放慢速度。巴西经济受到的冲击在拉美可能是最严重的，因为它是拉美进口石油最多的国家，原来它从伊拉克和科威特进口的石油占其进口总量的1/3，现在要改从别的国家进口，加上涨价因素，它今年的石油进口开支可能增加 15 亿美元。这将给它带来"进口的通货膨胀"，使它今年制定的"经济振兴计划"很可能成为一纸空文。

当前，人们对第三次石油危机的日益迫近有着一种"履薄临深"的危机感和恐惧感，普遍希望避免和制止这次新的石油危机发生，而这只有在和平解决海湾危机的前提下才有可能。因此，世界舆论一致呼吁解决海湾危机的唯一途径应是通过和平手段实现政治解决，而不能诉诸武力解决；应主要靠阿拉伯世界内部协商解决，而不能由大国插手强制解决。历史将证明，如果这场海湾危机因处理不当，使矛盾激化，事态失控而酿成战祸，势

---

① ［英］《金融时报》1990 年 8 月 10 日。

必危及和平与发展的大局，第三次石油危机的降临也将不可避免。

当然，也应看到，国际社会正在积极创造各种条件，以利于防止新石油危机的爆发。这些有利条件主要是：

（一）油供缺口正在弥补，使国际石油市场的供求关系渐趋平衡

海湾危机导致的油供缺口只是暂时的现象，欧佩克已决定进行弥补。在沙特阿拉伯的要求下，欧佩克成员国今年 8 月 26 日在维也纳举行非正式的部长级会议，讨论海湾危机与石油形势。经过两天的讨论，大多数成员国同意提高欧佩克的石油生产配额指标，暂时停止执行今年 7 月 27 日日内瓦会议上决定的生产限额，允许各成员国超产，以弥补油供缺口，稳定国际石油市场。欧佩克秘书长苏布罗托强调，欧佩克"坚持稳定市场的方针"。沙特阿拉伯从 8 月 31 日开始将其原油日产量提高 200 万桶，达到 740 万桶。阿联酋增产 50 万桶/日，委内瑞拉增产 30 万桶/日，其他成员国增产 20 万桶/日。非欧佩克产油国墨西哥日产提高 10 万桶，英国 9 月份从 160 万桶增至 200 万桶。据估计，在中东地区以外，还有日产 200 万桶原油的生产设备能力尚未动用。这些情况表明，弥补供应缺口、恢复供求平衡的任务正在顺利解决。

（二）利用战略储备石油的应急与缓冲作用，有助于推迟石油危机的到来

目前西方国家拥有较充足的战略储备石油，当然可用来应急，并缓和意外冲击。根据国际能源机构（共有 21 个成员国）的要求，各成员国的石油战略储备应相当于其 90 天的净进口量。目前，该机构成员国的战略石油储备达 1.42 亿吨，相当于它们 160 天的净进口量，如按它们的石油消费量计算，则可供它们用

99 天。据报道，1989 年部分欧洲国家的战略储备石油可维持其国内消费的天数分别为：丹麦 169 天、瑞士 168 天、挪威 153 天、瑞典 137 天、联邦德国 133 天、希腊 117 天、荷兰 90 天、意大利 89 天、奥地利 87 天、葡萄牙 84 天、英国 78 天、西班牙 64 天。[①] 按国际能源机构的应急制度规定，在全体或某一成员国的石油供应减少 7% 时，有关国家可动用战略石油储备，并可互相调剂。海湾危机爆发以来，该机构已接二连三地举行会议，研究对策。如今年 8 月 9 日在巴黎召开紧急会议，讨论伊、科石油禁运对它们石油供应的影响。会议认为，目前西方国家的石油供应还没有受到需要采取特别措施的威胁，不必动用它们的战略储备油。8 月 16 日该机构举行专家会议，评估了成员国的石油储备状况，探讨了用天然气和煤取代石油发电以及各成员国扩大石油开采的可能性。8 月 23 日，该机构再次召开领导委员会的特别会议，研究如何对付能源供应困难的问题，认为在必要时，可立即采取动用各国官方储备和限制石油需求的应急措施。国际能源机构的活动表明，它已做了较为充分的准备来应付突发的石油冲击，并争取时间改变局面。

（三）对刺激油价上涨的心理因素和投机因素设法加以抑制，以有利于缓和油价涨势

由于欧佩克一些主要产油国决定增加原油产量以弥补供应缺口，有效地抑制了消费者的紧张心理和投机商的哄抬行为，使油价一度趋于平缓，呈现涨中有落。如今年 8 月 9 日传闻欧佩克可能提高石油产量时，油价即从刚涨到的每桶约 29 美元回落到 26 美元左右。8 月 27 日由于沙特和委内瑞拉等欧佩克主要产油国表示要提高产量以稳定国际石油市场，油价又从已突破的每桶

---

① ［英］《欧洲人》1990 年 8 月 10—12 日。

30 美元大关回落到 26 美元左右。8 月 29 日，美国西德克萨斯中质原油降为每桶 25.92 美元，英国北海布伦特原油降为每桶 24.60 美元。但是，在海湾危机不断恶化的情势下，这方面的努力是非常有限的，9 月 24 日油价再度猛涨就说明了这一点。

　　总之，在国际社会的共同努力下，有可能防止第三次石油危机的爆发，但其首要和根本的条件是和平解决海湾危机。美国等西方国家主观上也想避免发生石油危机，因为它们首当其冲，害怕危及自身利益。但是，美国的行动与其愿望却自相矛盾，它在海湾的军事卷入不断扩大，形成战后以来规模最大的军事部署，使海湾军事冲突大有一触即发之势。美国这样做不仅不能解决海湾危机，而且必将加速石油危机的爆发。人们记忆犹新，前两次石油危机都是伴随战争而来的。今天，海湾如果燃起战火，那么有什么保证能使石油危机不爆发呢?

　　战争的历史告诉人们，一旦打起仗来，战争的发展将不以人们的意志为转移，它将按自身的规律进行下去。战争将破坏中东的石油生产和输出，使油路受阻，油供缺口扩大，石油价格失控，库存难以为继，从而导致石油进口国的国民经济急剧衰退甚至陷于崩溃。特别是西方石油消费国的经济危机将成为不可避免，它们为了摆脱困境，挽救自己的命运，将千方百计地向发展中国家转嫁危机，使债台高筑的发展中国家尤其是非产油国陷入经济衰败的深渊。南北差距将进一步扩大，矛盾进一步加剧，世界经济、政治形势更加动荡不安。

（原载《西亚非洲》1990 年第 6 期）

海湾危机对世界经济的影响

海湾战争终于在今年1月17日凌晨爆发了，这是历时五个半月的海湾危机不断恶化的必然结果。尽管海湾事态的最终结局与后果现在尚难以估量，但近半年来海湾危机对整个世界经济的影响是有目共睹的。全面了解与分析海湾危机对世界经济影响，会有助于揭示这场海湾战争深刻的经济根源及其不可避免性，更好地认识由危机演化为战争的内在进程和趋势。为此，本文拟从国际经济的重要领域，世界主要地区和国家的经济形势以及国际经济政治关系的格局等不同角度，具体分析海湾危机波及全球的经济影响，从中可以看出：整个世界经济受到意外冲击，损失巨大，西方衰退加速，东方苦难加深，南北关系更加失衡，南南合作严重受挫，从而为海湾战争提供了"温床"。这充分地证明了马克思主义的一个基本观点：战争是政治的延续，而政治则是经济的集中表现。

一

从国际经济领域来看，海湾危机对国际石油、国际金融、国

际贸易等重要方面所造成的影响特别突出，包括直接的和间接的
影响，还延伸到对未来发展的潜在影响。

（一）在国际石油经济领域，海湾危机的影响是多方面的。
主要影响是：

1. 导致国际石油供应形势紧张。每天460多万桶的供油缺
口，不可能马上弥补，加上紧张心理因素和油商哄抬价格的投机
因素的共同作用，国际石油市场上价格猛涨，一度增至41.6美
元一桶，比危机前的油价几乎高一倍。与此同时，随着海湾局势
紧张与缓和交替发展，油价持续地波动起伏，造成国际石油市场
的动荡不稳，从而冲击着世界100多个石油进口国的经济，使它
们普遍遭到不同程度的损失，给世界经济带来意外的压力与震
荡。经过国际社会的共同努力，油供缺口已经补上，到1990年
11月世界石油供应紧张状态亦趋缓解，使石油价格大致保持在
每桶30美元上下。但是，海湾战火将使油价继续波动，国际石
油市场动荡不稳。

2. 促使一些国家和地区加紧开发新油田，开拓新油源，实
施新的能源政策，从而将导致国际石油贸易格局的某些调整与变
化。例如，1990年8月13日英国公布一项报告说，今后10年将
在北海开发52个新油田，使英国石油到20世纪末达到自给自
足。① 为了增强欧洲共同体的石油供应安全，该组织所属的欧洲
银行1990年8月21日决定提供5100万欧洲货币单位（约合
6800万美元）的贷款，以开发属于挪威的北海油田，而其所采
原油将全部供应欧共体成员国。据香港政治经济保险咨询公司预
测，由于海湾危机，日本、韩国和中国台湾等国家和地区，将把
它们从中东进口石油的兴趣转向印度尼西亚、马来西亚和中国，

---

① ［英］《卫报》1990年8月14日。

并将有越来越多的西方石油公司想方设法在越南寻找立足点，以开发越南石油。① 为了缓和能源供应紧张的困难，日本、菲律宾、意大利、美国、巴西等国先后制订了节能措施和新能源计划，其主要内容大致包括要求政府部门、公司企业减少能源消耗，增加汽油税，提高汽车耗油量的行程标准，利用再生能源，开发替代燃料等等。总之，千方百计地节流开源，降低对进口石油的依赖，以尽可能减弱海湾危机带来的冲击波。此外，美国还同最大石油供应国沙特阿拉伯商定海湾发生战争时的石油生产计划，并着重讨论了沙特的阿美石油公司（世界最大产油企业）的扩建计划，拟耗资 150 亿美元，使该公司到 1994 年原油的生产能力达到日产 1000 万桶。② 这将使沙特在国际石油贸易中占据更为重要的地位，并在欧佩克中继续保持其主导作用。

3. 造成了在石油出口国和石油进口国之间巨额财富的重新分配。石油涨价给产油国带来的可观收入，正在形成新的"石油美元"问题，并将对国际经济关系和世界经济的发展产生重要影响。据联合国国际和社会事务部的一份报告说，1990 年欧佩克的石油收入将增至 1540 亿美元，美国则由于维持大量石油进口，其损失将达 465 亿美元。③ 另有报道说，1990 年欧佩克的石油收入将比 1989 年增加 440 亿美元，达到 1480 亿美元。④ 1990 年海湾合作委员会成员国的石油收入将从 1989 年的 420 亿美元增至 600 亿美元。⑤ 沙特阿拉伯增加的石油收入，一年可超

---

① 德新社新加坡 1990 年 8 月 13 日电。
② 新华社开罗 1990 年 12 月 2 日讯。
③ 中东社伦敦 1990 年 10 月 22 日讯。
④ ［美］《工业业务通讯》1990 年 11 月 21 日。
⑤ 阿联酋工业银行：《关于海湾危机对世界石油市场的影响》1990 年 10 月。

过 380 亿美元，伊朗可超过 100 亿美元，阿联酋可超过 50 亿美元。① 上述情况表明，油价上涨使欧佩克成员国特别是海湾产油国正在积聚大量"石油美元"财富。这一财富的重新分配的过程，也是发展不平衡和关系紧张化加剧的过程。在海湾冲突中，额外的军事开支将占去新"石油美元"的相当部分，而其余部分"石油美元"的流向及其作用，仍将成为国际经济关系中值得注意的热点之一。

（二）在国际金融领域，由于西方经济严重地依赖中东特别是海湾的石油供应，导致获得大量"石油美元"的海湾富油国在国际金融活动中具有举足轻重的影响，因而在海湾危机的冲击下，直接造成了世界金融秩序的混乱与动荡，从而加剧了国际金融的不稳定性和西方经济的脆弱性。其突出表现有以下几点：.

1. 股票价格急剧下跌。股票价格是世界经济的"晴雨计"，它的特殊功能是对经济形势的动态变化反应灵敏、快速、准确。海湾危机发生的当天，伴随着油价上涨的就是世界股市的急剧波动，纽约道—琼斯股票平均价格指数下降 34.66 点；东京股票市场价格平均指数下降 592.86 点。② 由于海湾局势的不断恶化，专业投资商的信心继续削弱，从 1990 年 8 月 16 日至 23 日，世界各地主要股市价格持续迅猛暴跌。在东京，225 种日经股票的平均价格指数跌至 23737.63 点，为 1988 年 2 月 9 日以来的最低点。在伦敦，《金融时报》刊登的 100 种股票的平均价格指数跌至 2075 点，为 1989 年 4 月以来的最低点。在纽约，道—琼斯 30 种工业股票平均价格指数跌至 2483.42 点，为 1989 年 7 月 6 日

---

① ［日］《钻石》周刊 1990 年 10 月 13 日。
② 美联社伦敦 1990 年 8 月 2 日讯。

以来的最低点。① 香港恒生指数，新加坡《海峡时报》的工业股票指数也都无一例外地发生大跌现象。尔后，随着海湾局势紧张与缓和的交替变化，世界股票价格时落时升，不断波动起伏，股票市场一直动荡不稳。据美国摩根·斯坦利国际资本公司1990年12月底公布的统计资料表明，1990年世界20个主要股票市场的价格指数，以各自当地的货币计算，平均下跌了23%。其中日本股市下跌39.9%，德国股市下跌20.9%，美国股市下跌5.9%。

2. 黄金价格显著波动。黄金作为世界货币的职能是充当国际支付、国际储备和国际财富转移的手段，它的价格波动既受金融投机活动的影响，也是世界经济、政治动荡的反映。海湾危机发生后，西方出现抢购黄金热潮，导致金价上涨，8月13日突破400美元一盎司的大关，8月14日伦敦市场金价曾达411美元一盎司，8月23日香港市场金价升至415.25美元一盎司。8月底以后，金价转而下跌，逐渐回落到危机前的价格水平。这场金价涨风，除油价上涨因素的影响外，还直接受到黄金本身供求关系的制约。由于在海湾危机前几个月，世界第二大产金国苏联因急需外汇，向国际市场大量抛售黄金，数量超过其一年的产量，使西方黄金市场处于饱和状态。② 因此，在黄金供应数量充足的情况下，这次金价涨势比不上1979—1980年第二次石油危机时那样迅猛。

3. 美元汇率下降。美元由于其历史形成的充作主要的国际储备货币和国际支付手段的特殊地位和作用，在国际金融货币领域具有重大影响，美元汇率的变化，直接关系到西方货币局

① 新华社北京1990年8月24日讯。
② ［西德］《商报》1990年8月15日。

势的稳定与否。进入 90 年代以来，伴随着世界经济的低速增长，在国际金融领域出现汇率波动加剧，特别是由于海湾危机的冲击，美元继续疲软，美元对西方其他主要货币的汇率都有不同程度的下降。如 1990 年 8 月 15 日西德法兰克福外汇市场收盘时，美元对西德马克的汇价跌到 1∶1.5585，为 1948 年西德马克创设以来的最低纪录。1990 年 8 月 17 日伦敦外汇市场上英镑对美元的汇价上升到 1∶1.9185，为 1982 年以来的最高纪录。1990 年 8 月 28 日东京外汇市场上日元再次升值，美元对日元的汇价降至 1∶142.95。此外，美元对瑞士法郎、法国法郎的汇价也都下跌。这种情况表明美元地位下降，反映并加剧了世界经济的动荡不稳。由于世界石油市场大都以美元计算油价，美元贬值使石油进口国从其本国货币对美元汇率的升值中可以减少一些由于油价上涨带来的损失。而对于美国本身来说，美元贬值则可刺激其扩大对外商品贸易、增加出口，减少外贸逆差，给自己带来好处而不利于其贸易对象国。

4. 世界信贷危机加剧。在海湾危机中，海湾阿拉伯国家的银行普遍受到严重冲击，存户提取存款的浪潮来势迅猛，在 1990 年 8 月 16 日曾出现提款高峰。战争阴影和科威特资产被冻结所引起的混乱，把许多外国银行吓跑，影响了海湾银行业的正常业务往来。巴林国际离岸银行中心的营业也大大缩减。与此同时，西方国家的一些银行和金融机构为改善资产负债状况而紧缩贷款和投资。同其相适应的是利率上升，日本率先于 1990 年 8 月 30 日将贴现率由 5.25% 提高到 6%，德国、瑞士、荷兰等国则分别提高到 8.5%、10.5% 和 7.25%。另一方面，美国、英国、法国、比利时等国，为了刺激其疲软衰退的经济，从 1990 年 10 月起相继采取降低利率的措施，如美国把联邦基金利率从 8% 降为 7.75%，英国也把基本贷款利率从 15% 减为 14%。尽管如此，上述利率水平仍然偏高，不利于国际资本的流动和融通，并削弱世界偿付能力，使国际债务问题处于一个险象环生的经济环境氛围中，更加难以解决。

（三）在国际贸易领域，作为世界重要贸易市场的海湾地区，直接处于海湾危机的冲击下，严重地影响了这个地区的内部贸易和对外贸易，使海湾地区贸易量大幅度下降，贸易交易额减少1/4，加之国际石油、金融货币形势的动荡，这些都使世界贸易状况大大恶化。其主要表现是：

1. 世界贸易的增长速度下降。原来预计，1990 年国际贸易增长率可达 6% 左右，海湾危机的影响削减了这一增长率，估计1990 年的增长率将从 1989 年的 7.6% 降至 4%。[1]

2. 初级产品价格下跌。由于油价上涨，西方国家经济衰退，消费需求减弱等原因，初级产品价格疲软下跌，1990 年的实际下降率约为 13%。[2]

3. 贸易保护主义有增无减。由于大部分石油进口国要承受油价上涨的压力，不得不压缩进口，减少生产，加强贸易保护，从而导致国际贸易条件恶化，阻碍着世界贸易的正常发展。关税及贸易总协定乌拉圭回合的谈判陷于僵局，正是贸易保护主义强化的反映。

二

从全球范围各大地区和重要国家的经济情况来看，海湾危机引起了世界主要地区和国家不同程度的震荡与混乱，从而给整个

---

① 据联合国 1990 年 11 月预测数字。
② 联合国：《1990 年世界经济最新资料》1990 年 10 月 29 日。

世界经济形势投下了浓重的阴影，使勉强保持低速增长的世界经济更加步履维艰，前景黯淡。

（一）海湾危机使西方工业发达国家尤其是美国的经济增长率下降的速度加快，并开始陷入经济衰退的困境

西方发达国家的经济自 1982 年底回升以来，已保持连续八年的增长纪录，在经济周期性规律的作用下，其进入衰退期的迹象日益显著。海湾危机前，西方经济的增长率已呈现下降趋势：1988 年增长率为 4.3%，1989 年减至 3.5%。海湾危机导致美国等西方发达国家的石油进口费用增加，通货膨胀加剧，生产和消费的矛盾增长，军事开支扩大，国际收支失衡，多项经济指标都显示出衰退的征兆，经济活动迟滞乏力。这种情况使得 1990 年西方经济增长率比上年进一步下降，只能达到 2.3% 左右。[①]

美国是海湾危机中的一方当事国，首当其冲。它作为世界最大的石油消费国，直接受到油价上涨的严重冲击。在加紧海湾军事对峙的情况下，其国内经济形势日益动荡不稳，滑坡趋势加剧。其显著表现有以下几点：

1. 经济增长率急速下降。美国国民生产总值从 1989 年增长 2.5% 降到 1990 年估计只能增长 0.7%。[②]

2. 物价上涨。随着油价的增长，美国批发物价持续上升，1990 年 8 月增长 1.3%，9 月增长 1.6%，10 月再增 1.1%，按年率计算 1990 年头 10 个月上升了 7%。[③]

3. 失业率增长。从 1990 年 7 月的 5.5% 增至 10 月的 5.7%，11 月又升到 5.9%，失业总人数已达 735.5 万人，为 1987 年 10

---

① 联合国：《1990 年世界经济最新资料》1990 年 10 月 29 日。
② 据美国全国企业经济学家协会 1990 年 11 月 27 日调查报告。
③ 据美国劳工部 1990 年 11 月 9 日公布的材料。

月以来的最高纪录。

4. 外贸赤字猛增。1990 年第 3 季度外贸逆差增长 13.9%，达到 256 亿美元，这是格外不祥之兆。[①]

5. 财政赤字扩大。由于美军进驻海湾而增加军费开支以及为挽救濒临破产的银行而支出的款额增加，截至 9 月 30 日的美国 1990 年度财政赤字比上年度增加 43.7%，达到 2204 亿美元，预计 1991 年度政府的预算赤字将达 2500 亿—3200 亿美元。[②]

6. 先行经济指标综合指数（用以预测半年至 9 个月的经济走势）连续下降。1990 年 7 月降 0.1%，8 月降 1.2%，9 月减 0.8%，10 月再减 1.2%。在美国历史上，这项指数连续 3 个月下降就预示着经济危机的降临。

上述情况表明，海湾危机的冲击加速了美国经济衰退的到来。由于美国在世界经济中占有超级分量，例如它每年的商品和劳务进口达近 5000 亿美元，消费额占全球总产量的 25% 左右。[③]它的经济衰退和爆发经济危机无疑会给世界经济带来巨大的影响。

加拿大、英国、澳大利亚等发达国在 1990 年下半年也都开始陷入经济衰退。它们的经济增长速度明显下降：1990 年第 2 至第 3 季度加拿大的国内生产总值下降 0.3%，澳大利亚下降 1.46%。[④]英国的国内生产总值增长率则从 1989 年的 2% 降到 1990 年的 0.9%。各国失业率也普遍上升，英国达 5.8%（1990 年 8 月），澳大利亚达 7.6%（1990 年 10 月），加拿大达 8.8%（1990 年 10 月），均为 1987 年以来的最高比率。而卷入海湾的

---

①　美联社华盛顿 1990 年 12 月 11 日讯。

②　据美国行政管理和预算局局长理查德达曼的分析。

③　［美］《华尔街日报》1990 年 10 月 22 日。

④　［法］《世界报》1990 年 12 月 5 日。

军事开支更加重了它们的经济负担。据估计，这些国家的经济衰退大约有 1/3 的分量要归于海湾危机造成的连锁反应的后果。

（二）海湾危机加剧了苏联东欧国家经济的混乱，使其经济滑坡形势更难扭转

海湾危机前，苏联东欧正处在新旧经济体制转变的过程中，原来的经济体制已经瓦解，新的经济体制尚待建立，加上在经济改革中的失误，造成经济管理混乱，经济效益下降，使整个国民经济陷入严重滑坡的困难局面。在这种特定的情况下，海湾危机的发生给它们带来了意外的冲击和经济损失，如同伊拉克、科威特签订的承包合同遭废弃，不能再以武器换取石油，而要用外汇购买高价原油，商品出口市场萎缩以及伊拉克欠它们的债款拖延不还等等，这些都使它们本来就很困难的经济状况更加恶化。其主要表现在：

1. 生产普遍呈现负增长。1990 年头 10 个月苏联的总产值约缩减 5%，东欧各国更甚，总产值减少 12% 以上。整个东欧工业平均缩减达 15%。[1]

2. 通货膨胀加剧。1990 年头 9 个月波兰的通货膨胀率高达 920.4%，匈牙利为 26.6%，苏联为 18%—20%。

3. 失业人数增加。波兰达 92.6 万人，匈牙利有 6.4 万人，捷克斯洛伐克为 4.4 万人。

4. 外债负担沉重。苏联外债高达 700 亿美元，波兰达 405 亿美元，匈牙利为 208 亿美元，保加利亚为 119 亿美元。[2]

海湾危机使东欧国家石油进口开支大增，贸易条件恶化，国际收支严重失衡，外汇储备锐减。作为石油出口国的苏联虽可从

---

① 联合国：《1990 年世界经济最新资料》1990 年 10 月 29 日。

② 据联合国欧洲经济委员会 1990 年 12 月的报告。

油价上涨中得益，但因其近几年石油生产滑向低谷，出口量逐年减少，所获石油收入根本无法弥补其国际贸易逆差，国家财政状况日益困难，财政赤字高达 581 亿卢布。

（三）海湾危机使广大发展中国家的经济负担普遍加重，许多国家难以承受油价上涨等带来的巨大经济损失，无法摆脱日益深重的苦难

海湾危机对世界经济的冲击和影响，在广大发展中国家身上表现最为突出，它们遭受的经济损失也最为严重，这是因为：

1. 大部分发展中国家都依赖进口石油，油价上涨直接增加了它们的进口费用开支，加重了它们的经济负担和困难。目前在 130 多个发展中国家中有 112 个发展中国家依赖进口石油，油价增长使它们 1990 年要多付出 170 亿美元。[①] 这一沉重负担导致国内生产成本上升，通货膨胀加剧。

2. 占发展中国家出口总收入 60% 的初级产品出口价格下降，使它们蒙受又一层损失。油价增长提高了国际市场上工业制成品价格，从而扩大工业制成品和初级产品之间价格的"剪刀差"，使发展中国家的贸易条件恶化，国家经常项目的逆差加大，估计 1990 年的逆差额要比 1989 年增加一倍，约达 180 亿美元。[②] 另据出席亚洲开发银行 1990 年 11 月在马尼拉召开的《关于亚洲经济发展前景国际研讨会》的专家们分析，由于进口石油费用的增长和世界贸易额的下跌，将使发展中国家的外贸逆差扩大到 300 亿—400 亿美元。

3. 海湾劳务市场崩溃，不少发展中国家因劳工遭返回国而

---

① 据联合国副秘书长拉菲丁·艾哈迈德 1991 年 10 月 8 日在第 45 届联大第二委员会的发言。

② 同上。

使创汇收入锐减，损失惨重。海湾地区是世界上重要劳务市场之一。80 年代中期，这里的外籍劳务人员曾多达 690 万人，海湾危机前也不少于 600 万人。其中 90% 的人员来自发展中国家特别是阿拉伯国家和南亚、东南亚国家。在海湾危机中，他们大都失去工作，沦为难民，这使他们的祖国不仅减少了大量外汇收入，而且还要花费巨款安排接他们回国。这对输出劳务的发展中国家来说，又是一项沉重的额外负担，而且成千上万劳工回国更加剧了国内的就业难题。据国际劳工组织估计，海湾危机使亚洲发展中国家劳务输出的收入大约损失 120 亿美元。

4. 国际金融市场动荡，特别是利率上升，使许多发展中国家本已不堪承受的外债负担更加沉重难支。海湾危机前，巨额的外债及其所引起的向发达国家的资金倒流，本已成为许多发展中国家阻碍其经济发展的沉重包袱，海湾危机更使这个包袱越背越重，更难支撑。据世界银行估计，1990 年底发展中国家的外债总额高达 1.3490 万亿美元，比 1989 年增加 6%。这一天文数字般的累累债务使得发展中国家在苦难的深渊中越陷越深，难以自拔，造成它们的经济活动水平急剧下降，经济增长率由 1989 年的 3.4% 降至 1990 年的 1.8%，[①] 为 1983 年以来的最低水平。发展中国家偿还外债的能力日益减弱，解决债务问题将越来越困难。

（四）海湾危机在其本地区造成了灾难性的后果，卷入军事对峙的国家转入国民经济军事化轨道，为备战而耗费巨大的人力、物力、财力，严重阻碍本地区经济的发展。

其突出表现为：

1. 伊拉克全面转入战时经济轨道，整个工业以及其他各部

---

① 　联合国：《1990 年世界经济最新资料》1990 年 10 月 29 日。

门都动员起来适应战争的需要，集中全力加强军事部门，削减民用消费品生产并使之转产军需品。伊拉克自食苦果，在被封锁禁运的情况下，其石油出口减少了97%，政府每月的石油收入大约减少25亿美元。① 必需的食品和日用消费品难以进口，国内物资匮乏，政府宣布实行严格的食物定额供应制，限制人民购买食品、服装和其他生活必需品的数量，物价暴涨，基本生活开支激增800%以上。② 由于原材料和零部件的严重短缺，国内工业生产能力明显减弱，外籍劳工的纷纷离去，使其农业生产受到惨重打击。据估计，伊拉克的经济损失总额相当于伊、科加在一起的国内生产总值的43%。③

2. 科威特直接遭受伊拉克侵略战争的毁灭性破坏，国内资产被洗劫一空，国民经济完全瘫痪，食品匮乏，物价飞涨，增长10倍以上，疾病蔓延，人民生活苦不堪言。在伊拉克占领当局实行政治恐吓、经济限制和没收财富等高压手段逼迫下，许多科威特人弃国逃奔他乡，大约有25万人流入沙特等海湾邻国，留在国内的科威特人不超过25万。④ 据科威特前财政大臣贾西姆·卡拉菲估计，重建被破坏的家园，需要花费400亿美元。⑤

3. 沙特阿拉伯等富油国要承担巨额军费开支，对其本国的经济发展造成不良后果。据报道，1990年沙特因海湾危机共付出210亿美元，其中包括它承诺要支付美国和其他国家部队在沙特驻军的费用，向科威特难民提供住房和其他帮助的费用，以及

---

① 合众国际社华盛顿1990年10月31日讯。
② 同上。
③ ［美］《国际先驱论坛报》1990年10月3日。
④ 新华社巴格达1990年11月6日讯。
⑤ 法新社马德里1990年12月5日讯。

向一些受海湾危机影响的国家提供经济援助。①

4. 埃及、约旦和土耳其是海湾危机中蒙受经济损失最大的中东国家。埃及在劳务、旅游、贸易、航运等方面的损失总共约达 170 亿美元。② 约旦在贸易、旅游、劳务等方面的收入一年将减少 35 亿美元。③ 土耳其减少的收入，估计一年要达 70 亿美元以上，此外，它们面临战争的威胁，不得不使本国保持高度紧张的临战戒备状态，并耗费相当数量的军事开支。

三

海湾危机的深刻根源在于现行的以不合理、不平等、不公正为特征的国际经济旧秩序。它是这一秩序造成的地区、国家之间发展严重失衡和国际政治经济关系中各种矛盾激化的产物。反过来，海湾危机的发生和发展又使这一秩序发生新的扭曲，赤裸裸地表现了一种恃强凌弱、吞并邻国的地区扩张主义行径，进而演化为地区强权势力同世界霸权势力之间的冲突与较量。这种以地区强权对抗世界霸权，争夺石油资源，企图重新分配世界财富的争斗，终究是脱不了旧秩序窠臼的，无论其胜负结局如何，最终受害者仍然是亚、非、拉美地区的弱国、穷国和世界各国的劳动人民。因此，从国际经济政治关系的格局来看，海湾危机所带来的影响与后果，主要可以归结为下述几点：

（一）海湾危机进一步促使世界格局由两极向多极化发展，国际经济竞争和政治、军事较量愈趋激烈，世界形势更加动荡

---

① ［英］《中东经济文摘》1990 年 12 月 7 日。
② 中东社开罗 1990 年 9 月 21 日讯。
③ 中东社亚喀巴 1990 年 8 月 9 日讯。

海湾危机对美国的世界霸权地位以新的冲击，加速其走向衰落的进程。对此，美刊一再发出慨叹说："不论海湾危机如何结束，对作为世界超级大国的美国来说，都将是死前的哀鸣。"① 眼下的"美国是一个超级大国和乞丐的奇怪的结合体"。② 它主宰"整个世界——从军事、政治和金钱上——的日子已经结束了"。③ 显然，海湾危机使美国的世界霸权地位难以继续维持下去了。

当今世界的两极格局正在被多极化所替代。美刊承认说，海湾危机"改变了全球的结盟"。④ 欧共体 12 国的经济实力已与美国不相上下，统一后的德国在欧共体称雄。日本则执亚洲经济之牛耳。作为美国"盟友"的西欧、日本等发达国家现在都成了美国在全球的强有力的竞争对手，它们借美国在海湾的"保护伞"坐收渔利。美刊感叹说："在一个全球经济竞争的时代，……日本和西欧是我们的朋友还是我们的对手？"⑤ 看来，海湾危机使美国也感到了世界多极化的发展不可逆转，"使世界永远不会是过去的世界了"。⑥

（二）海湾危机使南北关系问题更加突出，南北差距和矛盾进一步扩大和加剧

海湾危机前，南北发展已严重失衡，仅占世界人口 15% 的发达国家占有世界总收入的近 70%，而占世界人口 76% 的发展中国家却只占有世界总收入的 20%，其中占世界一半人口的穷

---

① ［美］《新闻周刊》1990 年 12 月 21 日。
② ［美］《时代》周刊 1990 年 9 月 17 日。
③ ［美］《华盛顿时报》1990 年 12 月 10 日。
④ ［美］《时代》周刊 1990 年 9 月 17 日。
⑤ ［美］《新闻周刊》1990 年 12 月 21 日。
⑥ ［美］《时代》周刊 1990 年 9 月 17 日。

国则仅占有世界总收入的 5.6%①。海湾危机发生后，南北差距和两极分化更趋严重，发达国家为转嫁危机，以提高利率等手段进一步加重发展中国家的债务负担，估计 1990 年发展中国家外债的还本付息总额高达 1750 亿美元。当前发达国家还用强化贸易保护主义措施和扩大不等价交换等办法加紧掠夺发展中国家，阻碍这些国家的正常发展，使它们的经济状况越来越恶化，人民生活困苦不堪。因此，发展中国家和发达国家的贫富悬殊更加尖锐，南北之间的鸿沟继续扩大。目前，全球最不发达国家的数目由 10 年前的 31 个增加到 42 个，包括亚、非地区的 4.2 亿人口。

（三）海湾危机损害与削弱了发展中国家特别是阿拉伯世界的团结合作，使它们之间的内部矛盾与冲突复杂化，不利于巩固与发展南南合作关系

正如南方委员会主席、坦桑尼亚前总统尼雷尔指出的，海湾局势的恶化受害最大的是南方国家。因此，尽管海湾战火已经燃起，但是世界各国尤其是发展中国家的人民仍然强烈呼吁，国际社会应竭尽一切努力，采取紧急行动，使战争停止下来，继续争取和平解决海湾事端。因为战火的蔓延与扩大，必将使海湾各国人民辛勤劳动创造和长期积累起来的巨大财富毁于一旦，给中东和世界各国人民造成难以弥补的惨重损失。只有尽快结束战争，实现和平解决，才符合世界各国特别是广大发展中国家人民的最大愿望和根本利益。

（原载《西亚非洲》1991 年第 2 期）

---

① 联合国秘书长私人代表、意大利前总理克拉克西：《关于债务问题的报告》1990 年 7 月 7 日。

海湾战后的中东经济形势初析

　　1991年2月28日基本结束的海湾战争,给中东地区特别是卷入战火的海湾国家造成了空前巨大的经济破坏和灾难,从而把整个中东经济的发展进程推上了一个更为艰巨、困难、失衡和不稳的阶段:从宏观上看,严峻的挑战压倒发展的机会,增长相对减慢,发展更不平衡;从微观上看,医治战争创伤颇费时日,恢复和发展生产困难很多,国民经济和人民生活景况不佳。中东经济的支柱石油业面临着新的挑战,其产供销及与世界石油市场的关系正在发生变化。中东地区的经济合作及其与西方国家的经济关系出现了一些新动向。这些情况和问题正在引起国际社会的普遍关注。对此,本文拟进行一些初步的分析,并提出自己粗浅的看法。

一

　　海湾战后,科威特和伊拉克面临着艰巨而紧迫的恢复和重建国民经济的任务,这是关系到国家的生存与发展、民族的前途和命运的头等大事。这场现代化战争的浩劫,给科威特和伊拉克带来了可怕的灾难：它们的工业设备特别是石油生产设备以及基础设施基本上都被破坏；人民生命财产受到严重损失，人员大量伤亡，饥饿疾病交加；油井大火和原油泄漏造成了包括陆地、海洋和空气在内的自然环境严重污染和生态失衡，对社会经济发展和人类健康都贻害无穷。据各方估计，科威特和伊拉克经济损失的总额分别高达 1000 亿美元和 1370 亿美元。

当前，以主要力量投入恢复和重建国民经济工作的中东国家还有伊朗和黎巴嫩。它们所受战争创伤的由来不同；伊朗是由于两伊战争的惨重后果，而黎巴嫩则是来自连绵不断的 16 年内战所造成的巨大破坏。据官方宣布，这两国的战争损失分别高达 9340 亿美元和 250 亿美元。

如何加速恢复和重建遭受战争破坏的国民经济，是上述四国急需设法解决的共同问题，也是当前乃至整个 90 年代中东经济发展进程中特别吸引国际社会（尤其是西方国家以及阿拉伯和伊斯兰世界）关注的焦点之一。当前，它们的重建工作正在逐步展开，其主要内容和特点大体有以下几方面：

（一）设置专门机构，制订重建计划，分阶段、有步骤地展开大规模的重建工作

科威特政府设立了应急和重建规划办事处，负责制订恢复和重建计划。据官方宣布，这个计划的安排大致上分为两个阶段：第一阶段是为期 90 天的紧急时期，主要目标是恢复城市正常的社会生活秩序，保证居民生活必需品的供应，以及修复一些基础设施；第二阶段是长期重建计划阶段，为期五年或更长时间，其主要内容为重建石油工业，尽快扑灭油井大火，修复港口、机场、发电厂等重要设施，恢复和发展石油生产和出口。目前，第一阶段的任务基本完成，正转入第二阶段的工作。伊拉克政府成立了战后重建委员会，由政府八个主要部的部长组成，负责计划

与协调国家整个重建工作。1991 年 5 月 2 日政府宣布了一项为期八个月的应急重建计划，其目标是重建战争中被破坏的各项设施和建筑，保证食品、医药等基本供应，恢复石油生产和出口，恢复其他工业生产。1991 年 4 月 28 日开始修复底格里斯河上的共和国大桥，揭开了伊拉克重建的序幕。伊朗政府在两伊停火后，于 1989 年开始实施一项五年经济发展计划，目标是恢复和重建遭受战争破坏的油田、港口、炼油厂、化工厂及各种设施，全面恢复和发展石油工业和整个国民经济，要求国民生产总值实际年增长率达到 8%，计划总投资额为 8.06 万亿里亚尔（合1000 亿美元）以上。[①] 两年多来重建工作取得了一定成效，目前进展正在加快。黎巴嫩在内战基本结束后，即设立重建和发展委员会，制定了第一阶段为期四个月的应急重建计划，着手医治战争创伤，以恢复正常的社会经济生活。第二阶段和第三阶段将陆续制定国民经济发展战略，提出一项总计划。1991 年 6 月 14日，黎巴嫩同美国的贝切蒂尔公司签订了一项总额为 700 万美元的承包合同，标志着重建工作的开始。[②]

（二）集中主要力量，抓好重点项目，使重建工作尽快见效

四国的重建工作，开始时重点都放在遭到战火重创的各项基础设施（水、电、交通、通信、住房等）的修复上，一般都较快地取得成效，使战后人民生活逐步恢复正常，有利于全面推进重建工作。在重建进程中，除黎巴嫩国情不同另有侧重外，其余三国都把恢复和重建石油工业作为最重要的任务。为了争取早日恢复石油生产，科威特政府面对油田一片大火的现实，组织力量，千方百计抓紧扑灭 600 多口油井的大火。先后有美、加、

---

① ［英］《伊朗国家概况》1991—1992 年。
② ［英］《中东经济文摘》1991 年 7 月 12 日。

英、法、德、中、苏、伊朗、埃及等国参加灭火工作。据报道，在科工作的 15 支外国灭火队到 1991 年 8 月 31 日为止已扑灭 349 口油井的大火，占燃烧油井总数的 57%；到 10 月份外国灭火队将增至 28 支，争取到 1992 年初使扑灭大火的油井总数达到燃炼油井总数的 95%。[①] 在努力扑灭油井大火的同时，科石油生产开始恢复，1991 年 6 月初日产原油五万桶，6 月 20 日首次恢复原油出口六万吨。到 7 月下旬，原油日产达 11.5 万桶，7 月 28 日向欧、美出口 200 万桶原油。最大的艾哈迈迪炼油厂于 8 月 27 日恢复生产，日炼油量为 11 万桶，可满足国内对各种油品的需要。伊拉克恢复石油工作的努力正在取得成效：到 1991 年 7 月，原油日产量达到 145 万桶，相当于战前的 2/5；占全国总炼油能力 90% 以上的白吉和多拉两家炼油厂于 4 月中旬恢复生产，到 5 月底基本达到战前的生产水平。伊拉克重建工作的另一个重点是恢复和发展农业生产，以缓解国内粮食短缺的困难。政府对小麦、大麦实行价格补贴，以鼓励粮食生产。伊朗花大力气抓紧重建炼油厂、石油化工厂和哈尔克岛石油终端等重点工程项目。目前，哈尔克岛石油出口转运设施已基本恢复运转，霍梅尼港、大不里士和阿拉克等地大型石油化工综合企业的重建和扩建工程正在加快进行。黎巴嫩与上述三国情况有别，它是中东地区传统的贸易中心，因而特别重视城市商业区的恢复与重建。目前，在贝鲁特港正着手筹建一个占地 150 万平方米的商业区。[②]

（三）采取各种措施，积极开辟财源，为大规模重建工作提供所需的巨额资金

战后重建，百废待兴，所需资金数额巨大，四国合计不下数

---

① 《科威特之声》1991 年 9 月 1 日。

② ［英］《中东经济文摘》1991 年 7 月 12 日。

千亿美元。面对财力不足的困难，四国政府都积极采取措施，多方筹集资金，以保证重建计划得以实施。科威特被占领期间，本国货币为伊拉克货币所取代，金融活动停顿，货币流通混乱，因此，迫切需要整顿金融货币，恢复正常经济秩序，为重建工作准备必要的财政金融条件。其主要措施：一是发行科威特新第纳尔以取代旧币，国内兑换工作限 45 天内完成，国外宽限至 1991 年 9 月 30 日止；二是调整科威特国民银行（最大的私人银行）的资本，由政府提供新增资本七亿英镑（近 14 亿美元），使其能够为私人企业提供贷款以重建科的私人经济部门；三是设立由财政大臣领导的投资管理委员会，以加强政府对国外资产的控制。1991 年 3 月 24 日，科的八家大银行及其部分分行正式恢复营业，新第纳尔正式向国内外发行。① 政府在整顿金融秩序的同时，大力开辟财源，多方设法筹资，以其国外投资收入（年收入最高达 140 亿美元）、石油收入（在恢复生产和出口后）以及出售部分流动资产，向海湾邻国借用石油和举借外债等，来提供重建所需的资金。伊拉克面对联合国经济制裁的现实，其解决重建资金困难的办法是在自力更生的同时，还要求助于联合国的宽待。政府一方面加紧恢复石油生产，一方面请求联合国同意出口石油以购买食品和其他生活必需品，并请求推迟五年支付战争赔款和尽快解冻它在国外的资产。据伊拉克政府致联合国秘书长的报告说，为了最低限度地满足国内消费和投资需要，修复被战争破坏的设施，以及支付外债的还本付息，伊拉克需要 2144 亿美元，但在今后五年内其总收入还不到 651.6 亿美元，而其中 98.6% 的收入来自石油出口。在伊拉克政府的一再请求下，1991 年 8 月 15 日联合国安理会通过决议，允许伊拉克在六个月内出

---

① ［英］《中东经济文摘》1991 年 4 月 5 日。

售价值 16 亿美元的石油和石油制品，以购买食物、药品和其他
紧缺物品。但食品、药物的进口必须得到安理会的批准，并在联
合国监督下分发。此外，还允许部分国家解冻伊拉克在该国的资
产。目前，伊拉克要实施其重建计划仍然困难重重。伊朗千方百
计地广开财源，其主要办法：一是增加石油生产，扩大石油出
口，计划到 1993 年原油日产能力提高 50%，达到 500 万桶；二
是从 1991 年 1 月起实行多元化的浮动汇率政策，以促进出口贸
易，增加外汇收入；① 三是转向西方寻求经济援助和积极引进外
国投资。它呼吁外国对其工业项目提供 277 亿美元的投资，并给
予技术援助和 50 亿美元的现金援助。② 据悉，法国的索西特·
简尼纳尔公司已向伊朗国营石油公司提供了 22 亿美元的贷款。③
贝鲁特历来是中东地区的国际金融中心，银行业特别发达。因
此，黎巴嫩同科威特一样，非常重视发挥银行的作用。国家中央
银行已决定将目前全国 84 家银行减少 2/3，将一些小银行合并
到 25 家大银行中去，以加强金融投资和信贷服务，为重建提供
方便。与此同时，黎巴嫩大力争取外国贷款和资助，由欧共体成
员国及其他欧洲国家提供六亿美元贷款，用于重建工程和修复基
础设施。联合国开发计划署答应提供 280 万美元资助改善贝鲁特
国际机场。另外，沙特阿拉伯给予一笔 6000 万美元的赠款，帮
助修建贝鲁特的基础设施和服务部门。④

　　（四）广泛采取承包方式，吸引外国参与合作，以利用国际助
力（资金、技术设备、专门人才、劳动力等）加快重建的进程

　　科威特第一阶段重建项目共有二百多个，分别由美、英、法

---

① ［塞浦路斯］《中东时报》1991 年 1 月 29 日。
② ［英］《金融时报》1991 年 6 月 25 日。
③ ［英］《伊朗国家报道》1991 年第 2 期。
④ ［英］《中东经济文摘》1991 年 7 月 12 日。

等外国公司承包。如美国的布劳特公司承包发电工程、国际商用机器公司承包修建电子设备工程、英国的桑德公司承包修建排给水设施，法国的汤姆森公司承包修建电视广播系统工程。[1] 第三世界一些国家也积极参与科的重建工作，如埃及承包了总金额为30亿美元的工程和劳务，印度提供医疗队，泰国提供建筑队等。伊朗政府在重建进程中先后同德、日、法、英、意等国的公司签订了一批大工程项目的承包合同。如德国的弗里德里希·克虏伯有限公司承包在霍梅尼港重建一个海湾地区最大的石油化工综合企业。[2] 日本三菱公司在重建霍梅尼石油化工企业的项目中签订了一项六亿美元的承包合同。法国的特切尼普公司及其意大利子公司承包大不里士石油化工综合企业的建筑工程项目，总额达4.5亿美元。意大利的特克尼蒙特公司和德国的萨尔基特公司承包在阿拉克的2.7亿美元的乙烯厂工程项目。[3] 黎巴嫩的一些重建工程主要由法国、意大利的公司承包，如意大利一家公司承包贝鲁特供水系统的修建工程，总额为5000万美元；另一家意大利公司承包电讯部门修建工程，总额约为两亿美元。目前，黎巴嫩正在同法国电力公司谈判一项总额为35亿美元的承包修建供电网工程的项目。[4]

二

海湾战争深刻地影响着中东石油经济的发展，使之面临新的严峻挑战，并开始出现一些值得注意的动向，其主要表现有以下

---

① ［塞浦路斯］《中东经济概览》1991 年 3 月 11 日。
② ［美］《商业周刊》1991 年 5 月 20 日。
③ ［英］《伊朗国家报道》1991 年第 2 期。
④ ［英］《中东经济文摘》1991 年 7 月 12 日。

几点：

（一）中东产油国发展不平衡加剧，它们在石油生产中的地位与作用正在发生明显的变化

战后重建中的科威特和伊拉克一时难以恢复它们战前石油生产和出口的原有地位。而其他中东产油国石油生产和出口继续得到发展，特别是沙特阿拉伯的发展尤为突出，被一些国际舆论视为"石油超级大国"的出现，这使它在中东产油国和欧佩克中的坐大地位大大巩固与加强。海湾危机爆发后，欧佩克决定暂停执行生产配额制，允许各成员国超额生产、超额出口，以弥补国际石油市场上因对伊拉克及其占领下的科威特实行禁运所造成的油供缺口。在这一特殊机会的刺激下，除个别产油国因受自身生产能力限制外，绝大多数成员国都开足了马力，多产油多出口创汇，这实际上使各成员国间的发展严重失衡。沙特的日均产量从原配额538万桶跃升到1990年8月至1991年2月间的845.7万桶。① 这样，它在欧佩克总产量中所占的比重由海湾危机前的30%上升到36%，居于绝对领先地位。海湾战后，欧佩克于1991年3月11—12日在日内瓦举行了第三次市场监督委员会会议，要求超产最多的沙特将其日产量减至700万桶，并减少欧佩克总产量，以平衡供需关系，促使油价回升。沙特则坚持其日产不少于800万桶，主张以"高产低价"来稳定石油市场。它最后占上风，使会议达成妥协，决定各成员国（科威特和伊拉克除外）按其现有产量减少5%。这使沙特保持了36%的份额，在欧佩克中的地位和作用得到巩固和加强。对此，法国报纸说："新的欧佩克的轮廓已经明确，……沙特是无争议和无可争议的

① ［英］《中东经济文摘》1991年3月29日。

巨人。"① 目前，沙特的日产量已增至 870 万桶，并继续加紧开发新油田，以进一步扩大它的原油生产能力达到 1000 万桶／日的水平。② 这一宏大生产规模的实现，将使沙特的石油生产取代苏、美的地位而稳居世界之冠。其他中东产油国则望尘莫及，而成为它的一群石油小伙伴。

（二）石油生产国同消费国对话与合作加强，有利于协调产供销的关系，促进中东石油的稳定发展

中东石油生产与出口的形势同世界市场石油供需关系的变化密切相关。海湾战后，中东产油国积极参与世界石油生产国同消费国之间的对话与合作，以稳定国际石油市场，促进生产和出口的发展。1991 年 7 月 1—2 日在巴黎举行了首次世界石油生产国和消费国研讨会，包括中东产油国在内共 25 个国家的部长和一些国际机构的代表在会上共商石油市场、石油工业、石油消费及其对环境的影响等问题。这次会议为今后双方进一步接触与合作打下了基础。预期 90 年代期间这一国际对话与合作将继续展开，为协调石油产供销关系、稳定市场、促进生产与出口共同作出新的努力，这将对中东石油的稳定发展产生积极影响。

（三）油价水平偏低，促使中东产油国加强共同维护合理油价的努力

海湾战后，油价从海湾危机期间一度高达 40 美元／桶以上而急剧回落到每桶 17 美元上下（欧佩克七种市场监督原油一揽子平均价格，1991 年 2 月每桶 17.55 美元，3 月 16.64 美元，4 月

---

① ［法］《发展论坛报》1991 年 3 月 14 日。
② ［英］《中东经济文摘》1991 年 6 月 7 日。

17. 38 美元, 5 月 17. 78 美元, 6 月 17. 22 美元, 7 月 18. 20 美元)[①] 的较低水平线。其原因一是产油国提高了产量；二是西方国家动用了战略石油储备，从而扭转了油价涨势，使其回落。但油价水平偏低使石油收入锐减，有损于产油国的利益。因此，中东产油国继续加强其维护合理油价的共同行动，在欧佩克 3 月会议上，努力协调减产促价政策，决定欧佩克第二季度减产 100 万桶／日，总产量限额为 2229. 8 万桶／日，以促使油价回升到每桶 21 美元的参考价格。欧佩克 6 月会议决定维持 3 月会议的措施，第三季度总产限额保持 2229. 8 万桶／日，原油参考价格每桶仍为 21 美元。目前，油价仍在每桶 18 美元左右的偏低水平上徘徊，这将促使中东产油国继续努力保持石油市场供需大体平衡，维护合理油价的稳定。目前有两点情况可望促使油价回升，一是据国际能源机构估计，1991 年全世界石油需求总量大致保持在每天 6600 万桶的水平，而到 1992 年第二季度每天将增加 80 万桶。[②] 二是世界上第二号石油出口大国苏联的石油生产严重滑坡，石油出口能力下降，预计 1991 年的出口总量将由 1990 年的 1. 2 亿吨锐减至 6000 万吨。[③] 这样一来，将会有利于中东产油国扩大出口及其"保价"的努力。

（四）以美国为首的西方石油垄断资本加速卷土重来，通过承包、合营等形式巩固与扩大它们在中东石油经营的阵地和利益

海湾战后，美国等西方国家利用军事上的胜利，力图恢复其往昔对中东石油的控制地位。美刊直言不讳地写道："由于军事

① 据石油输出国组织秘书处公布的数字。
② 《美国新闻与世界报道》1991 年 8 月 5 日。
③ 美联社苏联苏尔古特 1991 年 4 月 27 日讯。

上的胜利，美国在欧佩克拥有的影响很可能超过任何一个工业国过去所能施加的程度。"[1] 科威特石油大臣认为，美、英、法等国在海湾战争中取胜，而在欧佩克决策中拥有更大发言权。[2] 在这种情况下，美国等西方石油垄断资本乘势涌入中东石油业，加快了卷土重来的步伐。美国在沙特，美、英、法在科威特，德、法、日、意在伊朗，都竞相参与石油工业的重建或扩建，承包工程，代理经营，以分享巨额利益。例如美国利用它同沙特的特殊关系，积极参与沙特正在兴建中的扩大石油生产和炼油能力的大规模工程，计划到 1996—1997 年达到世界领先的稳定日产原油 1000 万桶的目标。其中在东方省的最大工程由美国的弗罗尔·达尼尔公司和拉菲·M·帕森斯公司承包。前者主要扩建马尔赞、祖鲁夫、卡蒂夫三个大油田，费用总额达 15 亿美元。后者主要开发世界上头号陆上大油田加瓦尔结构的组成部分哈维雅赫油田，费用总额达 10 亿美元。同时，由美国的国际工程公司承包扩建延布、利雅得、吉达和塔努拉角炼油厂工程，总额达 15 亿—20 亿美元。[3] 这样，美国公司在承包形式下分享着沙特石油的巨大利益。上述油田开发和炼油厂扩建工程不仅规模巨大，而且技术和设备先进，将使沙特的石油工业跨入更高程度的现代化和世界一流水平的行列，成为美国最大的海外石油伙伴。在科威特，美国公司则通过大量承包重建工程，大大加强了它对科威特石油业的影响。例如，美国的贝切蒂尔集团公司同科威特政府签订了一项总额为 1.5 亿美元的合同，成为重建科威特石油工业的主要承包者。它今后几年从这项承包中将获得 60 亿美元的

---

① ［美］《纽约时报》1991 年 3 月 5 日。
② 路透社科威特阿卜杜拉港 1991 年 3 月 9 日讯。
③ ［英］《中东经济文摘》1991 年 6 月 7 日。

收入。①

三

中东地区经济合作和对外经济关系的发展进程，虽然在海湾危机和战争冲击下受到困扰和挫折，但是中东国家按照各自的实际情况，积极采取措施，努力克服困难，继续推进地区经济合作，扩大同世界各国的经济联系与往来。当前，这方面值得注意的动向主要有以下几点：

（一）中东地区经济集团化发展很不平衡，阿拉伯世界加强团结合作、谋求共同发展的努力仍很艰巨

80 年代中东地区先后建立的三个阿拉伯合作组织——海湾合作委员会、阿拉伯合作委员会、阿拉伯马格里布联盟，在海湾危机和战争的冲击或影响下，发展很不平衡。阿拉伯合作委员会由于其主要成员国伊拉克和埃及处于敌对状态，使该组织内部分裂，活动停止，海湾战后仍一蹶不振，名存实亡，成为阿拉伯世界的合作与发展进程中的一个挫折，其消极影响不能低估。海湾合作委员会的六个成员国（沙特、科威特、阿联酋、阿曼、卡塔尔、巴林）都站在反对伊拉克的一边，团结起来保卫它们的共同利益。海湾战后，六国进一步加强与扩大该组织的活动，使该组织以经济合作为基础，包括政治、外交、防务等领域的全面合作取得了明显的进展。1991 年 3 月 3—4 日在利雅得举行的海湾合作委员会第 38 次部长会议强调，要努力增强阿拉伯兄弟国家之间的合作，使海湾合作委员会六国同埃及和叙利亚加强团结，组成中东地区新的阿拉伯政治、经济和安全

---

① ［英］《经济学家》1991 年 3 月 2 日。

体系的"核心"。1991年3月5—6日海湾六国外长同埃及、叙利亚两国的外长在大马士革开会，并发表了《大马士革宣言》，提出建立一支以与会八国的军队为核心的阿拉伯维持和平部队，以取代目前驻扎在海湾的外来部队；建立"地区发展经济基金"，由富裕的海湾产油国向经济困难的阿拉伯国家提供经济援助和进行投资，逐步消除阿拉伯八国经济贫富悬殊的差别，实现阿拉伯经济、社会发展和石油财富分配的平衡。这次会议为弥合阿拉伯内部的分歧，加强阿拉伯的团结合作提供了一个良好的开端。在《大马士革宣言》推动下，海湾合作委员会六国财长4月会议研究了它们同埃、叙在政治、经济和财政上的协调问题，决定建立总额为100亿美元的地区发展基金，筹资在10年内完成。[①]目前，防务合作也正在具体研究落实。六国外长5月会议讨论了战后安全计划的细节，并研究了邀请伊朗参与的可能性。六国参谋长8月会议则进一步研究了安全计划的具体问题。海湾战后，马格里布联盟（包括阿尔及利亚、利比亚、摩洛哥，突尼斯和毛里塔尼亚）的合作活动也取得了较大进展。该组织按照既定的共同发展战略，分四个阶段逐步实现经济一体化：（1）在1992年年底前，建立一个自由贸易区，允许商品自由流通，免征双重关税，以推动成员国之间的贸易发展；（2）在1995年以前建立关税同盟；（3）建立马格里布共同市场；（4）建立经济联盟。为推进上述战略，海湾停战后不久，该组织于1991年3月10—11日在利比亚的拉斯拉努夫举行首脑会议，提出要加快具体落实马格里布建设各项目标的进程，决定创建马格里布银行、马格里布电台等；强调要加强同伊拉克和科威特人民的团结，支持和促进海湾地区战后重建和

---

① ［英］《中东经济文摘》1991年5月3日。

发展的努力；呼吁尊重阿拉伯各国的主权。①

（二）邻国关系的改善与加强，成为中东一些国家促进经济合作的重要途径

中东地区合作的发展，除了形成区域集团的合作组织之外，边界相邻的国家间改善与加强双边关系也具有重要的积极意义和作用。海湾战后，埃及和利比亚两个邻国间的双边关系的发展就是一个很好的例子。1991 年 3 月，利比亚投之以桃，率先推倒了自己一侧的边防大门，宣布取消两国间的关税和签证。埃及方面则报之以李，穆巴拉克总统于 1991 年 8 月 4—5 日访问利比亚，紧接着于 8 月 6 日宣布撤销边界关卡。埃利两国撤销边界关卡是一项具有战略意义的行动，有助于加强两国在农业、工业、能源、交通运输、建筑、石油和新闻等诸多领域的进一步合作。两国所有产品相互流通都完全免除关税，使双方的经济合作关系进入了一个新的阶段。这一事例表明，中东阿拉伯一些邻国间尽管双方存在着这样或那样的分歧或差异，但如果都能从阿拉伯民族的共同利益出发，一切以团结为重，经过平等协调，就能顺利地发展它们之间的合作关系。

（三）伊拉克难民潮的冲击，使接壤的一些国家如伊朗、土耳其、约旦等增加额外负担，影响它们的经济发展，并使国际关系复杂化

海湾战后，伊拉克北部的库尔德问题激化。1991 年 3 月末库尔德武装力量被政府军打败后，大约有 200 万伊拉克库尔德难民逃往邻国伊朗和土耳其。他们缺衣少食，生活十分困苦，亟需救济。为此，伊朗每天要花费 1000 万—2000 万美元。土耳其到 5 月中旬提供的拯救物资达 2.4 万吨。联合国也已向库尔德难民

---

① 突尼斯非洲通讯社拉斯拉努夫 1991 年 3 月 11 日讯。

提供了紧急援助和作了一些生活安排，但问题并没有根本解决。因此，伊朗、土耳其同伊拉克的边界关系目前仍较紧张。在约旦，难民潮的冲击更为严重。据不完全统计，海湾危机爆发后，经伊拉克－约旦边界涌入约旦境内的难民达百余万，其中七十多万第三国难民在国际机构和有关国家政府的帮助下，已分别遣送回国，还有 27 万难民仍滞留在约旦，大都是无家可归的巴勒斯坦人，估计到 1991 年底还将有 10 万巴勒斯坦人移民约旦。安置和救济这些难民给负债累累（84 亿美元外债）和失业率高达 30% 以上的约旦造成了难以承受的沉重经济负担，估计所需费用总额高达 75 亿美元。约旦政府只有呼吁国际社会伸出援助之手，帮助渡过难关。

（四）海湾战后富油国变得囊中羞涩，穷国更加困难，使中东经济对西方的依赖加深，南北差距更趋扩大

中东海湾产油国从 70 年代中期以来，由于石油大幅度提价带来巨额石油收入而一跃成为世界债权国，中东庞大的石油资金在国际金融领域中具有举足轻重的地位和作用。但是，经过海湾危机和战争，却使它们财政拮据，资金周转不足。沙特和科威特由于要支付浩大的战争与重建费用，以及剧增的国防开支和石油投资，使它们的国际收支赤字上升。据国际财界分析，沙特正面临着 30 年来最严重的财政困难时期，它要支付同海湾战争有关的多项开支高达 640 亿美元。[①] 科威特的重建也总共需数百亿美元巨款。这种处境使它们不得不求助于西方金融垄断资本，大量举借外债，以渡过难关。1991 年 4 月沙特从外国银行筹借了第一笔资金，总额为 36 亿美元。[②] 目前还继续向国际金融市场洽

①　［美］《华盛顿邮报》1991 年 4 月 3 日。
②　［日］《日本经济新闻》1991 年 4 月 14 日。

谈借款问题。7月15日，科威特埃米尔发布指令，责成财政部向国际金融市场洽借贷款100亿科威特第纳尔（约合330亿多美元）。[①] 阿曼也在国际市场上洽借为期五年的三亿美元贷款。景况较好的阿联酋也在考虑借债。至于中东一些低收入的国家，特别是那些靠富油国援助的穷国，日子更不好过。如约旦、也门、苏丹等国向富油国出口劳务赚取大量外汇收入的来源趋于枯竭，而大批返回国内的劳工扩大了失业大军的队伍。

海湾战后，中东国家对西方世界依赖的加深，将给中东经济发展带来不利的影响，使南北之间的差距进一步扩大。目前，由于西方经济疲软，国际信贷和投资萎缩，中东资金短缺，借债不易，加之人口激增的困扰，高失业率的压力，水资源紧张和粮食短缺等多种不利因素，使今后中东经济的发展将要付出更艰巨的努力。

（原载《西亚非洲》1991年第6期）

---

① 美联社科威特1991年7月15日讯。

海湾战后中东石油经济的发展趋势

    震撼世界的海湾战争使中东石油生产受到严重的破坏和损失。据科威特石油大臣拉克巴称，海湾战争给科威特石油工业造成的损失达 750 亿美元。[①] 伊拉克的石油生产受战争影响由 1990 年的 10415 万吨下降到 1991 年的 1400 万吨，减产 86.5%。[②] 阿拉伯货币基金组织 1992 年 5 月发表的一份报告中估计，海湾战争给中东阿拉伯国家造成的直接物质损失达 4500 亿美元，科威特损失 1600 亿美元，伊拉克损失近 2000 亿美元。[③] 中东最大的石油生产和输出国沙特阿拉伯承担海湾战争有关的费用达 650 亿美元。[④] 克服战争后果，解决经济重负，拓展上、下游业务与海外经营，以加速扩大石油生产与出口，成为海湾战后中东石油工业发展的新契机，使面临新的挑战和机会的中东产油国，可望在一个新起点上向 21 世纪迈进。

---

① 新华社科威特 1991 年 7 月 27 日讯。

② [美]《油气杂志》1990 年、1991 年年终号。

③ 法新社阿布扎比 1992 年 5 月 18 日讯。

④ [塞浦路斯]《中东时报》1991 年 10 月 8 日。

一

石油生产与出口是中东经济的主要支柱。海湾战后，争取迅速恢复和扩大石油生产、加工和出口能力，重振和增强中东石油在世界石油市场上的重要地位与作用，以利于增加外汇收入和资金积累，有力地带动和促进国民经济多样化发展的进程，成为中东石油经济发展的基本趋势和主要特点。其具体表现有以下几点：

（一）实施重建计划，迅速医治战争创伤，恢复石油生产与出口

海湾战后，科威特重建石油工业的当务之急是要设法尽快扑灭油井大火。全国700多口油井熊熊燃烧，每天要烧掉近600万桶原油。科威特政府采取措施争取国际支援，陆续请来了外国16家公司的27支灭火队，总共九千多人，动用了大量灭火器材和其他物资，打一场空前规模的油井灭火大会战。① 由于充分利用和发挥了世界先进灭火技术设备和一流灭火专家的作用，仅用八个月时间，比原计划提前半年，于1991年11月6日就完成了扑灭全部油井大火的艰巨任务，耗资达20亿美元。西方有些专家曾估计，至少要花两三年甚至五年才能完成这一灭火任务。油井灭火大会战的胜利结束，标志着科威特重建石油工业的转折点。在此之前，仅恢复少量石油生产、加工和出口，如1991年6月11日首次恢复日产原油2.5万桶，7月28日首艘油轮运载200万桶原油出口，8月27日炼油厂开始恢复加工原油10万桶/日。② 灭火之后，石油

---

① ［法］《回声报》1991年11月5日。
② ［英］《中东经济文摘》1992年1月17日。

生产稳步回升，1991 年年底已日产原油 52 万桶[①]，使全年总产达
631.5 万吨。[②] 在此基础上，科威特石油大臣拉克巴宣布原油生产
的近期目标分四步：即 1992 年 1 月日产 55 万桶；1992 年 7 月日产
100 万桶；1993 年 1 月日产 180 万桶；1994 年 1 月日产增至 200 万
桶。[③] 据报道，1992 年 7 月科原油日产已达 130 万桶，快接近伊拉
克入侵前日产 150 万桶的水平。[④] 为了保证上述四步目标的顺利实
现，科威特政府采取了以下几项措施：（1）钻新油井。由于战争
的破坏，科全国油井的 10% 已完全不能再采油，其余 90% 的油井
中，大约有一半只要解决一些小困难就可陆续恢复投产，另一半
油井能否使用还需重新研究确定。因此，科威特政府于 1991 年 9
月 15 日开始实施在马格瓦（Magwa）油田钻新油井的计划，预期
在 1992 年内能打出 80—100 口新井。（2）重建油田基础设施。计
划在 1993 年内将全国 26 个采集中心的 16 个修复，还要兴建五个
新的采集中心，已发出有关工程的招标。贮油库和管道系统也正
在抓紧修复。（3）修建出口终端设施，如艾哈迈迪港的南、北码
头和海底管道线路等。[⑤]

　　伊拉克同其他中东产油国的处境不同，它是在继续受到联合
国经济制裁的情况下，设法恢复发展其石油生产和国民经济的。
据联合国调查报告说，伊拉克为修复炼油厂和其他石油设施等要
花 60 亿美元。[⑥] 而作为仅次于沙特的第二大石油输出国，伊拉
克当前迫切需要解决石油出口问题，以获取石油收入。1991 年 7

①　[美]《石油情报周刊》1992 年 6 月 15 日。
②　[美]《油气杂志》1991 年年终号。
③　[英]《中东经济文摘》1992 年 1 月 17 日。
④　法新社 1992 年 8 月 1 日讯。
⑤　[英]《中东经济文摘》1992 年 1 月 17 日。
⑥　联合国 1991 年 7 月 15 日调查报告。

月伊拉克的石油生产已恢复到 145 万桶/日。[①] 1992 年 5 月 31 日伊拉克石油部长宣布伊石油输出能力已接近海湾战前日均出口 300 万桶的水平。但在联合国的制裁下，其石油出口难以进行。分别经由土耳其和沙特国境的两条输油管道（占伊过去石油输出量的 90%）现仍未能启用。其直接出口的唯一通道海湾北部的巴克尔转运站被战火毁坏，转运能力只剩 1/3。伊拉克因石油出口停顿而受到的损失到 1991 年底约达 265—320 亿美元。[②] 为了争取石油出口，伊拉克于 1992 年 1 月、3 月、6 月先后同联合国进行了三轮谈判，结果是允许其在六个月内日均出口 60 万桶原油，以换取进口急需的食品、药品等。[③] 1992 年 6 月 14 日伊拉克同古巴签订了向古巴出口石油的贸易协议。伊还同美国的一些石油公司在第三国境内进行秘密谈判，争取扩大石油出口。目前，伊同土耳其正在进行协商，准备通过伊－土输油管道每天出口石油 118 万桶，使其日出口量增至 160 万桶。[④]

（二）扩大生产设备能力（简称产能），提高原油产量

中东产油国当前正在积极采取开发新油田，增加油田钻井，重新启用停产油井以及提高采收率等措施来扩大石油产能。比如，沙特在现有油田增加钻井并启用停产井，90 年代后期将开发中部绿洲油田；科威特将在米纳吉什（Minagash）、乌姆古达尔（Umm Gudair）和马格尔等油田扩大浅层的重油产能和开发深层的轻油；阿联酋采用水驱技术、安装气举设施，建造钻井平台等来提高产能；伊朗将开发在海湾和里海的新油田；伊拉克将完成西克尔纳（West Gurna）、萨达姆、卡巴兹、东巴格达、奈

---

① ［塞浦路斯］《中东经济调查》1991 年 7 月 22 日。
② 俄通社—塔斯社巴黎 1992 年 1 月 20 日讯。
③ 新华社维也纳 1992 年 6 月 22 日讯。
④ 伊拉克石油部消息。转见《经济参考报》1992 年 9 月 3 日。

西耶等油田的开发，并将在本世纪末开发马吉努（Majnoon）大油田；阿尔及利亚在哈西鲁迈拉大油田应用连续循环气技术以提高采收率；利比亚在沙里尔油田采用注水技术并开发博里海上油田和新近发现的穆尔祖克（Murzuk）油田；卡塔尔将开发杜克汉油田的深层。据美国《油气杂志》称，1991 年中东地区总钻井数达 1362 口。

　　通过采取以上措施，中东产油国的原油生产能力正在不断增长，由 1991 年底的 1585 万桶／日提高到 1992 年 6 月的 1647 万桶／日，1992 年底将增至 1752 万桶／日。① 在未来的 5 年到 10 年里，五个海湾产油国将投资 680 亿美元以进一步扩大石油生产能力，其中沙特计划投资 250 亿美元，使其石油产能达到 1000 万桶／日；伊朗则分别为 130 亿美元和 500 万桶／日；阿联酋为 100 亿美元和 300 万桶／日；伊拉克和科威特两国合计为 200 亿美元和 700 万桶／日。② 据国际石油专家分析，到 1995 年和 2000 年，欧佩克的总产能将分别净增 495 万桶／日和 388 万桶／日，而中东成员国所占的比重分别为 78％和 109.5％，后一比重的超出是由于其他七个成员国的产能到 2000 年将减少 67 万桶／日所致。③

　　随着石油产能的提高，中东石油产量也在同步增长。例如，沙特的原油产量 1991 年比 1990 年增长 30.4％，达到 850 万—900 万桶／日，目前已超过前苏联跃居世界首位，成为世界最大的产油国。同期，伊朗增长 2.8％，达到 330 万桶／日；阿联酋增长 16.7％，达到 250 万桶／日。④

　　① ［美］《石油情报周刊》1992 年 6 月 15 日。
　　② 合众国际社阿布扎比 1992 年 8 月 28 日英文讯。
　　③ 《石油输出国组织评论》1991 年秋季号。
　　④ ［美］《油气杂志》1991 年年终号。

（三）更新炼油设施，扩充加工能力，大力拓展下游业务的跨国经营

中东国家的石油加工能力比较薄弱，1991 年底仅占世界原油总加工能力的 0.8446%，占世界炼油厂总数的 7.66%。[①] 这种状况同其巨大的石油生产能力很不相称，不能适应对原油深加工、高增值的需要。为了提高原油增加值，扩大石油出口收入，中东产油国目前都在大力实施一系列炼油建设计划，包括许多更新扩建项目和一批新建项目。如沙特计划在五年内扩建三座大炼油厂，其中延布炼油厂的日加工能力将提高一倍半，达 42 万桶/日，使经营这些炼油厂的沙特石油销售和炼油公司到 1995 年后将成为世界最大的炼油制品出口企业。[②] 科威特大力重建炼油厂，使其炼油能力 1992 年 1 月恢复到 23 万桶/日，1993 年 6 月将达到 65 万桶/日，接近伊拉克入侵前 70 万桶/日的水平。[③] 伊朗国家石油公司以最大单项拨款用于炼油厂项目，除修复阿巴丹炼油厂外，还在阿拉克、阿巴斯港、塔赫里，阿格哈尔—达兰等地兴建一批新炼油厂，并扩建伊斯法罕炼油厂和修建德黑兰炼油厂的储油库，使其原油加工能力 1994 年达到 88 万桶/日。[④] 阿联酋计划五年内投资 12 亿美元，用来扩建鲁怀斯工业区的炼油厂。[⑤] 巴林计划六年内投资六亿美元，用来更新锡特拉炼油厂的设备；卡塔尔决定扩建乌姆·赛义德炼油厂，以扩大它们的加工能力。[⑥]

---

① ［美］《油气杂志》1991 年 12 月 23 日。
② ［英］《中东经济文摘》1991 年 6 月 7 日。
③ 同上书，1992 年 1 月 17 日。
④ ［英］《伊朗国家报道》1990 年第 2 季刊。
⑤ ［英］《阿联酋国家概览》1991—1992 年。
⑥ ［英］《巴林、卡塔尔国家概览》1991—1992 年。

同时，中东产油国正在采取面向世界、跨国经营的方式，大力拓展其海外炼油与销售等下游业务，这在当前国际石油领域已成为受到人们关注的一个重要现象。通过这种做法，可以直接促进原油出口，迅速扩大销售渠道。如科威特首先在欧洲搞起下游经营，购买国外炼油和销售企业，并在伦敦设立石油投资公司统筹海外业务，目前已拥有 6500 个加油站和 22 个国际机场的售油点，在当地石油零售市场占有一定份额，如在丹麦占 24%，在瑞典和意大利均占 12%，在英国占 3%，并已获得 1150 万吨/年的炼油能力。[①] 在东南亚和东欧，科威特已在泰国建立了加油站网点，现正筹划投资几十亿美元在泰国兴建炼油和石化综合企业；在匈牙利投资 600 万美元，用来建设现代化加油站。[②] 利比亚通过海外石油投资公司购买国外炼油和销售企业，现已在欧洲拥有 1250 万吨/年的炼油能力，并向 2500 万吨/年的目标迈进。[③] 沙特现在亚太地区获得 3450 万吨/年的炼油能力，并寻求在世界范围购得约 1.75 亿吨/年的炼油能力，其中在欧洲的购买目标超过 5000 万吨/年。[④] 伊朗现正打算在加拿大购买一座日加工能力为 15 万桶的炼油厂，还将在巴基斯坦的凯西姆港合建一座日炼油 12 万桶的新厂。阿曼将在泰国南部的罗勇府投资六亿美元建设一座炼油厂。阿联酋、卡塔尔将在巴基斯坦合建两座炼油厂。[⑤]

（四）扩建运输设施，提高转运能力，促进石油出口

为了适应扩大石油生产、加工和出口的需要，中东产油国大

---

① ［英］《中东经济文摘》1992 年 1 月 17 日；［美］《能源指南》周刊 1992 年 4 月 3 日。

② ［英］《中东经济文摘》1992 年 1 月 17 日。

③ ［美］《能源指南》1992 年 4 月 3 日。

④ 同上。

⑤ 同上。

力加强港口、码头、输油管、油船队的建设，努力把运输设施搞上去。例如，伊朗最大的石油出口终端站哈尔克岛输油设施于1991年修复，现正计划将其转运能力扩大到600—700万桶/日，并在南部铺设连接古尔雷赫（Gurreh）和格纳威赫（Ganaveh）港口的输油管道，在阿萨卢耶赫（Assaluyeh）和塔赫里（Taheri）兴建新的管道终端站。[①] 沙特正在加速把延布建成原油直接输出的港口。伊拉克正在设法修复其海岸的主要输油码头和使分别通过土耳其和沙特境内的两大输油管道重新启用。

为了发展海上运输能力，伊朗国家石油公司花了3.3亿美元从韩国买进四艘超级油轮，使其油轮总载重量达555万吨，成为世界上大油船队之一。利比亚的油船队为非洲之冠，共有15艘油轮，总载重量约140万吨。[②] 由阿拉伯石油输出国组织成员国共同组建的阿拉伯海上运输公司（AMPTC）拥有五亿美元资本，其石油运输能力正在不断扩大。

二

海湾战后，世界石油供需关系和油价走向正在发生对中东石油经济发展有利的变化。在新的形势下，中东产油国继续设法协调共同的对策与行动，力求消除内部分歧，加强团结合作，努力提高中东石油在国际市场上的竞争能力，扩大其所占市场份额的比重，以增强其良好的发展势头。这一趋势主要表现在以下两方面：

（一）世界石油供需格局的积极变化

第一，看市场需求。当前，由于西方发达国家经济复苏，亚

---

① ［英］《伊朗国家概览》1991—1992年。
② ［英］《利比亚国家概览》1991—1992年。

太地区经济高速增长，世界对石油的需求正在上升，这种势头在跨世纪之际仍将持续下去。这已成为国际石油界的共识。据国际能源机构预测，今后15年内世界石油需求年均增长率为1.7%，到2005年世界石油日均消费量将增至8500万桶。美国能源情报局估计，全球石油日均需求量从1990年的6590万桶将上升到2000年的7500万桶和2010年的8430万桶。日本能源研究所的报告说，世界石油需求在1990—1995年间将以年均1.6%的速度增长，呈需求旺盛的趋势。这些大致相同的预测，从需求方面反映了世界石油市场前景看好的基本趋向。

第二，看美国对进口石油的依赖。美国是世界最大的石油消费国，占世界石油总消费量的1/4以上。其石油生产虽居世界第三位，但仍不能满足国内需求，必须靠大量进口石油来保障供给。由于其原油生产衰退，产量下降，而消费量却以2.5%的年增长率上升，供应缺口扩大，使其对进口石油的依赖日益加深。据美国能源情报署预测，到2010年美国的石油进口量占其消费量的比重从1990年的42%将增至53%—69%。中东石油是其主要供应来源，沙特石油产量的1/5以上输往美国，约占其进口油的1/4。沙特等中东产油国仍将是美国不可离开的石油伙伴和最大卖主。

第三，从前苏联的石油危机及其后果看。前苏联原是世界头号石油生产国和重要输出国，由于其政治解体，经济滑坡，使石油工业陷入严重危机，生产和出口急剧下降，原油年产量从1988年高峰期的6.6亿吨锐减至1991年的5.13亿吨。[1] 同期出口量由288.5万桶/日降到103.2万桶/日。[2] 为了弥补减产和出口造成的国内石油供应缺口，现独联体不得不从中东进口石油，

---

[1] 《石油消息》1991年11月20日、1992年1月15日。
[2] ［美］《油气杂志》1992年3月2日。

而原来靠苏联供应石油的许多国家也不得不转向中东。有人估计，几年后俄罗斯可能变为石油净进口国。前苏联的石油出口大国地位在世界舞台上的消失，这一变化将使国际能源供应更加依赖于中东石油。

第四，从世界石油资源的布局看。世界石油资源分布极不平衡，得天独厚的中东地区作为世界最大的"油库"，为世界其他地区所望尘莫及。其石油探明储量，截至 1992 年 1 月 1 日，占世界石油探明总储量（1357.5499 亿吨）的 70.64%（959.004亿吨）。沙特居世界之冠，占世界总储量的 26.02%，依次伊拉克占 10.09%，阿联酋占 9.89%，科威特占 9.49%，伊朗占9.37%，仅此五国合计就占世界石油探明总储量的 64.86%。按储采比计算，这五国油藏可持续开采的时间，科威特为 162 年，阿联酋 158 年，沙特 133 年，伊拉克 97 年，伊朗 89 年，大大高于世界的平均数 44 年。[①] 近几年在中亚、东亚等地区陆续发现一些新油藏，其储量究竟有多大，还有待于探明，目前尚未改变上述基本格局。

如果说资源优势是相对静态的，那么再从动态的生产看，中东石油的绝对产量也高于世界其他地区。在 1991 年世界原油总产量中，中东占 32.75%（9.81195 亿吨），而前苏联和东欧只占 17.57%，北美占 14.86%，拉美占 12.18%，亚太占10.77%，西欧占 6.9%，南部非洲占 4.98%。[②] 鉴于俄、美等国石油生产衰退，而沙特目前原油产量已跃居世界第一，中东石油生产的优势将会继续加强。

第五，从油价变化的趋向看。受供需各项因素的影响和制

---

① 英国石油公司：《世界能源统计评论》1990 年 6 月。
② 据［美］《油气杂志》1991 年 12 月 30 日公布数字计算百分比。

约，世界石油市场油价走向基本上是稳中有升，有时略有波动下降。据欧佩克的统计，每桶油价由 1991 年 4 月的 17.38 美元升至 10 月的 20.42 美元，1992 年 1—3 月一度降至 16—17 美元，6 月底又回升到 20.47 美元，接近欧佩克参考价 21 美元的水平。据美国能源情报署的报告说，1992 年世界平均每桶油价在 16.76—20.75 美元之间波动，下半年高于上半年，1993 年将提高 1.25 美元，到 2000 年将上涨到 18—32 美元，2010 年将达 23—40 美元。世界油价走向基本呈上扬趋势，这对中东石油生产和出口的稳定发展是有利的。

（二）协调对策与行动的共同努力

为了维护共同的利益，中东产油国通过欧佩克继续努力协调石油政策，采取联合行动，以促使世界石油供需大体平衡和油价相对稳定。海湾战后不久，欧佩克于 1991 年 3 月 12 日决定其原油生产总配额为 2229.8 万桶/日，参考价格为 21 美元/桶，以保持产销与需求基本一致。1991 年 11 月欧佩克部长级会议考虑世界石油需求上升，决定相应提高总配额为 2365 万桶/日。但由于沙特等一些成员国突破限额，超产过多，供大于求，油价回落，使欧佩克不得不设法消除内部分歧，协调共同行动，限产保价，共谋发展。1992 年 2 月 15 日欧佩克市场监视委员会第六次会议决定立即削减原油产量 5%，由当时实际产量 2420 万桶/日减至 2298.2 万桶/日，并要求沙特等超产国按配额减产。沙特不愿减产而持保留态度，伊朗则认为总配额不宜高于 2250 万桶/日，主张要减够。由于多数成员国认真执行配额，使超产得到控制，油价渐趋回升。随着世界石油需求的增长，欧佩克部长级会议于 1992 年 9 月 18 日决定将 1992 年第 4 季度的生产总配额提高到 2420 万桶/日。

中东重要的石油贸易伙伴欧共体于 1992 年 5 月 13 日决定自 1993 年开始对其进口石油每桶加征环境保护税三美元，到 2000

年提高到 10 美元。此举将严重损害中东产油国的利益，可能使未来 10—15 年海湾六国（GCC）向欧洲的石油出口减少 15%。①为此，首当其冲的海湾六国一致表示强烈反对。沙特石油大臣纳泽尔提出，欧共体成员国 1991 年石油税收入 2100 亿美元，而海湾石油出口收入只有 640 亿美元，还不到其 1/3。面对欧洲市场出现的新问题，沙特与其他海湾国家将进一步协调对策，以维护它们共同的切身利益。

为了协调产销，稳定市场，中东产油国还大力开展石油生产国和石油消费国的双向对话。1991 年 7 月 1—2 日首次石油生产国和消费国研讨会在巴黎举行，成为供需双方"建设性对话"的良好开端。1992 年 7 月 2—3 日在奥斯陆举行二次会议，讨论了能源、环境和发展等问题。关于这一对话活动的意义和作用，欧佩克秘书长苏布罗托曾强调指出，海湾战后人们普遍支持建立国际性的相互依存的石油体系，呼吁加强石油生产国和消费国双方的合作，以确保石油市场的稳定和能源安全，使石油供销按合理的价格进行。

随着世界石油市场形势的变化，以中东产油国为主体的欧佩克（沙特一国占其产量的 1/3）在世界石油市场的占有率呈上升趋势。据欧佩克秘书长估计，将由目前大约占 43% 上升到 1995 年的 47% 和 2000 年的 54%。

三

为了加速石油工业和国民经济现代化进程，中东许多产油国现正积极采取一系列更加开放、更加灵活、更加务实的政策措

---

① ［塞浦路斯］《中东时报》1992 年 5 月 26 日。

施，广泛实行引进外资科技、合资经营、对外招标、项目承包、举借外债内债以及扩建经济自由区等，以有助于解决所需的巨额建设资金，引进先进技术设备和现代化管理人才，拓展石油国际化经营，加强对外经济联系和相互依赖，从而保证中东石油的稳定发展。其突出表现有以下几点：

（一）大量举借外债内债

由于计划用于扩建石油工业的费用浩大，而许多产油国都受到财政赤字、资金短缺的困扰，只有靠利用外国贷款和举借内债来设法筹集所需资金。如沙特计划在 1995 年内投资 150 亿—180 亿美元来提高原油生产能力，而 1991—1992 年度其预算赤字达 210 亿美元。① 为了缓解财政困难，沙特政府于 1991 年 5 月通过向美国摩根财团为首的 20 家国际银行贷款 45 亿美元和向本国 11 家商业银行贷款 25 亿美元，很快筹集到 70 亿美元的资金。② 还先后增发国内债券（发展债券和国库券）共 800 亿沙特里亚尔，由政府机构和商业银行全部认购。③ 同时鼓励国营企业设法自筹资金，向国内外银行争取贷款，通过各种渠道融资，保证扩大投资的资金来源。沙特阿美石油公司于 1991 年向国内商业银行贷款 3 亿美元，于 1992 年 3 月向国际银行团借到两笔贷款共 29 亿美元，均用来购买设备和油轮，以提高石油产能和海上运输能力。④ 沙特还获日本同意提供 40 亿日元贷款，用来提高卡夫齐油田的采收率 5%—10%。⑤ 沙特国王法赫德在谈到大量借债时说："困难的环境（指海湾战争）造成沉重的财政负担，政

---

① ［英］《中东经济文摘》1991 年 6 月 7 日、1992 年 3 月 20 日。
② ［英］《中东经济文摘》1991 年 1 月 17 日。
③ 同上。
④ ［英］《中东经济文摘》1992 年 3 月 20 日。
⑤ ［美］《国际先驱论坛报》1992 年 1 月 14 日。

府不得不从国内外借取大量的钱。……在特殊情况下，求助于信贷市场，这对国家来说不足为奇。"① 有庞大的石油财富和国外资产作后盾，沙特借债是用不着担心还不起的，而这样做的好处则可使政府在较短时间摆脱财政困境。

科威特大约需要投资 100 亿美元来重建其石油工业，② 而 1991—1992 年度预算赤字创纪录，达 53.04 亿第纳尔（约 186.8 亿美元），相当于该年度预算总支出的 87.1%。为弥补巨额赤字和提供建设资金政府决定由中央银行发行国库券和债券，并计划在五年内举借外国贷款 55 亿美元。1992 年 1 月 8 日科威特同英国达成协议，获得五亿英镑的出口信贷。随后，又从美国借款 20 亿美元，从日本、荷兰贷款各 10 亿美元，从加拿大贷款五亿美元，科威特陆续同有关国家进行谈判，从德国、法国争取贷款的谈判也在进行中。

（二）大力推行合资经营

改善投资环境，积极吸收外资，重点发展合资经营，这已成为当前中东产油国加速石油工业和国民经济发展的重要措施。加强与外资合营，对于扩大资金来源，加快引进先进技术设备和管理经验，密切国际联系与相互依赖，增强安全保障，促进石油加工出口等等，都有着积极作用和明显优势。许多中东产油国在国内新建扩建炼油厂、油库及油田开发等和在海外经营的石油下游业务，大都是通过与外资合营兴办起来的。如沙特石油销售和炼油公司扩建延布、利雅得和吉达三大炼油厂的五年计划，是同外资合作进行的，共同投资至少 80 亿美元。该公司还同日本公司于

---

① 1991 年 11 月沙特国王对中东广播中心记者的谈话，见 ［英］《中东经济文摘》1992 年 1 月 17 日。

② ［美］《石油情报周刊》1991 年 3 月 4 日。

1991 年 5 月达成合资建厂的协议，分别在沙特和日本各建一座日产 30 万桶和 15 万桶的炼油厂。在韩国，沙特同三洋公司合营（各占一半股权）一座日产 16 万桶的炼油厂，还打算投资 14 亿美元合建一座日炼油 20 万桶的新厂，并扩建储油设施。沙特同泰国、新加坡以及香港当局就合资兴建炼油厂的谈判也在进行中。伊朗同马来西亚决定合营一座拥有 2000 万桶储油设备的石油出口终端站，由马来西亚出资在其境内修建，伊朗提供原油。这座巨型出口终端站建成后将直接服务于向亚太地区的石油出口。

当前，值得注意的新动向是，中东同中亚产油国及同俄罗斯的油气合营活动正在刚刚展开，前景广阔。如阿曼同哈萨克斯坦于 1992 年 6 月 17 日签署了一项协议，合办一家铺设输油管道的联合公司，以共同建造一条将哈萨克的油田与其他国家出口中转站连接起来的输油管道，计划三年建成投入使用，12 年内日输油能力达 150 万桶。这是阿曼在国外的第一家合营企业，双方各占一半股权，由阿曼提供资金和技术援助，哈萨克则以石油和石油制品作担保。伊朗同土库曼斯坦于 1991 年底签订协议，伊向土出口 650 万吨原油，换取从土进口 30 亿立方米的天然气。[①]科威特同俄罗斯于 1992 年 2 月签订协议，将使俄罗斯企业家有机会参与科威特的油田开发。[②]

（三）招引外企承包项目

通过对外招标或谈判，将一些石油开发工程项目承包给外国公司，以加速引进外资科技和管理经验，这也是当前中东一个较为突出的做法。通过采用这个办法，有效地加快了石油工业的发展进程。如埃及于 1992 年初向欧美等国的 40 多家石油勘探公司

---

①　［日］《东京新闻》1992 年 2 月 11 日。
②　俄通社—塔斯社 1992 年 2 月 23 日讯。

发出招标，欢迎它们来埃及西部沙漠地区、红海地区、苏伊士湾地区的 17 个新地点寻找油气。① 到 1992 年年中，埃及已同 10 家外国公司签订 16 个承包勘探石油的协议，总投资为 2.7 亿美元，在从北部地中海沿海岸到南部上埃及沙漠地带的 15.5 万平方公里区域内打井 71 口，以寻找石油资源。② 利比亚同罗马尼亚于 1991 年 7 月 24 日签订协议，投资 10 亿美元，由罗专家负责开发利比亚东南部马尔祖克（Marzuq）的油藏。③ 在阿尔及利亚，由意大利的阿及普石油公司和美国的莫比尔石油公司分别承包在 6800 平方公里和 12770 平方公里的沙漠地区上勘探石油。④ 在科威特，美国的贝切蒂尔（Bechtel）公司承包马格瓦和布尔甘油田采集中心设施的修复工程，另两家公司投标承建炼油厂。⑤

综上所述，海湾战后中东产油国加速发展石油工业的努力已初见成效，今后仍将设法克服面临的各种困难不断前进。可以预料，只要保持和平稳定的环境，继续采取行之有效的政策措施，中东石油经济的发展必将以稳步上升的态势跨入 21 世纪。

（原载《西亚非洲》1992 年第 6 期）

---

① 《经济参考报》1992 年 6 月 4 日。
② 《经济参考报》1992 年 7 月 15 日。
③ ［塞浦路斯］《中东时报》1991 年 8 月 6 日。
④ ［塞浦路斯］《中东时报》1992 年 1 月 1 日，1992 年 6 月 23 日。
⑤ ［英］《中东经济文摘》1992 年 1 月 17 日。

中国与中东的
经贸合作

开拓我国与中东的经贸关系
和石油合作

我国同中东国家发展经贸关系具有良好的基础：源远流长的友好往来、历史悠久的文化联系、近现代遭受西方掠夺的共同命运、面临发展民族经济和建设自己国家的共同任务、在和平共处五项原则的基础上发展友好合作关系的共同愿望、丰富的资源与物产、巨大的市场潜力、便利的陆海空立体交通条件、经济上的互补互利性等等。在这些有利条件的基础上，从平等互利、共同发展的相互需要出发，我国从新中国成立初期 50 年代起就开始同中东国家发展经贸往来。特别是 70 年代末、80 年代初以来，由于我国改革开放政策的施行，中东国家越来越多地重视加强与扩大同我国的经贸关系，特别是中东产油国同我国的贸易往来和石油领域的合作发展势头良好，前景广阔。

一 我国与中东经贸合作的特点和发展趋势

（一）经贸合作的特点

通过双方的共同努力，我国同中东国家的双边贸易往来和经济交流合作在近十几年得到较大的发展，其主要特点有以下几个方面：

1. 双边贸易显著增长

大力发展互需互补、平等互利的双边贸易乃是我国同中东国家经贸关系的重要方面与显著特征。80 年代以来，双边贸易的增长较快，1986 年我国同中东国家的贸易总值达 25.96 亿美元，1988 年又增至 31.51 亿美元，分别比 1978 年增加 1.3 倍和 1.9 倍多。90 年代初海湾危机和战争期间，根据联合国制裁伊拉克的 661 号决议，我国停止了同伊拉克的贸易往来，同科威特、约旦、伊朗等国的进出口贸易也受到一定程度的影响，使 1990 年的贸易总值减至 24.99 亿美元。但海湾战后很快又恢复了增长的势头，1991 年贸易总值回升到 29.18 亿美元，比上一年增长 16.76%。[1] 1992 年我国同海湾国家的贸易额达 16 亿多美元。[2] 1993 年我国同中东地区国家的贸易额达 31.22 亿美元，比 1992 年增长 37.9%。[3]

从单个国家来看，阿拉伯联合酋长国是目前我国在中东地区最大的贸易伙伴，1992 年两国贸易总额达 6.2 亿美元。[4] 1993 年增至 8.1 亿美元，预计 1994 年将逾 9 亿美元。[5] 其次为沙特阿拉伯，两国的贸易总值 1991 年达 5.25 亿美元以上。[6] 阿曼同我国的贸易增长幅度最大，从 1990 年的 1.33 亿美元增至 1991 年的 4.09 亿美元，增长两倍多；[7] 同期，利比亚从 0.39 亿美元增至 1.11 亿美元，增长 1.8 倍多；摩洛哥从 1.01 亿美元增至 1.42

---

① 据 1991 年和 1992 年《中国对外经济贸易年鉴》有关数字计算。
② 《经济参考报》1993 年 7 月 29 日。
③ 《国际经贸消息》1994 年 6 月 20 日。
④ 《经济参考报》1993 年 7 月 29 日。
⑤ 《国际经贸消息》1994 年 5 月 2 日。
⑥ 据 1992 年《中国对外经济贸易年鉴》有关数字。
⑦ 同上。

亿美元，增长 40.83%。[①]

从出口值来看，1991 年我国对中东国家出口值超过一亿美元的国家有阿联酋（4.08 亿美元）、沙特（3.87 亿美元）、伊朗（2.93 亿美元）、埃及（1.26 亿美元）和摩洛哥（1.03 亿美元）。从进口值来看，1991 年我国从中东伊斯兰国家中进口数额较大的国家有阿曼（3.99 亿美元）、沙特（1.38 亿美元）、卡塔尔（7990 万美元）、阿联酋（6933 万美元）、土耳其（4861 万美元）和约旦（4761 万美元）。

从进出口商品构成来看，我国对中东国家出口的商品主要是轻纺产品和食品，其次为五金矿产品、土特畜牧产品、化工产品、工艺品以及机械设备等。进口的商品主要是原油、化肥、棉花、矿砂和石油化工产品等。

2. 承包工程和劳务合作迅速发展

承包工程和劳务合作是当今国际经济合作的重要形式。中东国家特别是其中的产油国，它们富有自然资源，但人力资源相对短缺，本国技术、管理人才和熟练劳动力严重不足，需要输入劳务和承包工程以促进其经济发展。例如海湾产油国利用其石油资源与生产的优势，凭借石油美元的雄厚财力，在实施大规模经济建设中招来了大批外国承包商和外籍工人，借助于引进国外人才、技术和设备，有力地加速了本国经济的发展。因而中东地区成为世界上最大的承包和劳务市场之一。我国实行改革开放以来，积极发展对外承包工程和劳务合作，通过认真执行"守约、保质、薄利、重义"的八字经营原则和提供较好的、实用的技术服务，在中东市场迅速打开了局面。

据统计，从 1979—1991 年，我国对中东国家承包工程和劳

---

① 据 1992 年《中国对外经济贸易年鉴》有关数字。

务合作的合同额达 59.89 亿美元以上，占我国对外承包工程和劳务合作合同总额的 31.49%。其中，承包工程合同额为 46.30 亿美元，占我国对外承包工程合同总额的 30.2%；劳务合同总额为 13.59 亿美元，占我国对中东国家承包工程和劳务合作已完成的营业额为 41.96 亿美元，占合同额的 70% 以上。

这些年来，我国在伊朗承建了锌冶炼厂、铬铁合金厂、锰铁合金厂、水泥厂等；在伊拉克承建了民用机场和一批水坝灌溉工程；在也门承建柏油公路、总统府邸和大量住宅；在科威特承建跨海公路大桥；在约旦承建哈桑体育城等。中国技术进出口总公司战胜德国、法国和罗马尼亚等国的竞争对手，于 1992 年 6 月同伊朗签订了承建年产 20 万吨以上的纯碱厂的合同，这是两国经贸合作史上最大的工程项目。

3. 相互投资和金融合作日益扩大

引进外资和对外投资并举，发展和加强金融领域的合作，已成为当今国际经济合作的重要趋势，也是我国同中东国家经济合作的重要内容。中东产油国拥有大量的石油美元，设法吸引中东石油美元的投资和贷款，有利于加快我国社会主义现代化建设。科威特是中东国家中率先向我国提供贷款和合资办厂的最活跃的投资伙伴。从 1982—1989 年间，科威特向我国陆续提供了包括厦门高崎国际机场、深圳国际机场在内共 12 个重要项目的贷款，总金额约达三亿多美元。1985 年 1 月 5 日，科威特、突尼斯同中国化工建设总公司达成协议，三方共同投资 580 万美元，在秦皇岛兴建一座大型化肥厂，这家合资的中阿化肥有限公司现已成为我国最大的化肥生产企业，被誉为"第三世界合作的创新性突破"。① 到 1993 年 7 月为止，海湾六国（主要是科威特）对我

---

① 路透社科威特 1986 年 5 月 18 日电。

国的投资已达六亿美元。近年来，沙特在我国的合资公司在上海浦东投资 8000 万美元购买一块地皮和在宁波开发区投资 5000 万美元进行项目开发，以拓展合资经营活动范围。阿联酋的投资者也开始来我国投资办厂。

为了开拓跨国经营，我国一些公司也着手进行对中东国家投资合办企业。截至 1990 年底，我国在这些国家投资举办的合营企业已有 35 家，双方投资总额为 3309.03 万美元，其中我方投资总额为 1505.18 万美元，占 45.48%。1991 年新增八家，资本总额为 304.59 万美元，我方投资额为 214.24 万美元，占 70.34%。1992 年我国公司在阿联酋投资办起 15 家企业。

在金融合作方面，重要项目有：1985 年 11 月海湾产油国拥有的国际信用商业银行、阿布扎比投资局同中国国际信托投资公司合资建立中国阿拉伯开发和投资公司，在北京和阿布扎比分别设有办事处。1986 年 3 月埃及费萨尔伊斯兰银行同我国宁夏伊斯兰国际信托投资公司合资建立伊斯兰国际投资公司，成为中国第一家伊斯兰国际金融机构。1989 年 4 月沙特的阿尔布拉卡集团投资开发公司也同宁夏伊斯兰国际信托投资公司合资建立宁夏阿尔布拉卡伊斯兰国际信托投资公司。上述合资经营的金融机构及其活动，对我国吸收中东石油美元和促进双方的经济合作发挥着积极的作用。

4. 援建项目取得成效

相互支援经济建设是第三世界发展中国家团结合作、共同进步的重要表现，也是社会主义的中国应尽的国际主义义务。改革开放以来，我国对中东一些国家的援建项目成效显著。在国际上产生了良好的影响。例如，在约旦援建的总面积 2.87 万平方米的体育城于 1990 年建成；同年向阿曼赠款 200 万元人民币，以维修和扩建其陶瓷厂和织布厂；还在也门援建公路及派出医疗队等。

到目前为止，我国先后同 16 个中东国家签订了贸易协定和经济技术合作协定。[①] 并同 12 国建立了双边经贸合作混合委员会。[②] 此外，还同一些国家签订了相互促进和保护投资协定、海运协定、航运协定等。

（二）我国与中东经贸合作的发展趋势

展望进入 21 世纪之际，我国同中东国家的经贸合作将会有更大的发展，其趋势和前景主要有以下几点：

1. 随着市场潜力的开发、双边贸易将进一步增长

中东和中国是当今世界的两大重要市场，潜力巨大，亟待开发。从人口之众，地域之广，资源和物产之丰以及消费量之大等各种因素综合来看，目前双方贸易往来达到的规模和水平应该说是很不相称的。据不完全的资料计算，1990 年我国同中东国家的进出口贸易额仅分别占各自对外贸易总额的 2.15% 和 1.16%。[③] 同个别国家贸易额的比重甚至更低，例如 1991 年我国占沙特对外贸易额的比重仅为 0.7%，[④] 占突尼斯对外贸易额的比重仅为 0.5%，占其他马格里布国家对外贸易额的比重也不到 1%。[⑤] 可见，今后发展的潜力是很大的。

我国"八五"计划期间对外贸易继续高速增长，预计贸易总额 1996 年将达到 2000 亿美元，比 1990 年几乎再翻一番。在

---

① 这 16 个国家是：埃及、黎巴嫩、叙利亚、伊朗、伊拉克、也门、塞浦路斯、土耳其、约旦、科威特、阿联酋、阿曼、巴林、卡塔尔、沙特和以色列。

② 这 12 国是：埃及、土耳其、也门、伊朗、塞浦路斯、伊拉克、科威特、阿联酋、约旦、阿曼、巴林和沙特。

③ 据《1992 年世界发展报告》及《1992 年中国对外经济贸易年鉴》有关数字计算。

④ 据［英］《沙特阿拉伯国家概况》1992—1993 年刊有关数字计算。

⑤ 《经济参考报》1992 年 4 月 17 日。

这一形势下，大力开发中东市场，扩大出口，适度进口，大幅度增加我国同中东国家的贸易额，就成为今后我国对外贸易的一个趋势。双方将在交流商品信息、加强市场调查的基础上，设法拓宽贸易渠道，增加花色品种，调整商品结构，力求做到适销对路，以适应市场开发的需要。

就中东产油国来说，其市场的主要特点是：高收入和高消费，外籍消费者比重大（一般占 1/3 以上），15 岁以下的消费者占人口的一半左右，需求旺盛，购物多样，竞争激烈等等。针对这些特点，制定适销对路的营销战略，就能够在强手如林的市场竞争中不断扩大我国商品对中东的出口。例如，在中东最大的转口贸易港——迪拜，我国的出口额 1992 年达 38.27 亿迪拉姆（约合 10.427 亿美元），1993 年上半年近 18 亿迪拉姆（合 4.9 亿美元），在对迪拜十大出口国中，已超过美国，仅次于日本而跃居第二位。[①] 迪拜经手海湾地区非石油对外贸易的近 20%，是中东最大的消费市场，以其巨大的港口设施和宽松的经济政策，对发展国际贸易非常有利。我国同沙特的双边贸易预期今后也将有较大发展，每年贸易额将超过六亿美元。[②] 为了促进同我国的经贸合作，沙特于 1994 年 4 月在吉达市兴建中国贸易城，以展销中国产品，工程总面积为 12 万平方米，总造价为一亿里亚尔（相当于 2666 万美元），预计 1995 年建成。国际舆论认为，中沙两国是"建立在相互满意的商业基础上的最好的朋友"。[③] 再如，中国海外贸易总公司与突尼斯国际贸易公司于 1992 年 4 月签订了在突尼斯建立保税仓库、经营中国商品的协议，从而为扩大我

---

① 《经济参考报》1993 年 4 月 2 日及 9 月 10 日。
② ［塞浦路斯］《中东时报》1991 年 2 月 6 日。
③ ［英］《中东杂志》1991 年 3 月号。

国同突尼斯和其他马格里布国家的进出口贸易开辟了一条新途径。根据协议该公司在突尼斯港口将拥有一座约 1000 平方米的保税仓库及一个商品展厅，用以向突尼斯和其他马格里布国家推销中国商品，并向中国各有关公司推荐这些国家的商品。这个保税仓库将办成中国对这一地区出口贸易的窗口，既经销商品又进行市场调查，及时反馈信息，逐步开拓新市场。1993 年 7 月在突尼斯首都举办中、突首次经贸洽谈会，当场成交贸易额 300 万美元，并为今后扩大两国贸易沟通了新的渠道。

2. 双向投资经营活动将日趋活跃

沙特、科威特、阿联酋等产油国以石油收入为后盾，大力推行石油跨国经营战略，在西方和东方的许多国家如美国、西欧、日本、韩国、东南亚国家等投资兴办炼油和销售企业，成为当前国际石油经济领域引人注目的新动向。90 年代以来，随着亚太地区各国石油消费需求的急剧增长，中东产油国日益加强在东方的投资经营活动，其投资重心逐渐由西方转移到东方特别是亚太地区，这有利于我国吸收中东石油美元，同它们合资兴办企业。目前，由于我国已初步形成全方位对外开放的新格局，中东国家扩大其对华投资的势头正在上升。同时，我国一些有实力的大中型企业也积极开拓跨国经营，在中东一些国家开展投资活动。今后这一趋势将会继续增强。

3. 经济技术合作领域将进一步扩大

现代化建设和经济多样化为我国和中东国家的经济技术合作开辟了广阔的领域，提供了广泛开展合作的巨大可能性。在农业、工业、第三产业等各部门都存在许多正待开发的合作新领域。例如，海湾伊斯兰投资公司总经理马吉德·穆罕默德提出：沙特和中国的企业界可以在农业、轻工、机械制造等领域进行合作。又如，1993 年 4 月，阿曼石油矿产大臣尚德里表示愿在石油及其他各个领域与中国开展合作，中国石油代表团与阿曼石油矿产部及阿曼石油公司共同商讨了今后双方在石油勘探、开发及其他方面的合作方式，着手选定合作项目，进行合资经营。

由于海湾战后经济重建与发展的规模巨大，我国同海湾国家开展了建筑领域的合作。中国天津和河南的两家开发公司于1992年8月同阿联酋的企业界人士签订开设联合建筑公司的协议。根据协议，由这两家中国公司分别承担总造价达4.5亿美元的包括修建公寓和办公大楼在内的三项建筑工程项目。海湾六国因水泥、钢筋等建筑材料供不应求，正在积极寻求新的合作途径，考虑由我国向它们提供长期稳定的物资供应。今后双方在这一领域的合作将会继续加强。

在有色金属工业领域，1993年11月24日中国有色金属工业对外工程公司同伊朗国家铜业公司签署了一项在伊朗的克尔曼省哈通拉玛地区承包建设一座铜冶炼厂的合同，首期合同金额为6000万美元，建设周期为48个月。在造船工业领域，1994年4月我国同伊朗首次签订了总额为一亿美元的造船合同，由中国船舶工业总公司为伊朗建造四艘2.1万吨多用途货轮，将分别在1995年和1996年交付伊朗国家航运公司。

由于我国运载火箭处于世界领先地区，由阿曼、科威特、沙特等八个中东国家发起成立的阿拉伯卫星通讯组织（现有22个成员国）同我国合作，于1991年10月由中国长城工业公司用"长征3号"运载火箭，为其成功地发射了第三颗通讯卫星。这为该组织同中国长城工业公司在发展通讯卫星领域的合作奠定了良好的基础，今后双方将继续在这一高技术领域加强合作。

4. 在现代交通、通讯技术和设施日益完善的条件下，双边经贸往来将更迅速、便捷和富有成效新的科技革命正在极大地改变着整个世界交通、通讯的面貌，为跨世纪的国际经贸往来开辟新的广阔前景。发展中国家都在加速建设现代化的交通运输和通讯设施，以便在世界各国交往中携手迈进。沙特、伊朗、土耳其、埃及等许多中东国家大力发展海上运输，扩建远洋船队，增辟国际航线，发展卫星通讯。我国对外陆海空立体交通、通讯设施不断完善。这将为提高双方经贸合作的水平和效率提供便利迅捷的交往与信息传递手段。

二　开拓我国与中东石油领域合作的途径

考虑开拓我国同中东石油领域合作的基本出发点是：

第一，中东拥有一批位居世界前列的著名产油国，在世界石油储产领域占有不可取代的突出地位，随着该地区石油探明储量的增加和原油开采能力的扩大，这种地位在进入 21 世纪之际还可能会有所加强。

第二，中东石油质优价廉，储产丰盛，绝大部分原油输往西方及东方国家，在世界石油供应方面发挥着关键性的作用，世界许多石油消费国对中东石油供应的依赖局面在跨世纪时期不会改观。

第三，中东产油国作为欧佩克的主力军，在石油政策上力求协调一致，共同行动，这对保持世界石油的供需平衡和维护公平合理的石油价格具有举足轻重的影响，在进入新世纪之后仍将是稳定国际石油市场的重要因素。

第四，新旧世纪之交的中东产油国将继续推进其石油跨国经营战略，对海外石油投资的重点由西方转向东方，同包括我国在内的亚太地区国家开展石油领域的合作将会日趋加强。

基于以上认识，重视和加强同中东产油国在石油领域的合作，不仅是我国石油工业深化改革、扩大开放的现实需要，而且也是世界能源形势发展的必然趋势。由于我国是一个发展中的大国，正在加速进行社会主义现代化建设，能源消费量急剧增长，经济的高速发展加上 12 亿人口的压力使能源供应短缺的形势日趋紧张，而国内丰富的石油资源却大部分仍沉睡在地下和海底，亟待开发。因此迫切需要扩大对外开放与合作，利用外资和引进国外先进技术设备，加快我国海、陆新油田的开发，大幅度提高原油产量，在努力扩大石油出口的同时适当增加原油进口，以保证充分满足经济建设对能源供应日益增长的需求。舍此捷径，别无他途。为此，从我国能源发展的实际情况出发，应从以下几方面采取切实可行的步骤和措施，积极开拓同中东产油国的石油合作。

（一）增加进口中东石油

我国是世界上新兴的石油生产国，原油产量已跃居世界第五位，是东亚最大的产油国。同时我国又是一个石油消费大国，所产石油绝大部分供国内消费，只有少量出口。目前我国对外石油贸易的格局是有进有出，出大于进。如 1992 年我国原油产量为 1.42 亿吨，出口为 2071 万吨，进口为 1231 万吨。但由于国内石油消费量增长过快，正在呈现出减少出口，增加进口的趋势。如 1993 年计划出口原油 1900 万吨，比上年减少 171 万吨，进口原油 1500 万吨，比上年增加 269 万吨。

我国进口石油过去一向采取从国际石油公司购进的方式，直接从中东进口的不多。1992 年我国进口中东石油日均只有七万桶。经过同中东有关国家商定，我国计划从 1994 年起每年将从阿联酋购进 50 万吨原油；从 1995 年起每年将从沙特购进 300—350 万吨原油，同时还将从科威特和伊朗进口原油。我国长期直接从这些国家增加进口原油对双方都有利，不仅扩大了我国石油供应来源，增加储量，保障供给，缓解能源紧缺状态，而且有助于扩大双方经贸往来，促进双方贸易平衡。在跨世纪时期我国将成为中东原油重要买主之一，这将有力地促进我国与中东产油国合作关系的加强与发展。

（二）承包石油工程项目

我国的石油工业在石油工程建设方面拥有较强的实力，锻炼了一支能打硬仗的专业技术队伍，我国有关专业公司现正积极开拓跨国经营，参与国际合作，在中东开展石油工程承包业务。海湾战后，我国曾参与承担科威特油井灭火工作，使其迅速恢复生产，受到科政府的高度赞扬，获得很好的国际声誉。目前科正加速进行其石油重建工作，我国在这方面争取承包其工程项目，是开展合作的有效途径。例如，1992 年 11 月 4 日中国石化工程建设公司经过三个月的艰苦努力，击败了美、英、法、日、韩国等九家著名公司，在科威特艾哈马蒂炼油厂重建工程项目上中标。这一承包工程项目总价值约五千多万美元，是我国在中东地区获得的第一个大型石油工程项目，我方已于 1994 年 2 月 28 日以出色的质量按期完成了这项工程。又如，1993 年 5 月中国石油天然气管道局在突尼斯承包两项天然气输送管道工程的国际招标中标，总造价为 5800 万美元，施工期为 20 个月。可见我国与中东产油国在这方面加强合作的潜力很大，我国可以力争在中东石油工程领域的国际合作中发挥更大的作用。

（三）合资兴办炼油和石化企业

石油工业加速向深加工、高技术的方向发展，突出表现在大搞炼油和石化这两大热门上。我国和中东产油国一样都在大力发展炼油工业和石化工业，这方面双方开展合作的有利条件很多。主要有：第一，双方都拥有丰富的石油资源和巨大的原油生产能力，可为炼油和石化企业提供充分的原料；第二，中东石油美元资金雄厚，向我国投资有利可图，使其投资意愿增强，而我国石油大公司实施跨国经营战略，对中东投资经营热升温；第三，双方都具有良好的投资环境，经济特区或自由区的开放程度高，政策优惠多，适于选址设厂，便利合资经营；第四，我国劳动力供应充足，市场容量巨大，加之双方技术水平接近，具有相当的管理经验与人才，互补互利性强。我国应充分利用这些有利条件，在平等互利的基础上争取同这些国家开展相互投资，合营炼油和石化等企业，促进共同发展。例如，1993 年 6 月中国化工进出口公司同中东一些产油国的同行商谈了双方合资在我国建立炼油厂和在海湾地区兴办石化企业及联合勘探天然气的意向；1994 年 3 月中国技术进出口总公司和沙特的宾拉登集团公司签署了在沙特的朱拜勒市合资兴建一座总投资达 3.5 亿美元的化肥厂的意向书。这些努力已为开展这方面的合作打开了局面。

（四）合作勘探与开发新油田

我国石油资源的开发，在坚持自力更生、自主发展的前提下，目前主要是开展同西方石油公司的合作，但中东国家的石油公司也是参与合作的重要力量。科威特、阿曼等国都是与我国合作的重要伙伴。阿曼石油公司长期积累了在沙漠地区成功地勘探和开发油气资源的丰富经验，如能参与勘探和开发我国西部沙漠油田，将会起到重要的促进作用。而我国有关专业公司如中国石油天然气总公司、中国化工进出口公司则希望在中东地区参与油气勘探项目。

（五）加强接触以促进合作

近年来，我国与中东产油国通过双方政府领导人的互访及双方专业部门间的协商，大大增进了相互了解和友谊，有力地推动了双边合作的开展。1993 年 4 月中国石油天然气总公司总经理王涛率中国石油代表团正式访问了中东一些产油国，同其政府石油部门及国家石油公司就今后双方在石油勘探、开发及其他方面开展合作进行了会谈，商定在进一步加强交流、增进了解的基础上，本着平等互利、共同发展的原则，选定合作项目，进行合资经营。1993 年 6—7 月李岚清副总理出访中东七国，同这些国家的政府领导人，就加强包括石油领域在内的全面合作广泛交换了意见，并签订了向我长期直接供应中东石油的协议。今后将继续加强接触，共同推进双边合作关系不断发展。

三　我国石油工业发展战略的实施与对外石油合作

加强我国与中东的石油合作，不仅是为了适应世界能源形势发展、扩大我国对外经济关系而采取的一项重要措施，而且也是加速实现我国石油工业走向世界，开展国际化经营的实际需要。因此，它不是一时的权宜之计，而是出于通过平等互利的合作，充分合理利用国际石油资源和资金、技术，以加快我国石油工业的发展，更好地为我国社会主义现代化建设服务这一战略考虑的必然要求，成为我国石油工业实行全方位对外开放与合作的整个战略部署的重要组成部分。

（一）推进全面开发我国陆、海油田的发展战略及其成效

新中国成立以后，在党和政府的正确方针政策指引下，经过广大石油工人和科学技术工作者的共同努力，我国石油工业迅速改变旧中国遗留下来的极端落后面貌，实现持续高速发展，取得了举世瞩目的重大成就。原油产量逐年直线上升，从 1952 年的 43.6 万吨（超过旧中国的最高年产量），增至 1955 年的 100 万吨和 1957 年的 150 万吨。到 1977 年年产已达 9364 万吨，1978

年年产突破一亿吨大关，达 10405 万吨，年增长率为 11.1%。[①]
1978 年我国这一原油产量相当于 1949 年的 852 倍多和 1957 年的
69 倍多，名次排列上升到世界的第八位。与此同时，在我国的
西北、东北、华北等地区，先后发现和陆续建成了克拉玛依、大
庆、胜利、大港、任丘等一批著名的大油田，而旧中国留下来的
玉门等老油矿经过技术改造和扩建也获得振兴和发展。这些新老
油田的开采和综合开发利用，为我国石油工业的现代化奠定了坚
实的基础。

　　中共十一届三中全会以来，改革开放政策的实施有力地推动
了我国石油工业更上一层楼，石油工业呈现出生机勃勃的新气
象。国家对石油工业的投资也大幅度增加，由 1981 年的 28 亿元
增至 1992 年的 158 亿元，扣除物价因素平均每年净增 9% 左
右。[②] 据统计，我国原油年产量由 1981 年的 1.0122 亿吨提高到
1990 年的 1.3830 亿吨，增长 36.6%。这 10 年我国原油总产量
累计达 12.26 亿吨，相当于改革开放前 10 年总产量的 1.8 倍。[③]
这期间，全国新开发并建成了中原油区和胜利孤东、辽河大民
屯、大港扎南、新疆火烧山、内蒙古二连、青海尕斯康勒、大庆
朝阳沟、河北冀东等一批油田；累计新增原油生产能力 1.3 亿
吨，为改革开放前 10 年的 1.6 倍；累计出口原油和成品油为国
家创汇 388 亿美元；累计为国家财政提供积累八百多亿元，相当
于同期国家预算内投资总额的 3.2 倍。[④] 我国石油工业已形成了
一大批以石油、天然气为原料的新型产业群体，直接带动了石油

---

　　① 《人民日报》1979 年 6 月 28 日。

　　② 肖灼基主编：《1993—1994 经济分析与预测》，中华工商联合出版社 1994 年
版，第 112 页。

　　③ 《人民日报》1990 年 12 月 30 日。

　　④ 同上。

化工的发展，基本上保障了工农业、交通运输业、国防建设和人民生活用油的需要。

但是，我国石油工业在前进中也面临着新的挑战：

1. 国内能源供求形势趋向紧张。由于我国经济持续高速发展，对能源的需求急剧扩大，而能源建设相对滞后，不能满足日益增长的需要，成为制约我国经济发展的"瓶颈"。石油是目前我国第二大能源（1990 年我国一次能源消费构成中，煤炭占76.2%，石油占 16.6%，水电占 5.1%，天然气占 2.1%），[①] 在国内石油消费需求猛增的形势下，其现有生产水平和供应状况越来越不能适应经济发展的要求。据统计，1985—1989 年我国缺油都在 1000 万吨上下，如果石油生产不能迅速提高，供应缺口还会扩大，并将导致我国出口能力下降，出口量减少，进口量激增，以至超过出口而使我国成为石油净进口国。

2. 我国石油生产的发展尚有不少困难和问题需要解决。例如，1986 年后我国石油产量增产势头有所减弱，在 1986—1989 年的四年间，原油年增产量逐年递减，由 578 万吨减为 345 万吨、300 万吨和 69 万吨。按计划，1989 年我国原油产量应达1.4 亿吨，但实际产量只有 1.37 亿吨，比计划少产油 300 万吨，只比上年增产 0.5%。[②] 又如，1987—1989 年，我国新增石油储量每年减少 6.8%，不能不影响和制约石油生产的增长速度。再如，我国现有大部分油田特别是东部油田已进入高含水开采期，1990 年全国综合含水率已达 77.4%，其中大庆油田为 79%，胜利油田为 83%，将使这些油田产量趋于下降。在尚未开采的可采储量中，小断块、低渗透油藏和稠油所占的比重高达 65%，

---

① 《能源改革研究通讯》1991 年第 11 期，第 20 页。
② 《世界能源导报》1992 年 4 月 20 日。

不利于开采和提高产量。对这些问题如不采取有效措施加以解决，石油大幅增产将难以实现。

3. 沉睡在地下和海底的未知油藏亟待探明和开发。我国潜在的石油资源极为丰富，但目前探明石油储量只有 32.8767 亿吨，仅占世界总储量的 2.4%，排在世界第 10 位，人均占有不到 22 桶，只可生产 22 年。据称，我国应每年增加 8 亿至 10 亿吨探明储量，才能保持合理的储采比例。为了确保石油生产的发展后劲，必须有效地加强勘探和开发工作的力度，使我国石油探明储量不断有较大增加，并尽快进行开发建设，使之早日投产出油。例如，我国西部地区油气勘探已取得重大突破，但要形成一定规模的生产能力尚需时间和巨额投资。因此，大量引进外资和实行对外开放与合作，将有利于加快我国西部大油田开发建设的速度。

4. 我国石油工业参与世界特别是亚太地区的国际合作，遇到其他国家的激烈竞争，必须大力充实和提高自身参与国际合作的能力，才能在强手如林的国际竞争中占有自己一席之地。

面对挑战和机遇并存的形势，90 年代以来，我国石油工业通过深化改革、扩大开放，不失时机地调整发展战略。根据我国实际情况，明确提出陆上石油工业采取"稳定东部、发展西部"的战略方针；海洋石油工业坚持"对外合作与自营开发并举"的方针，石油工业要走出国门，参与国际合作，开展国际化经营，以利用国际资源加快国内发展，开创我国石油工业的新局面。

为了实施我国石油工业发展战略，国家采取有力措施，全面推进和加强我国石油勘探工作和陆、海油田的开发建设，取得了显著的成效。其主要表现有以下几点：

1. 加大投资力度，确保石油勘探工作顺利进行。"八五"计划期间（1991—1995），国家至少将投入1000亿元资金用于石油勘探，以扭转1986年以来勘探费用比重下降的状况。在保持东部地区石油产量稳定增长的同时，将勘探重点转向地广人稀的西部地区。预计今后几年内，新疆塔里木、准噶尔、吐鲁番—哈密三大盆地的石油勘探将会出现一个新的探明储量增长的高峰期。据瑞士苏黎世AG联合公司实地勘探结论称，塔里木盆地塔克拉玛干大沙漠（面积33万平方公里）地下估计蕴藏着500亿吨石油储量，将成为21世纪的"海湾"（以"世界石油宝库"著称），塔里木石油蕴藏量相当于全球石油总蕴藏量的1/3，按我国目前原油年产量计算可开采300多年。① 这一油区现已成为我国石油工业向西部战略转移的主战场。从1989年4月初起，中国石油天然气总公司塔里木石油勘探开发指挥部组织领导了有两万多名石油职工参加的石油勘探开发大会战，到目前为止，已探明轮南等六个油气田，新发现25个工业性含油气构造，从而落实了"八五"期间建设500万吨生产能力的储量资源，特别是塔中4号超亿吨油田的发现，展示了在塔中地区找到巨型油田群的广阔前景。在吐鲁番—哈密盆地已发现11个油气田。海洋石油勘探也取得丰硕成果，1987年在南海和渤海海域相继发现两个储量超亿吨级的海上大油田，含油面积分别为317平方公里和24平方公里。截至1992年底，南海已发现22个油田和含油气构造，储量共达4.5亿吨。1994年3月底开展的东海石油初步勘探已顺利完成。可见，在国家的大力支持下，我国石油勘探前景广阔，大有可为。

2. 目前我国原油产量的绝大部分仍靠东部油田提供（大庆油田居榜首，年产原油5600多万吨，其次为胜利油田，年产量

---

① 香港《亚洲周刊》1994年4月10日。

3300 多万吨，二者共占全国原油总产量的 60% 以上），因此，实施发展战略首先要求"稳定东部"，采取全面推广大庆油田"稳油控水"的稳产经验和广泛使用二次、三次采收技术的提高采收率等措施，使东部一批老油田在资源条件退化的情况下，力保原油产量持续稳定增长，避免出现生产滑坡、影响全局，使东部年产原油稳定在 1.24 亿吨以上的水平。

3. 我国陆上石油的希望在西部，西部沙漠的陆相生成油藏储量极丰，集中力量加速勘探开发西部油区，在西部建设一批新的大油田，特别是把塔里木盆地建成中国大陆最大的石油基地，是实现"发展西部"战略目标的关键所在，目前新疆三大盆地原油年产量已突破 1000 万吨大关。其中塔里木盆地已有轮南等五个油田建成投产，形成了 210 万吨的年原油生产能力，日产水平达到 6000 吨。吐鲁番—哈密盆地的鄯善等三个油田年产原油 120 万吨，已建成 160 万吨的年生产能力。准噶尔盆地也正在新建 100 万吨原油的年生产能力。目前西部石油仍靠铁路运出，预计兰新复线建成后，西部油田产量将会有较大增长。而为新疆原油东运铺设输油管道的耗资 100 亿元的宏大工程也在加紧准备。

4. 起步较晚的我国海洋石油的开发，通过对外合作与自主建设相结合，也取得了较大进展。我国最大的北方海上油田绥中 36-1 油田于 1993 年 8 月正式投产，最大的南方海上油田流花 11-1 油田也已投入开发建设，计划 1996 年投产。目前，全国已建成 10 个海上油气田，还有 10 个正在建设中，其中南海有 9 个油田投产，年产量从 1990 年的 14 万吨提高到 1993 年的 300 万吨，计划到 1995 年建成年产 500 多万吨原油的生产能力，南海现已成为我国海洋石油生产的主要基地之一。1993 年全国海洋石油产量达 460 万吨，超国家计划 27% 以上，预期到 1997 年将增加到 1200 万吨。

5. 近几年来我国石油工业加快改革发展步伐，在管理体制和生产经营机制上实现了三个转变，即由计划经济为主向市场经济的转变；由完成产量为主向注重经济效益转变；由单一油气生产向以油气生产为主、多元化经营转变，从而大大增强了企业活力，有力地促进了生产和建设的迅速发展，使我国石油生产实现了持续稳定增长，从 1990 年的 1.3830 亿吨增至 1993 年的 1.4477 亿吨，提前两年达到"八五"计划确定的 1995 年生产目标，进入了世界石油五强的行列。

（二）全方位对外开放与合作有利于加速我国石油工业的大发展

我国石油工业实施发展战略的过程是与加强包括中东产油国在内的对外合作密不可分的。经过改革开放十几年的探索和实践，特别是 90 年代以来认真实施石油工业发展战略，在我国石油工业领域已初步形成全方位对外开放与合作的新格局。即在坚持自力更生、自主发展方针的同时，积极引进外资和国外先进技术设备、不仅在沿海开放地带的海上油田，而且在内地的陆上油田；不仅在石油勘探、开采等上游部门，而且在炼油、储运、销售等下游部门；不仅在国内，而且在国外，全方位实行对外开放与合作，大力开展国际化经营。其规模和范围都是空前的。主要表现在以下几方面：

1. 海上方面

引进外资，与外国石油公司合作勘探开发海上油田，是加速发展我国海洋石油工业的有效途径和成功经验。最早开展对外合作的中国海洋石油南海西部公司从 1979 年开始到 1993 年底为止，先后同 10 个国家的 26 家外国石油公司签订了 21 个合同和协议，引进外资 9.56 亿美元，共打探井 72 个，发现六个油气田，引进先进设备 1789 台套，消化吸收了 195 项国外先进技术，并运用在对外合作中学到的先进管理经验，自营勘探发现了六个油气田和一批含油气构造。在南海西部海域共发现原油地质储量 1.6 亿吨，天然气地质储量 1600 亿立方米。目前该公司原油年生产能力已达 100 万吨，计划到 1998 年建成 200 万吨的年生产能力，到 2007 年建成年生产 210 亿立方米的南海西部天然气区。①

中国海洋石油南海东部公司自 1983 年成立以来，采取"外方承担勘探风险、中外双方共同经营开发油田、限额收回投资、余额分成"的办法，大力发展对外合作。10 年来该公司先后同 10 个国家的 30 家石油公司建立了良好的合作关系，签订合同区面积达 8.1 万平方公里，外资投入累计达 14 亿美元，共消化吸收国外高新技术 34 项。② 为了增强对外合作的吸引力，该公司在加强综合地质研究的基础上，准备向更多的外国石油公司推荐合作区块。

世界上唯一未大面积勘探的我国东海海域是我国向外国企业开放的最后一个近海地区，其对外石油招标始于 1992 年 6 月，共有 19 个国家的 73 家公司报名投标，20 个招标区块外方投标 18 个。到 1993 年底，已同七个国家 15 家公司组成的九个集团签订了 18 个合同和协议。招标中授出面积共 6.4246 万平方公里，占招标区总面积的 89% 以上。在三年勘探期内，外方将独自承担风险进行勘探，打探井 50 余口，完成二万公里地震测线。预计外方投入的风险资金将达三亿多美元。③ 东海石油招标的成

---

① 《人民日报》1993 年 10 月 26 日。

② 《经济参考报》1994 年 2 月 15 日。

③ 《人民日报》1993 年 12 月 31 日及《石油消息》1994 年 6 月 8 日。

功和成为国际大石油公司竞相勘探的热点，标志着我国海洋石油工业进入对外开放的新阶段。

据统计，到 1993 年底，中国海洋石油总公司所属各公司已同 13 个国家的 55 家石油公司签订了 74 个石油合同和协议，引进外资达 38 亿美元，对加速我国海洋石油工业的发展发挥了积极的作用。

2. 陆上油田方面

1993 年 2 月经我国政府批准，正式宣布对外开放中国北部和西部 12 个地区的石油勘探和开采权，使陆上石油资源对外合作地区由南方 11 个省扩大到北方 10 个省区，并在大庆等 10 个已开发的老油田选择了 14 个区块对外进行提高采收率的合作。在这些开放的对外进行石油合作地区，采用国际投标办法吸引外资，同外国石油公司合作开发内地新油田。为了加速开发作为战略重点地区的西部油田，中国石油天然气总公司于 1993 年 3 月开始实施新疆塔里木盆地东南部石油对外合作区的第一轮对外公开招标，先后有 17 个国家的 68 家公司报名参加投标，最后中标的三家外国公司于 12 月 20 日同我方签订了我国陆上石油对外公开招标的第一个合作合同，这标志着中国石油工业进入了全方位对外开放的新时期。

与此同时，中国石油天然气勘探开发公司与二家外国公司合作勘探江苏省的盐城、南通、扬州三市部分地区，于 1993 年 10 月 19 日在盐城正式开始，勘探面积达 8930 平方公里，是目前我国最大的陆上石油对外合作勘探项目。

为了进一步推进对外合作的国际投标活动，中国石油天然气总公司于 1994 年 1 月 17 日宣布，自即日起开始实施中国陆上石油的第二轮招标。这轮招标共分两类：第一类为风险勘探项目，有 26 个区块，总面积 21.6 万平方公里，预测石油资源量约为

62 亿吨,天然气资源量约为 8000 亿立方米。第二类是提高老油田采收率项目,包括 11 个已开放区块,总含油面积 190 平方公里,石油地质储量 3.8 亿吨。[①]

　　3. 下游部门方面

　　为了加速提高我国石油提炼加工和储运能力,近几年来积极开展同外国石油公司合作兴办炼油厂和油库、码头等方面的合作。其中主要的项目有:(1)中国石油天然气总公司、中国石油化工总公司、辽宁省政府同六家外国公司于 1992 年 10 月达成协议,在辽宁营口合资兴建一家大型石油联合企业,包括炼油厂、乙烯厂(年产能力 450 万吨)、聚丙烯厂等一系列工程项目,计划于 1995 年破土动工,1999—2000 年全部建成投产,外方投资 40 亿美元,占股 51%。(2)中外三家公司以三七的比例合资在上海浦东兴建一座综合性大型炼油厂,计划于 1998 年竣工投产,年加工能力为 600 万吨,所需原料全部选用中东轻质原油和重质原油,按各占 1/2 的原料配比进行提炼。(3)中外合资兴建深圳炼油厂,计划于 1994 年竣工,年加工能力为 300 万吨,其所需原油由中东进口,60% 的产品销往香港。(4)沙特阿拉伯将在青岛与我方及一家韩国公司合资兴建一座耗资 15 亿美元的大型炼油厂。(5)由中外合资(首期联合投资 2998.97 万美元)于 1992 年开始在浙江省舟山市兴建我国目前最大的石油中转基地——岙山岛油港,已建成 20 万吨级油码头和 30 万吨级储油库,1993 年初正式投产。目前进一步扩大工程投资,预计到 1995 年初,该基地储油能力将达到 550 万吨,年吞吐量超过 1000 万吨,对发展我国石油储运业和进出口贸易将发挥积极的作用。

----

　　① 《人民日报》1994 年 1 月 18 日。

4. 跨国经营方面

走向世界，积极参与国际石油资源的勘探、开发、提炼、加工，是我国石油工业开展国际化经营的重要步骤，近几年来在这方面已经有了一个良好的开端。中国石油天然气总公司在90年代初就成立了中国石油开发公司、中国石油工程建设公司和中国石油物资装备总公司等三个实行跨国经营的公司，它们开始走出国门，在国外积极参与石油领域的国际合作和经营活动。其中包括获得加拿大一稠油区的开采权；在美国加州合资购买了一个小油田；同日本丸红石油公司合作的在乌兹别克建设一座日加工能力为10万桶的炼油厂，并将在东南亚、中亚和中东等地区共同从事石油开发、精炼和销售活动；在秘鲁设立了由我方占股90%的中国秘鲁石油开发公司，合作开发秘鲁西北部的一个油田，以及同世界九大石油公司合作攻关开采油砂技术等。此外中国海洋石油总公司于1994年5月购买了美国一家公司的油田股份，开始参与海外合作开采活动。中国石油化工总公司也准备在印度尼西亚合资建设造价20亿美元的炼油厂、石化厂、尿素厂等。

综上所述，实行全方位对外开放与合作，无疑是我国石油工业发展史上的重大举措，标志着我国石油工业发展史上一个崭新的发展阶段，必将大大加快我国石油工业现代化的进程，并实现同国际石油工业的接轨，更好地利用国际石油资源，以保证生产和供应充足的石油和石油制品，满足国民经济发展的需要，为加速我国四化建设和发展国际合作作出更大的贡献。

在我国对外石油合作方面，与中东产油国的合作目前虽然已经有了一个良好的开端，但也只是刚刚起步，需要共同努力，不断开拓合作的新途径，其前景是很广阔的。我国和中东国家同属第三世界发展中国家，加强南南合作，促进共同发展，不仅符合双方的根本利益，而且也是我们时代的要求和趋势。可以预期，在即将到来的新世纪，我国与中东产油国在石油领域的合作将获得迅速发展，并将在国际能源合作领域共同发挥更大的作用。

（原载马秀卿主编《石油·发展·挑战——走向二十一世纪的中东经济》，石油工业出版社 1995 年版）

我国和以色列经贸关系的发展

1992年1月24日我国和以色列正式建立外交关系，为两国经贸合作的发展创造了有利条件和提供了有力保证。由于双方的共同努力，建交四年来，两国贸易往来和经济技术合作大步迈进，蒸蒸日上，显示了良好的发展势头和广阔的合作前景，不仅实现了互通有无、互惠互利，而且有利于促进两国经济的共同发展与繁荣。当前，日益加强和扩大的中以经贸关系正在国际经贸领域产生积极的作用和影响，颇令世人注目。

一

几年来，迅速发展的中以经贸往来呈现出增幅大、起点高、领域宽、效益佳的突出特点，其具体表现主要有以下几方面：

（一）双边贸易大幅增长

据统计，在建交前两国的直接贸易额几乎为零。1992年起步，当年双边贸易额就骤增至5147万美元；1993年再增至1.5亿美元，增长了1.9倍以上；1994年达2.498亿美元，比上年增长了63.5%；1995年1—6月双边贸易额已达1.4亿美元，比去年同期增长 60.4%。

综观几年来双边贸易的高速发展，一个显著的特点和趋势是，在贸易额大幅增长的同时，我国对以色列出口的增长速度比以色列对我国出口的增长速度要快得多。如 1993 年我国对以色列的出口增幅为 1992 年的 500% 强，而以色列对我国的出口增幅为 15%。[①] 1994 年中国对以色列出口增长 85.9%，而以色列对华出口增长 40.9%。[②] 另一趋势是，在进出口商品构成方面、突出表现了双方互通有无、互补互利的特点。以色列对我国出口主要是高技术产品，其主要类别为电子、电讯、光学产品、农业技术和医疗设备等约占 40%，还有化肥、农用产品和特殊化学制品。我国则向以色列市场提供受其欢迎并具有竞争力的原材料、各种轻纺产品和消费品。

（二）合作项目迅速拓展

由于以色列的地缘优势及其同欧美国家的特殊关系，以色列在国际经贸活动中具有较强的辐射性，吸引着中国企业界乐于到以色列进行第三产业和其他中小型项目的投资与合作。据中国驻以色列使馆经济商务处资料，到 1995 年 6 月底，已有 12 家中国企业进入以色列劳务市场，共派出一千三百多名劳务人员。中国劳务以技术好、效率高、有组织、易管理、遵纪守法等优点而赢得声望，饮誉海内外。目前，要努力遵照"主业要强、副业要活，一业为主、多种经营"的方针，在以色列积极开拓多领域的劳务合作，如包括纺织、塑料、机械、护理、农林等方面的合作；并争取向高级技术型劳务合作发展，以避免过多地集中于建筑业。

---

① 以色列驻华商务参赞贾伟恩：《中以经贸合作前景广阔》。

② 以色列驻华大使摩西·本·亚可夫：《祝辞》。

更为值得注意的是，由于中国的改革开放，高速的经济发展，廉价的劳动力，良好的投资环境和广阔的市场，吸引了许多以色列工商界人士前来中国，在高技术产业、农业、能源、交通、化工、城市基础设施以及房地产开发等方面进行较大规模的投资。以色列近 20 家最大的公司在中国设立了代表处，以开拓与中国合作的途径。这些公司是：科尔贸易公司、艾比特有限公司、海法化学公司、科迈罗有限公司、赛天使公司、ECI 通信公司、莫哈夫集团公司、凯捷国际贸易公司、蒂瑞克斯医疗设备公司、以色列飞机工业公司、以色列航空公司、ELSCIN 医疗设备公司、达宁集团公司、艾森贝克集团公司、拉达数据通信有限公司、卡默丹远东有限公司、联合发展公司……以色列在农业技术、医疗设备、食品加工、电子和通信领域在中国找到了广泛的合作市场。据艾森贝克集团称，仅其一家在中国洽谈商定的项目已超过二百多个。

目前，中国和以色列合作的最大项目是，以色列联合发展公司在青海投资逾 30 亿元人民币建设的钾肥厂。该厂引进先进的冷结晶加工技术和设备，计划年产钾肥 80 万吨。在印刷前端市场拥有领先地位的以色列赛天使公司与中国深圳希迪智能机器有限公司于 1995 年 4 月签订合作协议，将促使中国彩色排版系统技术更好地与国际先进技术相结合，并获得同步发展。以色列最大的通信产品制造商塔迪兰通信公司同云南省工业公司和云南通信设备厂于 1995 年 4 月签订建立合资企业的协议，将建立塔迪兰通信（昆明）有限公司，负责制造、销售、安装和维修通信设备。以色列艾森贝克集团下属的尤索普公司与武汉沙鸥高级食用油总厂于 1995 年 7 月签署了合资生产高级食用植物油合同。该厂设在黄陂，投资 1800 万美元，这是以色列在华投资规模最大的油脂生产、加工企业。以色列达宁集团与天津农工商总公司于 1994 年合资创办的天色乳品有限公司，是天津市第一家中以合资企业；并设立了中国首家小型高科技乳制品厂，这是一家高洁度的自动化工厂，配备移动式厂房，可安装在奶源附近，投资效益高，日产三万升鲜奶、酸奶、奶酪、黄油、果汁等食品。以色列主要的高科技电子企业艾比特公司同天津市广播电视局、天津市邮电管理局于 1995 年合资成立了天津海法视通有限公司，将采用先进技术、现代化管理经验，利用有线电视和通信资源，以经济快捷的手段，在天津建立一个统一的、双面的、宽频带多功能有线电视电信综合网络，并生产可在网络上使用的电缆电话通信设备。以色列 CRP 管道公司在湛江合作建厂，生产多种型号的高强聚酯管道，填补中国在制造大中型玻璃纤维聚酯管道方面的空白。以色列卡默丹远东公司与第二财团——莫哈夫联手在武汉设立中以合资的脱水蔬菜和水果加工厂，产品将出口以色列和欧美。莫哈夫集团还先后在山东、甘肃建立了农产品加工、蔬菜脱水、植物油精炼等合资工厂企业。科尔公司则在黑龙江建起了合资养鸡场，引进了种鸡种蛋。

由上可见，以色列在华合作项目正在迅速拓展，呈现出方兴未艾的势头。由于这些合作项目都是采用最新的高科技设备和先进管理方法，无疑将对我国的经济发展起着积极的促进作用。

（三）高新技术交流日益加强

由于在研究和开发方面以色列投入了巨大的财力、物力和人力，它目前处在世界领先地位的高新技术包括有电信技术、农业技术、计算机及软件技术、医疗设备和环境保护等许多方面，能在较广泛的领域向中国提供最现代化的高科技。据以色列外交部国际合作中心主任海密·迪冯先生 1995 年对《人民日报》新闻代表团说，在过去 30 年，大约有 1500 名中国技术人员到以色列参加培训和交流活动。① 近几年来，由于两国政府和经济界的共同努力，中国引进以色列的高新技术与日俱增，比较突出的有以下几方面：

（1）通信设备

以色列著名的电信公司——ECI 通信公司，主要开发制造数字电路复用设备、数字环路产品、宽带产品和同步数字系列产品。该公司产品于 1986 年开始进入中国市场；它是第一家向中国邮电部提供 SDH 系统的公司，其在中国的最大项目是南京—武汉国家一级干线网。这条干线全长 840 公里，连接鄂、皖、赣、苏四省，由该公司提供全套 SDH—ADM 系统。目前该系统有 7620 个信道，还将扩充到 30660 个信道。此外，该公司还为广州提供了一套光同步传播 STM - 1 网络系统，为内蒙古自治区提供了整个区二级干线的 SDH 系统。迄今为止，该公司的产品已为中国邮电系统及北京、上海、广东、江苏、湖北等省市广泛应用，其 DCEM 产品拥有中国市场 97% 的销售份额。②

以色列另一家小型数据通信领域的佼佼者——拉达数据通信有限公司 1991 年在北京物色了两个分销商——北京科海仪器公司和北京光通信公司，将 RAD 的光纤调制解调器和多路复用器引入中国市场。光纤比铜线传输范围广，保密程度高。科海公司获得邮电部的入网许可证后，即将 RAD 的 APS—8 连接中国的 Chinapac 公用包交换网络，可在全国范围内同任何连接在同一网络的计算机进行通信，比使用拨号或调制解调器通过常规交换电话线路的计算机更为可靠和经济。

（2）彩印设备

以色列赛天使公司于 1979 年创造了以计算机为基础的彩色

---

① 《人民日报》1995 年 10 月 21 日。
② 《国际商报》1995 年 5 月 9 日。

预印数字图像处理技术，这一技术在书画刻印艺术和印刷工业的应用中产生了一种新的底色电子页面组版。这种彩印新技术产品1994年在江门、西安、天津、沈阳等地已销出。1995年上半年赛天使公司又向中国提供了3套全新系统，分别为山西运城电影出版中心、《河南日报》社和《人民日报》社所引进使用。

（3）高效化肥的推广应用

以色列的海法化学工业公司是世界上最大的硝酸钾生产商，专门从事化肥的生产和销售。硝酸钾是一种优质化肥，含100%的植物盐养分，可被作物完全吸收，提高农作物的质量和产量。海法公司为把这种优质化肥介绍到中国做了大量工作。1993年该公司进入中国市场，开办了称为"喜开"公司的代表处，在北京、天津、河南、山东、上海、浙江、广东、江西、湖南、江苏、安徽、云南、贵州等20多个省市安排了硝酸钾的田间试验示范，试验范围包括烟草、棉花、蔬菜、水果等经济作物；小麦、玉米、水稻等粮食作物；花生、大豆等油料作物；花卉、草皮等观赏、风景作物；中草药等药用植物。试验结果普遍取得了超常的增产效果，有的高达50%以上。

此外，为了引进和推广以色列的农业生产技术，1993年在北京农业工程大学成立了中以国际培训中心，1994年在北京通县建立了中以示范农场。该农场是一座名副其实的现代化农业工厂，这里装备了高科技农业设施。蔬菜、花卉生产全在一座座自动化调温暖房联成的"厂房"里进行，每间暖房均安装有程控灌溉系统，可提供农田所需的温度、湿度、蒸发量、用水量、施肥量的信息，并能对作物所需的水、肥和农药进行遥控供应。农场还有700多亩露天果园，也都使用电子信息处理的滴灌系统。这里种植的西红柿、柿子椒等蔬菜，无论长势或产量，均堪称全国之最，每亩地产西红柿五吨左右，比过去全国西红柿最高单产高出几倍；柿子椒亩产达八吨多。所有这些都充分显示了该农场的示范效应。

二

中以经济合作在两国建交后的短短几年间就取得上述的较大发展，并显示出较好的经济效益，其主要原因大致有以下几点：

（一）两国的经济互补性强，彼此有较大的吸引力

中国是幅员辽阔的大国，人口众多，市场容量大，消费需求量高，又有大量廉价劳动力；而以色列为小国，国内市场狭小，劳力不足，其高科技产品和技术有一定的优势，特别在通信设备、电子设备、农业技术（包括新品种的培育、蔬菜和水果的加工、喷灌、滴灌设备的技术等）、化工产品、部分医疗设备等方面都比较先进。然而，以色列不产石油和煤炭，原料和动力资源短缺，对轻工业品、日用品、工艺品、丝绸、家用电器、一般医疗器械、医药和部分食品都有一定的需求，加之以色列同西方发达国家犹太人跨国集团的国际销售网关系密切，有助于中国产品通过以色列商人进入国际市场。因此，经济上的互补性和吸引力，有力地促进了两国经济关系的迅速发展。

（二）两国人民的友好传统为发展经贸合作提供了深厚的基础

中华民族和犹太民族都有悠久的历史和古老的文明，双方的友好往来源远流长，结下了深厚的情谊，这对当今两国发展经济合作无疑起着极大的促进作用。正如1992年以色列总统赫尔佐克所说："我本人和全体以色列人民对中国都抱有一种特殊的感情。"[1] 在以

---

① 《人民日报》1992年12月24日。

色列全国上下涌动着一股"中国热"。以色列人民对中国人民的友好感情有着深厚的历史渊源。历史上曾有数万名犹太人在中国居住过，并受到良好的待遇。第二次世界大战期间，当疯狂的法西斯把屠刀挥向犹太民族时，许多国家都对犹太人关闭大门，而中国却慷慨地收留了20万犹太难民。两国正式建交后不久，数千名曾旅居中国的犹太人就发起组织"以色列—中国友好协会"，该会于1992年3月29日宣告成立，旨在促进两国人民之间的友谊和交往。许多以色列商界人士对在中国开展经贸活动兴趣浓厚、热情满怀。如以色列卡默丹远东公司总经理尤丹先生积极从事中以之间的贸易活动，与中以双方各界都建立了广泛而友好的联系。他曾多次作为中以双方的民间组织者帮助双方组团互访，成为两国人民友好的使者和值得信赖的朋友。

（三）通过两国领导人的互访和经济界人士的接触，直接推动了双边经贸往来的不断发展

据报道，建交几年来先后访华的以色列领导人和政府高级官员有：总统哈伊姆·赫尔佐克（1992年12月24日至30日）、外长西蒙·佩雷斯（1993年5月19日至24日）和总理伊扎克·拉宾（1993年10月10日至14日）。此外，以色列政府的建设和住房部长、工贸部长、通信、科学和文化部长、财政部长、农业部长和经济计划部长等都曾来华访问。

前往以色列访问的中国领导人和高级官员有：当时的国务委员兼外长、现副总理兼外长钱其琛（1992年9月15日至19日）、国务院副总理邹家华（1994年10月3日至8日），外经贸部长吴仪于1995年9月26日至10月2日率中国政府经贸代表团对以正式访问，还有农业部长刘江、江西省省长以及化工部、建设部、邮电部、电子部等部的副部长都先后访以。

通过上述互访活动，双方共商合作大计，增进了相互了解和

友谊，对加强和巩固双边关系，加快经贸合作的步伐，起了有力的推动作用。

与此同时，双方的经济界人士也进行了广泛的接触。许多以色列的经济和贸易代表团和一流实业家访问了中国。其中，重要的有以色列制造商协会代表团、电子工业者联合会代表团、承包商协会代表团、商业联合会代表团、出口协会代表团以及科尔公司领导人代表团等。中国方面访问以色列的有中国国际贸易促进会代表团、中国旅游代表团、建筑、农业、化工、科技、纺织、机械等行业的代表团以及中国煤炭工业公司、中国远洋公司的代表团。所有这些经贸业务的互访活动都大大地增进了友谊、加深了理解、探讨了合作途径、促进了经贸关系的发展。

（四）一系列经贸协定的签订和实施，为两国经贸关系的发展奠定了坚实的基础

建交几年来，中以两国陆续签订了一系列经济贸易协定、协议和备忘录，其中重要的有：1992 年 11 月 20 日签署的中国人民建设银行和以色列工人银行业务合作协议；1993 年 2 月 14 日签署的中以科技合作协定；1993 年 10 月 30 日签署的中以建筑合作谅解备忘录；1993 年 11 月 1 日签署的中以农业合作谅解备忘录；1993 年 11 月 22 日签署的中以邮政电信合作协议；1994 年 3 月 15 日签署的中以经贸混合委员会第一次会议纪要；1995 年 4 月签署的中以促进和相互保护投资协定；1995 年 9 月签署的财政议定书、中以经贸混合委员会第二次会议纪要以及电子通信、医疗设备、食品加工和高新技术转让等方面的合作协议等。上述各项协议的签订，为中以经贸合作的全面加强和具体开展各个领域的合作奠定了坚实的基础，有力地促进了双边经贸关系在正常轨道上快速发展。

（五）各种类型的展览会、博览会、研讨会的成功举办，对加强信息交流、活跃经贸往来起了重要的桥梁作用

以色列方面，1992 年就开始在中国参加医疗设备展、电子产品展、橡胶生产展。同年 10 月，以色列出口协会首次在中国"92 通信展览会"上设立展台，以色列的 ECI 电信公司和 RAD公司都参加了展出。以色列飞机工业公司也于 1992 年 10 月首次参加贸易博览会。1993 年间以色列公司企业在中国除参加医疗设备展、高科技展外，5 月份还在北京参加中国国际机床博览会。1994 年参加在北京举行的大型国际农业展览会以及医疗、电信和环保设备展览会。以色列出口协会 1994 年和 1995 年都参与了在北京举办的中国医疗设备展览会。所有这些活动都为双方的商业联系和合作提供了机会。作为以色列向中国市场进军的重要举措，1995 年 3 月 28 日以色列驻沪总领事馆在上海举办了"以色列—上海经济合作研讨会"。

中国方面，1993 年以来也先后参加了在以举办的高新技术产品博览会、国际消费品博览会以及其他国际博览会。1995 年 4月在北京举行了"以色列承包劳务座谈会"，有来自中央和地方的 21 家公司的代表参加了座谈，广泛地探讨了在以色列承包劳务的发展状况、存在问题及进一步拓展业务等议题。

通过上述活动，沟通了中以之间的经贸信息，加强了双方的相互了解，为拓展经贸合作架设了桥梁。

此外，中以两国之间开通航线、发展旅游、加强文化交流活动，也都有助于增进双方的经贸往来与合作。

三

建交几年来中以经贸合作取得的可喜进展，是一个良好的开

端，它表明两国的经贸合作向前迈出了坚实的一步，为今后长远的发展奠定了重要的基础。随着两国经济的发展和中东全面和平的终将实现，中以两国的经贸合作关系必将获得进一步加强和扩大，并展现出日益广阔的前景。

对于正在谋求经济自由化并进一步使自己融合进世界经济体系的以色列来说，具有巨大经济发展潜力的中国将越来越成为以色列具有战略意义的新市场。而由于中国不断地深化改革、扩大开放，一个全面开放、高速发展的中国屹立在东方，无疑将鼓励和吸引更多的以色列工商企业来华投资经营和开展经济合作活动。1995年底，我国国务院就改革和调整我国进口税收政策发出通知，决定自1996年4月1日起，将我国进口关税总水平降至23%。这一重大举措必将有力促进我国对外贸易和经济合作的发展，其中包括对中以经贸关系的推进也将产生显著效应。可以预期，我国对以色列高科技产品的引进将会越来越多，双边贸易和高科技合作将不断扩大。

同时，由于以色列的外贸政策是对亚洲特别是对中国开放进口市场，使以本国消费者有更多的购物选择，这为中国开拓以色列市场提供了一个良好的契机。加上以色列政府为吸引外资，给予"合格企业"许多优惠政策，如保证10年税率为10%；政府赠款达固定资产的38%；对投资项目政府为其提供抵押贷款59%以及累计折旧等，都有利于我国积极稳妥地进入以色列市场。

当然，由于各种因素的影响，中以经贸合作在今后长远的发展进程中将不免遇到一些困难、干扰和具体问题，需要双方共同努力加以克服和解决。例如，目前以色列实行高税率，对中国纺织品进口税率一般达100%以上，家用电器40%—80%，机械产品税率14%，这对我国产品在以色列市场上的竞争力势必产生不利影响。以色列是一个高消费水平的国家，欧美国家的商品随处可见，我国商品的质量和档次在以市场上将受到严峻的考验和极大的挑战。

总之，两国今后发展经贸合作的潜力很大，机遇与挑战并存，需要不断研究、调整有关的各项具体政策与措施。当前，应抓紧洽谈进一步完善两国政府间的有关协定，对双方经贸关系中的有关规定，按照实际情况进行必要的调整和充实，为扩大经贸合作提供更好的条件，创造更佳的环境。通过双方的共同努力，进一步促进人员交流，加强信息流通，充分发挥双方的商会或协会的作用，使它们真正成为沟通各种经济信息的桥梁，特别是利用各自的优势和特点，联合起来共同投资开发、承包工程项目，争取获得更为显著的效益，使中以经贸合作关系有一个更大的发展。

（原载《西亚非洲》1996 年第 2 期）

中国的石油进口需求和同阿拉伯国家石油合作的发展

  中国同阿拉伯国家的友好合作关系有着悠久的历史和坚实的基础。在当代实行平等互利、谋求共同发展的广泛领域中，阿拉伯国家以其拥有世界最大石油资源和雄厚石油工业实力的独特地位，在同中国开展石油贸易和石油合作方面发挥着日益重要的作用。近几年来，随着中国社会主义现代化建设的高速发展和对石油消费需求的急剧增长，中国在高度重视和大力发展本国陆、海石油工业的同时，积极扩大和增加从国外特别是阿拉伯产油国的石油进口，以补充国内的石油供应。保证石油进口需求和加强对外石油合作已成为中国对外经济政策的重要组成部分。随着这一政策措施的推进和双方合作关系的发展，中国将成为阿拉伯原油的最大买主之一和阿拉伯国家的重要石油合作伙伴。在此基础上，中国和阿拉伯国家的经济贸易关系必将有一个大发展，其前景是广阔的。本文专题研讨中国的石油进口需求和中国同阿拉伯国家石油合作的发展。文中观点仅代表作者个人看法。

一　中国石油供需状况的变化

近几年来，中国大规模经济建设的发展，对能源供应提出了日益增长的巨大需求，能源生产和供应满足不了需要，使国内能源形势变得严峻，成为制约经济发展的"瓶颈"之一，从而迫切要求把滞后的能源工业迅速搞上去。而作为主要能源之一的石油（约占中国能源消费构成的20%），其资源和生产状况目前均不能满足经济发展的需要。

中国的石油工业自中华人民共和国成立以来，总的来看是保持着较高的发展速度。1959年大庆油田的发现开创了新中国石油工业大发展的时期，到60年代末全国原油年产量从1949年建国初的12.1万吨提高到3000万吨，20年间增长近248倍。70年代由于大庆油田的全面开发，并相继发现华北、胜利、辽河等大型油田，从而使得1978年原油年产量突破一亿吨。改革开放以来，中国石油工业保持着持续稳定发展的态势。由于一批陆上新油田和海洋油田的相继开发，到1995年陆上原油年产量达到1.4879亿吨，而1996年海上原油产量截至9月6日的统计已突破1000万吨，预计全年产量可达1300万吨，使海洋石油工业跨上了一个新台阶。据中国石油天然气总公司统计资料，截至12月14日，中国1996年原油产量达到1.5亿吨，提前实现国家提出的2000年原油产量的目标。总起来看，随着中国石油工业几十年来的长足发展，中国的石油生产在90年代以前基本保证了国内石油供应和石油贸易出大于进的格局，这对促进中国经济发展和社会进步起到了重要的作用。

但是，由于近几年来国内石油消费量激增，使石油供应出现缺口，导致石油供需矛盾突出。加之由于石油资源的拥有量相对不足，更使中国的石油生产和供应形势严峻。其主要表现有以下几点：

（一）人均石油资源拥有量偏低

中国的石油资源丰富，但由于是人口大国，按人均计算，其占有量较少。据 1994 年 6 月第 14 届世界石油大会估算，全世界最终石油可采储量为 3113.01 亿吨，中国为 114.93 亿吨，占世界总量的 3.7%，排第九位。而按人均计算，中国的人均最终可采石油资源占有量仅为 10 吨，只相当于世界人均占有量的 18%。另据英国石油公司的统计资料，中国的探明石油资源人均占有量只有三吨，相当于世界平均水平的 12.5%；据美国《油气杂志》估算，到 1996 年 1 月 1 日为止，世界探明石油储量为 1374.19 亿吨，中国为 32.726 亿吨，占世界总量的 2.38%，人均占有量为 2.74 吨，远远低于世界平均水平，只相当于世界人均占有量的 10.1%。

（二）石油生产的增长落后于石油消费的增长

在 80 年代中期以前，中国石油工业的发展速度与国民经济的增长速度基本同步，石油产量的增长与石油消费的增长基本平衡。但自 80 年代中期以后，在国内石油消费需求猛增的形势下，石油工业的生产水平和供应状况越来越不能适应经济发展的要求。由于大部分油田特别是东部地区的大油田进入高含水开采期（1990 年全国综合含水率达 77.4%），大幅增产难以实现，而西部地区新发现的油田要形成一定规模的生产能力尚需时日和巨额投资，因而石油生产的增产势头有所减弱，在 1986—1989 年四年间，原油年增产量由 578 万吨下降为 345 万吨、300 万吨、69万吨。1990—1995 年原油产量增加 1050.8 万吨，年均增速仅为1.52%。而与此同时，石油消费量都大幅度地增长，年均增幅达7%左右。估计 90 年代期间，中国石油消费量至少将增加 6000

万吨。这使石油供求不平衡加剧，石油供需矛盾突出。

（三）石油供应缺口扩大

由于石油的生产赶不上消费，供应不能满足需求，从而使国内石油供应出现缺口，年缺油量达 1000 万吨左右。据国家有关部门和能源研究机构预测，到 2000 年国民经济对油气的需求量有较大增长。如按国民生产总值年均增长率 8%—9%，能源弹性系数为 0.5 左右计算，到 2000 年中国能源需求总量中大致需要原油二亿吨，天然气 300 亿立方米，合计为 2.3 亿吨油当量。若按目前陆上和海上石油生产规划，预计到 2000 年可生产原油 1.75 亿—1.8 亿吨，生产天然气 340 亿—390 亿立方米，合计为 2.09 亿—2.19 亿吨油当量。这同需求量相比，还缺少 0.11 亿—0.21 亿吨油当量。也就是说，到 2000 年国内的石油供应缺口达 2000 万吨以上。[①] 因此，中国需要在加强国内油气勘探，大力增加石油、天然气生产的同时，减少原油出口，增加石油进口以满足国内日益增长的消费需求。

二　中国石油工业发展战略和对外石油合作

为了适应国内石油供求关系的变化和更好地利用挑战与机遇并存的有利形势，90 年代以来，中国石油工业通过深化改革、扩大开放，不失时机地调整发展战略，从实际情况出发，明确提出陆上石油工业采取"稳定东部、发展西部"的战略方针；海洋石油工业坚持"对外合作与自营开发并举"的方针；石油工业要走出国门，参与国际合作，开展国际化经营，以利用国际资

---

① 中国石油天然气总公司信息研究所编：《石油在我国能源结构中的地位和作用》，1995 年版，第 23 页。

源加快国内发展，开创中国石油工业发展的新局面。

为实施石油工业发展战略，国家采取有效措施，全面推进和加强石油勘探工作以及陆、海油田的开发建设，取得了显著成效，石油生产实现了持续稳定发展，在1993年提前两年达到国家"八五"计划确定的1995年生产目标，进入世界石油生产五强的行列。

中国实施石油工业发展战略的过程是同加强包括阿拉伯产油国在内的对外石油合作密不可分的。经过十几年改革开放的探索和实践，特别是90年代以来的发展，石油工业领域已初步形成全方位对外开放与合作的新格局。即在坚持自力更生、自主发展方针的同时，积极引进外资和国外先进技术设备，不仅在沿海地带的海上油田，而且在内地的陆上油田；不仅在石油勘探、开采等上游部门，而且在炼油、储运、销售等下游部门；不仅在国内发展，而且走出国门，全方位实行对外开放与合作，大力开展国际化经营。其规模和范围都是空前的，主要表现在：

（一）海洋石油是改革开放以来最早对外实行合作的工业行业

利用外资、与外国公司合作勘探开发海上油田，是加速发展中国海洋石油工业的有效途径和成功经验。据统计，到1996年9月初止，中国海洋石油总公司已与外国公司签订了119个石油合同与协议，直接利用外资达50多亿美元；通过十多年的对外合作与自营，已钻探井400多口，获得原油地质储量12.5亿吨，天然气地质储量2350亿立方米，海上已有19个油气田投入生产。预计1996年全年可产原油1300万吨，天然气30亿立方米。[①] 从1982年中国海洋石油总公司成立迄今近15年间，中国

---

① 《光明日报》1996年9月12日。

海洋石油工业已跨越世界百年的历程，在生产技术、装备和管理等方面都达到国际先进水平。

（二）改革开放为陆上石油工业提供了利用世界先进设备、学习国外先进技术、借鉴国际科学管理经验的良好机会

从1993年3月开始到1995年底为止，陆上石油对外开放的领域和规模不断扩大，已实行三轮石油勘探方面的对外招标，涉及范围由南方11个省区扩展到北方的10个省区，面积已占全国国土的1/5左右。①　与此同时，为加速提高石油提炼加工水平和储运能力并发展石油化工，还积极开展同外国石油公司合作兴办炼油厂、油库、油码头。如在辽宁省营口市合资兴建大型石油联合企业，在上海浦东兴建大型炼油厂，在深圳建炼油厂，在浙江省的乍浦港兴建润滑油厂和乳化沥青厂以及舟山市岙山岛兴建油港等等。这对于发展中国的石油下游部门和进出口贸易都发挥了积极的作用。

（三）走向世界、积极参与国际石油资源的勘探、开发、提炼加工是中国石油工业开展跨国经营的重要措施

90年代以来，在这方面已经有了良好的开端。中国石油天然气总公司成立了中国石油开发公司、中国石油工程建设公司和中国石油物资装备总公司等三家实行跨国经营的公司。它们在国外积极参与石油领域的国际合作经营活动。例如，在加拿大获得一个稠油区的开采权；在美国加州合资购买一个小油田；同日本丸红公司合作在乌兹别克的布哈拉兴建炼油厂；在巴布亚新几内亚的内陆进行石油勘探和开发；在秘鲁建立中方占股90%的中国秘鲁石油开发公司，合作开发秘鲁西部的一个油田；以及同世界九家大石油公司合作攻关开采油砂技术等。此外，中国石油化

①　《光明日报》1996年1月27日。

工总公司也同印度尼西亚合资，在该国建设炼油厂和尿素厂；中国地质矿产部与喀麦隆合作，在该国勘探石油。

上述情况表明，实行全方位对外开放与合作是中国石油工业发展战略的重大举措，标志着中国石油工业发展史上一个崭新的发展阶段。这将大大加速中国石油工业的现代化进程，并实现同国际石油工业接轨，更好地利用国际石油资源，以保证中国石油生产和供应能够充分满足国民经济发展的需要。同时，这也有利于促进世界石油市场的稳定和繁荣。

三　中国和阿拉伯国家石油合作的发展

同阿拉伯产油国的合作是中国对外石油合作的重要组成部分。目前，这一合作关系已有良好的开端，并呈现出与日俱增的发展势头。

中国和阿拉伯国家都是发展中国家，加强南南合作，促进共同发展，不仅符合双方的根本利益，而且也是我们时代的要求和趋势。可以相信，在国际石油合作方面，双方将共同发挥更大的作用。中国同阿拉伯世界拓展石油合作的基本出发点是：

1. 阿拉伯地区拥有一批位居世界前列的产油国，在世界石油储、产领域占有不可取代的突出地位。随着阿拉伯地区石油新发现储量的增加和原油生产能力的扩大，这种地位在进入21世纪之际还可能会有所加强。

2. 阿拉伯石油质优价廉、储产丰盛，且绝大部分原油出口，在世界石油供应方面发挥着关键性的作用。世界石油消费对阿拉伯石油供应的依赖局面，在跨世纪时期不会改观。

3. 阿拉伯产油国作为欧佩克（OPEC）的主力军，在石油政策上力求协调一致，共同行动，这对保持世界石油的供需平衡和维护公平合理的石油价格具有举足轻重的影响。在进入新世纪之后仍将是稳定国际石油市场的重要因素。

4. 处于世纪之交的阿拉伯产油国继续大力推进石油跨国经营战略。对海外石油投资的重点由西方转向东方，同包括中国在内的亚太地区国家开展石油领域的合作正在日趋加强。

基于以上认识，重视和加强同阿拉伯国家的石油合作，不仅是中国石油工业深化改革、扩大开放的现实需要，而且是世界能源形势发展的必然趋势。中国积极开拓同阿拉伯国家的石油合作，主要表现在：

第一，增加进口阿拉伯原油

中国石油进出口贸易的基本特征和总的发展趋势是，出口逐步减少、进口迅速增长。原油出口量自1985年达到3000万吨高峰以来，一直以年均4%左右的幅度递减，1993年出口量为1943.45万吨，1994年降至1849.09万吨；[①] 而原油进口量却迅速上升，从1988年的85.5万吨增至1993年的1565.21万吨，[②] 增长了17.3倍，年均增长率达346%。

中国石油进口过去从阿拉伯产油国直接进口的数量不多，1992年进口阿拉伯原油日均只有七万桶。经双方努力，阿拉伯原油现已成为中国原油进口的重要来源。据海关统计，1993年中国原油进口量为1565.21万吨，其中721.13万吨来自阿拉伯国家，占中国原油进口量的46.07%；1994年进口原油1234.59万吨，其中485.75万吨来自阿拉伯国家，占39.35%。

阿曼是阿拉伯国家中向中国出口原油最多的国家，1993年

---

① 中国石油天然气总公司科技发展局和信息研究所编：《石油消息》1995年5月24日。

② 同上。

向中国供应原油 406.09 万吨，占其原油出口量的 10.43%，[①] 占中国原油进口量的 25.94%；1994 年向中国供油 336.74 万吨，占其原油出口量的 9.98%，[②] 占中国原油进口量的 27.28%。其次是也门，1993 年向中国出口原油 165.54 万吨，占中国原油进口量的 10.58%；1994 年向中国出口原油 125.82 万吨，占中国原油进口量的 10.19%。中国还从沙特阿拉伯、阿拉伯联合酋长国、利比亚、科威特等国进口原油。中国直接从阿拉伯国家进口原油对双方都有利，不仅扩大了中国石油供应来源，增加贮备量，保障供给，缓解能源紧张状态，而且有助于扩大双方经贸往来，促进双方的贸易平衡。可以预期，中国迅速发展成为阿拉伯原油的最大买主之一，这将有力地促进中国与阿拉伯国家经贸合作关系的加强和发展。

第二，承包石油工程项目

中国在石油工程建设方面拥有较强的实力，锻炼了一支能打硬仗的专业队伍，有关专业公司正积极开拓跨国经营，参与国际合作，在阿拉伯国家开展石油工程承包业务。海湾战争后，中国曾参加承担科威特油井灭火工作，帮助其迅速恢复石油生产，受到科威特政府的高度赞扬。在科威特加速进行石油重建工作中，中国也积极争取承包工程项目。例如，中国石化工程建设公司经过三个月的艰苦努力，击败了竞争对手美、英、法、日、韩等国九家著名公司，于 1992 年 11 月 4 日在艾哈马蒂炼油厂重建工程项目上中标。这一承包工程项目总价值 1500 万科威特第纳尔（约合 5000 万美元），是中国在阿拉伯地区获得的第一个大型的石油工程承包项目，并已于 1994 年 2 月 28 日按期以出色的质量

①　[英]《阿曼、也门国家概况》1995—1996 年刊，第 22 页。
②　同上。

完成了这项工程。1995 年中国又着手参与科威特的 4.3 亿美元油港的投标和建设工程。此外，中国石油天然气总公司管道局于 1993 年 5 月承包了突尼斯的两项天然气管道工程，总造价为 5800 万美元。可见，中国同阿拉伯国家在这方面的合作潜力很大，中国在阿拉伯地区石油工程领域的合作中将发挥更大的作用。

第三，合资兴办炼油和石化企业

石油工业加速向深加工、高技术的方向发展，突出表现在炼油和石油化工这两大热门上。中国同阿拉伯产油国一样，都在大力发展炼油工业和石化工业。在这方面双方开展合作的有利条件很多，主要有：（1）双方都拥有丰富的石油资源和巨大的石油生产能力，可为炼油和石化企业提供充分的原料；（2）阿拉伯产油国石油资金雄厚，向中国投资有利可图，使其投资意愿增强，而中国石油公司积极实施跨国经营战略，对阿拉伯投资经营热升温；（3）双方都具有良好的投资环境，经济特区或自由区的开放程度高，政策优惠多，适于选址设厂，便利合资经营；（4）中国劳动力供应充足，市场容量巨大，加上双方技术水平接近，具有相当的管理经验和人才，互补互利性强。中国和阿拉伯国家彼此都有良好愿望，即：充分利用有利条件，在平等互利基础上开展相互投资，合营炼油和石化企业，促进共同发展，并已采取行动积极推进这方面的合作。例如，1993 年 6 月，中国化工进出口公司同一些阿拉伯国家的同行商谈了双方合资在中国建立炼油厂和在海湾地区兴办石化企业及联合勘探天然气的意向；1994 年 2 月，中国技术进出口总公司同沙特的宾拉登集团签署了在沙特的朱拜勒市合资兴建一座总投资 3.5 亿美元、年产 33 万吨氨水和 50 多万吨尿素的化肥厂的意向书；沙特阿美石油公司、韩国双龙集团和中国三方达成在青岛兴建总投资 15 亿美元的炼油厂和投资 10 亿美元扩建茂名炼油厂的协议。这些努力都已为开展这方面的合作打开了局面。

第四，合作勘探与开发新油气田

中国石油资源的开发，在坚持自力更生、自主发展方针的前提下，目前主要是开展同西方石油公司的合作，但阿拉伯产油国的石油公司也是参与合作的重要力量。如科威特石油总公司下属的科威特海外石油勘探公司参与中国南海的油气勘探和开发。该公司与美国阿莫科公司和中国海洋石油总公司联合开发的中国海南崖城 13—1 号气田现已投产，这是中国改革开放后第一个同外国公司合作的大型海洋油气项目。

第五，加强协商，推进合作

近几年来，中国和阿拉伯产油国之间，通过双方政府和企业领导人的互访，大大增进了相互了解并加深了友谊，有力地推动了双边合作的开展。1993 年 4 月，中国石油天然气总公司总经理王涛率中国石油代表团正式访问了一些阿拉伯产油国，同其政府石油部门及国家石油公司就双方在石油勘探、开发及其他方面合作进行了会谈，商定在进一步加强交流、增进了解的基础上，本着平等互利、共同发展的原则，选定合作项目，进行合资经营。1993 年 6—7 月间，中国李岚清副总理出访中东七国，同各国政府领导人就加强包括石油领域在内的全面合作广泛交换了意见，并签订了阿拉伯产油国直接向中国供应原油的协议。1994 年 5 月，沙特石油大臣希沙姆·纳泽尔首次出访中国，寻求在石油领域与中国进行更为广泛的合作。1995 年 4 月科威特王储兼首相萨阿德访华，双方讨论了中国对科威特大型油港项目投标及科威特今后在改建中国炼油厂方面进行合作等问题。所有这些互访活动，都有力地推进了双边合作关系的不断发展。

四　中国和阿拉伯国家石油合作的前景

展望中国和阿拉伯国家的石油合作，可以说是方兴未艾，前景广阔。为了使合作取得更大成效，今后双方似应着重在以下几方面共同作出努力：

（一）优化石油贸易结构，构建石油贸易新格局

中国国务院于 1994 年 7 月 1 日颁布的《原油成品油流通体制改革方案实施细则》中提出六项有关措施：一是做好总需求与总供给的总量平衡；二是搞好原油加工资源的合理配置；三是搞好成品油资源的合理配置；四是原油、成品油主要产品实行国家定价并保持合理的地区价差；五是理顺流通渠道，减少流通环节；六是逐步建立原油、成品油价格风险基金和储备制度。这些措施为加强石油领域的对外合作创造了良好的条件和环境。今后中国在石油进出口结构上，要逐步形成以进口原油为主，进口石油产品和石油化工产品为辅；以出口石油产品为主，出口原油和石油化工产品为辅，加快改变大量出口原油和进口成品油的状况，以利创建石油贸易新格局。为使石油进出口市场多元化，以改变过去市场过于集中、分布不均衡的局面，今后要进一步增加来自阿拉伯产油国的原油进口，以扩大石油进口来源，满足国内日益增长的需求。同时，要推进石油贸易方式多样化、努力实现合同作价方式灵活化、市场信息迅捷准确化、产品优质化和服务科学化的要求。

通过优化结构，创新格局，将大大地改善石油贸易的条件，有利于推进中国同阿拉伯产油国的石油贸易登上一个新台阶。今后中国进口阿拉伯原油的数量将随着国内消费需求量的上升而大增。据估计，到 2000 年中国石油日进口量将从目前大约 60 万桶

增加到 100 万桶以上，到 2010 年可能达 140 万—300 万桶。

（二）促进相互投资，扩大合作领域

今后要继续大力推进阿拉伯国家对华石油投资与合作，同时积极鼓励中国石油企业及其他企业进入阿拉伯地区开展合作项目。阿拉伯产油国拥有数以千亿计的石油美元，以此雄厚财力为基础，日益加强其在东亚的投资经营活动，特别是沙特、科威特等国正在大力拓展石油跨国经营，对扩大在中国的石油投资和合营炼油厂等下游企业，前景十分看好。同时，中国的石油企业和其他企业也积极到阿拉伯国家投资，通过双方积极协商，选定一些项目，合资进行开发经营。为了便利和支持相互投资活动，拓宽石油和其他领域的合作，双方合资建立联合银行以加强金融合作，这对促进双向相互投资，扩大石油和其他领域的广泛合作将发挥重要的作用。

（三）密切相互往来，加强全面交流

今后将继续通过双方政府和企业领导人的互访、会谈、平等协商，增进相互了解和加深友谊，不断寻求新的合作途径。同时，通过经常举办各种研讨会、博览会、展销会等活动，加强技术、信息交流与合作。

可以预期，双方以扩大石油贸易和石油合作为龙头，带动和促进整个经贸关系的发展，将使中国和阿拉伯国家的友好合作进入一个新阶段，并对世界经济的发展与繁荣共同作出更大的贡献。

（原载《西亚非洲》1997 年第 2 期）

作者主要著作目录

《第三世界石油斗争》（合著），生活·读书·新知三联书店1981年版。

《石油王国沙特阿拉伯》（合著），北京大学出版社1985年版。

《中东风云人物》（合著），宁夏人民出版社1987年版。

《中东国家经济发展战略研究》（合著），北京大学出版社1987年版。

《经济迅速发展的海湾六国》（合著），科学技术文献出版社1989年版。

《改造传统农业的国际经验——对发展中国家的研究》（合著），中国人民大学出版社1992年版。

《海湾战争后的中东经济与政治》（合著），中国物价出版社1995年版。

《石油·发展·挑战——走向二十一世纪的中东经济》（主编），石油工业出版社1995年版。

《海湾战争后的中东格局》（合著），中国社会科学出版社1995年版。

《中东的小龙——以色列经济发展研究》（合著），社会科学文献出版社1997年版。

作者年表

1937年　5月生于泰国曼谷。

1943年　回到祖国原籍广东汕头。

1956年　8月广东汕头华侨中学高中毕业。

1960年　8月广州中山大学历史系本科毕业。

1963年　11月上海复旦大学历史系研究生毕业。

1964年　暂留在历史系参加教学辅导工作。9月至翌年4月同全系师生赴上海市奉贤县头桥公社参加"四清"。

1965年　5月到北京大学工作。9月至次年6月同北大亚非研究所多数同志赴北京朝阳区小红门公社参加"四清"，在分团负责简报工作。

1966年　6月回校参加"文化大革命"活动。

1969年　9月同北大教职员工到设在江西南昌鲤鱼洲的实验农场劳动锻炼。

1970年　北大农场改为江西分校。为招收工农兵学员做准备工作，参加国际政治系编写《民族解放运动》课程讲义。9月学员入学后，担任"五同"教员，与学员同吃、同住、同劳动、同学习、同"批判"。

1971年　2月至4月同学员到井冈山、长沙、韶山等地开门办学。承担《中共党史》课的部分教学任务。8月江西分校全体师生迁回北京总校。10月至1972年初，同学员先后到北京清河毛纺厂和门头沟区斋堂公社马兰村（京郊抗日游击队根据地）开门办学，负责《日本军国主义批判》专题课的部分教学工作。

1972 年　3—5 月参加国政系《共产主义运动史》教学参考资料编写工作。5 月北大亚非所恢复工作，着手编写调研资料，陆续写出《日本对泰国的经济扩张》、《葡萄牙殖民者在非洲的残暴统治》等，由亚非所印发。

1973 年　根据国际形势的发展变化和有关部门的建议，在所领导安排下，确定以中东地区的石油问题和产油国维护权益的斗争为重点研究方向，因处于起步阶段，先从编写大事记入手。到 1975 年 6 月为止，写出《亚非拉国家保卫石油资源、维护民族权益斗争大事记（1870 年—1974 年 5 月）》、《第三世界石油斗争大事记（1973 年 10 月—1975 年 6 月）》、《亚非拉国家维护石油权益的斗争》等资料，由亚非所印发。

1975 年　北大亚非所同西北大学中东研究所、云南大学西南亚研究所、厦门大学南洋研究所、南京大学非洲地理研究室等兄弟单位共同发起召开较大规模的《第三世界石油斗争》讨论会，会后本人负责整理发言摘要《关于第三世界石油斗争在反霸斗争中的作用及其发展趋势的一些看法》，由亚非所印发。

1977 年　撰写《石油输出国组织成员国石油国有化情况》一文，刊于《亚非问题研究》1979 年第 1 期。

1979 年　在《世界经济》1979 年第 10 期发表同梁英明合写论文《石油与沙特阿拉伯经济》。

1980 年　在《世界经济》1980 年第 9 期发表《沙特阿拉伯石油供应政策初析》。

1981 年　参与制定提纲和撰稿的《第三世界石油斗争》一书，由生活·读书·新知三联书店于 1981 年出版。该书于 1986 年 5 月获北京大学首届社科研究成果著作一等奖。

1982 年　在《西亚非洲》1982 年第 2 期发表《阿拉伯—美国石油公司的演变和趋势》。

在《世界经济》1982 年第 10 期发表《试论中东石油的世界战略地位》。

1983 年　2—4 月为北大国政系本科生开设选修课《第三世界石

油斗争》。

1984 年 在《人民日报》1984 年 2 月 15 日发表《世界经济中的石油资金》（专论）。

在《西亚非洲》1984 年第 1 期发表《1918—1923 年土耳其革命的性质和作用》。

1985 年 任中国中东学会理事直到 2000 年为止。

开始陆续为北京大学和中国社科院的硕士研究生讲授中东经济及政治专题课。

在《亚非问题研究》第 4 集（1985 年出版）发表《关于中东石油地位前景的探讨》。

在《亚非问题研究》第 5 集（1985 年出版）发表《科威特金融业初探》。

在《西亚非洲》1985 年第 4 期发表《试论科威特的对外投资》。

《石油王国沙特阿拉伯》（合著）一书由北京大学出版社 1985 年出版。

1986 年 3 月从北大亚非所调入中国社会科学院西亚非洲所工作。

在《西亚非洲》1986 年第 2 期发表《试论中东国家经济发展的特点和趋势》。该文被《经济学文摘》（月刊）1987 年第 9 期摘要转载。获西亚非洲所第一届优秀科研成果论文一等奖。

在《西亚非洲》1986 年第 6 期发表《中东国家的石油经济战略》。该文被《经济学文摘》1987 年第 5 期摘要转载。在香港《文汇报》主办的《中国石油》第 6 期发表《举世瞩目的科威特海外石油投资》。

1987 年 担任硕士研究生指导教师。为硕士生继续讲授《中东经济专题》课。

在《西亚非洲》1987 年第 2 期发表《中东国家对外贸易的特点和前景》。

在《亚非问题研究》第 7 集（北京大学出版社 1987 年出版）发表《科威特的人口问题与社会发展》。

《中东风云人物》（合著）一书，由宁夏人民出版社 1987 年出版。

在《西亚非洲》1987 年第 6 期发表《西亚农业发展的几个问题》。

参加张俊彦主编的国家"六五"期间重点研究项目《中东国

家经济发展战略研究》撰稿。该书由北京大学出版社 1987 年出版。

1987 年 10 月至 1988 年 2 月赴英国埃克塞特大学进行学术考察，回国后撰写《中东研究在英国》一文，发表于《西亚非洲》1988 年第 4 期。

1988 年 8 月任西亚非洲所中东研究室主任。同年任西亚非洲研究所第 3 届学术委员会委员，连任第 4、5、6 届学术委员直到 2004 年为止。同年还担任西亚非洲研究所硕士生学位评审委员和《西亚非洲》编委，到 2002 年为止。

在《西亚非洲》1988 年第 6 期发表《海湾贸易市场的现状和发展趋势》。

1989 年 任中东经济研究室主任，直至 1996 年底。在《世界知识》1989 年第 10 期发表《巴林国际金融中心的崛起》。

在《人民日报》1989 年 6 月 3 日发表《地区经济一体化的新进展》。

参加陈宗德、倪星源主编《经济迅速发展的海湾六国》撰稿。该书由科学技术出版社 1989 年出版。

参加刘竞主编《中东手册》撰稿、审稿。该书于 1989 年 12 月

由宁夏人民出版社出版。

在《西亚非洲》1989 年第 4 期发表《西亚国家水资源问题及其对策》。

1990 年 任中国亚非学会理事会理事直到 1995 年为止。

1 月在《亚非问题研究》第 9 集发表《南南合作的回顾与展望》。

在《瞭望》周刊 1990 年 2 月 19 日发表《阿拉伯国家经济合作的回顾和展望》。

海湾危机爆发后，应邀先后到中信总公司、中石化总公司以及伊斯兰学院介绍中东形势。

在《西亚非洲》1990 年第 6 期发表《石油与海湾危机》。

在《世界经济》1990 年第 7 期发表《迎来九十年代的中东经济》。

在《世界经济译丛》1990 年第 12 期发表《中东劳工在移动》（译文）。

1991 年 在《世界经济与政治》1991 年第 1 期发表《1990：遭受意外困扰的中东经济》。

在《西亚非洲》1991 年第 2 期发表《海湾危机对世界经济的影响》。

在《世界石油经济》1991 年第 3 期发表《重建中的海湾富油国科威特》。

在《西亚非洲》1991 年第 6 期发表《海湾战后中东经济形势初析》。

1992 年 8 月晋升为研究员。

10 月起终生享受国务院颁发的专家特殊津贴。

同年担任本所第一届职称评聘委员，直到 1996 年底为止。参加陈宗德、丁泽霁主编的国家社会科学"七五"重点项目《改造传统农业的国际经验——对发展中国家的研究》的组稿和撰稿。该书于 1992 年 1 月由中国人民大学出版社出版。在《世界石油经济》1992 年第 1 期发表《伊朗油气工业的重建和发展战略》。

在《西亚非洲》1992 年第 2 期发表《伊朗经济开放政策研讨》。

在《西亚非洲》1992 年第 6 期发表《海湾战后中东石油经济的发展趋势》。

译著《石油·金钱·权力》（合译），由新华出版社 1992 年出版。

1993 年 同杨光合作于 1993 年 1 月完成并印发《关于在土耳其开拓跨国经营的可行性研究报告》。该报告为首钢研究与开发研究所委托调研项目。

在《国际石油经济》1993 年第 3 期发表《沙特阿拉伯的石油跨国经营战略》。

在《西亚非洲》1993 年第 2 期发表《土耳其外资政策的发展趋势》。

在《西亚非洲》1993 年第 4 期发表《中东伊斯兰国家同我国经贸合作的现状与前景》。

1994 年 在萧灼基主编的"经济金皮书"《1993—1994 经济分析与预测》中发表《中东：1993 年发展现状与 1994 年前景》。该书由中华工商联合出版社 1994 年出版。

在《西亚非洲》1994 年第 2 期发表《中东经济自由区的发展及其作用》。

参加杨光主编《中东市场指南》撰稿。该书 1994 年由企业管理出版社出版。

参加安维华主编《中东市场》撰稿。该书为国家教委研究项目，由北京大学出版社 1994 年出版。

1995 年 在萧灼基主编的

"经济金皮书"《1994—1995 经济分析与预测》中发表《西亚经济 1994 年回顾与 1995 年预测》。该书由中华工商联合出版社 1995 年出版。

与安和芬、陈德照、朱婉娟合著的院级研究项目《海湾战争后的中东经济与政治》,1995 年由中国物价出版社出版。

本人主编的所重点研究项目《石油·发展·挑战——走向二十一世纪的中东经济》,1995 年 2 月由石油工业出版社出版。该书获西亚非洲所二等奖。

在《西亚非洲》1995 年第 1 期发表《中东和平与经济发展》。

在《西亚非洲》1995 年第 2 期发表《中东贸易市场的发展趋向》。

在《西亚非洲》1995 年第 6 期发表《以色列对外贸易的发展》。

在《中国贸易报》1995 年 9 月 28 日发表《中东资本市场日趋活跃》。

参加赵国忠主编"八五"期间国家社科研究项目《海湾战争后的中东格局》,撰写《海湾战后中东经贸市场》等内容。该书由中国

社会科学出版社 1995 年出版,获本所一等奖。

1996 年　6 月被评选为本所优秀共产党员。

7 月被评选为中国社会科学院优秀党务工作者。

在《西亚非洲》1996 年第 2 期发表《我国和以色列经贸关系的发展》。

在《西亚非洲》1996 年第 5 期发表《面向 21 世纪的沙特阿拉伯经济》。

1997 年　6 月退休,返聘至 1999 年 3 月。

在《世界知识》1997 年第 24 期发表《跨世纪的世界石油市场》。

在戴伦彰主编《走向二十一世纪的中国对外经济关系》中撰写《我国和中东国家经济关系发展的现状和前景》。该书由中国物价出版社 1997 年出版。

参加杨光主编的院重点研究项目《中东的小龙——以色列经济发展研究》撰写,由社会科学文献出版社 1997 年出版。该书获西亚非洲所一等奖。

在《西亚非洲》1997 年第 2 期发表《中国的石油进口需求和同

阿拉伯国家石油合作的发展》。

1998 年　在赵国忠、温伯友、杨光主编《中东非洲发展报告（1997—1998）》中撰写《海湾国家调整石油发展战略》。该书由社会科学文献出版社 1998 年出版。

在《西亚非洲》1998 年第 2 期发表《海湾国家的石油跨国经营》。该文获西亚非洲所三等奖。

在《国际石油经济》1998 年第 4 期发表《迅速兴起的天然气出口大国卡塔尔》。

2000 年　参加赵国忠主编院重点项目《简明西亚北非百科全书》，任编委并负责审定修改第四编，由中国社会科学出版社 2000 年 4 月出版。该书 2002 年获西亚非洲所一等奖、中国社科院二等奖。

2004 年　3 月印发杨光主持、本人参与起草的研究报告《安全的依赖——防范中东石油进口风险的国际经验》。该报告为中国社会科学院重点研究项目。